特别鸣谢中国（上海）自贸试验区管委会金桥管理局、
中天控股集团有限公司、研祥高科技控股集团、旭辉集团

经典导读·精选案例

走向数字经济

中欧国际工商学院教授　**朱晓明**　编著

The **Digital Economy** is

Coming

上海交通大学出版社
SHANGHAI JIAO TONG UNIVERSITY PRESS

内容提要

本书以数字经济为主线,探索了数据经济、服务经济、平台经济、物联经济、分享经济、产消者经济、长尾经济、普惠经济、协同经济和智能经济(简称为"1+10")等相关的理论创新研究,调研撰写了 11 个相关的案例,包括 10 家国内外知名企业和机构:科大讯飞、京东集团、上海中心、拍拍贷、思路迪、上海市儿童医院、上海第九人民医院、第一反应®、IBM、亚马逊。本书案例覆盖医疗、互联网、金融等多个领域,并收录了 16 篇独到的案例点评,对众多商学院师生、研究者和企业管理者都极具借鉴意义。

图书在版编目(CIP)数据

走向数字经济/朱晓明编著. —上海:上海交通
大学出版社,2018(2021 重印)
ISBN 978－7－313－18170－1

Ⅰ.①走… Ⅱ.①朱… Ⅲ.①网络经济－研究 Ⅳ.
①F49

中国版本图书馆 CIP 数据核字(2017)第 234766 号

走向数字经济

编　　著:朱晓明

出版发行	上海交通大学出版社	地　址	上海市番禺路 951 号
邮政编码	200030	电　话	021－64071208
印　制	苏州市越洋印刷有限公司		
开　本	710 mm×1000 mm　1/16	经　销	全国新华书店
字　数	312 千字	印　张	26.5
版　次	2018 年 1 月第 1 版	印　次	2021 年 8 月第 8 次印刷
书　号	ISBN 978－7－313－18170－1		
定　价	98.00 元		

设在中欧学院的"上海MBA课程案例库"平台初始库开通 （摄于2014年11月6日）

前排从左到右为：
苏　明 上海市教育卫生工作委员会副书记、上海市教育委员会主任
宗　明 上海市人民政府副秘书长
朱晓明 时任中欧国际工商学院院长、管理学教授、中天集团教席教授
殷一璀 上海市人大常委会主任、党组书记
翁铁慧 上海市人民政府副市长
姚海同 上海市人大常委会秘书长
刘　吉 中欧国际工商学院名誉院长
张　辰 上海市人大教育科学文化卫生委员会副主任委员、民进上海市委副主委、市第十四届人大常委会
　　　　委员、市人大法制委委员
张维炯 中欧国际工商学院副院长兼中方教务长、战略学教授
后排从左到右为：
左二：苏理达 时任中欧国际工商学院副院长兼外方教务长
右一：梁　能 中欧国际工商学院管理学教授、时任案例研究中心主任

设在中欧学院的"上海MBA课程案例库"共享平台项目启动仪式 （摄于2013年7月18日）

上图从右到左依次为：
李瑞阳 时任上海市教育委员会副主任、现任中共上海市教育卫生工作委员会巡视员
朱晓明 时任中欧国际工商学院院长、管理学教授、中天集团教席教授
翁铁慧 上海市人民政府副市长
宗　明 上海市人民政府副秘书长
林忠钦 时任上海市交通大学常务副校长、现任上海交通大学校长
刘　吉 中欧国际工商学院名誉院长

设在中欧学院的"上海MBA课程案例库"共享平台项目启动仪式 （摄于2013年7月18日）

上图从左到右为：
蒋锦志 景林资产管理有限公司董事长
梁　能 中欧国际工商学院管理学教授、时任案例研究中心主任
许　斌 中欧国际工商学院经济学和金融学教授、吴敬琏经济学教席教授、副教务长
林忠钦 时任上海市交通大学常务副校长、现任上海交通大学校长
宗　明 上海市人民政府副秘书长
刘　吉 中欧国际工商学院名誉院长
翁铁慧 上海市人民政府副市长
朱晓明 时任中欧国际工商学院院长、管理学教授、中天集团教席教授
李瑞阳 时任上海市教育委员会副主任、现任中共上海市教育卫生工作委员会巡视员
张维炯 中欧国际工商学院副院长兼中方教务长、战略学教授
陈世敏 中欧国际工商学院会计学教授、朱晓明会计学教席教授、案例研究中心主任、时任副教务长
徐慧娟 中欧国际工商学院院长助理
周雪林 中欧国际工商学院院长助理

翁铁慧副市长在中欧学院听取上海MBA案例库工作汇报 （摄于2013年7月18日）

会场中央的左侧前排依次为：
宗　明 上海市人民政府副秘书长
翁铁慧 上海市人民政府副市长
李瑞阳 时任上海市教育委员会副主任、现任中共上海市教育卫生工作委员会巡视员
会场中央的右侧前排依次为：
徐慧娟 中欧国际工商学院院长助理
张维炯 中欧国际工商学院副院长兼中方教务长、战略学教授
朱晓明 时任中欧国际工商学院院长、管理学教授、中天集团教席教授
林忠钦 时任上海市交通大学常务副校长、现任上海交通大学校长
刘　吉 中欧国际工商学院名誉院长
梁　能 中欧国际工商学院管理学教授、时任案例研究中心主任

作 者 简 介

朱晓明 博士

中欧国际工商学院院长 (2006.6—2015.3)
管理学教授
中天集团教席教授

Dr. ZHU Xiaoming

President (June 2006 - March 2015)
Professor of Management
Zhongtian Chair Professor in Management
China Europe International Business School

朱晓明，男，中欧国际工商学院管理学教授、中天集团教席教授、原院长（2006年6月至2015年3月），上海交通大学工学博士，享受国务院特殊津贴的专家，教授级高级工程师。

朱晓明曾担任上海交通大学安泰经济与管理学院兼职教授、博士生导师，上海财经大学兼职教授、博士生导师，中国银联博士后工作站指导教授，国际管理学会(IAM)会员，中国工业与应用数学学会副理事长，上海浦东新区高级职称评审委员会主任，上海市国际商务专业高级技术评审委员会主任。 曾担任上海市政府副秘书长兼上海外经贸委、外资委主任，上海市人大副主任，上海市政协副主席。

朱晓明曾获上海市科技进步二等奖、三等奖，上海市决策咨询研究成果一等奖、二等奖，国际管理学会(IAM)"杰出成就奖"。 2015年获中国大学出版社优秀学术著作一等奖，2016年9月获中欧国际工商学院教学优秀奖。 朱晓明曾出版过《上海市外经贸丛书》《经济管理数学模型案例教程》《中国服务外包发展报告(2007、2008、2009、2010‑2011、2012、2013)》《中国对外投资合作发展报告(2010)》《平台，赢在服务》《中国第三方电子支付发展报告》《支付革命》《精准创新》《数字化时代的十大商业趋势》（中文版、英文版和阿拉伯语版）、《商业趋势与科技创新案例集》（中文版和英文版）、《家族企业创新》《开放式创新》《走向数字经济》（中文版和英文版）、《中小企业的开放式创新》等多种经济学、管理学与科技领域的专著或译著。

序一

这是我第二次有幸为朱晓明教授所著的书作序。

从 2011 年至今的七年间,朱晓明教授已是著作等身。除了大量创新主题的译著外,他的专著主要以数字经济为主线,主要包括《平台,赢在服务》《支付革命》《商业趋势与科技创新案例集》《数字化时代的十大商业趋势》和这本《走向数字经济》。

在这个全球一体化、处处皆终端的数字时代,中国企业正在经历着波澜壮阔的创新变革。而商学院关于数字经济的教科书和参考书亟需开发,朱晓明教授的这本新书——《走向数字经济》则前沿性地将数字经济与商业实践进行综合性研究,这需要理论创新的勇气。

作为中国管理教育的先行者,中欧国际工商学院也一直致力于理论与实践并举的案例开发与教学,为中国企业提供本土管理洞见,为世界经济发展提供东方商业智慧。《走向数字经济》将为世界了解中国数字经济的发展提供非常宝贵的第一手学术资料:从人工智能领域的巨头科大讯飞、京东到智慧医疗的先行者思路迪再到数字金融领域的探索者拍拍贷……本书通过 11 个内容翔实的案例,展现了一个鲜活又丰富的数字化生态圈,而这个生态圈还在不断地苗壮成长,需要更多学者的案例开发和学术研究。

中国企业是数字经济案例的富矿,俯拾皆是(如本书中的那些案例)。朱教授编写的案例既富有可读性,又极具可看性。在课堂教学中,他熟练采用数字化手段,个性化地为案例配置音视频,科技含量很高,他的课别具一格,博通经籍,但又深入浅出,深受商学院学生的喜爱。朱晓明教授将创新与数字经济作为关键词选作案例、写进讲义、搬上课堂,这体现了一名中国教授锐意进取的自信。

数字经济已经成为这个时代的主流,我们应该积极拥抱变化、引领发展。2018年5月28日,习近平总书记在两院院士大会上提到:"要推进互联网、大数据、人工智能同实体经济深度融合,做大做强数字经济。"2018年4月24日,国家互联网信息办公室发布的《数字中国建设发展报告(2017年)》显示,2017年,中国数字经济规模位居全球第二,达到27.2万亿元,占GDP的比重达到32.9%。

作为一个数字大国,中国企业的技术创新和商业化应用正在引领全球数字经济的发展。作为培养全球企业家、管理者的摇篮,中国的商学院也应在这股浪潮中发挥积极作用,不断推动时代的车轮朝着更美好的方向前进。

李铭俊

中欧国际工商学院院长、管理学教授

2018年6月于中欧国际工商学院

序二

朱晓明教授拥有丰富的工作经验。在接受良好的教育之后,他决定成为一名政府官员。在许多西方的国家,政府官员常常会与官僚气息联系起来,然而中国的情况却完全不同。1978 年,邓小平开放了中国,当时的中国还十分贫穷,缺乏教育、基础设施和各种社会服务。

由于中国政府的政治特性,中国的政府官员们实际上成为政府项目和国有企业中的创业者。他们为中国发展成为世界上领先的经济体作出了重要的贡献。

朱晓明教授就曾经是其中的一位创业者。他曾任金桥出口加工区的总经理,上海市经贸委主任和上海市外资委主任。在他的带领下,金桥发展成为上海创业项目中的典范。在任政府官员期间,朱晓明教授积极支持中欧国际工商学院的创立和发展。在 2006 年,他加入中欧国际工商学院,成为学院的中方院长。作为欧方院长,在与朱晓明教授的长期合作中,我们相互配合,带领中欧国际工商学院取得了一个又一个的成功。

朱晓明教授大力支持中欧国际工商学院的创新。作为先行者,他不仅在教学过程中激发大家对数字技术的兴趣,让数字化教学成为学院教学创新的源泉,同时他还致力于研究新的数字技术对管理实践所产生的重大影响。他已经出版了一本案例集,其中收录了多个通过技术创新改变企业商业模式的有趣的案例。

我总是会提到,彼得·德鲁克或许是实践性管理知识领域最大的贡献者之一,他特别强调案例方法的重要性。他曾将管理和医学研究加以比较。他说,在世界上最好大学的附属医院中,一流的医学教授经常带领着医学院的学生走到病人的床前,他们利用分析性的医学信息和最新的技术来讨论病例。彼得·德鲁克说,在最好的管理学院中,最优秀的教授也需要以案例的形式在课堂中呈现真实的管理问题,引导同学们进行讨论和学习。

朱晓明教授在他的著作中编入了案例,从而让读者更好地了解到数字技术是推动创新的重要源泉,通过对数字技术善加利用,可以提升管理水平,实现企业的成功。

这本书对于中欧国际工商学院来说十分重要,当我们迈向 2020 年时,这本书可以帮助学院跨入管理实践的前沿。作为学院的欧方院长,我想向朱晓明教授表达我衷心的感谢、祝贺和尊敬之情,感谢他持续致力于创新、特别是数字经济领域的研究,而这些学术研究对我们成为全球管理教育领域中的引领者而言至关重要。

佩德罗·雷诺(Nueno,Pedro)

中欧国际工商学院院长(欧方)

创业学教授

序三

我很荣幸能为朱晓明教授的这本新书撰写序言。朱晓明教授不仅曾是成功的创业者,受人尊重的政府官员,也在中欧国际工商学院做过九年的院长和管理学教授。在他担任院长期间,中欧国际工商学院享有全球知名学术机构的盛誉。

朱晓明教授编著的《走向数字经济》一书充分展示了他对创新创业驱动的数字经济领域的研究热情。

此书具有很强的实践性,旨在帮助企业和政府中的高层管理者捕捉数字革命所带来的机遇,并将机遇转化为实现全球经济增长和繁荣的重要推动力。

对于读者而言,书中的内容十分丰富。此书不仅帮助读者认识到数字经济如何通过创新,根本性地改变了创造和实现客户价值的方式,也让读者了解到现代的技术工具如何重塑了协作的方式,如何重新设计了业务的模式和组织的架构。

数字经济的重大贡献在于每当企业与客户互动时,宝贵的数据将随之产生。因此数据驱动的经济将影响到客户、企业、非营利性机构或是政府的每一个人或者组织。本书作者清晰地阐释了在从工业经济向数字经济的跨越中,企业的架构、商业的战略以及在全球开展竞争的经营模式都将因此而发生改变。

本书特别强调了数字革命与云计算技术相辅相成,共同推动了服务经济的发展。对于企业而言,服务的理念不仅可以帮助它们在市场中创造竞争优势,也将帮助它们保持竞争优势。

另外,中国已经成为世界上的第二大经济体,本书很重要的一点是聚焦在中国的经济增长上。书中详细介绍了中国立志成为全球数字大国的战略发展过程。书中还收录了多个内容翔实、生动有趣的中国企业案例,这些有代表性的中国企业和企业家已经成为物联网和其他新兴技术领域中的新生力量。

朱晓明教授明确强调数字革命不仅是为了提升运营效率,创造更多的客户价值,也是为了实现组织转型和人力发展。当今,吸引、发展和留住人才是企业战略的核心。创业的精神是全球经济增长的主要驱动力。我认为企业要取得进步,就需要将**卓越创新**与**业务相关性**结合起来,并且要提升对**社会重要性**的关注。对于企业管理者和年轻的创业者而言,比尔·盖茨是一个很好的榜样。

总之,本书的贡献体现在以下三个方面:第一,关注数字经济以及数字经济对企业和政府的影响;第二,关注中国经济增长以及中国经济增长对世界经济的贡献;第三,强调创业和创业企业在新兴市场中创造出了丰富的客户价值。

对于在中国以及其他亚洲经济体中寻找商机的企业高管、政府官员和创业者而言,这将是一本内容丰富且充实的好书。相信读者们一定会发现此书值得一读。

迪帕克·杰恩(Jain, Dipak C.)

中欧国际工商学院候任院长(欧方)

市场营销学教授

全球顾问

学者推荐语

张维炯　博士
中欧国际工商学院副院长、中方教务长、战略学教授

在中国经济改革的大潮流中,转型、创新、创业成了企业发展的主旋律。在这个潮流中,有些企业赢得了巨大的成功,更多的企业在屡遭挫折后,梳理思路,重新定位,努力走出困境。这些生动的案例,为以后的企业家提供了良好的启示。《走向数字经济》这本书,以数字经济为主线,将 11 个案例一一铺展陈述,一气呵成。细细品味这些案例,既能看到企业家们的奋斗历程,更能体会到本书作者设计的精妙之处。本书是朱晓明教授继《商业趋势与科技创新案例集》之后的又一力作。

戴尅戎　博士
中国工程院院士、上海交通大学医学 3D 打印创新研究中心主任、教授

数字经济开启了一个让病人和医生都变得更加聪明、高效的新时代——前者开始用可穿戴式智能设备监测和提供病况,用手机挂号和支付医药费;后者开始用数字技术实现远程诊疗、查房、答疑,用 3D 打印提供个性化医疗。我和朱晓明教授在中欧智慧医疗创业课程中同台为学生授课,在师生互动中,深感学员普遍认同本书长达 70 页的导读"疾走飞奔

的跨越"一文中朱晓明的理论创新探索,即对数字经济展开的"1＋10"研究。作为一名医生,我们迫切需要探索如何将占比为80％多的非结构化数据转化成结构化数据,借此为病人提供精准医疗、智慧医疗、移动医疗。未来,在社会各界的共同努力下争取为人类提供普惠医疗服务。本书中的11个案例既贴近实际,又展现了与时代发展同步的前沿科技,值得各行业的读者参考。

柴洪峰　博士
中国工程院院士、电子商务与电子支付国家工程实验室主任

本书导读"疾走飞奔的跨越"用"1＋10"研究诠释数字经济的经济学内涵,既是一种独到的研究型创作,也是商学院学生亟待掌握的一门学问。企业家在热衷于商业模式创新的同时,必须熟谙科技创新,因为二者皆是企业竞争中胜出的命门。据我所知,数字经济是朱教授为 MBA、EMBA和金融 MBA 开设的"数字金融""趋势与创新"等课程的精髓,既前沿又务实,既有理论阐述又有经典案例,很受学员欢迎。本书是朱教授在创新领域的又一不可多得的佳作,它启示读者:数字经济应当更好地服务于实体经济。

陈世敏　博士
中欧国际工商学院会计学教授、原中欧 MBA 学术课程主任、现任中欧案例研究中心主任

中欧 MBA 学生特别喜爱朱晓明教授讲授的"商业趋势与科技创新""数字经济"课程,一是因为课程中所涉及的创新知识点及创新经济学与

管理学理论开阔了学生的视野,帮助了他们的职业发展;二是中欧的 MBA 学生尤其是国际学生迫切希望研读全球特别是中国知名企业的创新案例。本书是朱晓明教授主导开发的案例汇集,这些案例在中欧课堂上教学效果甚佳。我向大家推荐《走向数字经济》,无论是国际化商学院学员还是商界领袖们都值得认真研读此书并从中获益。

范悦安(Fernandez, Juan A.) 博士
中欧国际工商学院管理学教授、MBA 主任、副教务长

从工业经济走向数字经济的今天,教授和 MBA 学生正在共同经历本书导读所指出的"疾走飞奔的跨越",如果商学院要取得"跨越"中的持续领先优势,必须摒弃课程内容、研究方向、教学方式上的故步自封、一成不变。从 2011 年起,朱晓明教授出版了 4 本关于创新的译著和 5 本关于数字经济、商业趋势的专著。他为 MBA、EMBA、EE、金融 MBA、智慧医疗创业班所授的课程,均以数字经济的"1 + 10"研究为主线,解读了众多中国企业从跟跑到领跑的发展秘笈。朱晓明教授开发的数字经济和科技创新的课程特别受商学院学生的欢迎,其中一个重要原因是他在授课时所应用的数字化、智能化教学方式,非常超前,堪称一绝。朱晓明教授是一位拥有远见的领导者,说他拥有远见,是因为他预见到中国将踏上创新和数字化驱动的转型之路;称他为领导者,是因为作为中欧国际工商学院的管理学教授,他在中国的数字化和创新驱动的转型过程中发挥了引领的作用。当下,商学院匮乏数字经济的教学用书,本书起到了填补空白的作用,因此,我向对数字经济感兴趣的读者强烈推荐此书。

朱启贵 博士

上海交通大学上海高级金融学院党委书记、经济学与统计学教授、博士生导师

数字经济旨在降低经营成本，提升运营效率，促进供需精准配置，它正在推动经济向形态更高级、分工更精准、结构更合理、空间更广阔的阶段演进，是生产力新的发展方向，是供给侧结构性改革需要培育和发展的重点领域，是全球新一轮产业竞争的制高点。朱晓明教授曾经发表过一系列具有深远影响力的著作。他的新作《走向数字经济》不仅是一部优秀的工商管理教学用书，也是企业家、专家学者和政府工作人员值得一读的学习参考文献。

企业家推荐语

刘强东
京东集团董事局主席、CEO

　　一个国家的制造业水平，不仅依靠科技优势，也取决于供应链管理水平，取决于对上下游从生产到销售所有资源的整合能力。数字经济的产业价值在于借助技术实现成本、效率和用户体验的不断优化，我们花了 10 多年的时间投资建设物流体系，积累了价值链条长、质量优的零售数据，我们也在通过提升数字化能力服务于整个产业链。朱晓明教授的《走向数字经济》通过对 11 个案例的深入调研、独到解析，多维度地展现了数字经济如何推动中国经济从高速增长转向高质量增长，对于所有有意于此的企业家来说都值得细细研读。

余承东
华为消费者业务 CEO、华为技术有限公司高级副总裁

　　我赞成作者在本书导读中的观点"数字经济或将成为经济增长的主流"。当下，无论是传统产业还是创新型产业，都在感同身受地验证着朱教授对数字经济"1 + 10"系统研究的种种经济现象，即当下常见的数据经济、云服务经济、平台经济、物联经济、分享经济、产消者经济、长尾经济、普惠经济、协同经济、智能经济。本书中的 11 个案例，既是商学院的教材，也是

企业家们案头的必备之书。数字经济的到来,使我们众多企业和科技界、商业界、产业界的前辈站在同一起跑线上,但我们应当始终牢记,谁走好了科技创新这步先手棋,谁就能占领先机、赢得优势。

陈黎明
IBM 大中华区董事长

朱晓明教授治学严谨,对技术与商业的变革抱有强烈的兴趣,在中欧开设的"商业趋势与科技创新"课程十分具有开创性,令人印象深刻。在繁忙授课之余,朱教授多年来笔耕不辍,勤奋程度令人敬佩。在《走向数字经济》长达 70 页的导读"疾走飞奔的跨越"中,朱教授为我们理解数字经济提供了具有启发意义的"1 + 10"研究框架,并通过多家企业的案例梳理和分析,展示了数字经济丰富多彩的创新样本。本书资料翔实,内容丰富,是数字经济商业大潮中的创业者和经理人的必读书本。

目 录
Contents

1

导　读

疾走飞奔的跨越

——数字经济的"1＋10"研究

中欧国际工商学院　教授　朱晓明

如果说 1992 年是互联网元年的话，那么，迄今为止的 25 年，从传统的工业经济走向数字经济的伟大变革，几乎可以说是一个疾走飞奔的史诗般的跨越。

未来，**数字经济或将成为经济增长的主流**。作为当代诸多核心技术之一，数字技术令人称奇与陶醉。"数字"与"经济"携手的转瞬之间，正以磅礴之力，激荡全球。无论是发达经济体还是发展中经济体，把握数字经济发展的勃勃生机，不失时机地推进科技创新、制度创新和商业模式创新，将描绘出人类历史上大放异彩的新篇章。

当前，**全球各主要经济体不约而同地聚焦数字经济**。2017 年 8 月的统计表明，全球市值前 10 强的公司中，数字科技企业占 7 席。这 10 家公司依次为 Apple、Google、Microsoft、Facebook、Amazon、Berkshire Hathaway、阿里巴巴、腾讯、Johnson & Johnson 和 Exxon Mobil。尽管"数字经济"一词的经济学解读尚不完整，并且学者、企业家各执一词，但是全球各国发展数字经济的战略目标却出奇地统一。2015 年德国提出了"Digital＋Economy＝d！conomy"的概念，而 2017 年汉诺威 CeBIT 展的主题就是"数字经济，永无止境"；英国继 2015 年 2 月 16 日发布《英国 2015—2018 数字经济战略》之后，2017 年 3 月又发布了《英国数字经济战略 2017》；2015 年 5 月，欧盟公布了"单一数字市场"战略，其中提出了三大支柱：一是为个人和企业提供更好的数字产品和服务，二是创造有利于数字网络和服务繁荣发展的环境，三是最大化实现数字经济的增长潜力。根据中国信息通信研究院测算，2015 年，中、美、日、英等全球主要国家的数字经济均现蓬勃发展态势，平均增速约为 7.5%，显著高于当年全球 GDP 增长速度。

发展数字经济，中国正从跟跑走向领跑。当前，我国数字经济规模位居世界第二。据中国信息化百人会连续三年的研究报告表明，中国数字经济的规模已达 22.4 万亿元人民币，占 GDP 比重已达 30.1%，增速高达 16.6%，位居世界第一。全球 262 家"独角兽"公司（估值超过 10 亿美元的初创企业，含上市及未上市）中，中国企业占到了三分之一。10 年前，中国电商交易额不足全球总额的 1%，现在已经超过 40%。据麦肯锡公司估计，这个数字已经超过英、美、日、法、德五国的总和。2014 年至 2016 年，中国对外风险投资总额达 380 亿美元，其中 75% 投向数字经济（指数字化企业及其相关行业）。

中国数字经济的迅猛发展正引起全球关注。2017 年 7 月，美国塔夫茨大学弗莱彻学院（Fletcher School）发布的《2017 数字演进指数（DEI）报告》对 60 个国家的"数字经济进步"作了整体评估。报告指出，中国数字经济得以迅速增长的重要原因是决策重视。事实上，中国已经在全球数字经济发展中成为引领者之一。2016 年 9 月的 G20（杭州）峰会上，中国政府推动制定了《二十国集团创新增长蓝图》，倡议"把握创新、新科技革命和产业变革、数字经济的历史机遇"。会上还通过了《二十国集团数字经济发展与合作倡议》。2017 年 6 月 G20（汉堡）峰会延续了中国政府关于数字经济的倡议，关注促进互联网经济和中小企业的数字化。2017 年 3 月,全国人大第五次会议期间,"数字经济"首次被写入中国政府工作报告。而 2017 年 9 月在厦门召开的金砖国家工商论坛开幕式上,习近平主席在讲话中也一再提及数字经济(见表 0.1)。

表 0.1　数字经济中国战略发展进度一览表

时　间	中国政府领导人推动数字经济发展的重要时点
2015 年 9 月	习近平访美:中美互联网论坛推动**数字经济**合作共赢
2015 年 10 月	习近平访英:中英互联网圆桌会议聚焦**数字经济**合作
2015 年 12 月	习近平在世界互联网大会讲话中提到:"促进世界范围内投资和贸易发展,推动全球**数字经济**发展"
2016 年 7 月	李克强在"1 + 6"圆桌对话会上表示:"我们需积极培育包括创新、新工业革命和**数字经济**在内的新的经济增长点"
2016 年 9 月	习近平在 G20、B20 杭州峰会的演讲中强调数字经济,并发布了《二十国集团**数字经济**发展与合作倡议》
2016 年 10 月	习近平在网络强国战略集体学习时强调:"加快**数字经济**对经济发展的推动"
2017 年 3 月	十二届全国人大五次会议首次将"促进**数字经济**加快成长"写入政府工作报告
2017 年 5 月	习近平在"一带一路"高峰论坛上强调:"加强在**数字经济**等前沿领域合作,……连接成 21 世纪的**数字丝绸之路**"
2017 年 7 月	习近平在 G20 汉堡峰会上强调:"我们要在**数字经济**和新工业革命领域加强合作"
2017 年 7 月	李克强在考察基础电信企业时指出:**数字经济**发展潜力巨大,要加快传统产业向数字化自动化转型
2017 年 9 月	习近平在金砖国家工商论坛开幕式上强调:"积极投身智能制造、互联网＋**数字经济**、共享经济等带来的创新发展浪潮"
2017 年 9 月	李克强在全国大众创业万众创新活动周作批示:着力推动**数字经济**、平台经济发展

数字经济时代,坚守理论创新,无惧"断裂层"。有人担忧随着数字化年代创业企业的"野蛮生长",可能发生经济学、管理学理论研究的"断裂层"。其实,科技创新与经济学、管理学理论创新时常结伴而行。蒸汽机出现后,工业经济时代催生了规模经济、产业组织、边际效用、宏观经济、均衡价格等理论体系。此后,又应运出现了工业经济学、供应

链物流学、产业经济学、管理经济学、工程经济学等研究领域。今天,倘若把数字经济视作经济学领域中的一个宏观研究框架的话,那么,它的子框架可能涵盖了表 0.2 中所列出的 10 个领域:

表 0.2　数字经济:经济学、管理学的研究框架

序号　　　框架领域	数字经济:经济学、管理学的研究框架
1	数据经济(Data Economy)
2	服务经济(Service Economy)
3	平台经济(Platform Economy)
4	物联经济(Internet of Things Economy)
5	分享经济(Sharing Economy)
6	产消者经济(Prosumer Economy)
7	长尾经济(Long-tail Economy)
8	普惠经济(Inclusive Economy)
9	协同经济(Collaborative Economy)
10	智能经济(Smart Economy)

我们把表 0.2 中的"1 个大框架加 10 个子框架"的理论创新研究简称为"1 + 10"研究。在接下来的篇幅中,我们将按子框架的序列,分 10 个部分逐一展开阐述和探讨。

一、数据经济(Data Economy)

谈到数字经济,首先要研究的就是数据经济。农耕文明时代的基础资源是土地,工业文明时代的基础资源是原材料(包括燃料),而**数据则是数字经济时代的基础资源**。2013 年 7 月,习近平总书记在视察中国科学院期间,曾这样评价大数据:"大数据是工业社会的'自由'资源,谁掌握了数据,谁就掌握了主动权。"2017 年 5 月《经济学人》封面文章将数据资源形容为"未来的石油",并称之为当今世界最有价值的资源。

目前，全球市值最高的五家上市公司，即 Alphabet（谷歌的母公司）、亚马逊、苹果、Facebook 和微软的商业模式背后依靠的都是数据。

海量数据是金矿银矿，而数据挖掘技术与算法技术是"冶金炼银"的法宝。由笔者作序的《大数据精准挖掘》（2013 年吴昱编著）一书中概括了数据精准挖掘的四大模型：① 逻辑回归，即通过设计变量和权重，预测事件概率，支持精准营销和风险控制等。例如，银行通过逻辑回归的思路针对用户对信用卡业务贡献度和全行范围贡献度（信用卡除外）设计变量和权重，从而对客户做简单的信用评级，以便提供差异化服务。② 聚类分析，即根据数据的相似性进行划分归类。其中涉及九大算法（K-均值算法、相似性传播算法、均值漂移算法、谱聚类算法、Ward 层次聚类算法、合成聚类算法、DBSCAN 算法、高斯混合算法、BIRCH 算法）。例如，中国移动就是通过聚类分析的 K-均值算法来对移动用户进行划分，根据总通话时长和上班时间占比等变量，将客户划分为高端商用、中端商用、中端日常、长聊客户和不常使用客户五类，从而提供针对性服务。③ 决策树分析，即根据不同的重要特征，以树形表示分类或决策过程。例如，高尔夫球场根据天气情况，如刮风与否、湿度高低等若干决策节点构建决策树来预测天气状况变化和客流的关系。④ 神经网络，即在逻辑回归的基础上，通过机器的自学习进行不断改良优化的模型。例如，谷歌开发的围棋程序 AlphaGo 就是通过机器学习的方式不断掌握比赛技巧，并相继战胜了世界著名棋手李世石和柯洁等。神经网络还可以运用于金融行业，中国工商银行通过神经网络的模型开发出了防金融诈欺的软件，用来控制金融风险。这些数据挖掘模型和其背后的算法无时无刻不在影响着数字经济的发展。

时下，发展数据经济需要依托更新的科技手段，需要靠企业间的协同,需要与"1＋10"中其他 9 个"经济"的协同。全球著名科技咨询公司 Gartner 每年 7、8 月份发布一条新兴技术成熟度曲线 Hype Cycle。如图 0.1 所示,在这条曲线上,2011 年,"大数据"处于萌芽期;2012 年、2013 年、2014 年分别处于过热期和低谷期;2015 年,"大数据"改称"全民数据科学",处于"萌芽期";2016 年,"大数据"又改称"数据湖泊"。根据 Gartner 近年的说法,"数据湖泊"的价值取决于分析技能的可获得性与有效性,其核心是数据存储策略,而非其存储特征。

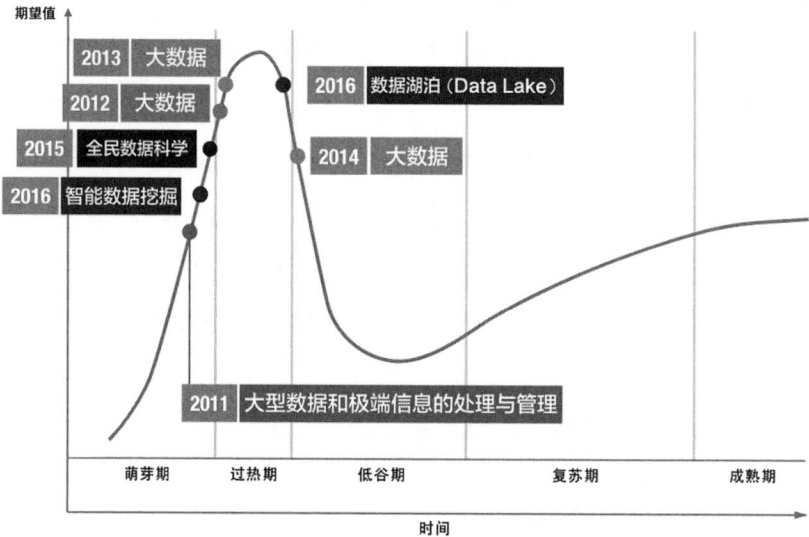

图 0.1 "大数据"在 Hype Cycle 上的位置(2011 年—2016 年)
资料来源:全球著名科技咨询公司 Gartner 官方网站发布的新兴技术曲线

大数据技术迅速发展,和以下几个条件是分不开的:

首先,新的科技手段与大数据的积累和挖掘相辅相成。在电商领域,亚马逊、京东等通过大数据提前预测用户需求,并进行精准推送;在金融领域,刚刚成功上市的拍拍贷利用大数据风控模型"魔镜"系统,依靠算法技术,通过机器自学习不断自我迭代升级,已经积累了近 40 亿条数据。

其次,数据经济的持续发展依赖于已经崛起和即将崛起的无数从事数据经济的企业。目前,中国从事数据经济(即大数据专业)的企业有 2 000 多家,其中包括百度、阿里、腾讯等互联网企业,华为、浪潮、中兴等 IT 企业,以及一批如人大金仓、数据堂等聚焦大数据创新应用的初创企业。总体来说,可分为以下三大类细分市场[①]:融合应用(包括政府、工业、农业、金融、医疗、营销、交通与电信的大数据应用),数据服务(包括数据交易服务、数据采集和预处理服务、数据分析与可视化服务与数据安全服务),以及基础支撑(包括网络、存储和计算等硬件基础设施,资源管理平台与数据采集、预处理、分析和展示相关的方法和工具)。

再次,数据经济的发展离不开与"1＋10"中其他 9 个"经济"的协同。在大数据骨干企业不断加大研发投入的背景下,大数据与其他技术融合的创新取得了一系列重要进展。阿里巴巴的飞天技术平台融合了大数据和云计算的核心技术,每秒能实现高达 17.5 万笔的订单交易量;百度的"百度大脑"和科大讯飞的"讯飞超脑"等重大项目也是融合了海量数据分析、人工智能和云计算的成果。随着数据经济的不断发展,技术的融合创新将不断涌现、持续深入。数据经济市场将孕育出更多的全新的商业模式和新兴业态。

最后,数据经济的发展,也离不开国家的支持。中国大数据市场从 2009 年开始萌芽。当前,大数据已经成为国家基础性战略资源。2015 年,"大数据"首次被写入中国政府工作报告,当年,国务院颁布了《促进大数据发展行动纲要》。2016 年,我国"十三五"发展规划中明确提出了实施国家大数据战略,全面实施促进大数据发展行动,加

[①] 参见《2017 中国大数据产业发展白皮书》。

快推动数据资源共享开放和开发应用,助力产业转型升级和社会治理创新。北京、上海、天津、重庆、广州、贵州等省市制定了大数据发展规划,其中贵州率先颁布实施了全国首个省级大数据法规《贵州省大数据发展应用促进条例》。大数据产业基地开始在全国各地开展建设,如天津与北京、河北联合建设的"京津冀大数据走廊"。此外,贵州贵安新区、陕西西咸新区、湖北武汉"光谷"等地纷纷开始建设国家级大数据基地。

目前,数据交易产业化正逐步成型。上海市于 2016 年 4 月成立了数据交易中心,围绕"资源、技术、产业、应用、安全"的主线,布局"交易机构 + 创新基地 + 产业基金 + 发展联盟 + 研究中心"五位一体的大数据产业链生态,形成集数据贸易、应用服务、先进产业为一体的大数据战略高地。在一系列产业政策的支持下,数据经济产业规模迎来加速增长。赛迪智库数据显示,2016 年,我国包括大数据核心软硬件产品和大数据服务在内的市场规模达 3 100 亿元,未来两至三年内市场规模的增长率将保持在 35％左右。

希腊神话中,普罗米修斯为人类盗取火种,带来光明;但潘多拉的魔盒也随之开启,释放出罪恶和灾难。大数据就像是数字经济时代的"火种",在点亮人类智能文明的同时,也带来了包括数据泄漏等在内的一系列隐患。我们应该思考如何通过制度创新、技术创新等保障数据安全,合理合规地应用大数据。

二、服务经济(Service Economy)

数字技术极大地推动了服务经济的转型和升级。笔者在《数字化时代的十大商业趋势》一书中曾经提及关于服务经济的概念。服务经济是继农业经济、工业经济之后出现的,以提供服务产品为核心的一种崭新的经济形态。如果说服务是一种非交易性质的活动的话,那么服务业则是一种产业。一种有交易活动的经济行为,在产业经济学中被称为第三产业,而服务经济则是一种经济形态,它包含服务产业及其相关的制度(如税收等)。吴敬琏教授在《中国增长模式抉择》一书中,共有 306 次提到了"服务"二字。他认为,服务产业的快速发展源于科技进步与 ICT(用今天的话语系统来表达,用"数字技术"一词取代 ICT 可能更为贴切)。多年前,人们曾担忧服务经济的发展会挤压制造业经济、工业经济的生存空间。诚然,由此而产生的市场竞争会挑战许多行业和企业,但发展服务经济是发达国家经济发展的经验,也是发展中国家走向繁荣的切实体验。如果细心研究一下全球、中国、上海第三次产业发展的历史数据(见图 0.2,图 0.3),也许能发现数字技术(ICT)与服务产业发展的某些相关性。

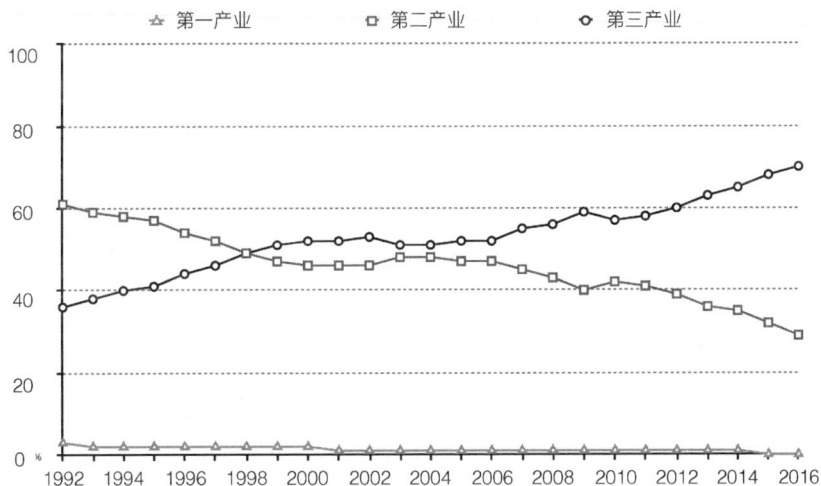

图 0.2 1992—2016 年,全国三次产业增加值占国内生产总值(GDP)的比重

资料来源:根据国家统计局相关数据整理

9

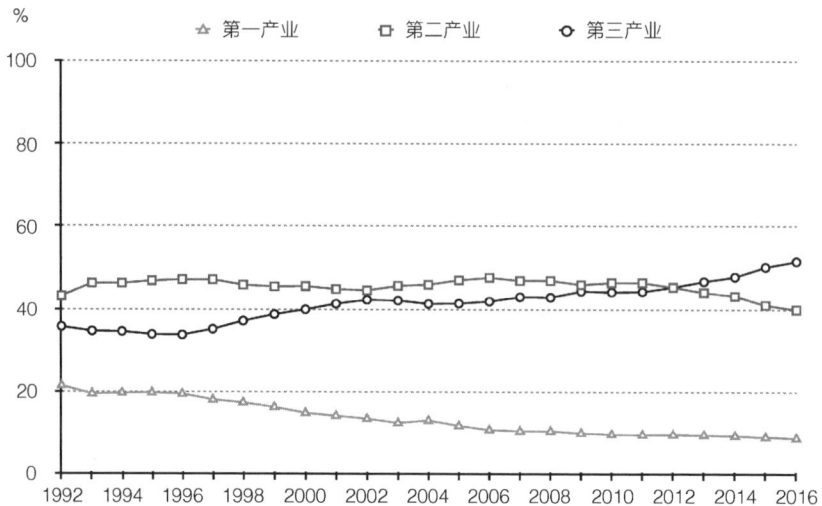

图 0.3　1992 年—2016 年，上海三次产业增加值占国内生产总值（GDP）的比重

资料来源：根据国家统计局相关数据整理

在服务经济年代，最重要的技术之一就是云计算与服务，而云服务将成为服务经济中的后起之秀。虽然迄今为止，服务经济的内涵和外延并没有形成广为接受的定义，但一般而言，服务经济都具备非实物性、非生产性、即时性等经济学特征。在服务经济时代，出现了商品的服务化（满足消费者的个性化需求）和生产的服务化（生产制造更灵活、更具弹性）两大趋势。生产的服务化离不开云计算技术的发展。2015年，IBM 曾对全球 5 000 多名 CXO（CEO/CFO/CIO 等的统称）做了调研，选出了 5 项明星技术，其中云计算与云服务位居第一（见图 0.4）。过去几年中，在全球企业信息化、数字化的背景下，云服务产业迅速发展壮大。据 Gartner 官方数据显示，2016 年，全球公有云服务市场规模达 2 091 亿美元，2017 年达 2 454 亿美元，预计 2021 年将达到 4 364 亿美元。2016 年至 2021 年间，预计增长率为 15.9%。《2016 年度中国云服务及云存储市场分析报告》显示，2016 年，中国云服务市场规模已达

516.6亿元；2017年，中国云计算市场份额将达690亿元以上。国内外涌现出一批云服务的领军企业，如国内的阿里（阿里云）、腾讯（腾讯云）、华为（华为云）、百度（百度云）等和国外的亚马逊、谷歌、微软、IBM等。中国企业在云服务的赛道上不甘居后，一些大的企业集团提供多项云服务，例如，阿里巴巴至少拥有11个"云"——除了国内的几个"云"以外，还在美国、欧洲、中东、新加坡、澳洲、日本等地也建立了云中心。京东作为一家以零售与电商起步的企业，云服务也得到了空前的重视。

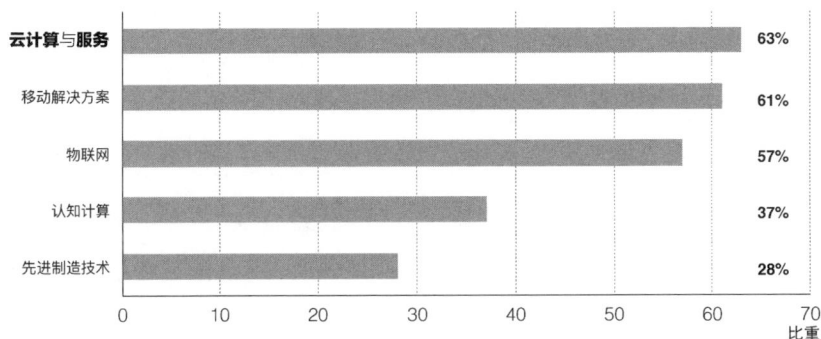

图 0.4 2015年IBM选出的5项明星技术

资料来源：IBM商业价值研究院

云服务的进一步发展扩容，需要底层通信技术的建设和升级。 5G技术将很有可能影响云服务的未来。业界认为，5G将大幅提高网速，相当于4G网速的100倍。用4G下载一部蓝光高清电影需要1小时，而5G只需用1秒。在5G时代，云服务将提供更快速的存储或读取，此时，电脑主机就显得不太重要了，因为依靠云存储与云计算就能实现数据的在线实时交互。以前，智能手机最大内存只有256G，PC机的内存远超手机。可是，当智能手机和PC机的上网速度和搜索资料的耗时几乎相同时，内存或许就不再重要，重要的是云！大量的东西都是在云端存储。5G提速，最终提高了工作效率。一些企业将会因此调整产品结构,向云服务的硬件制造与软件服务倾斜。

在 5G 技术的研发上,中国提前布局,先发优势明显。据媒体披露,中国电信运营商、芯片制造商和终端厂商等都在积极参与 5G 开发。中国移动计划在 2020 年之前实现 5G 的规模商用,中国电信也已把 5G 的商用列入了日程,中国联通募集巨额资金以提升 4G、5G 能力。三大运营商的布局,步步逼近 5G。据悉,我国率先提出的"5G 之花"的 9 个指标中,有 8 个被 ITU(国际电信联盟)采纳,领跑全球移动通信舞台。由华为等中国公司主导的 Polar 码(极化码),以及由中兴通讯提出的全新的 5G 物理层和多址技术等表明,中国在 5G 标准制定上已逐渐拥有话语权。当前,我国已经拥有全球最大的 5G 试验网,由华为、爱立信、诺基亚、中兴、英特尔等在系统、芯片、仪器仪表等领域的全球领先企业共同参与,在北京怀柔区也已经建成了全球最大的 5G 试验外场。2017 年 7 月 23 日的央视《新闻联播》中这样报道:"5G 将开辟移动通信发展新时代,推动我国**数字经济**发展迈上新台阶。"

未来,云服务将在服务经济中首屈一指,但发展云服务和 5G 通信技术,信息安全问题不容忽视。作为支撑数字经济时代的底层服务技术,云服务将是区块链、量子传输、量子通信等新兴科技的孵化源泉。如何将诸如此类的科技创新与云服务置于同一个高效的法律法规体系下运营,是不可回避的严肃的重大课题。

三、平台经济(Platform Economy)

平台是双边市场、多边市场的产物,它必须借助移动互联网的优势。平台经济的特点是开放、服务最大化,并提供部分免费服务。在数字经济时代到来之前,简单的物理平台在商业上作为平平;而今天,数字经济借助平台的形式成就了一大批企业,其中既有创新型企业,也有传统企业。以下是国内外平台型企业一览表(见表 0.3、表 0.4)。

表 0.3　全球上市平台型企业 TOP25

	企业	国家	市值
1	APPLE	美国	
2	GOOGLE	美国	
3	MICROSOFT	美国	
4	AMAZON	美国	
5	FACEBOOK	美国	
6	ALIBABA (阿里巴巴)	中国	
7	TENCENT (腾讯)	中国	
8	ORACLE	美国	
9	INTEL	美国	
10	SAP	德国	
11	BAIDU (百度)	中国	
12	SOFTBANK	日本	
13	NASPERS	南非	
14	PRICELINE	美国	
15	NETFLIX	美国	
16	SALESFORCE	美国	
17	PAYPAL	美国	
18	JD.COM (京东)	中国	
19	EBAY	美国	
20	LINKEDIN	美国	
21	YAHOO!	美国	
22	YAHOO JAPAN	日本	
23	RAKUTEN	日本	
24	NAVER	韩国	
25	TWITTER	美国	

$0B $100B $200B $300B $400B $500B $600B

表 0.4　全球私营平台型企业 TOP25

	企业	国家	估值
1	UBER	美国	
2	XiaoMi (小米)	中国	
3	AliPay (支付宝)	中国	
4	Airbnb	美国	
5	Snapchat	美国	
6	Didi Kuaidi (滴滴出行)	中国	
7	Flipkart	印度	
8	Pinterest	美国	
9	Dropbox	美国	
10	lu.com	中国	
11	Lufax	中国	
12	Wework	美国	
13	Spotify	瑞典	
14	Meituan (美团)	中国	
15	Meizu.com (魅族)	中国	
16	Olacabs	印度	
17	Stripe	美国	
18	Zenefits	美国	
19	Dianping (大众点评网)	中国	
20	Shanghai Han Tao (上海汉涛)	中国	
21	Beijing Feixiangren (北京飞翔人)	中国	
22	Credit Karma	美国	
23	Atlassian	澳大利亚	
24	Delivery Hero	德国	
25	Fanarics	美国	

$0B $10B $20B $30B $40B $50B

资料来源：Global Platform Survey，The Center for Global Enterprise，January 2016

　　另外,不能忽略平台的三个特点:

　　首先,"开放"可以让平台经济企业赢得更多的市场份额,提升竞争力和效率。

　　在决胜市场的过程中,企业的"开放"心态往往能使其更胜一筹。随着 AlphaGo 战胜柯洁,谷歌在人工智能领域开放的布局浮出水面。2015年,谷歌开源了 AI 分析处理系统 TensorFlow,为基于 TensorFlow 的项目提供了一流的操作环境。这使得全球领先的机器学习团队在开发智能服务时将 TensorFlow 框架作为首选。反过来这也促使谷歌在智能服务中占到优势。众所周知,中国的科大讯飞人工智能生态也在逐步构建之中。2010 年,它发布了全球首个移动互联网智能语音交互平台,即"讯飞开放平台",该平台基于多元化的场景,与合作伙伴共同开发细分领域的个性化智能应用服务,即所谓的人机交互的"AIUI 智能开放平台"。截至 2016 年 6 月末,该平台覆盖终端用户数已达到 8.1 亿人,合作伙伴超过 16 万家,日服务量达 24 亿人次[①]。此外,中国也有比肩谷歌的开放平台,那就是旷视科技推出的 Face＋＋人工智能平台,一个面向开发者的开放平台。该平台总共为 600 家企业和 5 万余位开发者提供了智能服务,每天被用户调用超过 2 600 万次,其中包括蚂蚁金服、美图秀秀、菜鸟驿站、亚马逊联合创新中心、中国银行等知名企业。查一下网上的有关信息,马云的支付宝"刷脸"技术跟 Face＋＋有关。最新的 Face＋＋平台拥有四大利器[②]:一是算法升级,检测更准、更快、更稳;二是更多的 API(应用程序编程接口),除了人脸识别以外,还提供了证件识别、图像识别、文字识别的能力;三是服务更透明,开发者可以实时监控服务质量与状态;四是继续免费。开放的特质正使得旷视科技的 Face＋＋逐渐成为中国市场上的主流人脸识别技术。

　　平台经济方兴未艾,政策制定部门、监管部门、立法机构和执法机构要有"大平台"的开放心态。跨部门平台的本意是提高效率,例如,2017 年 9 月中旬,新闻媒体上就报道了"上海银税互动信息服务平台""中国科学院机构知识管理平台"等平台的成立。平台要避免画地为

[①] 王丹.人工智能 A 股样本:科大讯飞"听辨"大格局[EB/OL].(2017－03－21).http://www.21jingji.com/2017/3－21/1MMDEzNzhfMTQwNDk1Mw.html.

[②] "旷视"人工智能平台官网。

牢、以邻为壑，而"大平台"可以防止"九龙治水"、效率低下的弊端，例如，建立国家层面的电子政务平台，便于宏观审视、实时监管、及时协调各个政府部门平台的运作与联通，为企业提供最快捷的服务。

其次，发展平台经济须坚持服务最大化，既赋能消费者，又赋能生产者。平台是基于移动互联网优势的双边市场的产物，从初创的那一天起，它就以服务最大化为宗旨。优质平台所提供的一流服务深入人心，而相比过去传统的服务，平台服务的效率既有利于生产者，又有利于消费者。

迄今为止，绝大部分的平台型企业都擅长于赋能消费者，并为此进行了一系列技术创新。例如，为了让消费者能够更轻松地浏览商品、点叫服务、下单购物，平台型企业引入语音技术、视频技术，甚至 AR、VR 技术；为了及时分拨、配货、递送，让消费者尽快收到货品，平台型企业开始引入人工智能存储系统，乃至无人车、无人机；为了让消费者更便捷地支付货款，平台型企业引入了射频识别系统（RFID）和各种电子支付（二维码）系统。

然而，平台发展、平台转型更进一步的境界是赋能生产者。在双边市场和多边市场中，平台连接着采购商与供应商，连接着消费者与生产者，连接着供应链的双边、多边。平台问世以来，正面效益显著，负面反映也不少，假冒伪劣渐渐成了电商平台成长中的烦恼。消费者抱怨在电商平台频遇假货，生产者抱怨在电商平台上屡被冒牌，电商平台成为众矢之的。2017 年 4 月出版的《阿里巴巴 B＋时代：赋能中小企业》明确表示，阿里巴巴正在从赋能消费者走向赋能生产者，更具体地说就是以信用赋能生产者（中小企业）。阿里巴巴用自身积累了 15 年的诚信体系的宝贵数据，用算法这个利器，携手生产者，共同杜绝制假售假。通过"优先排名""向客户推荐"等方式，让信用良好的中小企业建立品牌与信誉。马云在 2017 年 9 月 20 日彭博全球商业论坛上回答记者提问时说"为小企业赋能,才是互联网行业最好的事情""我们的工作是鼓励更多公司成为亚马逊"。

电商平台持续创新的结果可能是一个既赋能消费者又赋能生产者的生态圈。在这个生态圈中,平台自身也将同时被消费者、生产者所赋能;在这个生态圈中,生产者、消费者、平台三者将同声相应,同气相求,兴利除弊,合作共赢。

最后,发展平台经济要理性地思考免费与收费。《长尾经济》的作者安德森在 2009 年推出《免费》一书。该书中文版的推荐序《免费的力量》(周鸿祎)和《免费:安德森范式》(段永朝)两篇文章,至今读来还饶有意味。天下所有的总经理总是以尽快取得效益、收回成本为职责,《免费》当真要让企业始终如一地免费吗? 一路拼杀至今的林林总总的电商平台深谙其中之道,它们在创立之初,总是以免费开路,无论是马云的淘宝、马化腾的免费聊天、周鸿祎的 360 杀毒软件,还是百度、搜狐、新浪、网易的搜索引擎,无不凭借数字化的特有优势,通过免费的成功导流,获得了海量的用户。在互联网和物联网年代,从某种意义上说,拥有用户就拥有定价权。当今,免费的模式层出不穷:硬件收费,软件免费;软件收费,硬件免费;此项收费,那项免费。这些形形色色的免费范式,令消费者在省钱的同时萌生隐忧。免费享受了服务,难免泄露个人信息。如今,大型电商平台也开始收费了。理性地思考免费与收费,是平台经济发展中值得注意的一种策略。

平台经济是双边市场、多边市场的产物,开放和服务最大化是其本质特点和核心优势,"免费"只是开放和服务最大化带来的边际效应。但如果本末倒置,将"免费"等同于平台,把"免费"看作平台必然的产物,则会对数字经济健康的创业生态造成伤害,因为这背离了经济学原理。

四、物联经济(Internet of Things Economy)

在数字经济时代,"无处不终端、处处皆计算"的移动技术,让联系"人与人"的互联网快速进化成联系"人与物""物与物"的物联网。由物联网催生的物联经济,被善于洞察先机的企业家们视为发展良机。

零售业成了物联经济的先试先行者。IBM 商业价值研究院在《物联网＋》一书中指出:"通过将每部设备转变为拥有者与用户之间的交易点和经济价值创造者,物联网将创造新的实时数字经济和新的价值来源。"我们将这种转型称为"物联经济"。该书同时指出,"我们周围的无数种资产与任何在线商品一样,能够轻松地进入索引、搜索和交易"。由此,"所有的行业都面临着巨大的经济增长和进步机遇""这将创造一种具有重大意义的全新的物联经济"。此外,在本书中我们可以看到亚马逊采用 IBM"数据洞察与分析优化方法论"(见图 0.5),成功预测客户的购买行为,精准地实现"提前出货",既不爆仓也不缺货,这是一种

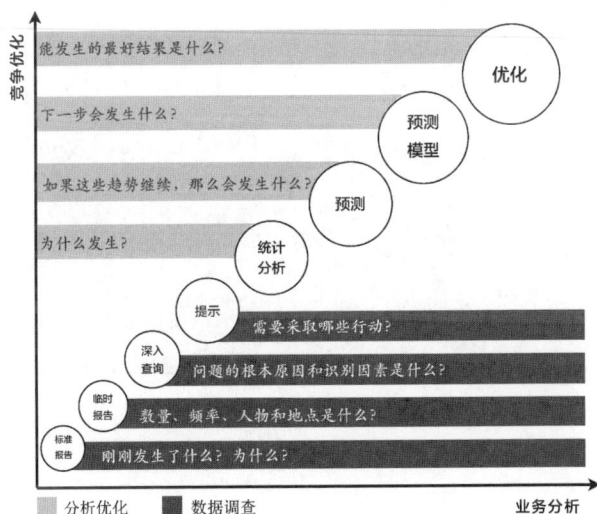

图 0.5　数据洞察与分析优化方法论

资料来源:IBM 商业价值研究院《物联网＋》

17

高超而又极富价值的运营管理技术。今天中国的企业京东物流、菜鸟网络、苏宁等都已应对自如。

研究表明,前几年亚马逊在分拨中心配货系统中,成功采用了物联网技术,首先巅覆了零售行业传统的存放货品的模式(固定存储即固定货架、固定区位),代之以"随机存放、随机入架"的模式,即把入库的物品随机插在任何空置货架上,有效地利用存储空间,省时提效,降低花在新员工培训上的物力和精力;其二是巅覆了传统的拣货配货模式,即以"货架找人"替代"人找货架"(见图 0.6),该技术采用了 Kiva 机器人(见图 0.7)。Kiva 是亚马逊斥资 8 亿美元收购的,它实现了 5 项科技创新,包括**巡航技术**(用于读取地上的网格视觉记号)、**视觉系统**(用于读取货柜条形码以定位货物)、**无线连接**(保证与其他无线系统无缝整合)、**自动充电**(即系统自动控制 Kiva 回站点充电的时间点),以及通过软件系统**无线定位**,规划往返最短路径。

图 0.6　以"货架找人"替代"人找货架"

资料来源:Youtube

这一类物联网技术的背后是算法技术,比如启发式算法和 A * 算法。启发式算法(heuristic algorithm)是一个基于直观或经验构造的

图 0.7　Kiva 机器人

资料来源：Youtube

算法，在可接受的花费(指计算时间和空间)下，对每一个实例中待解决的组合优化问题给出一个可行解，该可行解与最优解的偏离程度一般不能被预计。A * 算法(A-Star)是一种静态路网中求解最短路径的最有效的直接搜索方法。当搜索函数的估价值与实际值越接近，此函数就是越好的估价函数(见图 0.8)。

今天，中国的企业已经开始在物联网领域中崭露头角，前景看好。极智嘉(Geek＋)是一家专注仓储物流领域的科技公司，采用机器人和人工智能技术为物流行业提供高度柔性和智能的物流自动解决方案。该解决方案已在天猫超市、唯品会、苏宁电器、联华超市等多家企业的物流管理中实现商用。这个公司的研发团队成员毕业于国内一流高校，其中多名成员曾经在国内外机器人比赛中获奖。

Geek＋机器人系统，整合库存管理、订单管理，形成整体解决方案，从而在上架、理货、订单拣选等多个环节中提升作业效率(大约可达传统人工作业效率的 3 倍)(见图 0.10)。同时，Geek＋的机器人调度、

19

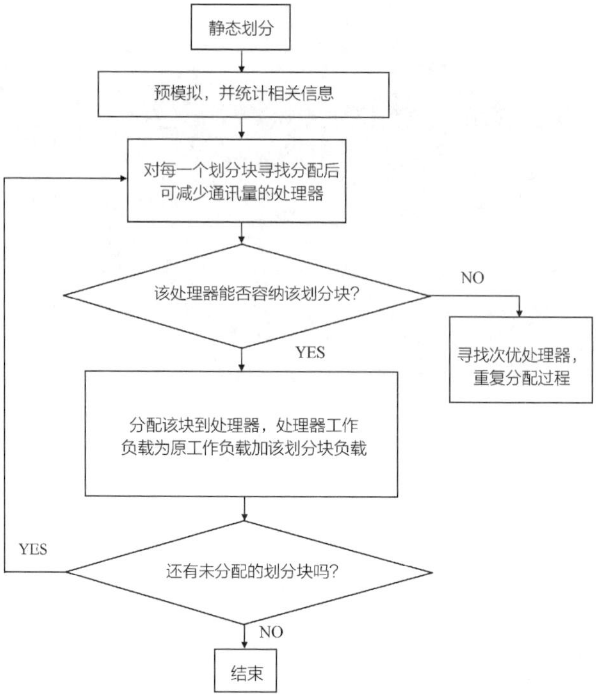

图 0.8　启发式算法示意图

资料来源：根据互联网公开资料整理

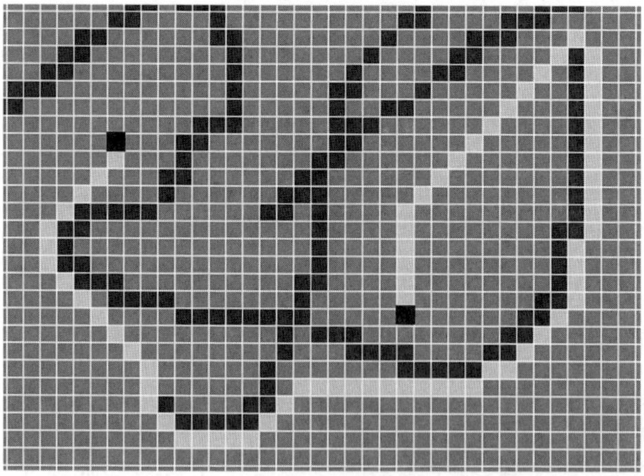

图 0.9　A＊算法示意图

图 0.10　Geek＋机器人

资料来源：Geek＋官网

智能仓储模块可根据不同的业务场景实现定制化，它的算法仿真系统包含全局聚类、动态批次、关联挖掘等优化策略。位于上海嘉定区的京东"亚洲一号"是国内最大的单体物流中心之一，2014 年 10 月投入运营，其建筑面积接近 10 万平方米，仓储层高达 24 米。"亚洲一号"大规模应用自动化设备和机器人对商品在立体化空间中进行存储、拣选、包装、输送和分拣，自动化率达 90％。2017 年 6 月 18 日，央视《经济半小时》栏目对京东的分拣机器人"小黄人"进行了报道——300 个"小黄人"借助二维码和惯性导航，自动识别快递面单信息，自动完成包裹的扫码与称重，以最优线路 1 秒钟完成投递，其效率是人工效率的 8 倍。"小黄人"还能自动充电，即使出了故障，维修时间也仅需 20 秒。另据媒体报道，"菜鸟物流"于 2017 年 9 月 20 日正式宣布启动超级机器人仓群，以确保在物流单量高速增长的情况下，依然能大幅提升运营效率。据悉，这些建于上海、天津、广东、浙江、湖北等地的仓群，将通过算法技术、自动化流水线、AGV 机器人等提升仓内无人化作业水平（见表 0.5）。如今，商家为求在激烈比拼中胜出，需要求助超前的物联经济理念与全面的物联网技术。在本书定稿的 2017 年 12 月份，一年一度的"双十一"大促刚刚落下帷幕，订单爆仓还需物联网技术保驾护航。一般情况下，人工分拣一小时能处理 1 000 件包裹，而智能包裹分拣系统的自动分拣大大提升了效率——传送带装备了自动扫码系统，利用物联网图像采集、传感、信息处理技术等，快速扫描货位，并能实时访问服务器数据库，获得每个包裹的地址信息，再由数据驱动包裹到相应的下料口。

表 0.5　亚马逊、菜鸟、京东、苏宁智能仓储与物流七大功能表

智能仓储与物流七大功能	仓储系统	自动分拣系统	仓库智能机器人	识别系统	运输系统	无人机送货	最后一公里配送
A 亚马逊	Amazon SkuVault WMS 系统	Robotic Automated Picking System	Kiva 机器人	Amazon Rekognition	Amazon Transportation	Prime Air	Kozmo 自行车
C 菜鸟	菜鸟 WMS 仓储系统	机械臂自动拣选系统	Geek+ "曹操" 机器人	AR 智慧物流系统	TMS/DSS 运输系统	菜鸟无人机	末端配送机器人
J 京东	京东"玄武"仓储系统 WMS 5.0	京东"青龙"预分拣系统	AGV 机器人	PCL 实验室感知识别技术	"赤兔" TMS 大运输系统	京东无人机	京东无人车
S 苏宁	苏宁"指南针 WCS"智能仓库控制系统	SCS 旋转库系统	Geek+ 机器人	苏宁图像智能分析平台	天眼物流平台	苏宁无人机	收购天天快递

资料来源：根据互联网公开资料整理

曾几何时，物联经济发展有如星星之火，渐成燎原之势。据 Venture Scanner 的最新统计，截至 2017 年第一季度，全球物联网行业相关公司已经突破 1 800 家，覆盖软件开发、智能家居、智能汽车等 20 余个领域，融资金额达 320 亿美元。2007 年全球物联网领域融资金额仅 4 亿美元，2016 年为 62.5 亿美元。

在过去 10 年中，鉴于物联网行业的快速发展，全球部分国家制定了关于物联网发展的战略（见表 0.6）。

表0.6　部分国家关于物联网发展的战略

国家	关于物联网发展的战略
中国	2009年8月,时任国务院总理温家宝视察无锡时提出建立"感知中国"中心,开启了中国物联网发展的新纪元(2015年11月24日《新华日报》"无锡:'物联'你我,'感知'世界")
	2012年2月14日,工信部发布《物联网"十二五"发展规划》,提出在核心技术研发与产业化、关键标准研究与制定、产业链条建立与完善、重大应用示范与推广等方面取得显著成效
	2013年2月17日,《国务院关于推进物联网有序健康发展的指导意见》(国发〔2013〕7号)印发,提出要推进物联网的应用和发展,实现物联网在经济社会各领域的广泛应用,掌握物联网关键核心技术,基本形成安全可控、具有国际竞争力的物联网产业体系,成为推动经济社会智能化和可持续发展的重要力量
	2015年5月8日,《国务院关于印发〈中国制造2025〉的通知》(国发〔2015〕28号)提出:"加快开展物联网技术研发和应用示范,培育智能监测、远程诊断管理、全产业链追溯等工业互联网新应用。"
	2016年3月16日,在第十二届全国人民代表大会第四次会议闭幕会后的中外记者会上,李克强总理表示:"我们说要发展'新经济'是要培育新动能,促进中国经济转型。'新经济'的覆盖面和内涵是很广泛的,它涉及一、二、三产业,不仅仅是指三产中的'互联网+'、物联网、云计算、电子商务等新兴产业和业态,也包括工业制造当中的智能制造、大规模的定制化生产等。"
	2017年5月,李克强总理致信祝贺2017中国国际大数据产业博览会在贵阳开幕,他在贺信中表示:"当前新一轮科技革命和产业变革席卷全球,大数据、云计算、物联网、人工智能、区块链等新技术不断涌现,数字经济正深刻地改变着人类的生产和生活方式,作为经济增长新动能的作用日益凸显。"
美国	2005年,美国国防部将智能微尘(SMARTDUST)列为重点研发项目
	2009年2月17日,时任总统奥巴马签署生效的《2009年美国恢复与再投资法案》中提出在智能电网、卫生医疗信息技术应用和教育信息技术进行大量投资
	2016年,美国参议院商业委员会批准通过成立工作委员会,为美国政府推动物联网创新提供顶层框架设计、创新建议和为推动物联网发展的频谱规划
	2016年初,美国商务部、总统行政办公室、国家科学与技术委员会、先进制造国家项目办公室向国会联合提交了首份国家制造创新网络年度报告和战略计划,希望借助先进的网络技术基础重塑美国在制造业的领先优势
	2016年6月,由美国能源部和加州大学洛杉矶分校共同牵头成立的第九家制造业创新中心"智能制造创新中心"在洛杉矶成立,联邦机构和非联邦机构各投资7 000万美元用于重点推动智能传感器、数据分析和系统控制的研发、部署和应用

23

（续表）

国家	关于物联网发展的战略
欧盟	2009 年 6 月 18 日,欧盟在比利时首都布鲁塞尔向欧洲议会、欧洲理事会、欧洲经济与社会委员会和地区委员会提交了公告:《物联网——欧洲行动计划》
	2014 年 1 月 31 日,"欧盟科研框架计划"的"地平线 2020"科研框架在英国正式启动,通过该计划将在物联网领域投入近 2 亿欧元,建设连接智能对象的物联网平台,开展物联网水平行动,推动物联网集成和平台研究创新,特别是重点选取自动网联汽车、智慧城市、智能可穿戴设备、智能农业和食品安全、智能养老等五个方面开展大规模示范应用,希望构建大规模开环物联网生态体系
	2015 年,重构物联网创新联盟(AIOTI)
	2016 年,组建物联网创新平台(IOT - EPI)构建蓬勃发展的、可持续的欧洲物联网生态系统,最大化发挥平台开发、互操作、信息共享等"水平化"共性技术和能力的作用
日本	2004 年,日本信息通信产业的主管机关总务省(MIC)提出了"u-Japan"战略,成为最早采用"泛在"(Ubiquitous)一词描述信息化战略并构建无所不在的信息社会的国家。"泛在网络"(Ubiquitous Network)日益受到更多国家和相关国际组织的重视(注:U 网络来源于拉丁语的 Ubiquitous,是指无所不在的网络,又称泛在网络)
	2009 年 7 月,日本 IT 战略本部提出《i-Japan 战略 2015》,目标是实现以国民为中心的数字安心、活力社会。在"i-Japan"战略中,强化了物联网在交通、医疗、教育和环境监测等领域的应用
	2016 年日本物联网市场规模为 62 000 亿日元,到 2020 年将达到 138 000 亿日元。在日本总务省和经济产业省指导下,由 2 000 多家日本国内外企业组成的"物联网推进联盟"在 2016 年 10 月与美国工业互联网联盟(IIC)、德国工业 4.0 平台签署合作备忘录,希望美日德联合推进物联网标准合作
俄罗斯	2016 年,俄罗斯首次对外宣称启动物联网研究及应用部署。俄罗斯互联网创新发展基金制定了物联网技术发展"路线图"草案,俄罗斯工业贸易部、俄罗斯通信与大众传媒部、互联网创新发展基金、俄罗斯各联邦主体和其他有关政府机构将在此基础上进一步确定试验项目、试点行业和地区。预计试验项目将在 2017 至 2018 年启动,到 2020 年计划实施至少 20 个项目
韩国	2009 年 10 月,韩国通信委员会通过了《物联网基础设施构建基本规划》,将物联网市场确定为新增长动力,确定了构建物联网基础设施、发展物联网服务、研发物联网技术、营造物联网扩散环境等四大领域、12 项详细课题。未来 10 年间韩国未来创造科学部将投入超过 2 万亿韩元推进这九大项目,同时韩国运营商积极部署推进物联网专用网络建设

资料来源:物联网发展全球开花[J].网络传播,2017(5):46 - 47.

根据贝恩咨询的预测：到 2020 年，出售硬件、软件和综合解决方案的物联网服务供应商年收入可达 4 700 亿美元，可用利润达 600 亿美元，同时，云服务提供商、分析和基础设施软件供应商将对物联网交易产生重要影响。

尽管物联网技术发展很快，但根据 Gartner 公开发布的 2017 Hype Cycle 新兴技术曲线（见图 0.11），**物联网平台**（IoT Platform）技术却尚处于上升期，可能还需 2 至 5 年时间才能走向成熟。

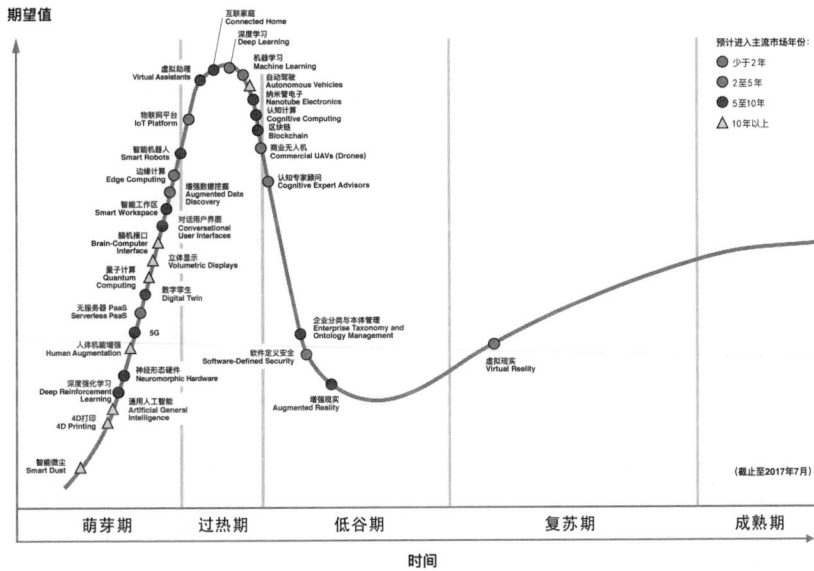

图 0.11　2017 Gartner 新兴技术曲线（根据 2017 Gartner 新兴技术曲线翻译）

资料来源：Gartner

2017 年 1 月 6 日，埃森哲发布《2017 动态数字消费者报告》，首次将数字语音辅助设备（如 Amazon Echo 和 Google Home）的购买意愿纳入调查范围。尽管目前仅有 4％的受访者拥有此类产品，但有 65％的受访者表示会经常使用这些设备。这表明，此类新技术的接受度很高。此外，有 46％的受访者称计划在未来 5 年内购买家用互联监控摄像机(上一年为 10%),有 44%的消费者称计划在未来 5 年内购买可穿戴健康监测设备(上一年为 12%),同时,还有 42%的受访者称计划在5 年内购买智能家用恒温器(上一年为 8%)。

无论是工业经济时代还是数字经济时代,赢得先机的关键在于是否拥有相应的基础设施。数字经济企业中的佼佼者 BAT、科大讯飞、京东、华为、亚马逊等,以及领跑数字经济的北、上、广、深、黔、渝、浙、苏等地区,无一例外地对"大、云、平、移"等与数字经济相关的基础设施作了倾力部署。

除了基础设施之外,对与物联网相关的各类前沿技术的及时把握也是制胜的关键。据统计,与物联经济相关的前沿技术有 30 余项,其中包括数字许可证授权管理、硬件安全、数字镜像/数字双胞胎、自动驾驶技术、泛在独立物流网格、低功耗网络(LPN)、物联网 ERP、供应链区块链、城市智慧交通预测解决方案、仓储执行系统(WES)、用于物流的可穿戴设备、仓储机器人、供应链物流衔接等。事实上,"中国制造2025""工业 4.0"等战略部署应用的核心技术就是物联网技术,它们的实施最终也必然会推动物联经济的发展。

在特定领域中,医疗领域的物联经济(包括移动医疗、医联体、互联网医院、分级诊疗等)正在探索中前行;河出伏流,干霄凌云,未来物联经济或将成为移动互联网应用的后起之秀。普华永道的一份咨询报告指出,人口老龄化、患者的个性化需求、基础设施的日新月异(例如已经出现的电子医疗记录、远程监控和通讯、随时随地的医疗服务)等都为移动医疗的发展创造了条件。经过几年的快速迭代,人们对移动医疗已不陌生。业内对其迭代的大致共识如下(见图 0.12):移动医疗 1.0时代涵盖面向 C 端用户的预约挂号、咨询问诊、移动支付等外围医疗服务,尚不涉及具体诊疗;2.0 时代将在 1.0 时代的基础上,实现从医到药的就医诊疗服务,但全流程尚未移动化;3.0 时代则要解决移动医疗的可持续发展,找到持续盈利的商业模式,其中与保险公司合作或许是一个途径,例如可以探索建立某种商业健康保险,以形成移动医疗稳定的支付方与控费方。

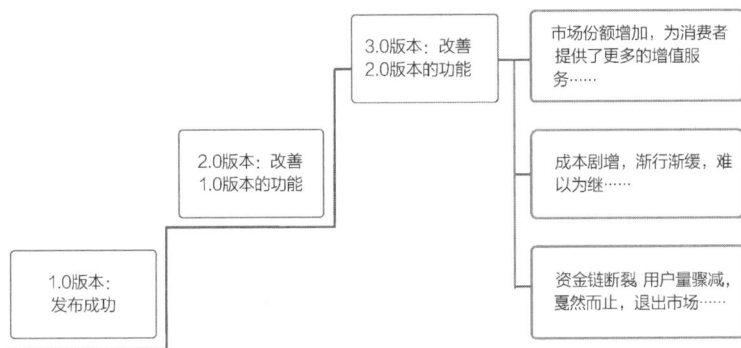

图 0.12　移动 1.0 时代、2.0 时代、3.0 时代迭代图

"中国制造 2025"、德国的"工业 4.0"等是物联经济的国家级范式。2017 年 11 月 28 日,国务院印发《关于深化"互联网 + 先进制造业"发展工业互联网的指导意见》,意见中明确了 3 个发展阶段——到 2025 年,覆盖各地区、各行业的工业互联网网络基础设施基本建成,工业互联网标识解析体系不断健全并规模化推广,基本形成具备国际竞争力的基础设施和产业体系;到 2035 年,建成国际领先的工业互联网网络基础设施和平台,工业互联网全面深度应用并在优势行业形成创新引领能力,重点领域实现国际领先;到本世纪中叶,工业互联网创新发展能力、技术产业体系以及融合应用等全面达到国际先进水平,综合实力进入世界前列。

有专业人士预测,不久的将来,物联网将呈爆发式增长。而物联网产业链庞大,垂直分工精细,投身其中的企业如果要获得主导性地位,必须通过协同的方式,建立完整的物联网生态系统。

五、共享经济(Sharing Economy)

足不出户,您便可收到网购的物品,这是因为您分享到了快递哥的上门送货服务;不用上街扬招,您便可坐等滴滴接驾,这是因为您分享到了网约车平台的快捷派车服务。分享经济为创业、创新提供了一种新思维,即充分利用自身资源,借助物联网渠道,降低原始投资成本,创造出新的商业模式和生活方式。

分享经济的理念,最初出现在20世纪70年代,当时被称为"合作消费"(见表0.7)。2011年,"分享经济"被美国《时代周刊》称为"将改变世界的十大创意之一"。共享经济和分享经济,在经济学上几乎是同一个概念,即"sharing economy"。近几年,中国共享经济的创业创新成绩有目共睹。2017年11月,习近平在APEC会议的演讲中多次提到了"共享"一词,并指出"新一轮科技和产业革命形成势头,数字经济、共享经济加速发展,新产业、新模式、新业态层出不穷,新的增长动能不断积聚"。

表0.7 分享经济(The Sharing Economy)概念的演变

年 份	关于"分享经济"概念的演变
1978	马科斯·费尔逊(德克萨斯州立大学社会学教授)和琼·斯潘思(伊利诺伊大学社会学教授)首次提出"合作消费"的理念(2C: Collaborative Consumption)
2004	尤柴·本科勒(哈佛大学法律学教授)分析了"可分享物品"概念,表示共享与可分享物品将改变经济生产的模式
2011	"合作消费"模式的"The Sharing Economy"被美国《时代周刊》列入"将改变世界的十大创意之一"
2015	"The Sharing Economy"为"双创"提供了一种新思维,即充分利用自身资源,又通过互联网渠道不断降低原始投资成本,创造出更多新的商业模式和生活方式

资料来源:根据互联网公开资料整理

关于分享经济，以下几点观察值得分享：

10 年前风行的分享经济是外包与众包。2006 年，弗里德曼的《世界是平的》一书揭示了互联网时代的到来，指出互联网是"碾平世界的十大动力之一"。凭借数字技术，人们可以采用外包的方式，实现服务贸易的跨国、跨境交易。10 年来，全球服务外包发展很快，如图 0.13 所示。仅在 2017 年，中国国务院与国家商务部就四次推出有关文件与政策，如表 0.8 所示。众包（Crowdsourcing）一词的首提者是《众包》的作者杰夫·豪。企业开发产品可以由众多置身于公司之外的国内、国际的技术人员借助互联网实现跨国、跨时区、跨界的协作来完成。

（单位：亿美元）

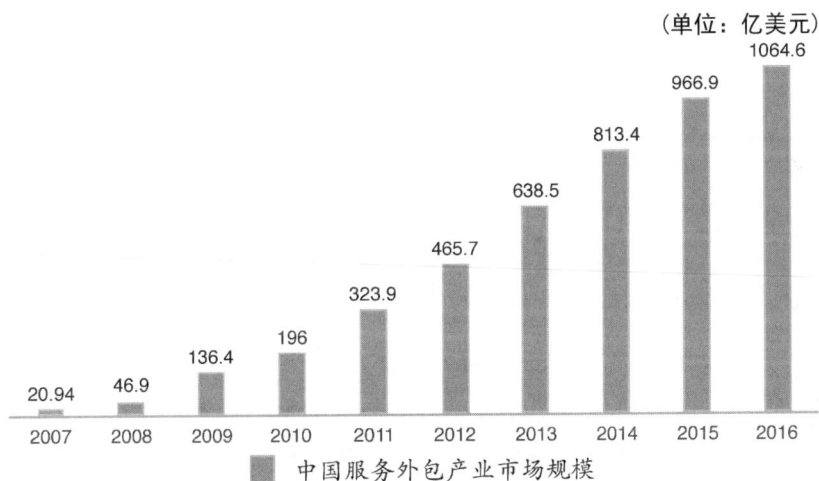

图 0.13　2007 年—2016 年中国服务外包产业 10 年发展趋势

资料来源：商务部《中国服务外包发展报告》

表 0.8　2017 年中国服务外包发展的有关政策

时　间	发文字号	国务院、商务部关于推动服务外包发展的相关政策
2017 年 3 月	商服贸发〔2017〕76 号	《服务贸易发展"十三五"规划》：大力发展跨**服务外包**等新型服务，支持**服务外包**行业的创新创业。利用环渤海、长三角、泛珠三角服务贸易集聚圈的优势，推动**服务外包**领域资源的集聚

（续表）

时　　间	发文字号	国务院、商务部关于推动服务外包发展的相关政策
2017 年 3 月	国发〔2017〕23 号	《国务院关于印发全面深化中国（上海）自由贸易试验区改革开放方案的通知》：推动将国际贸易"单一窗口"覆盖领域拓展至服务贸易，逐步纳入技术贸易、服务外包、维修服务等，待条件成熟后逐步将服务贸易出口退（免）税申报纳入"单一窗口"管理
2017 年 5 月	商服贸发〔2017〕170 号	《国际服务外包产业发展"十三五"规划》：到 2020 年，实现企业承接离岸服务外包合同执行金额超 1 000 亿美元，年均增长 10% 以上。提高服务外包行业的标准化、智能化程度，培育一批具有国际先进水平的骨干企业和知名品牌。结合"一带一路"战略，培育服务发包市场，推广和传播中国的技术和标准
2017 年 8 月	国发〔2017〕39 号	《国务院关于促进外资增长若干措施的通知》：通过制定财税支持政策，发挥外资对优化服务贸易结构的积极作用。将服务外包示范城市符合条件的技术先进型服务企业所得税优惠政策推广到全国，引导外资更多投向高技术、高附加值服务业

资料来源：中国政府网

　　跨国的服务外包，以 2B 见多，国内的外包则既有 2B，也有 2C。而众包业务，无论是国际还是国内，2C 与 2B 均可发展。到了分享经济的层面，无论是外包还是众包，分享的是时间、技能、知识、劳务等因素。

　　时下成为热点的分享经济涵盖了衣食住行等 16 个领域。人们可以分享内容、分享产品、分享空间、分享知识、分享资金，乃至闲置资源等。分享的目标是优化资源配置。2017 年 9 月 23 日，腾讯证券转载美国博客网站 BI 的文字称，从全球范围来看，大多数"独角兽"[①]公司都设在美国和中国。的确，细数全球十大"独角兽"公司，有 4 家注册在中国（见表 0.9）。

---

① "独角兽"企业指，成立不到 10 年但估值 10 亿美元（＄1 billion）以上的科技创业公司。

表 0.9 全球十大"独角兽"企业表

名　　称	估值/市值	名　　称	估值/市值
优步：Uber	$ 68 Billion	Palantir Technologies	$ 20 Billion
滴滴出行	$ 50 Billion	一起办公：WeWork	$ 20 Billion
小米	$ 46 Billion	陆金所	$ 18.5 Billion
爱彼迎：Airbnb	$ 29.3 Billion	新美大	$ 18 Billion
SpaceX	$ 21.2 Billion	Pinterest	$ 12.3 Billion

资料来源：腾讯财经

　　此外，我们还总结出了全球十大分享经济的"独角兽"企业（见图0.14、表 0.10），与传统外包、众包企业不同，这类分享经济企业的业务以 2C 见多。

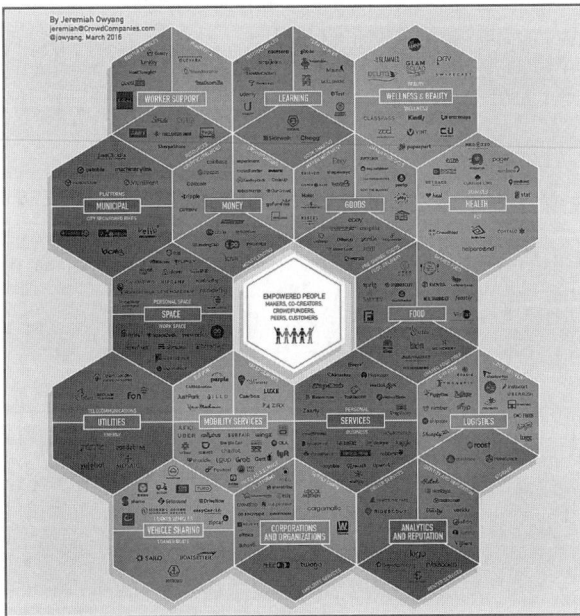

图 0.14　分享经济企业名单：16 个领域（280 家）

资料来源：Crowd Companies Council、CrunchBase

表0.10　全球十大分享经济"独角兽"企业

名　　称	估值/市值	名　　称	估值/市值
优步：Uber	$ 68 Billion	HomeAway	$ 3.9 Billion
滴滴出行	$ 50 Billion	Instacart	$ 3.4 Billion
爱彼迎：Airbnb	$ 29.3 Billion	Ola Cabs	$ 3.0 Billion
一起办公：WeWork	$ 20 Billion	借贷俱乐部：Lending Club	$ 2.1 Billion
Lyft	$ 7.5 Billion	Careem	$ 1.0 Billion

数字技术的发展令分享经济如虎添翼。如果没有数字技术,面对海量人群的海量需求,面对需要分享给海量消费者的海量资源,分享经济企业将束手无策,何谈提速发展。没有大数据技术,滴滴无法实时定价;没有云服务技术,摩拜无法扫描开锁;没有平台技术,"上海停车"APP无法更新车位;没有移动互联网与物联网技术,爱彼迎(Airbnb)、一起办公(WeWork)无法便捷招租。大数据、云计算、平台、移动互联网、物联网等,为分享经济、产消者经济、长尾经济、普惠经济、协同经济以及智能经济奠定了基础。

中国政府支持发展分享经济。2016年3月,"分享经济"一词在中国政府工作报告中首次亮相。2017年,中国国务院专门提出支持分享经济发展的有关政策(见表0.11)。

表0.11　中国分享经济发展的有关政策

时　　间	发文字号	国务院关于推动分享经济发展的相关政策
2015年9月	国发〔2015〕53号	有利于加快网络经济和实体经济融合,充分利用国内国际创新资源,提高生产效率,助推"中国制造2025",加快转型升级,壮大**分享经济**,培育新的经济增长点;……推动整合利用分散闲置社会资源的**分享经济**新型服务模式,打造人民群众广泛参与、互助互利的服务生态圈
2016年3月	国发〔2016〕20号	建设一批"双创"示范基地,培育创业创新服务业,规范发展天使、创业、产业等投资。支持**分享经济**发展,提高资源利用效率,让更多人参与进来、富裕起来

（续表）

时　间	发文字号	国务院关于推动分享经济发展的相关政策
2016 年 4 月	国办发〔2016〕24 号	积极推进流通创新发展。鼓励发展**分享经济**新模式，密切跟踪借鉴国外**分享经济**发展新特点、新趋势，结合部门和地方实际创新政府管理和服务，激发市场主体创业创新活力，鼓励包容企业利用互联网平台优化社会闲置资源配置，拓展产品和服务消费新空间新领域，扩大社会灵活就业
2016 年 7 月	国发〔2016〕43 号	面向"互联网＋"时代的平台经济、众包经济、创客经济、跨界经济、**分享经济**的发展需求，以新一代信息和网络技术为支撑，加强现代服务业技术基础设施建设，加强技术集成和商业模式创新，提高现代服务业创新发展水平
2016 年 11 月	国发〔2016〕67 号	以体制机制创新推动**分享经济**发展，建立适应**分享经济**发展的监管方式，促进交通、旅游、养老、人力资源、日用品消费等领域共享平台企业规范发展，营造**分享经济**文化氛围
2016 年 12 月	国发〔2016〕73 号	发展以开放、便捷、节约、绿色为特征的**分享经济**。……发展**分享经济**。支持网约车、家庭旅馆借宿、办公场地短租和人人参与的在线知识技能互助等民生领域共享服务发展。探索建立**分享经济**网上信用平台。……加强**分享经济**等新业态信用建设，运用大数据建立以诚信为核心的新型市场监管机制
2017 年 1 月	国办发〔2017〕4 号	充分考虑**分享经济**特殊性，按照包容发展的原则，审慎研究信息中介服务平台企业的行业准入办法，加强事中事后监管。……营造开放包容的发展环境，着力做优存量、提升增量，支持发展**分享经济**，探索以开放共享为特征的产业发展新模式
2017 年 3 月	国发〔2017〕22 号	支持和引导**分享经济**发展，提高社会资源利用效率，便利人民群众生活。本着鼓励创新、包容审慎原则，制定新兴产业监管规则，引导和促进新兴产业健康发展
2017 年 6 月	国办发〔2017〕54 号	支持新兴业态发展。加快发布**分享经济**发展指南，推动构建适应分享经济发展的监管机制，建立健全创新创业平台型企业运营规则，明确权责边界。以新一代信息和网络技术为支撑，加强技术集成和商业模式创新，推动平台经济、众包经济、**分享经济**等创新发展
2017 年 07 月	国发〔2017〕37 号	促进**分享经济**发展，合理引导预期，创新监管模式，推动构建适应**分享经济**发展的包容审慎监管机制和社会多方协同治理机制，完善新就业形态、消费者权益、社会保障、信用体系建设、风险控制等方面的政策法规，研究完善适应**分享经济**特点的税收征管措施，研究建立平台企业履职尽责与依法获得责任豁免的联动机制

资料来源：中国政府网

33

近年来,共享单车从国内红到国外,可谓解决绿色出行、便捷出行的"一招鲜",其运营模式和技术含量令人脑洞大开。不得不承认,创业年代的国人不仅敢想,而且敢干。不过,赞誉声尚未落定,接踵而来的却是共享单车"一停一大片,一坏一大堆"的质疑声。此外,一些共享经济的项目纯属媒体炒作,例如"共享睡眠舱""共享雨伞""共享马扎""共享溜娃车"等,其可推广性值得推敲。关于共享经济、分享经济的规制建设、制度创新,笔者将在"结束语"中进行阐述。

分享经济原本是为了充分利用闲置资源,调动深睡资源。对起步阶段的分享经济,人们应当包容试错、宽容失误。但听凭炒作,无序乱"享",被搅局的不仅是传统经济,创新型经济也难避伤害。倘若生造需求,无限制地扩容产品制造,那就严重地背离了供给侧结构性改革的原理,必须及时预警,适时制止。

六、产消者经济(Prosumer Economy)

战略学家托夫勒在《第三次浪潮》一书中预言:未来,生产者与消费者之间的界限将会逐渐模糊,甚至融为一体。传统意义上的消费者将更多地参与到产品开发和设计环节,成为产消者(Prosumer)。在工业经济年代,人们曾经经历过原料不足、产品短缺、服务匮乏的岁月,生产者与消费者之间并无平等可言。正如亨利·福特所说的,"不管顾客需要什么颜色的汽车,我只有一种黑色的"。然而,数字经济颠覆了传统的工业经济中那些以"卖方"为中心的生产模式与营销模式。

产消者案例在平台型企业中多次出现。众所周知,数字技术造就了无数的电商企业,只有那些经历过竞争洗礼而赢得市场的平台型企业,才能培育经济学家、战略学家预言中的"产消者"。它们凭借数字技术,通过移动终端打通产消两头,活跃供需各方,协调市场双边,积极平衡产品余缺,将来自企业、消费者的需求热点和痛点,第一时间传递给生产者、制造者和供应商。苹果、安卓的应用软件(APP)的一部分是通过众包的方式,邀请全球的软件发烧友兼工程师共同开发。苹果公司CEO库克在2017年12月3日第四届世界互联网大会开幕式上发言表示,中国有180万名苹果iOS APP开发者[1](2016年全球iOS APP开发者为280万人[2])。显然,中国拥有全球第一大的智能手机消费群体,相信这180万名开发者也是智能手机的发烧友,他们有能力第一时间沟通产、消双方,这是产消者经济十分典型的例子。而国内创业型企业700Bike也是产消者经济的典型案例(见图0.15)。这个品牌推出了新一代城市自行车,已发布四大系列——"后街""美术馆""百花"和"银河"。700Bike让用户参与单车的外形设计,例如,用户可以在线设计

图0.15 京东金融和700Bike联合众创

资料来源:互联网公开资料

---

[1] 上观新闻.库克:中国开发者在App商店收获1120亿元人民币,居全球第一[EB/OL].(2017-12-03). http://www.jfdaily.com/news/detail? id=72852.
[2] Business of Apps

"后街 MINI"的款式、配置和色系。700Bike 有三大车系、40 款车型、10 种配色可供用户端进行设计。用户的设计方案将参与京东金融尖儿货平台上的公平票选,得票数高的设计方案进入京东众筹,再由 700Bike 投入生产和上市。

2017 年 9 月 1 日,在金砖国家工商理事会上,《金砖国家数字经济发展研究报告与案例分享》正式发布。在这份报告中,海尔 COSMOPlat 凭借其独创性、引领性、普适性,在产业互联网创新案例中独占鳌头。COSMOPlat 是全球唯一一个用户参与交互的工业互联网平台,它让用户自主定义所需要的产品,即从产品设计、生产制造到物流配送,用户可以全流程参与其中,真正实现从消费者到产消者的转变。这种转变令用户体验升级为无缝化、透明化和可视化,生产效率也随之提升了 60%,定制订单量有了大幅提升。海尔 COSMOPlat 平台在"众创汇"模块上,将用户碎片化需求进行整合,并同时让用户全流程参与,覆盖包括设计、制造、横向集成等领域的 7 项业务,即社群交互、开放设计、精准营销、模块采购、智能制造、智慧物流、智能服务。据悉,在 COSMOPlat 定制平台上,用户可以在第一时间获得个性化解决方案。"多入口""全场景"的海尔智慧家电在使用过程中,还会继续衍生新的社群交互,驱使 COSMOPlat 平台持续升级,迭代出新的解决方案。目前,海尔已建立了 8 家互联工厂样板,以实现向大规模定制转型。这种以产消者为特征的模式,未来有望推广到电子、船舶、纺织、装备、建筑、运输、化工等各个行业。

当前正在进行的供给侧结构性改革丰富了产消者经济的理论创新与实践探索。从工业经济跨越到数字经济,绝对的富裕(如物产丰富、资源富足、资金充沛和信息爆炸),绝对的过剩(如产能过剩、设备陈旧、知识老化)与绝对的不足(如优才短缺、技术匮乏、供需失调、产消缺配)

往往会纵横交错。它们可能发生在相同的时间点-相同的地域,或者相同的时间点-不同的地域、不同的时间点-相同的地域、不同的时间点-不同的地域,导致供给与需求各行其是,生产与消费严重背离。这种状况沉重地困扰着经济的健康发展与产业的生态平衡。中国政府供给侧结构性改革是对经济学理论创新的伟大贡献,它启示着各类企业明白"放弃需求侧谈供给侧或放弃供给侧谈需求侧都是片面的,二者不是非此即彼、一去一存的替代关系,而是要相互配合、协调推进"。换言之,无论是关注需求而放下供给,还是重视供给而漠视需求,均不可行。

我国经济已由追求高速增长转向注重质量的发展阶段,正处在转变发展方式、优化经济结构的时期。几年来,中国坚持质量第一、效益优先,以供给侧结构性改革为主线,推动经济发展的质量变革、效率变革和动力变革。在需求侧,无论需求来自生产者、消费者、产业链各个环节,还是来自不同国家、地区,乃至不同文化,曾经模糊混沌的需求被清晰预见,看似远隔重洋的需求被跨境连接,原本离散碎片的需求被归类聚合。在供给侧,昔日绝对过剩的供给得以"退烧去肿",常年分布杂乱的供给变得高效有序,过往彼此排斥的供给开始相互接纳。近几年,中国供给侧结构性改革成效卓著。央视 10 集纪录片《将改革进行到底》显示,截至 2017 年 5 月末,中国钢铁去产能已完成了年度目标任务的 85% 左右[1],中国煤炭去产能完成了年度目标任务的 85%。我国在果断地对过剩的房产去库存的同时,又出台了一些新政,例如,国土资源部和住建部 2017 年 8 月底联合下发通知,确定第一批在北上广等 13 个城市开展利用集体建设用地建设租赁住房试点,以增加租赁住房

---

① 中国经济网.发改委:前 5 月钢铁去产能目标完成全年 85%[EB/OL].(2017 - 06 - 16). http://www.ce.cn/cysc/ny/gdxw/201706/16/t20170616_23656181.shtml.

供应,缓解供需矛盾,构建购租并举的住房体系。"十九大"报告中充分肯定了供给侧结构性改革对中国经济发展的重要作用,并强调了在未来5年"将要继续深化供给侧改革,把提高供给体系质量作为主攻方向"。无疑,中国经济正以壮士断腕的决绝,向旧的发展方式告别。

在供给侧结构性改革的战略背景下,实现生产者(供给)与消费者(需求)的无缝连接、精确贯通恰逢其时。"扩大有效供给,满足有效需求"这个理念,从未像今天这样被倾听、被关注、被推广。数字经济时代,产消者经济如同数据经济、平台经济、物联经济一样,活力无限、生机盎然。

七、长尾经济(Long-Tail Economy)

工业经济时代,生产规模越大,单位成本就越低,效益则越好,这就是规模经济。规模化量产、产品品类相对集中,是制造业获利的重要手段。反之,产量少、品类多,制造型企业就难以生存。而数字经济时代,出现了新的市场规律:品类多、产量少,企业整体还是可以获利,尤其是软件类、服务类企业,这就是长尾经济。

数字经济让长尾经济成为可能。长尾理论是从统计学中一个形状类似"恐龙长尾"分布特征的口语化表述演化而来[①]。《连线》杂志的主编克里斯·安德森著有《长尾理论》一书,他在书中指出:"科技创新将大规模市场转化成无数的利基市场。"只要存储和流通的渠道足够大、足够多,小众商品占有市场份额的总和甚至可以比肩少数几种大众热卖品的市场份额。例如,在线音乐零售商 Rhapsody 网站的日常下载

---

① 由《连线》杂志主编克里斯·安德森在 2004 年 10 月的《长尾》一文中最早提出。

量的一半为少数畅销音乐，而另一半则为林林总总的小众音乐。从长尾理论的模型图中，我们也能看到，畅销品高耸的销量曲线所覆盖区域的面积和利基市场产品无限趋向触底的销量曲线所覆盖的面积大约相等。

在线交易量占据了美国 DVD 租赁市场一半份额的在线影片租赁提供商 Netflix 则将长尾经济的优势运用在 DVD 租赁市场。Netflix 开发出一套推荐系统，通过分析用户订阅记录，推送用户可能感兴趣的小众影片，包括利用邮件推送 50 万部电影，增加小众电影的知晓度，提高其租借周转率，减少片库成本，在为电影发行商增加冷门电影销售的同时，又满足了用户多样化的观影需求。

数字经济的发展加速了长尾市场的商品流动性。显然，亚马逊是长尾经济企业。有人会问，亚马逊的长尾有多长？据亚马逊网站称，有超过 10 万个独立卖家在其网站上开店，自行销售，大大增加了亚马逊的产品种类，使其迅速获得了长尾市场强大的"尾部"力量。这些第三方卖家给亚马逊带来了 40% 以上的营业收入（见图 0.16）。"一家大型书店通常可摆放 10 万本书，但亚马逊网络书店的图书销售额中，有四分之一来自排名 10 万以后的书籍。这些'冷门'书籍的销售比例正在快速增长，预计未来可占销售总量的一半。"亚马逊网站的一位员工表示，许多从前在传统渠道卖不动的书，在网店的销量很好。

无独有偶，Google 的广告业务 AdSense 携手数以百万计的中小型网站和个人网页，大大降低了广告业务的门槛。在需求侧，做广告不再高不可攀，可以自助操作，价格低廉，谁都可以做广告；在供给侧，对成千上万的博客网页和小规模的商业网站来说，在自己的页面上播一条广告不过是举手之劳。也许大众媒体和广告商对这类广告载体不屑一顾，而 Google 的 AdSense 却通过提供个性化定制的广告服务，形成了长尾广告

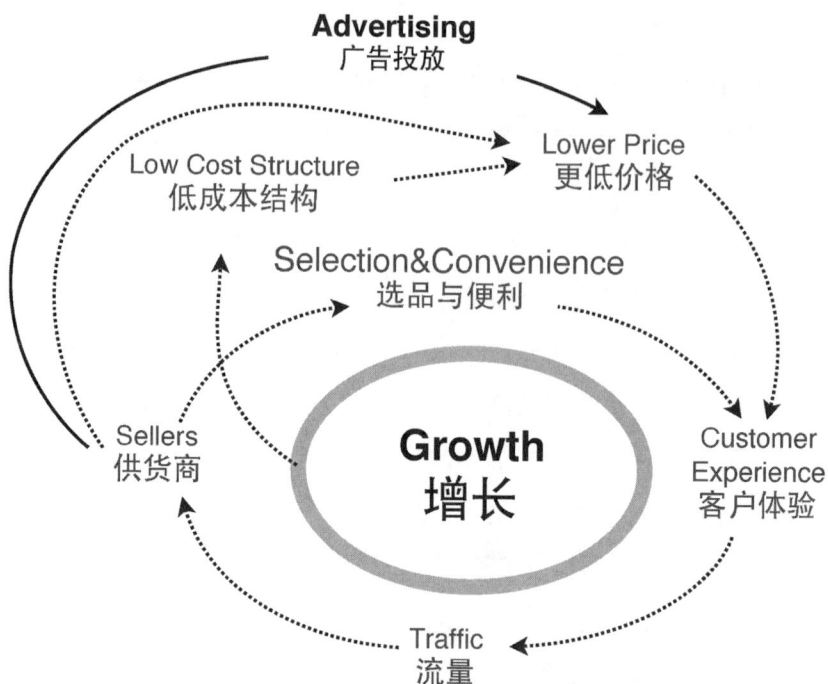

图 0.16　杰夫·贝索斯绘制的业务构想"餐巾纸"图

资料来源:《亚马逊经济学》

市场。截至 2017 年 9 月,Google 的市值已超过 6 000 亿美元①,完全有理由说,Google 成为长尾经济年代中全球"最有价值的媒体公司"之一。

当今年代,制造类产品往往可以与服务类产品捆绑在一起。**企业家要长袖善舞,交替利用规模经济和长尾经济建立商业模式。**无论是 Rhapsody、Amazon、Netflix,还是 Google,如果不借助数字化手段,将无法发现长尾有多长,品种有多丰富,市场有多大。

电商平台 B2B、B2C 的服务和产品数不胜数,长尾在手,胜券在握。阿里巴巴、淘宝、阿里旅行等提供的服务和产品就是长尾(见表 0.12)。

---

① Bloomberg

表 0.12　在布局长尾,拓展品种繁多的 B2B/B2C/B2B2C 服务的中国企业

	支付服务	生活服务	社交服务	地图服务	医疗健康	影视娱乐	汽车交通	智能家居等商业服务	教育服务	音乐服务	阅读服务	...
B百度	百度钱包	百度糯米	百度贴吧 百度知道 百度百科	百度地图	百度医生	爱奇艺	51用车 易到租车	百度智家	百度传课 百度文库 百度翻译	百度音乐 百度音人	百度图书	...
A阿里	支付宝	淘宝 美团 天猫	阿里钉钉	高德地图	阿里健康	阿里影业	快的打车	阿里智能	VIPABC 淘宝教育 淘宝同学	阿里音乐	淘宝阅读	...
T腾讯	微信钱包	大众点评	QQ 58同城	四维图新	挂号网 丁香园	腾讯互娱	滴滴出行	QQ物联	腾讯课堂	QQ音乐	QQ阅读	...
J京东	京东钱包 京东闪付 京东白条	天天果园 京东商城	途牛网	N/A	上药云健康 有品PICOOC Sleepace	唐音 无限 微头条	车管家 车悦宝	京东微联	HaFaLa 汉娃乐园	京东音乐	京东商城	...
M小米	小米支付	小米黄页	米聊	凯立德	九安医疗	新圣堂影业	人人车 蔚来汽车	小米智能生态圈	宝宝巴士 沪江网	荔枝FM 小米音乐	多看阅读	...
N网易	网易宝	网易商城 网易严选 惠惠网	网易邮箱 LOFTER 网易花田	N/A	网易健康	网易游戏 橘子娱乐	网易汽车应用	N/A	有道词典 网易公开课 网易云课堂	网易云音乐	网易云阅读 网易新闻	...
Q奇虎360	360快捷支付	360搜索 360云盘	360同城帮	360地图	360健康精灵	360影视 橘子娱乐	N/A	360商城 360随身wifi	阳光兔	360音乐	鲸鱼阅读	...
H华为	华为支付	华为生活服务 华为网盘	花粉俱乐部 开发者社区	N/A	全联接医疗	华为媒体云 荣耀播VR	华为车联网	华为HiLink 华为智能家居 华为智慧社区	爱为书院 华为大学 华为ICT学院 华为在线学院	华为音乐	华为阅读	...
...												

资料来源:根据互联网公开资料整理

国内视频行业开始应用长尾效应开发"广告＋收费＋流媒体"这种形式,爱奇艺就是其中一例。2017 年爱奇艺自制已成为现象级内容,2018 年还将上线 200 余项重磅内容,囊括了院线、自制、电视剧、综艺、小视频、广告等娱乐生态内容多领域,使得其流量大幅上升。据艾瑞数据显示,2017 年 9 月的移动视频市场,爱奇艺 APP 月独立设备达 5.41亿台,而 PC 视频市场,爱奇艺月覆盖用户达 3.8 亿人。无独有偶,"今日头条"累计用户为 5.3 亿人,日均活跃度 5 500 万人次,巨大的流量得益于多种类的内容和数量庞大的创作者,截至 2017 年 1 月,平台上共有 44 万个头条号,每天创造超 22 亿次内容消费[①]。

　　智能手机企业在**硬件制造**、**软件开发**方面走的是**规模经济**的路子,而在**软件**和**服务产品**的**销售**方面,则打**长尾经济**的牌。长尾经济反规模经济之道而行之,品类繁多无损市场份额和盈利。在某些领域,如音乐、图书、影视等,假如有足够的存货和畅通的渠道,小众产品积少成多,仍可占据可观的市场份额,甚至超过热卖产品的市场份额。

　　当今年代,服务领域的企业应用数字技术,提供多品种服务,刺激了市场进一步释放形形色色、浩如烟海的需求。这种长尾经济模式,以"品种之多"带来的"需求之宽""数量之巨",将赢得在市场竞争中胜出的美好机遇,这是在工业经济、规模经济时代所不可想像的。

八、普惠经济(Inclusive Economy)

　　有的企业家在讲述创业和转型的经历时,往往会把"普惠经济"与"长尾经济"当成一回事。它们是同一个概念吗? 谈到"普惠经济",不

---

① 今日头条 2017 年 1 月的数据。

得不提到一位曾经获得诺贝尔和平奖的银行家。2006 年,诺贝尔和平奖出乎意料地颁发给了一位银行家穆罕默德·尤努斯,孟加拉国乡村银行的行长。他获奖的原因是开创了"微额贷款"的服务,解决了千万穷人的贷款问题。他的目标是希望人人都可以从中受益。回望当年,数字金融和互联网金融尚处在萌芽期,而前沿科技对于欠发达的孟加拉国来说,更是难以企及。尤努斯行长靠能力、靠魄力、靠一己之力,创造出如此不凡的金融服务奇迹,着实令世人惊叹!

10 年前,普惠金融初涉人世,初入学界。 几乎在尤努斯获奖的同时期,即 2005 年至 2006 年间,世界银行提出了普惠金融(Inclusive Finance)的概念,并提出"普惠金融是立足机会平等要求和商业可持续原则,以可负担的成本为有金融服务需求的社会各阶层和群体提供适当、有效的金融服务"[①]。面向全球约 183 个经济体,世界银行迄今为止已发布了涵盖了约 143 个经济体的 100 多个指标、超过 15 万份与普惠金融相关的观察报告[②]。2012 年,GPFI(普惠金融全球合作伙伴)正式发布了 G20 普惠金融指标体系。这个体系按金融服务的使用情况、可获得性和质量等 3 个维度制定了 29 项指标,其中 21 项基于世界银行的 7 项调查[③]。

据世界银行估计,全球有将近 20 亿成年人无法获得像银行账户这样最基本的金融服务。在新兴市场中,近 50% 的成年人和 60% 以上的妇女被排除在金融体系记录之外。其实,这个巨大的消费群体拥有同样巨大的潜在的金融需求。但是,没有正规的财务记录,没有最基本的数据积累,他们无法申请并获得可以帮助自己脱贫的储蓄账户和贷款,直

---

① 国发〔2015〕74 号:国务院关于印发推进普惠金融发展规划(2016—2020 年)的通知。

② 世界银行《2014 年全球普惠金融调查报告》。

③ 孙天琦,汪天都,蒋智渊.国际普惠金融指标体系建设及中国相关指标表现.[EB/OL].(2016 - 05 - 05). http://opinion.caixin.com/2016 - 05 - 05/100940094.html.

至今日,很多人也只能依靠高风险的非正规金融服务来满足一时之需。

普惠金融已被写入中共中央文件。2013 年 11 月,中共十八届三中全会发布了《中共中央关于全面深化改革若干重大问题的决定》(60条),其中至少有 6 条内容是关于普惠金融与金融创新的(见表 0.13)。

表 0.13 《中共中央关于全面深化改革若干重大问题的决定》
中有关普惠金融的条文

十八届三中全会 金融改革内容	《决定》对应条文
发展普惠金融	坚持金融创新,发展普惠金融
利率市场化	完善人民币汇率市场化形成机制,加快推进利率市场化,健全反映市场供求关系的国债收益率曲线
人民币资本项目可兑换	推动资本市场双向开放,有序提高跨境资本和金融交易可兑换程度,建立健全宏观审慎管理框架下的外债和资本流动管理体系,加快实现人民币资本项目可兑换
银行牌照对民资开放	在加强监管前提下,允许具备条件的民间资本依法发起设立中小型银行等金融机构
证券市场推行注册制	健全多层次资本市场体系,推进股票发行注册制改革,多渠道推动股权融资,发展并规范债券市场,提高直接融资比重
保险市场完善经济补偿机制	完善保险经济补偿机制,建立巨灾保险制度

资料来源:根据互联网公开资料整理

移动终端遍布全球的数字经济时代,普惠金融已不是当年尤努斯的风范。尤努斯的历史贡献,已被全球公认并载入史册,如果当时有哪怕一丁点儿优质的电信服务,相信尤努斯会干得更好。如今在非洲,即便不是人人都拥有银行账户,智能手机同样能帮助人们获得金融服务。非洲使用手机银行的人数已达 2.27 亿人。肯尼亚、坦桑尼亚、利比里亚和苏丹的手机金融业务使用人口分别占总人口的 71%、40%、39%和 38%。手机银行转账资金中,58.9%是各种充值,24.4%是个人对个人的转账,14.6%用于商业活动。在中国,事实证明,昔日各大银行靠扩大商业网点普及金融服务，今日已没有必要。今天无论传统的还是创新的金融机构都在利用移动终端技术为城乡居民提供金融服务。数字技术与移动支付在短短几年中改写了亿万中国人的金融需求习惯，远在农村的贫困人士和小微企业，均可轻松地融入广泛的经济活动中。2013年，微信支付投入运营后，中等消费需求的用户可以轻松地进行购物和转账，而小微企业则借此开辟了营销通道。

　　普惠经济，普惠服务，是中国的决心，也是人类的期盼。开放、包容、普惠、平衡、共赢，让全体人民分享经济增长和经济全球化的成果，这是中国遵循的新的发展理念。中国当前正在进行的精准扶贫成效卓著，其中，技术扶贫颇具特色。移动支付、大数据、云计算、人工智能等金融科技创新的广泛应用，带动了普惠金融的发展，使得贫困人口有望依靠科技创新走上致富之路。自2016年国务院印发《推进普惠金融发展规划（2016—2020年）》以来，国家重点帮助贫困人群和弱势群体获得普惠金融服务，迄今共有802万贫困户获得扶贫小额信贷，累计信贷金额2 833亿元。截至2016年底，基础金融服务已覆盖全国54.2万个行政村，覆盖率高达95％。**中国政府在实现强国之梦的征途中，不忘普惠服务的初心。**中国作为去年G20首脑会议的东道国，首次将普惠金融提上全球议程，提出通过数字和移动技术让更多的人们获得金融服务，体现了中国政府发展普惠金融的决心与责任感。

　　数字技术的创新，也催生了全新的数字化教学模式"慕课"（MOOC）[①]，这也是一种具有普惠性质的教学模式，可以同时满足不同类型、层次、学科结构的群体的需求。全球范围内，慕课平台共有39个，中国的慕课平台就有10余家（包括MOOC中国、MOOC学院、学

---

① 慕课（MOOC）：大规模开放的在线课程 Massive open online course。

堂在线、中国大学 MOOC 等）。随着数字技术手段的发展，相信会有更多的机构和个人投身普惠教学事业。

　　一个发展中国家擎起经济全球化的大旗，一个 13 亿人口的大国铭记普惠经济的发展战略，靠的是什么？靠的是制度创新、理论创新、科技创新和文化创新，而科技创新正在其中起着引领作用。

　　数字技术是普惠经济的应有之义。2014 年 2 月 28 日，中欧国际工商学院与世界银行合作成立了"中欧-世界银行中国普惠金融研究中心"（见图 0.17）。作为一家国际化商学院，中欧面对前沿动态，不失时机地、自觉主动地开展理论研究，践行十八届三中全会决定中的"普惠金融"与金融创新。

图 0.17　2014 年 2 月 28 日，中欧-世界银行中国
普惠金融研究中心签约成立

　　2016 年，华为与爱立信、Telepin、Mohindra Comviva 携手，共同开发了移动金融服务账户相互兼容的全球标准，提供开源式代码，允许各家移动金融服务公司接入自身网络，进而接触自身的客户群，从而让更多群体享受到各种层次类型的金融服务。也许，这就是普惠金融的初

| 2014年1月21日 | 2014年2月21日 | 2014年4月23日 |

图 0.18 朱晓明教授在中欧教授的"普惠金融""数字金融"系列课程的教材

心。人与人之间，有着千差万别，当普惠经济触及每一位个体的时候，即从普惠化演变成个性化。普惠服务借助林林总总的数字技术，如人脸识别技术、信用、物联网、大数据技术等，即能迅捷地惠及城乡的每一位男女老少。比起以往岁月的种种技术，数字技术在普惠覆盖面和个性化服务程度方面均拥有无可比拟的竞争力。

《2017 普惠金融(贷款)市场现状及发展趋势》中的数据显示，截至2016 年 12 月，中国网民规模已达 9.3 亿人，互联网普及率高达 50.3％，手机网民规模 6.3 亿人，互联网或已改变中国的金融消费形态。蚂蚁金服旗下的支付宝 2017 年 1 月 4 日发布了《2016 年的中国人全民账单》，从移动支付渗透率来看，内陆地区的西藏以 90％的移动支付占比排名第一，随后是青海、甘肃，其数字均远超沿海省份。实际上，从 2012 年开始，西藏移动支付比例已居全国首位。目前，西藏所有行政村已实现移动通讯信号全覆盖。偏远村落和广袤牧区的农牧民普遍使用移动支付进行生活必需品的消费①。移动支付技术突破偏远地区基础设施薄弱、信息

---

① 欧阳洁.支付宝发布二〇一六年中国人全民账单，移动支付更火了[N/OL].人民日报,2017 - 01 - 05(10).
http://paper.people.com.cn/rmrb/html/2017 - 01/05/nw.D110000renmrb_20170105_2 - 10.htm.

不对称、交通不便等现实问题,而数字化普惠金融也消弭了地域阻隔和时空距离,促进了经济活动的发展和生活水平的提高。

在数字经济的大背景下,长尾经济开发的是更多消费品种的服务,而普惠经济开发的是更多消费群体的服务,当然也包括更多消费品种的服务。中共十九大报告指出,中国新的社会主要矛盾已经转化为"人民日益增长的美好生活需要和不平衡不充分的发展之间的矛盾",这深刻地诠释了中国发展普惠经济的初衷。无疑,这是经济学理论创新的重大贡献。普惠经济是人类经济发展的更高境界。然而,普惠经济、普惠服务不可能一蹴而就,需要不断的努力、不懈的追求。

但无论如何,数字技术是普惠经济的应有之义。

九、协同经济(Collaboration Economy)

协同效应原本是一种物理学现象,是指两种以上的组分(混合物中的各个成分)相加或者调配在一起,所产生的作用大于各种组分单独应用时的作用之和,又叫**增效作用**。德国物理学家赫尔曼·哈肯在1976年发表了《协同学导论》,并提出整个环境中各个系统之间都存在着协同。**协同,作为一项应用技术**,值得企业深耕,在科技研发、高端工程、精密制造、精细运作、生产流程管理等各领域,都有着广泛应用空间。**协同,作为一种经营模式**,值得企业重新审视,重新构划,重新设置,重新战略布局,无论身处平台还是实体、线上还是线下、营销还是物流。**协同,作为一种经济现象**,值得全球各国政府重视,无论是发达国家与地区还是发展中国家与地区。各区域发展的协同,各领域改革的协同,都是加快经济建设不可忽视的问题。

商业市场上的协同呈现出"由竞争转向竞合"与"线上线下融合"两

个趋势。

竞争还是竞合，渐行渐明。2013 年，马云首提搅局金融以来，金融创新企业与传统金融企业之间展开了市场博弈，其激烈程度不可言状。有些人曾预计，这种商业竞争弥合无望。但事实却相反，随着技术的发展和对商业模式的不断探索，创新型企业和传统金融机构从竞争走向了竞合。2017 年，四大行先后宣布与互联网巨头深度合作。2017 年 3 月，中国建设银行和阿里巴巴蚂蚁金服宣布开展战略合作，双方将实现二维码支付互认互扫；2017 年 6 月，中国工商银行和京东金融签署了金融业务合作框架协议，双方将在金融科技、零售银行、消费金融等领域展开全面深入合作；2017 年 6 月，中国农业银行与百度签署战略合作，共建"金融科技联合实验室"，基于大数据分析挖掘，提升精准营销、客户信用评价、风险监控等能力；2017 年 9 月，中国银行与腾讯签署了全面战略协议。数字经济时代，协同才能共赢。我们会在更多领域看到这种从竞争到竞合的趋势。

在企业间的协同领域，人工智能、大数据、云计算等技术的成熟及应用，推动了芯片、终端、内容、网络、平台和云化的协同发展，推动了企业的数字化转型，使得企业之间的协同更加灵活。例如，华为提出的云网协同，为工业、制造业等领域提供互联协同的解决方案，帮助企业构造畅通无阻的协同研发模式。2015 年，华为帮助吉利汽车构筑无边界的协同平台。区块链技术的成熟也将推动产业链各环节之间的协同。例如，亚太示范电子口岸网络（APMEN）各成员经济体可以通过区块链技术加强协同，实现电子口岸系统的数据交换；分布式部署模式改变了以往平台化的操作模式，化解了 APMEN 其他成员经济体对于数据安全性和保密性的担忧，实现了去中心化的数据互联、互通、互用的数据交换网络，促进了国际间的贸易便利化。

此外，线上与线下融合、实体与虚拟协同正在成为商业市场中的趋

势。前几年,在移动互联网技术的快速发展下,O2O模式大行其道,主要表现为两种现象:一种是线下的企业试水线上,如优衣库加大线上渠道的销售,以及万达集团探索电子商务;另一种是线上的企业试水线下,如聚美优品开设实体旗舰店。而近两年,线上和线下加深融合,出现线下实体和线上虚拟店协同发展的趋势。例如,阿里巴巴提出的"新零售",京东提出的"零售革命",其本质都是线上线下的融合、实体虚拟的协同。京东创始人刘强东在2017年4月10日宣布,京东线上线下融合项目——百万京东便利店计划正式出炉。未来5年,京东将在全国开设超过100万家京东便利店,计划覆盖国内的每个村落。这种线上和线下的融合是大数据、人工智能、物联网、第三方支付等数字经济时代诸项应用技术的协同。

应用技术的协同,起步不易,任重道远。谈到应用技术的协同,笔者认为可以分为三个层面,分别是人与机器的协同、企业内部的协同,以及企业外部的协同。

首先是人机协同。中国"天宫2号"在轨维修技术方面是人机协同的典范。中国中央电视台在2016年11月9日播出了一段振奋人心的视频,画面显示习近平主席同神舟11号航天员亲切通话的情景。播音员讲述道:"电子屏幕清晰显示着天宫二号内的实时画面。景海鹏、陈冬正在开展机械臂人机协同在轨维修技术试验。习近平注视着大屏幕,观看两位航天员的试验操作。手控机械臂至预定位置,机械手和机械臂动作,机械臂复位和数据手套状态恢复,航天员精准地完成了一连串试验动作。**人机协同**在轨维修技术试验为世界首次,将在轨开展用电动工具拧螺钉、拆除隔热材料等模拟拆卸设备的动作,通过探索人机协同作业模式,为空间机器人在轨服务积累经验"。这段视频显示了中国在航天航空领域人机协同技术方面的先进探索。

人机协同技术在智慧医疗领域也大有用武之地。例如，达芬奇手术机器人已经被不少医院采用。2017 年 4 月 27 日，中新网曾对机器人手术进行视频直播，报道称："在操作达芬奇手术机器人时，医生通过手柄控制，精准操控机器人的机械手臂。机械手臂相较人的手腕更便于弯曲与旋转，这样的**人机协同**让手术更精准与安全。"达芬奇手术机器人如此智能、神奇，如果离开了协同技术，简直无法想象。

其次，数字技术加速了企业内部的协同优化。内部协同是指在企业生产、营销、管理的不同环节和阶段，共享资源而产生的整体效应，被数字技术赋能后，这种效应形成了倍数级增长。本书中"上海中心"的案例很能说明这个问题。这座高度为全球第二、中国第一的摩天大楼斩获了 7 个国际级桂冠。作为冠盖全球的高难度建筑工程，高度不是上海中心唯一的亮点，全方位使用数字技术优化建筑管理才是其杀手锏。当年，在浇筑一块直径 121 米、厚 6 米的特大型圆形钢筋混凝土构件时，为保障"百年大计"指导下的超高质量要求，必须在 63 个小时内连续进行浇灌，即所有的浇灌批次不能有丝毫质量差别和流程间断。为此，上海中心动用了全市的 540 台搅拌车，鱼贯而行、有条不紊地完成了这项史无前例的高难度施工。质量分毫不差，操作分秒不爽，不愧为一次成功的协同。上海中心总经理顾建平告诉我们，上海中心外层幕墙的总面积为 14 万平方米，由 20 357 块曲面玻璃组装而成，其材料源自多个国家，并在多个城市进行加工（包括上海、广东、沈阳等地），安装时须兼顾多个维度，而每块玻璃之间的间隙不超过 2 毫米。之所以能成功实施加工和作业，同样依赖于数字化的**协同技术**。

最后，数字技术加速了产业链上下游的协同创新，即外部协同。外部协同是指在一个企业集群中，企业通过协作共享，比单打独斗更能获利。《人民日报》2017 年 5 月 26 日披露，我国已建成首个国家级制造业创新中心——国家动力电池创新中心。这个中心由企业、科研院所、高校、产业基金、社会资本等各类创新资源，以及动力电池的需求方、技术研制方、产品制造方等组合而成，实行企业化管理，致力于协同创新。"中国制造2025"为中国从制造业大国走向制造业强国指明了方向。例如，行动纲领中提出要推动整机企业和"四基"企业（即核心基础零部件、元器件、先进基础工艺、关键基础材料和产业技术基础）的协同发展，并在数控机床、轨道交通装备、航空航天、发电设备等重点领域，引导整机企业和"四基"企业与高校和科研院所进行产需对接，建立产业联盟，形成协同创新、产用结合。2016年，中国制造行业与相关方面全面在线协同的平均比例为11.8％。全面推行协同技术，发展协同经济，实属不易，且行百里者半九十。企业家们任重而道远。

不太确切地说，如果智能技术有如人脑的话，那么，协同技术就有如人体神经系统的一部分；如果智能经济有如数字经济的大脑的话，那么协同经济就有如数字经济神经系统的一部分。

十、智能经济(Smart Economy)

"智能经济"第一次在正式文件中被提出，是在2011年3月公布的"欧洲2020战略"中。该战略将发展智能经济作为未来经济发展的重点。关于智能经济的定义，当前尚未有统一标准。笔者私以为，硅谷连续创业者杰瑞·卡普兰在《人工智能时代：人机共生下财富、工作与思维的大未来》一书中所描绘的两个趋势可能是对智能经济最恰当的注解：其一，是机器正在很大程度上替代人类的工作；其二，在人工智能时代，从企业、税收和保险等机制上构建起一个有益的经济生态，可以让社会中的每一个人从技术发展中受益。这两个观点有两个重要的前提,即智能软件、智能制造。换言之,智能经济就是将人类智慧和知识转化为人工智能的过程,要实现这样的转化,需要人工智能技术,以及以人工智能为内核的软件和智能制造的协同发展。

人工智能是引领未来的战略性技术,是发展智能经济的核心驱动力。

美国麻省理工的温斯顿教授认为:"人工智能就是如何使计算机去做过去只有人才能做的智能工作。"具体来说,人工智能是通过计算机模拟人的某些思维过程和智能行为,如学习、推理、思考、规划等。人工智能于 1956 年首次提出,经过几十年的发展,技术不断迭代成熟,尤其是在 2006 年杰夫·辛顿提出了深度学习算法(主要技术见表 0.14)后,在大数据技术迅猛发展的背景下,实现了跨越式发展。《麻省理工学院技术评论》杂志将深度学习列为 2013 年十大突破性技术之首,深度学习并不是新生物,它是传统神经网络(Neural Network)的发展,两者有相同之处,即采用了相似的分层结构,而不同之处在于深度学习采用了不同的训练机制,并具备强大的表达能力。2016 年谷歌 AlphaGo 战胜围棋传奇人物李世石,代表人工智能技术发展到了一个新的阶段。当前人工智能技术主流应用包括图像识别、语音识别、语义识别、预测规划和智能控制,在智能家居、智慧医疗、安防、无人驾驶等领域中已落地开花。

对人工智能进行战略部署,中国行动最快。2015 年,在国务院发布的《关于积极推进"互联网 +"行动的指导意见》中就将"互联网 + 人工智能"列为 11 项重点行动之一。2016 年 3 月,"人工智能"被写入国家"十三五规划纲要",同年 5 月,多部委联合发布了《"互联网 +"人工智能 3 年行动实施方案》。2017 年 3 月的两会上,"人工智能"第一次正式出现在政府工作报告中。2017 年 7 月国务院发布的《新一代人工智能发展规划》中指出,"人工智能成为国际竞争的新焦点",确立了"人工智能三步走"的战略目标。2017 年 10 月的十九大报告中再次提到

表 0.14　深度学习的主要技术

序号	内　　容	序号	内　　容
1	线性代数、概率和信息论	16	受限波兹曼机
2	欠拟合、过拟合、正则化	17	深度置信网络
3	最大似然估计和贝叶斯统计	18	softmax 回归、决策树和聚类算法
4	随机梯度下降	19	有限马尔科夫
5	LSTM 长短时记忆	20	增强学习（Q-learning）
6	主成分分析	21	卷积神经网络
7	正则自动编码器	22	循环神经网络
8	表征学习	23	递归神经网络
9	语音识别和机器翻译	24	深度神经网络和深度堆叠网络
10	梯度策略算法	25	KNN 和 SVM
11	监督学习和无监督学习	26	生成对抗网络和有向生成网络
12	深度前馈网络、代价函数和反向传播	27	机器视觉和图像识别
13	正则化、稀疏编码和 dropout	28	自然语言处理
14	自适应学习算法	29	动态规划
15	蒙特卡洛		……

资料来源：根据互联网公开资料整理

了人工智能，指出将人工智能和实体经济深度融合。2017 年 11 月，国家科技部召开《新一代人工智能发展规划》暨重大科技项目启动会，指出"人工智能是引领未来的战略性技术，世界主要发达国家把发展人工智能作为提升国家竞争力、维护国家安全的重大战略，加紧出台规划和政策，围绕核心技术、顶尖人才、标准规范等强化部署，力图在新一轮国际科技竞争中掌握主导权"。人工智能已成为经济发展新引擎，其作为新一代产业变革的核心驱动力，将重构生产、分配、交换、消费等各个经济活动环节，从而引领中国进入智能经济时代。

软件是人工智能的载体之一，智能软件的迭代升级是发展智能经济的重要内容。多年前，工业和信息化部软件服务业司司长陈伟曾经说过这样一句话："软件可以定义世界（SDW），软件应该成为世界的核心和灵魂，成为信息消费的重要引擎和重要内容。"这句话在智能经济时代也同样适用，要将人类智慧转化为智能，需要通过不同编码的软件对硬件机器设备下达指令，让机器按照指令代替人类完成预定动作，从而提升经济效率，降低成本和风险系数。无论是智慧城市，还是智能交通、智能楼宇、智慧医疗、智能工厂、智能机器人等，其核心都是软件的设计、应用和协同，如 CityNext[①]、Smart City[②]、TMS[③]、ETC[④]、BIM[⑤]、IBMS[⑥]、PHR[⑦]、SIMATIC[⑧] 等软件。商学院的教学活动也进入了智能化时代，笔者在中欧国际工商学院推出的数字化定制课程无时无刻不需要运用到各种软件。

如前所述，中国第一高楼"上海中心"是协同经济的生动案例，其实也是智能经济的生动案例。BIM 系统是建筑信息模型的简称，在建筑设计—成本核算—材料采购—构建制作—现场施工—物流运输—室内装潢—物业管理全过程中，所有的工程数据节点都存储在 BIM 系统中（见表 0.15），为上海中心后续的建设、运营和维护管理平台提供了基础。

---

① 微软在 2013 年 7 月的 WPC2013 大会上宣布了 CityNext 智能城市计划。CityNext 智能城市计划将助于创新，鼓励城市领导人利用微软合作伙伴网络和公司的技术方案比如 Azure 和大数据方案、设备和服务来创建可持续发展的城市。

② Smart City(智慧城市)这一概念主要是来自 IBM 的推广，而 IBM"智慧城市"的概念则是来源于其更早提出的 Smart Planet(智慧地球)，因此 Smart City 是由 Smart Planet 演化而来。

③ TMS：全称 Transportation Management System，即智能运输管理系统。

④ ETC：全称 Electronic Toll Collection，即不停车收费系统，是目前世界上最先进的路桥收费方式。

⑤ BIM：全称 Building Information Modeling，即建筑信息模型，或者 Building Information Management，即建筑信息化管理，或者 Building Information Manufacture，即建筑信息制造。是以建筑工程项目的各项相关信息数据作为基础，通过数字信息仿真模拟建筑物所具有的真实信息，通过三维建筑模型，实现工程监理、物业管理、设备管理、数字化加工、工程化管理等功能。

⑥ IBMS：全称 Intelligent Building Management System，中文名叫智能大厦管理系统，是指在 BAS 的基础上更进一步的与通信网络系统、信息网络系统实现更高一层的建筑集成管理系统。

⑦ PHR：全称 Personal Health Records，即个人健康档案。

⑧ SIMATIC 是西门子自动化系列产品品牌统称，来源于 SIEMENS + Automatic(西门子 + 自动化)它诞生于 1958 年，至今已有 50 年历史，涵盖了从 PLC、工业软件到 HMI，是全球自动化领导品牌。

表 0.15　BIM 系统软件一览(15 类)

1	BIM核心建模软件	Autodesk Revit	8	BIM可视化软件	3DS Max
		Bentley			Artlantis
		ArchiCAD			AccuRender
		Dassault			Lightscape
2	BIM方案设计软件	Onuma Planning System	9	BIM深化设计软件	Tekla
		Affinity	10	BIM模型综合碰撞检查软件	Autodesk Navisworks
3	BIM接口的几何造型软件	Sketchup			Bentley Navigator
		Rhino			Solibri Model Checker
		FormZ			RIB
4	BIM可持续（绿色）分析软件	Ecotect	11	BIM造价管理软件	Vico
		IES			Innovaya
		Green Building Studio	12	BIM运营管理软件	ArchiBUS
		PKPM	13	BIM发布审核软件	Autodesk Design Review
5	BIM机电分析软件	Design master			Adobe PDF, Adobe 3D PDF
		IES Virtual Environment	14	BIM数据管理平台	Autodesk Vault
		Trane Trace			Bentley ProjectWise
6	BIM结构分析软件	ETABS			Dassault Enovia
		STAAD	15	BIM移动端应用程序	Autodesk BIM 360 Glue
		Robot			Graphisoft BIMx
7	BIM模型检查软件	Solibri Model Checker			Bentley Navigato
		Revit Model Review			广联达GMS

发展智能制造,壮大实体经济。智能经济的重要基础是制造业的智能化升级。要将人类从各种重复琐碎的体力劳动中解放出来,需要大量智能化工厂以及智能化生产硬件设备,替代人类进行各种机械性劳动;发展智能制造也需要大量软件系统和技术的应用和协同,如计算机辅助工具(如 CAD[①]、CAE[②]、CAPP[③]、CAM[④] 等),计算机仿真工具

---

① CAD:全称 Computer Aided Design,即计算机辅助设计,指利用计算机及其图形设备帮助设计人员进行设计工作。
② CAE:全称 Computer Aided Engineering,指工程设计中的计算机辅助工程,指用计算机辅助求解分析复杂工程和产品的结构力学性能,以及优化结构性能等,把工程(生产)的各个环节有机地组织起来,其关键就是将有关的信息集成,使其产生并存在于工程(产品)的整个生命周期。
③ CAPP:全称 Computer Aided Process Planning,指借助于计算机软硬件技术和支撑环境,利用计算机进行数值计算、逻辑判断和推理等的功能来制定零件机械加工工艺过程。
④ CAM:全称 Computer Aided Manufacturing,即计算机辅助制造,主要是指利用计算机辅助完成从生产准备到产品制造整个过程的活动,即通过直接或间接地把计算机与制造过程和生产设备相联系,用计算机系统进行制造过程的计划、管理以及对生产设备的控制与操作的运行,处理产品制造过程中所需的数据,控制和处理物料(毛坯和零件等)的流动,对产品进行测试和检验等。

（如物流、工程物流、工艺仿真等），工厂/车间业务与生产管理系统（如ERP①、MES②、PLM③/PDM④ 等），智能装备（如智能机器人、3D 打印机、智能传感器、智能检测与装配设备、智能物流与仓储设备等），以及物联网、云计算、大数据等底层信息技术等。关于智能制造的定义，《智能制造发展规划（2016—2020 年）》中是这样描述的："智能制造基于新一代信息通信技术与先进制造技术深度融合，贯穿于设计、生产、管理、服务等制造活动的各个环节，是一种具有自感知、自学习、自决策、自执行、自适应等功能的新型生产方式。"推动智能制造，能大大提高生产效率和产品质量，并降低运营成本和资源能源消耗。

下一个五年，智能制造是中国经济实现后发优势的突破口。中国要深化供给侧结构性改革，就要从劳动密集型产业、粗放型经济增长进一步往技术密集型产业、集约型经济增长转变，将"中国制造"提升为"中国智造"。中国政府对智能制造领域的发展高度重视。当前，中国已经成为仅次于美国的第二大研发经费投入国家，研发投入强度位于发展中国家前列。

---

① ERP：全称 Enterprise Resource Planning，指企业资源计划，由美国 Gartner Group 公司于 1990 年提出一种供应链的管理思想，是 MRP II（企业制造资源计划）下一代的制造业系统和资源计划软件。

② MES：1990 年 11 月，美国先进制造研究中心 AMR（Advanced Manufacturing Research）就提出了 MES（制造执行系统）的概念，将 MES 定义为"位于上层的计划管理系统与底层的工业控制之间的面向车间层的管理信息系统"，它为操作人员、管理人员提供计划的执行、跟踪以及所有资源（人、设备、物料、客户需求等）的当前状态。制造执行系统协会（Manufacturing Execution System Association，MESA）对 MES 所下的定义为："MES 能通过信息传递对从订单下达到产品完成的整个生产过程进行优化管理。"

③ PLM：有 2 个含义，一是表示产品生命周期管理（product lifecycle management，PLM），二是表示蓝马克斯勋章（Pour le Mérite）。根据业界权威的 CIMDATA 的定义，PLM 是一种应用于在单一地点的企业内部、分散在多个地点的企业内部，以及在产品研发领域具有协作关系的企业之间的，支持产品全生命周期的信息的创建、管理、分发和应用的一系列应用解决方案，它能够集成与产品相关的人力资源、流程、应用系统和信息。

④ PDM：全称 Product Data Management，即产品数据管理。PDM 是一门用来管理所有与产品相关信息（包括零件信息、配置、文档、CAD 文件、结构、权限信息等）和所有与产品相关过程（包括过程定义和管理）的技术。通过实施 PDM，可以提高生产效率，有利于对产品的全生命周期进行管理，加强对于文档、图纸、数据的高效利用，使工作流程规范化。

目前,中国的智能制造已经取得了可喜的阶段性成果并有了不少成功的案例。上一个五年,在"创新驱动"的战略指导下,中国制造业往智能制造转型成果颇丰,尤其是在高端装备制造业领域——特高压、炼油化工装备、高铁轨道交通、北斗系统、超级计算机等一批高端装备产品在世界市场崛起,轨道交通、钢铁冶金、特高压输变电等已经步入国际先进行列。传统制造企业也在借助智能软件、智能设备、建设智能工厂等手段实现积极转型。例如,家电厂商海尔的互联工厂实现了用户、产品、机器人、生产线之间的实时互联,让用户参与到产品的设计和制造等全流程的交互中,让消费者转型成为产消者;再例如,纺织行业的红领集团通过打造 C2M 平台,直接将顾客需求和生产制造进行连接,通过 3D 打印等智能化生产方式,实现产品的个性化制造。

智能经济的商业化探索、应用与落地已经遍地开花,渗透到各个产业和环节。在人工智能、大数据、物联网技术逐步发展成熟的背景下,中国关于智能经济的商业化探索日渐增加。尤其是中国的"互联网巨头"们不遗余力地探索智能商业。比如京东,2017 年 2 月京东 CEO 刘强东对外宣布,未来 12 年将用自动化、大数据、人工智能等技术改造京东所有的商业模式,京东百分之七八十的蓝领工作未来将由机器人承担。对此,京东近几年已经衍生出云事业部、人工智能和大数据事业部、X 事业部、Y 事业部、成都研究院和硅谷研发中心,分别对云服务、大数据、智慧物流、产消者、智能经济等领域进行技术和商业化应用落地的研发。京东已经研发出无人机、无人仓和无人车,大大提高了运营效率,降低了运营成本,并推出了智能客服 JIMI 机器人,在双十一等促销时段,承担了超过 70％的在线客服量。此外,京东 2015 年就与科大讯飞联合推出了智能音箱"叮咚",分别应用了科大讯飞的语音技术和京东的 JIMI 语义分析技术,销量已经累计超过百万台。科大讯飞等以人工智能技术见长的公司也在不断探索智能经济的商业化与产业化应用。为了更好地将人工智能和其他实体经济相融合,科大讯飞 2010 年底推出了讯飞语音云平台,2014 年启动了讯飞超脑计划,一方面将人工智能最新的技术(如香港中文大学汤晓鸥教授的人脸识别技术、哈工大的国际最具影响力的中文处理基础平台等)都聚集在平台上,让实体经济各个领域的企业可以加速商业化探索;另一方面,科大讯飞将具备核心竞争力的智能语音技术应用到了智能手机、智慧教育、智能家居、智能车载等领域,其中讯飞语音输入法用户覆盖率超过 40%,教育产业的智能化建设服务覆盖超过 8 000 万师生。除了和京东推出叮咚音箱外,讯飞与各大电视机品牌商均有合作。科大讯飞还与汽车制造厂商奇瑞开发了 Cloudrive 2.0 智云互联行车系统,与主机厂进行智能化终端机、车联网开发与应用的全面合作。

本书即将完稿之际,一则劲爆新闻让很多人开始坐立不安,AlphaGo Zero 靠着"自学",从一张白纸开始,迅速"成才",并一举击败曾经风云一时的 AlphaGo。从某种意义上来讲,在围棋界,人类已经不再是机器人的对手。AI 已经可以完全脱离人类棋谱,凭借强大的算法,通过反复的"自我对弈",即可成长为所向披靡的围棋"超人"。未来,下一个超人会是谁? 人类的核心创造力该如何体现? 数字经济、智能经济,应当如何被导向共生、共赢与可持续? 掩卷沉思,我们看到的是一个巨大的惊叹号,还是一个巨大的问号?

智能经济是数字经济向纵深发展的必然趋势。人类所拥有的海量数据由 80% 的非结构化数据与 20% 的结构化数据所组成。而将 80% 的非结构化数据转化成结构化数据正是发展数字经济中的一个瓶颈。研究表明,深度学习、深度神经网络是破解这一难题的重要途径。眼下人类大脑在速度、深度、广度方面的运算能力有限，人工智能（AI）却足以胜任。

本文"1＋10"研究表明，数据经济、服务经济（云服务）、平台经济、物联经济、分享经济、产消者经济、长尾经济、普惠经济、协同经济与智能经济，将携手共进，大步流星地奔驰在数字经济时代。

结束语

（一）

前面我们已经对数字经济作了"1＋10"的研究，诚然，**对数字经济的系统研究，囿于 10 个子框架是远远不够的。**例如，为了应对数字经济时代个人或机构的非理性行为所导致的金融风险和经济危机，"行为经济学"值得研究。又如，"数字经济（Digital Economy）、信息经济（Information Economy）和网络经济（Cyber Economy）三者是同一概念吗？"也值得研究。它们看似相同，其实却不尽相同。今天的数字经济，不仅包含着信息传输、环球互联、网络世界，还覆盖了客户行为、用户偏好、消费心理、雇员心态、社会动态等心理学、社会学范畴的内容，包含移动终端、智能硬件、应用软件等信息技术，此外还可延伸至全民健康、智慧医疗、数字化教学、数字化文化、智能化媒体等领域。

短短数年，数字经济已实现了风驰电掣、蹑景追飞①的跨越，学者们、企业家们也在不断探索经济学理论创新。数字经济有着更丰富的包容性。比如，就金融创新来说，也许"数字金融"比"互联网金融"更能让人接受，因为前者可以覆盖更广泛的群体（包括所有的互联网金融企业与传统金融企业）。

---

① 蹑景追飞：形容速度飞快。蹑：追踪。出处：三国，魏，阮籍《赠秀才入军》："风驰电逝，蹑景追飞。"

在本书付梓之前,2017 年 4 月,马化腾撰写的《数字经济》一书问世。该书以"理论篇""基础篇""产业篇""政策篇""建议篇"5 个篇章,进行了一次完善的研究探索。往前追溯,1998 年 11 月,中国人民大学出版了姜奇平等人的译著《浮现中的数字经济》一书,也曾尝试过这样的探索。有以马化腾、姜奇平等为代表的一批企业家和学者多年来的不懈耕耘,数字经济的研究应不存在所谓的"断裂层"。

商学院肩负的重任不仅是经济学、金融学、管理学、市场营销学等领域的知识**传授**,更应当是知识**创造**。这些年来,中欧国际工商学院等一批国内商学院开始逐步建立起上述相关领域的理论自信,案例教学和研究更是商学院的优势和特色。笔者从 2011 年开始开设"数字化教学"相关的课程,为了让大家更贴近地感受中国数字经济发展的脉搏,我们与中欧案例中心相继研究开发了数十个中国最典型的数字经济企业案例。在这本书中,我们精心挑选了其中的精品案例,包括实现从智能语音到人工智能创新的"科大讯飞",大力发展人工智能技术的"京东",以科技助推协同创新的"上海中心",奔跑在数字金融领域的"拍拍贷",致力于智慧医疗的"思路迪"、"上海市儿童医院"和"上海第九人民医院",以及探索全民互助急救的"第一反应"等。这些案例反映了中国政府对数字经济的重视,凸显了中国企业家在数字经济产业中从"跟跑"走向"领跑"的创举,折射出中国老百姓积极拥抱数字经济和"互联网＋"的开放心态。为了对标国际先进经验,我们也相继开发了 IBM、亚马逊等国际先进企业的案例。希望这些鲜活的案例能够助推国内学者围绕数字经济进一步开展经济学、管理学等理论创新。

(二)

发展数字经济过程中的信息安全问题已经引起了全球关注。和所有的新生事物一样,数字经济在带来无穷正面效应的同时,种种挑战、风险也随之而来。在 2017 中国互联网安全领袖峰会上,腾讯首席运营官任宇昕说:"信息安全已成为数字经济发展的神经系统。"众所周知,非理性的经济行为也在损害着数字经济的发展势头。如何处理信息获得者与个人隐私之间的关系,如何确保第三方的利益不受损害,如何防止出现不正当竞争和垄断现象,如何防止企业通过调整数据库的信息或者改变数据的计算方法扭曲评价机制①等,诸如此类的困惑,应当通过法律规则的建立与完善,适时或及时地加以解决。

数字经济时代,科技创新不可弃离制度创新。**科技创新与制度创新如鸟之两翼、车之两轮。**事实表明,中国不仅在科技创新,而且在制度创新上正逐渐走向全球前沿(见附录 1)。

第三方电子支付。中国在第三方电子支付方面的普及程度让一些发达国家自叹弗如。支付宝、微信支付都已经全球通行。截至 2015 年 7 月,共有 269 家第三方电子支付企业拥有支付牌照,各类支付业务的总体交易规模达到人民币 17.9 万亿元。**中国的监管部门及时出台制度创新政策:**2016 年 8 月,网联启动筹备;2017 年 3 月 31 日启动试运行;2018 年 6 月 30 日起,涉及银行账户的网络支付业务全部通过网联平台处理。

分享经济。"摩拜单车""ofo 单车"是继"滴滴出行"之后出现的中国新一轮**分享经济**的典型案例。为了及时引导和规范"共享单车"这一新生事物回归分享经济,即充分利用闲置资源并与供给侧结构性改革相匹配,自 2016 年起,各地政府就出台了与共享单车相关的政策法规(见附录 2)。

P2P 网贷。2007 年,P2P 网贷平台在国内首创。一方面,它解决

---

① 乔新生.完善法律法规,跟上大数据产业发展[EB/OL].(2017-12-13). http://views.ce.cn/view/ent/201712/13/t20171213_27243624.shtml.

了初创企业融资难的老大难问题，体现了普惠金融的包容性和多样性，而另一方面，一些 P2P 平台骗钱、圈钱，成为"跑路企业"，遭到诟病和质疑，成为极大的金融风险隐患。2017 年 6 月 29 日，央行等 17 个部门联合印发《关于进一步做好互联网金融风险专项整治清理整顿工作的通知》。12 月 1 日，互联网金融风险专项整治工作领导小组办公室和 P2P 网贷风险专项整治工作领导小组办公室联合印发了《关于规范整顿"现金贷"业务的通知》，规定未依法取得经营放贷业务资质，任何组织和个人不得经营放贷业务。

数字货币。近几年，以比特币为首的数字货币在国内发展迅速。比特币的价格也出现了多次疯狂上涨，并引来大量投机者，存在巨大的风险隐患。中国人民银行等七部委经过缜密的调查研究后，于 2017 年 9 月 30 日中午 12：00 停止所有比特币交易业务。2017 年 9 月 4 日，中国人民银行官网发布消息，中国人民银行等七部委发布《关于防范代币发行融资风险的公告》：自公告发布之日起，各类代币发行（ICO）融资活动应当立即停止。有关部门将推进研发更加安全的法定数字货币[①]，相关制度创新也仍在探索中。

目前，全球主要国家和地区如美国、欧盟和英国都制定了详细的数字经济战略，德国、法国、日本、韩国、澳大利亚等国家也出台了推动数字经济的相关政策。

（三）

"互联网元年"1992 年至今不过 25 年。人类十分幸运，迎来了历史上经济、社会融合发展最精彩的篇章——数字经济时代。

作为发展中国家的中国，更是万分幸运——通过不懈努力，成为数

---

① 姚前.推进法定数字货币研发助力数字经济发展.[EB/OL].(2017 - 11 - 28). http：//www.rmzxb.com. cn/c/2017 - 11 - 28/1883451.shtml.

字经济全球第二大国；不久前，中国乌镇举行的全球互联网大会的主题是"数字经济"；政府正以举国之力，以供给侧结构性改革为主线，加快发展数字经济，推动实体经济和数字经济融合发展，推动互联网、大数据、人工智能同实体经济深度融合①。

地球人从不止步，因为他们拥抱创新。中国人决不放缓前进的脚步，因为他们有**习近平新时代中国特色社会主义思想**的指引。

如果说，当今，中国人正在疾走飞奔地从工业经济跨越到数字经济的话，那么，未来他们将持续依靠创新驱动，以坚定的信心与可贵的勇气，跨越到更加辉煌的时代，**构建人类命运共同体**。

说明：

（1）本导读是作者在中欧国际工商学院教授"商业趋势与科技创新""数字经济"课程的教学笔记。

（2）本导读的写作得到了毛竹晨（中欧国际工商学院理事会秘书）、钱文颖（中欧国际工商学院案例中心研究员）的支持与帮助。

---

① 审时度势精心谋划超前布局力争主动，实施国家大数据战略加快建设数字中国.[EB/OL].(2017-12-10).http://politics.people.com.cn/n1/2017/1210/c1024-29696388.html.

附录 1　中国及世界各国制度创新措施

中国：

序号	时　　间	机　　构	通知/条例/措施
1	2017 年 9 月 13 日	中国互联网金融协会	发布《关于防范比特币等所谓"虚拟货币"风险的提示》
2	2017 年 9 月 4 日	中国人民银行 中央网信办 工业和信息化部 工商总局 银监会 证监会 保监会	发布《关于防范代币发行融资风险的公告》
3	2017 年 5 月	工信部	发布我国首个区块链标准《区块链参考架构》
4	2017 年 2 月 10 日	中国人民银行	央行约谈 9 家比特币交易平台
5	2017 年 1 月 11 日	中国人民银行	央行在北京、上海对比特币交易平台开展现场检查
6	2016 年 1 月 20 日	中国人民银行	中国人民银行数字货币研讨会,进一步明确数字货币战略目标
7	2014 年 1 月 15 日	国新办	2013 年金融统计数据有关情况新闻发布会,中国人民银行调查统计司司长盛松成在回答提问时表示,比特币不具货币特性
8	2014 年 1 月 14 日	淘宝网	《淘宝新增比特币等虚拟币等禁售规则》
9	2013 年 12 月 16 日	中国人民银行	约谈支付宝、几大银行、财付通等相关负责人,明确要求银行、支付机构不能给比特币、莱特币等交易网站提供支付与清算服务
10	2013 年 12 月 5 日	中国人民银行等五部委	《关于防范比特币风险的通知》,比特币不作为货币在市场流通使用
11	2017 年 9 月 3 日	中国香港	796 交易所取得香港海关颁发的经营金钱服务牌照,这是中国首家拿到金钱服务牌照的比特币交易所
12	2015 年以来	中国香港证监会	友好监管比特币和区块链初创公司,香港证券会表示,发起人可向证监会申请牌照

（续表）

世界各国：

序号	国 家	监 管 态 度
1	美 国	2015 年,纽约州金融服务管理局推出"比特许可"监管政策,该许可的全称是虚拟货币活动商业许可证。该政策仅适用于发生在纽约、或与纽约居民有关的活动 2015 年 9 月,首张 Bitlicense(在国外某地经营比特币相关业务的许可证)发放给波士顿创业公司 Circle,2016 年 12 月,该公司宣布放弃比特币交易所业务,重点转向支付。2016 年 7 月,第二张 BitLicense 发放给瑞波(Ripple) 2017 年 1 月,纽约州金融服务部(NYDFS)正式授予加密货币交易所 Coinbase 在该州经营业务的许可证 BitLicense 企业或者个人如果想获得 BitLicense,除了要支付申请费 5 000 美元和 NYDFS 规定的额外应用成本费用外,还要提交公司经营的详细资料、财务和法律的历史以及运行数字货币业务的计划等,只有申请得到了批准才能合规经营
2	日 本	2017 年 7 月 1 日,日本新版消费税正式生效,比特币交易正式不再需要缴纳 8%的消费税,日本政府已经批准免除数字货币交易税,包括比特币 2017 年 4 月 1 日,日本国内对修订过的《支付服务法案》正式生效,比特币作为虚拟货币支付手段,其合法性得到承认。对虚拟货币做出定义,并未将虚拟货币列入"财产"的范畴,而是将其作为一种"专属价值"。此外在法案中也对虚拟货币的监管规则作出明确说明 2016 年 5 月,日本参议院就数字货币交易所监管发布法案,首次批准了数字货币监管法案,并且将比特币等虚拟货币定义为财产
3	韩 国	2017 年 9 月初,韩国金融服务委员表示,将加大对比特币等数字货币的监管,并对利用数字货币进行洗钱、非法融资和其他违法交易的行为展开调查 2016 年末,韩国金融服务委员会(Financial Services Commission,FSC)成立了数字货币工作小组,专注于比特币监管,并为比特币交易所实施发放牌照的政策
4	加拿大	2017 年 9 月,比亚证券委员会(BCSC)给一家加密货币投资公司颁发了首个比特币基金牌照 世界上第一台比特币 ATM 就出现在加拿大,加拿大在很早之前就已经确认了比特币的合法地位 比特币有反洗钱和反恐融资监管法律
5	澳大利亚	没有法律禁止,提倡有竞争性货币
6	巴 西	2014 年巴西央行认为比特币是不规范的

（续表）

世界各国：

序号	国 家	监 管 态 度
7	新西兰	新西兰储备银行指出：非银行金融机构不需要我们批准计划涉及的存储或转让价值（如"比特币"）——只要它们不涉及物理循环的发行货币（纸币和硬币）
8	俄罗斯	2016年12月，俄罗斯当局就比特币的法律地位及税务申报发布了政府文件，比特币被定位为外币，而比特币及非官方的数字货币的交易操作也被视作外币交易，除非用国外的银行账户进行比特币交易，否则公民或企业不需要进行财务申报
9	以色列	2017年以色列税务局就比特币的法律地位及税收发布草案。在草案中，其认定加密货币为一种不同于金融证券或股票的资产，将按照所得税条令对比特币征收资产所得税和资本收益税
10	伊 朗	2017年伊朗国家网络中心在草拟的一份数字资产监管提案中，建议伊朗央行将数字货币定义为商品，由证券和交易组织负责。但目前伊朗央行并未就虚拟货币做出评论
11	德 国	2013年12月19日，德国联邦金融监管局宣布，比特币是具有法律约束力的金融工具，属于计算单位
12	法 国	由虚拟货币的专业人士操作、兑换，进行征税
13	荷 兰	比特币等虚拟货币不属于金融监管法案的范围
14	挪 威	挪威税收政府发表了一份声明，比特币将被视为资本产权与税收相关的打算〔挪威税务总局局长霍特（Hans-Christian-Holte）表示，比特币不符合货币的定义，不过挪威政府将把比特币视为一种虚拟资产，可以对其征收资本利得税〕
15	吉尔吉斯斯坦	2014年吉尔吉斯斯坦央行发布有关比特币法律地位的声明，否认了比特币等虚拟货币的合法支付地位，认为其国内的唯一法定货币是索姆，不得将虚拟货币作为支付手段
16	瑞 典	对比特币进行征税
17	瑞 士	比特币在瑞士企业受到反洗钱法规监管，某些情况下可能需要获得银行执照
18	英 国	英国政府表示，目前不受监管

资料来源：根据互联网公开资料整理

67

附录 2　中国各地区针对共享单车出台的政策

时　间	地　区	各地区针对共享单车出台的政策
2016.9	广州市海珠区	广州市海珠区于2017年春节前完成1 000多个"非专用、不排他"共享单车"白格子"停车位划设,集中于地铁、人流密集的街道、商业区域等
2016.10	上海市宝山区	宝山区政府携手摩拜单车达成战略合作,同时,摩拜单车会上宣布发行全新车款——摩拜轻骑(Mobike Lite),第一批将在宝山、杨浦、徐汇等区域投放。宝山区政府专门制定了《宝山区支持引导摩拜单车更好为居民出行服务的六条具体措施》,进一步鼓励、支持摩拜单车在宝山开展运营,不断发展
2016.11	宁波国家高新区	共享单车品牌Hellobike在宁波研发园举办新闻发布会,宣布Hellobike正式进入宁波。宁波国家高新区与其签署战略合作协议
2016.12	广东省深圳市	深圳市交通运输委员会发布《关于鼓励规范互联网自行车服务的若干意见(征求意见稿)》,以促进互联网自行车健康发展,保障各方合法权益,同时规范自行车的停放。意见稿明确规定,共享单车平台所投放的车辆规模与全市的车辆承载能力相匹配
2016.12	广州市海珠区	ofo与广州市海珠区签署战略合作协议,宣布正式登陆广州,年内连接6万辆自行车
2017.1	四川省成都市	成都市交通运输委员会牵头起草的《成都市关于鼓励共享单车发展的试行意见(征求意见稿)》在成都市官网发布。征求意见稿对成都市共享单车的发展作出了一系列具体规定:要求其技术性能符合现行国家标准和行业标准相关规定,车辆质量可靠;车身设计美观,无广告设置,不影响市容;具备车辆的实时定位和明确查找功能,并鼓励推广带有车辆卫星定位和智能通讯控制模块的智能锁
2017.1	重庆市	ofo在重庆召开战略发布会,宣布正式登陆重庆,与沙坪坝区人民政府签署战略合作协议,于2017年5月前首批连接2万辆共享单车运营,为ofo共享单车划设自行车位。双方称通过合作将推动制定无桩共享单车行业标准
2017.3	福州市、区	福州市、区两级市容部门联合共享单车企业共同约束共享单车使用规范化。逐步划定、扩大共享单车停放区域,Hellobike运用网格化管理,通过"信用分"等手段约束乱停乱放行为。政府与企业合作推出"虚拟车车桩"等新技术

（续表）

时 间	地 区	各地区针对共享单车出台的政策
2017.4	海南省海口市	海口市原则审议通过了《共享单车规范管理实施方案》和《支持和鼓励共享单车健康发展的若干意见》，明确表示：使用者故意损坏、篡改二维码，盗窃共享单车或者违反道路交通通行有关规定违规停放自行车的，由公安机关、城市管理等有关部门依据各自职责依法处理，并将其违法违规信息纳入个人信用记录；构成犯罪的，依法追究其刑事责任
2017.5	云南省昆明市	《昆明市关于规范共享单车管理的实施意见（试行）》公开向社会征求意见。《意见》对共享单车企业、车辆和使用者在内都将进行更加规范的管理，在车辆停放方面，提出利用城市道路设置共享单车停放点，不得占用无障碍通行设施和妨碍行人通行。而在十字路口、商业步行街等特定区域，不适合设置停放点，可设置共享单车禁停标志
2017.5	湖北省武汉市	《武汉市关于鼓励规范互联网租赁自行车健康发展的指导意见（试行）》开始征求意见。其中要求车辆须具备GPS，乱停乱放将无法上锁。设置电子围栏区域，如果将车辆乱停乱放，并无法上锁，后台将一直处于计费状态。对目前不具备卫星定位和互联网运行服务管理功能的车辆设置一年过渡期。另外要求不得在车辆上发布小广告
2017.7	广州市天河区	广州天河区车陂村禁行共享单车。共享单车禁行区域为中山大道以南、黄埔大道以北、车陂路以东、东圃大马路以西（东岸社区辖内），将在上述区域的所有进村路口设岗值守，防止共享单车进入。禁止共享单车进村行动将试行一段时间，若效果良好将形成常态机制
2017.8	国家交通运输部等10部门	《交通运输部等10部门关于鼓励和规范互联网租赁自行车发展的指导意见》，明确了关于加强停放管理和监督执法、引导用户安全文明用车、加强信用管理、加强用户资金安全监管、加强网络和信息安全保护与建立公平竞争市场秩序等16个问题

资料来源：根据互联网公开资料整理

69

1 科大讯飞：从智能语音到人工智能的创新路

7:00 陈先生被叮咚智能音箱①唤醒，他"吩咐"叮咚打开卧室灯、"汇报"完天气预报后播放他最喜欢的电台。

8:00 他"命令"飞鱼助理②拨通秘书电话询问开会地址。

9:02 他迟到 2 分钟，幸好会议使用了"讯飞听见"③，前面漏听内容已经变成字幕显示在会场显示屏上。

10:30 他用"晓译翻译机"④和外籍客户达成了合作意向。

14:00 去银行办理业务，"晓曼"机器人⑤接待了他。

14:30 他在灵犀语音助手⑥的建议下找到一家饭馆吃饭。

17:30 他用"智学网"⑦检查了孩子最近在线评测情况。

23:30 睡前陈先生用"语记"APP⑧写下了日记。

本案例由中欧国际工商学院朱晓明教授、案例研究员钱文颖和研究助理朱叶子共同撰写。在写作过程中得到了科大讯飞股份有限公司的支持。

① 叮咚智能音箱是科大讯飞和京东成立合资公司推出的智能语音音箱产品，用户只要说"叮咚叮咚"便可唤醒音箱语音交互。
② 飞鱼助理是科大讯飞 2016 年 11 月推出的汽车智能互联系统，当前科大讯飞智能语音交互技术在全世界 100 多个车型中使用。
③ 讯飞听见是科大讯飞语音转写服务平台，有智能编辑、角色自动分离、音频精准定位、按句回听等功能，准确率达 97％以上。
④ 晓译翻译机是科大讯飞在 2016 年 11 月推出的中英文互译翻译机，将于 2017 年量产。
⑤ 晓曼机器人是科大讯飞推出的交互式机器人，现在已在很多银行中试用。
⑥ 灵犀语音助手是科大讯飞和中国移动联合推出的手机智能语音助手。
⑦ 智学网是科大讯飞推出的移动在线教学服务平台，能实现随堂练习、课后作业、测试联考等多种教学场景。
⑧ 语记是科大讯飞推出的智能语音记录 APP，支持四川话、英语等多语言输入。

在科大讯飞设想的蓝图中,用不了 10 年,人工智能就会像水和电一样渗入到每个人的日常生活里。[1]

1999 年,伴随着语音识别浪潮,科大讯飞从语音合成技术提供商起家。经过近 10 年的探索和发展,2008 年,科大讯飞成为中国智能语音技术与市场的领头羊并在 A 股成功上市。伴随底层算法的变革和移动互联网的发展,2010 年,科大讯飞推出讯飞语音云,转型做语音生态平台并获得新的发展,其市值也超过了 400 亿元。近年来,人工智能快速兴起,科大讯飞推出了"讯飞超脑"计划,开始了二次创业的征途。在新的机遇面前,科大讯飞将面临哪些挑战? 又该如何进一步创新呢?

科 大 讯 飞

"中国人工智能正在快速追赶美国,科大讯飞在多项国际语音合成和中英文文本互译比赛中获奖。这家人工智能公司侧重语音识别和自然语言理解,正在与中国科技部合作,研发一款人形问答机器人。科大讯飞董事长刘庆峰说,'我们的目标是在不久的将来让它去参加高考,并被重点大学录取。'"
　　　　　　　　　　　　　　——《纽约时报》2017 年 2 月报道

科大讯飞成立于 1999 年,总部位于安徽省合肥市,是一家从事智能语音及人工智能技术研究的国家级骨干软件企业(见表 1.1)。其拥有语音合成、语音识别、口语评测、自然语言处理等多项世界领先的智能语音技术自主知识产权,产品与服务被广泛应用于电信、金融、教育、汽车等行业。

表 1.1　科大讯飞发展大事记

时 间	创新/技术大事记	商业大事记
1999 年	语音合成评测分超过 3.0 达到实用门槛	公司成立
2000 年	整合中科大等成立语音技术联合实验室;建设"国家 863 计划成果产业化基地"	提出平台战略、行业技术引领标准战略;完成第一轮融资 3 000 万元
2001 年		完成第二轮投资;公司智能语音平台开发厂商突破 100 家;和 Nuance 合作提供自动应答方案
2002 年	获"国家科技进步二等奖";承接国家语音高技术产业化示范工程项目,设立博士后科研工作站	
2003 年	负责牵头制定中文语音标准;以嵌入式系统切入,研发语音识别技术	
2004 年	在国家 863 主持的中文语音合成国际测评中比分囊括所有指标第一名;中文语音合成效果首次超过人的水平	首次实现盈亏平衡,该年销售额首次破亿元
2005 年	科大讯飞研究院正式成立;获得"信息产业重大技术发明奖"	语音产品收入达 1.5 亿元,带动产业约 10 亿元
2006 年	英文语音合成国际大赛第一名;发布第一个服务器端的语音识别系统	全年营收 1.7 亿元
2007 年	英文语音合成国际大赛第一名	智能语音芯片销量突破 20 万片;获中国成长百强企业;科大讯飞股份公司正式成立;全年营收 2 亿元
2008 年	英文语音合成国际大赛第一名;成为"国家创新型试点企业";全球说话人识别大赛第一名	在深交所上市;语音产业基地开工建设;全年营收 2.57 亿元
2009 年	全国工商联科技进步一等奖;英文语音合成国际大赛第一名;国际说话人语种识别测评名列前茅	通信增值业务语音搜索用户突破 5 000 万;普通话测试用户突破 100 万人;"2009 年最具成长性新上市公司"
2010 年	英文语音合成国际大赛第一名;国际说话人语种识别测评名列前茅;中国软件行业知识产权自主创新十大品牌	发布"讯飞语音云",发布"语音输入法"体验版;国家智能语音高新技术产业基地落户合肥;中小学教育产品覆盖用户突破 2 000 万人

时 间	创新/技术大事记	商业大事记
2011 年	获"国家科技进步奖"； 英文语音合成国际大赛第一名； 再次获得"信息产业重大技术发明奖"； 成立语音及语言信息处理国家工程实验室	公司发股融资完成；员工股权激励政策实施； 讯飞语音云总数突破 3 300 万个； 合作开发伙伴超过 3 100 家； 讯飞智能语音玩具销售数量突破 100 万套
2012 年	采用深度信任网络(DBN)技术的讯飞新一代语音识别系统，在电话转写、语音听写方面性能提高； 多项核心技术取得突破，有效解决抗噪、口音适应、个性化词汇等技术难题； 英语口语评测达到实用水平	语音云终端用户数量突破1.5亿人； 中小学教育产品覆盖用户突破5 000万人； 成为亚太地区最大的语音上市公司和中国沪深两市市值最高的软件企业； 中国移动入股，股权占比 15%； 全年收入 7.8 亿元
2013 年	发布离线语音输入； 实现高表现力的小说合成，首次取得对传统信息播报风格的突破，多语音合成覆盖全球 25 个主要语种，填补了国内空白； 攻克了数字声纹密码、深度学习语种识别等声纹和语种识别关键技术	与三大电信运营商全面建立战略合作关系； 刘庆峰获"2013 CCTV 年度经济人物奖"； 大客户2 000多家；语音云下载和激活数量超过3.5亿次；语音输入法用户超过1亿人； 购买广东启明科技，与人民教育出版社、北京师范大学、外研社开展战略合作
2014 年	启动"讯飞超脑"计划	发布智能语音产品讯飞语音云 3.0、灵犀 3.0； 全年收入 17.7 亿元； 讯飞语音云终端用户数量超过 6 亿人，开发合作项目超过 55 000 个
2015 年	国际最高水平的语音合成比赛 Blizzard Challenge 十连冠； 发布 AIUI 人机交互界面，定义了万物互联时代人与语音交互技术的新标准； 人与人之间自由交流语音转写正确率突破85%的实用门槛； 针对会议演讲场景识别率达 95% 以上； 研制完成软硬件一体化的原唱语音识别系统	和京东战略合作发布叮咚智能音箱； 讯飞开放平台总用户数 7 亿人，月活跃用户1.8亿人，开发者 11 万人，日服务量达 13 亿人；讯飞输入法用户 3 亿人，支持方言 18 种； 语言考试全年累计测试考生数近 1 000 万人； 基于"讯飞超脑"计划成果的中英文作文评分技术取得应用型突破，在部分省市初高中毕业会考中应用； 智慧教育全国覆盖用户超过 8 000 万人； 智学网平台用户突破 500 万人
2016 年	获得国际认知智能测试全球第一； 国际知识图谱构建大赛核心任务第一； 启动"春晓行动"，加大人才引进	发布全球首个智能交互客服机器人"晓曼"，集成讯飞超脑阶段性成果，已在建行等开展试点应用

资料来源：根据科大讯飞官网、历年财报及其他网络公开信息综合整理

2008 年,科大讯飞在 A 股上市,成为 A 股唯一一家智能语音公司。伴随着移动互联网时代和人工智能的快速发展,2010 年,科大讯飞发布了移动互联网智能语音交互能力的"讯飞语音云平台";2014 年,启动了"讯飞超脑"计划,目标是让机器从"能听会说"到"能理解会思考";2015 年,公司发布了人机交互界面 AIUI。

截至 2017 年 1 月,讯飞开放平台在线日服务量超过 30 亿人次,合作伙伴达到 25 万家,用户超过 9.1 亿人。科大讯飞占中文语音技术领域 60%以上的市场份额,占语音合成产品领域 70%以上的市场份额,公司在电信、金融、电力等主流行业的市场份额达到 80%以上。

从创业到发展成长为市值超过 400 亿元的上市科技公司,刘庆峰认为做对了三件事:"第一件事就是选准了方向和切入点;第二件事就是聚集了一些有抱负和梦想的且专注在语音和人工智能领域的人;第三件事就是选择了很好的产业化的路径。[2]"

创业：进入智能语音市场

"语音是人类最自然便捷的沟通手段,会带给人机交互根本性的变革。[3]"

——刘庆峰

从实验室走向商业化

1952 年智能语音技术开始萌芽①,经历了 40 余年漫长的探索,终于在 20 世纪 90 年代实现了应用突破,全球掀起第一波智能语音浪潮,并迅速涌现出 Nuance、微软、IBM、摩托罗拉等一批语音技术企业。[4]

---

① 标志事件:贝尔研究所研究成功世界第一个能识别 10 个英文数字发音系统。

2000 年以前，中文语音应用几乎全部为国外公司所垄断，微软、IBM 等均在华设立专门的语音研究基地。而此时中国的几大语音研究机构还处于各自为政、力量分散的局面。刘庆峰也是这其中的一员，他于 1992 年进入中国科技大学和国家计算机研究开发中心联合设立的"人机语音通讯实验室"，1995 年担任国家 863 项目"KD 系列汉语文语转换系统"的主要负责人，1998 年在导师王仁华的带领下研究出语音合成系统，评测分 3.0，达到可实用门槛。

在 1999 年国内大学生创业潮下，刘庆峰为首的创业团队利用中国科技大学、安徽省经贸委等单位的 300 万元种子基金创办了科大讯飞，开始了从实验室走向商业化的探索；并随即在 2000 年开发了两款针对消费者市场的产品"畅言 2000"和"话王 98"，目标 3 年创造 100 亿元营收。[5]

但发展并没有想象中快，智能语音市场仍处在早期阶段。技术方面，由于通信技术落后，智能语音缺乏技术支持和应用场景，语音合成的实际效果并不理想，和真人感官存在较大差距。市场方面，当时智能语音市场尚未培育，大家对其是否具备发展前景充满质疑。"时机未到"直接导致了科大讯飞研发的两款产品石沉大海。

在巨大的生存压力下，2001 年创始人团队在巢湖半汤举行会议沟通公司未来的战略发展。经过讨论，大家一致认为——未来的世界一定是智能语音的，任何一项技术都会经历从开始到产业化不断波动的发展周期曲线，当业界期待提升时，资源会逐渐步入，整个智能语音产业会快速发展。[6]在清晰的发展方向下，科大讯飞确定了自己的定位和发展模式："首先做中文语音产业的领导者，未来发展成为全球最出色的多语种语音技术提供商。"波峰尚未来临之前，坚持"大波浪＋小波浪"式的发展——核心源头技术方向不变的前提下，适时调整商业模式。

科大讯飞业务从消费者市场调转至 B2B 市场，并提出 iFLY inside

平台战略——为各个行业的大中型客户提供语音开发平台。为了向 B 端普及智能语音技术,讯飞通过举办语音应用行业会议、出版语音应用案例期刊等方式教育市场;[7]并很快找到了切实可行的业务场景——呼叫中心。

从语音合成到语音识别

2001 年前后,呼叫中心市场开始蓬勃发展,仅中国电信 160、168 语音服务一年就能产生几十亿人民币的收入。由于信息服务的大量产生,运营商对智能语音的需求非常强烈,亟待通过自动语音应答提高语音增值服务的效率。对此,华为、中兴等大型客户希望科大讯飞能够快速研发出基于中文语音的自动应答系统。

但完整的自动应答系统需要集成语音合成技术和语音识别技术,而当时科大讯飞只有语音合成技术。在这个情况下,讯飞果断选择先通过外部合作(和擅长语音识别的国际语音提供商 Nuance 合作)占领市场,并集中攻关研发,于 2002 年迅速推出自动语音应答系统,开始为华为等企业提供服务。

在为大客户提供方案和应用的过程中,科大讯飞发现语音识别存在巨大市场,如果没有自主知识产权,很难做出最佳的应用效果,于是坚定了自主研发的目标,2003 年开始从嵌入式端①切入语音识别技术的研发。

语音识别技术的准确率需要通过不断迭代来提高——迭代首先要进行数据采样,然后在样本库上进行建模,再进入应用系统,通过观察实际应用效果不断更新算法模型。采集样本则是迭代的基础,而对当

---

① 语音识别技术分为嵌入式端和服务器端;其中嵌入式多在本地运行,对能耗、计算要求更严格,在硬件和芯片上使用比较多。

时的科大讯飞来说，这点相当困难——公司是服务 B 端的，并不能直接获取终端数据。在运营商客户的帮助下，科大讯飞进行了样本的初始积累，但因为数据量不够，公司还通过在全国招募测试人员，让测试人员从各地拨打系统的方式扩充样本。这一阶段，科大讯飞平均几个月进行一次技术迭代。2006 年科大讯飞发布了第一个服务器端的语音识别系统，标志着公司拥有了从语音合成技术到语音识别技术的自主知识产权。

从亏损走向盈利

基于 iFLY inside，科大讯飞开始扭转只见投入不见产出的局面。截至 2001 年 6 月，与科大讯飞合作的厂商就达到了 100 多家，应用场景也从呼叫中心逐渐切入车载、金融等领域。2004 年，科大讯飞达到了盈亏平衡点，全年销售收入近亿元，先于行业其他参与者实现了从实验室到商业落地、从亏损到盈亏平衡的成长。

2006 年到 2008 年，科大讯飞围绕"自主创新、顶天立地"的长期发展战略[①]，在核心技术和产业优势方面持续增强。

核心技术方面：公司三次获得国际英文合成大赛第一名，确立了在英文语音合成技术上的领先地位；公司参加国际说话人识别大赛并获得综合指标第一名，确立了在语音识别领域的领先地位。

产业优势方面：公司坚持将研究成果产业化，推动语音支撑软件（包括电信级语音平台、嵌入式语音软件）出现新的增长点；在行业应用方面，积极应对 3G 带来的新业务机会，不断围绕核心技术研发新产

---

① "顶天立地"战略，就是在产业道路上一方面要保持核心技术国际领先，成为全球著名的语音和语言研究高地（顶天）；另一方面要将研究成果大规模产业化，形成产业规模效益，推动语音技术进入普通家庭（立地）。

品;在教育方面,积极推动语音技术在口语考试方向的业务进展。

2008 年,科大讯飞在深交所上市,同年全年营收 2.57 亿元,同比增速 25%。[①]

转型:从语音技术提供商到语音生态平台

2009 年,上市刚满一年的科大讯飞营收增速放缓,同比仅增长 19%,营业利润甚至同比下滑了 10 个点。科大讯飞增速疲软的背后是风云突变的智能语音市场。

智能语音市场格局突变

2010 年深度学习算法[②]开始在语音识别领域应用——该建模技术可模拟人脑行为,同时优化特征选择和模式分类,克服发音干扰等瓶颈。除了算法升级外,移动互联网也在飞速发展,这两个底层技术的升级使得技术迭代加快,从原先几个月一次的迭代周期快速进入到每天甚至更快的连续性迭代,语音识别准确率平均从 70%提升至 90%,[8]大幅降低了语音识别的行业门槛,直接导致全球智能语音市场格局变化:

国际智能语音市场,2010 年前,Nuance[③] 全球市场占有率超过 70%,一家独大。2010 年后谷歌、微软、苹果、亚马逊等互联网公司纷纷加强在智能语音市场的布局,特别是苹果 Siri 的发布标志着智能语音技术进入快速应用阶段。

---

① 数据来自科大讯飞 2008 年、2009 年年度财报。
② 深度学习由 Hinton 等人于 2006 年提出,动机在于建立、模拟人脑进行分析学习的神经网络,模仿人脑机制来解释数据。
③ Nuance 成立于 1992 年,这家语音先驱占据全球 2/3 的市场,为 Siri、三星 S-Voice 以及一些呼叫中心提供服务。

　　国内智能语音市场，除了科大讯飞、接通华声、中科信利、思必驰等智能语音提供商外，百度、搜狗、腾讯、云之声、虫洞语音助手、智能360、小 i 机器人等互联网公司也进军语音市场(见图 1.1)。[9]

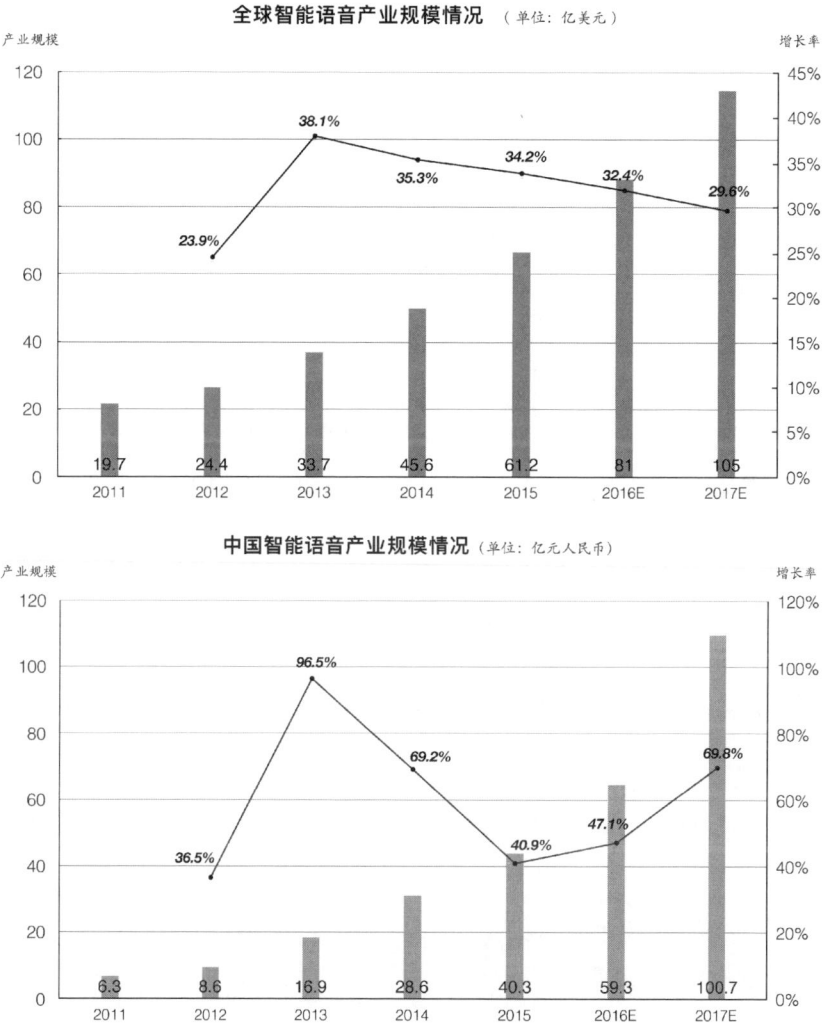

图 1.1　智能语音产业规模情况

资料来源：中国语音产业信息网，《中国智能语音产业发展白皮书》，2016－05－23

对科大讯飞来说，这既是机遇也是挑战：

机遇是智能语音产业终于迎来了产业爆发期。随着国家战略推进、政策支持以及移动互联网技术提升背景下外部市场需求的驱动，全球智能语音技术需求正在迅速扩大①，产业规模进一步提升②，应用场景也更加丰富。

挑战是技术差距逐渐缩小，智能语音市场的竞争从技术层面转到了生态层面。互联网公司把技术免费的思维带入了市场，科大讯飞原有的业务模式受到了冲击。[10]

搭建平台：从 B2B 到 B2B2C 的服务转变

由于服务电信运营商，科大讯飞从 2007 年开始就逐步感知到移动互联网时代即将到来。与此同时，科大讯飞陆续收到来自中小企业和开发者的应用需求。此前，科大讯飞客户主要是大中型企业，开发应用"需要先花 30 万元买硬件，花 30 万元买平台，再加上其他成本，没有 100 万元预算根本没办法开展业务。"[11]这一投入对于中小企业来说过于高昂。刘庆峰从水龙头的功能中获得了启发——用户不用建自来水厂，拧开水龙头就可以接到水[12]，科大讯飞也可以做中小企业和开发者的"水龙头"。

为了应对行业新挑战，2010 年底科大讯飞发布了全球首个移动互联网智能语音交互的"讯飞语音云平台"并同步发布了"语音输入法"体验版，重新进入消费者市场。

平台的推出应该是双赢的效果：对创业者而言，降低了开发门

---

① 2013 年到 2015 年美国智能手机用户使用语音助手的比例从 30％增长至 65％。
② 2015 年全球智能语音产业规模达到 61.2 亿美元，增长 34.2％，其中中国智能语音产业规模达 40.3 亿元，增长 41％。

槛——产品可直接依托讯飞语音云平台开发并对外提供服务，免去在服务器上的资金投入；对科大讯飞而言，在为中小企业提供"水"的同时也为自己发掘了源源不断的活水——通过云端后台数据样本，科大讯飞可以基于深度学习算法进行语音识别技术的迭代。

但由于缺少对小 B 和 C 端用户的开发经验，语音云发布之后相当长一段时间成绩并不理想——半年仅积累了 100 万用户。这和刘庆峰最初的预期相比落差非常大。[13]

通过调研，科大讯飞了解到是由于此前公司的语音识别技术没有在移动网络环境下提供大规模的云端服务的经验，导致准确率出现了问题。对此，科大讯飞加快样本学习，对产品进行优化迭代，同时转变服务思路，开始针对移动互联网用户需求注重产品实用功能的研发，比如打电话、发短信、听音乐等需求[14]，推出了"讯飞输入法""灵犀"等现象级应用。此后，用户使用量开始慢慢上升，截至 2017 年 1 月，讯飞开放平台在线日服务量超过 30 亿人次，用户超过 9.1 亿人，合作伙伴达25 万家。同时，伴随着人工智能技术与资源的注入，"讯飞语音云"也进化成为"讯飞开放平台"，并形成了完整的生态系统。

开放式创新：加速智能语音行业应用布局

2004—2008 年，科大讯飞营业收入从破亿到 2.57 亿元，4 年时间仅增长 2.5 倍；而 2008—2015 年，科大讯飞营业收入从 2.57 亿元增至25.07 亿元，增长近 10 倍。科大讯飞迎来了第二次发展高峰，市值一度接近 700 亿元人民币，成为中国沪深两市市值最高的软件企业①。这主要归功于它的开放式创新：

---

① 2012 年市值一度接近 700 亿元人民币，成为中国沪深两市市值最高的软件企业。

善于利用产学研资源：自成立起，科大讯飞就通过建设研究所和实验室等方式引进全国各地的科研人员。比如 2000 年整合中国科技大学、清华大学等成立语音技术联合实验室；2002 年设立博士后科研工作站；2005 年成立科大讯飞研究院；2011 年设立语音及语言信息处理国家工程实验室。

推出开放平台后，则充分利用平台上合作伙伴的先进技术加速创新。比如香港中文大学教授汤晓鸥将人脸识别技术应用到讯飞开放平台上，使得开放平台的人脸识别准确率提高到 99％以上①；哈尔滨工业大学在讯飞开放平台上推出"哈工大讯飞语言云"②，成为国际最具影响力的中文处理基础平台。

此外，科大讯飞在内部人才建设方面也不遗余力，研发人员占公司员工的 60％，研发投入占销售收入的比例达到 25％（见图 1.2）。[15] 2014 年科大讯飞启动"超脑计划"，聚集了来自语音及语言国家工程实验室、清华大学、加拿大约克大学等机构的 10 多位人工智能领域顶级专家。2016 年启动"春晓行动"，面向全球人工智能领域引进 10 位国际顶尖人才、100 名行业领军人才、1 000 名各类骨干人才。

鼓励内部创业机制和战略合作机制：科大讯飞通过与战略投资者、业务团队共同参股的方式对新业务进行孵化，加速产品创新和落地。如科大讯飞玩具事业部自成立起连续亏损 7 年；2015 年通过原骨干参与增资扩股、引入群兴玩具等战略合作者的方式，成立独立公司淘

① 汤晓鸥是人脸识别领域顶级专家，精准人脸识别技术，实况人口流量状况技术、照片自动人脸设备分类技术等。讯飞"人脸识别"在业界第一次用高斯模型，机器的人脸识别率做到 98.2％，高于人眼的 97.53％，后来 DEEPID 技术识别率达到了 99.15％。

② 哈工大"语言技术平台 LTP"是为开发者提供包括中文分词、词性标注、命名实体识别、依存句法分析、语义角色标注等自然语言处理技术服务的平台，已经被 500 多家国内外研究机构和企业使用，其中百度、腾讯、华为、金山等多家大型企业和科研机构为付费用户。目前成为国内外最具影响力的中文处理基础平台。

云科技，2016 年已基本实现盈亏平衡。此外，科大讯飞在智能硬件、人工智能等方向也采用战略合作机制，如与京东合作成立了智能硬件公司灵隆科技；与实体 KTV 合作探索人工智能与 KTV 结合的公司等。[16]

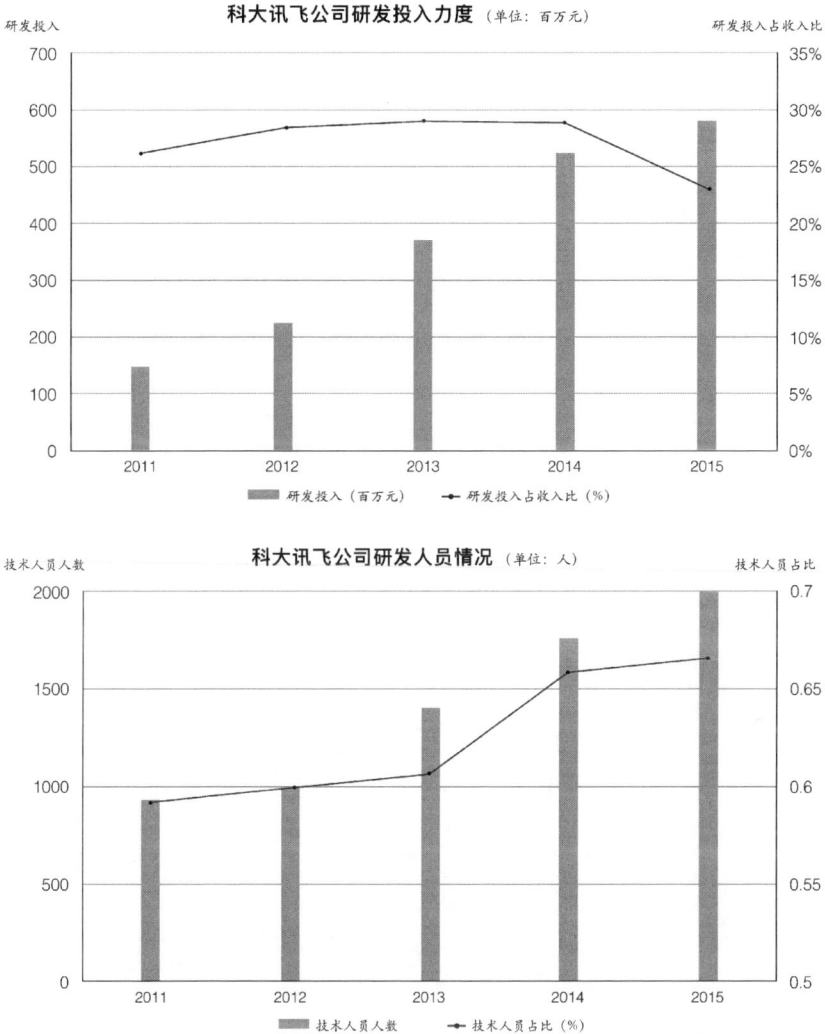

图 1.2 科大讯飞研发投入和研发人员情况

资料来源：wind

83

以讯飞为龙头的产业集群逐步形成：2016 年 2 月，中国声谷[①]获工信部批准，该产业园依托科大讯飞语音技术研发基础，以"大创客"带动"小创客"，利用科大讯飞的核心语音技术、讯飞开放平台和产业资源，推动集群创新和产业孵化器模式形成。据报道，基地内通过招商引资已入驻企业 50 家，计划投资约 25 亿元，已完成投资 12.5 亿元；在谈项目超过 100 个，预计投资额超过 85 亿元。[17]

基于开放式创新的理念，科大讯飞在客户数量和行业布局上都实现了跨越式突破。客户数量方面，1999—2009 年 10 年时间，科大讯飞仅开发 2 000 多个客户；而 2010 年底至 2017 年 1 月五年多时间，科大讯飞共开发合作伙伴 25 万家，覆盖用户超过 9.1 亿人（见图 1.3）。在行业布局方面：

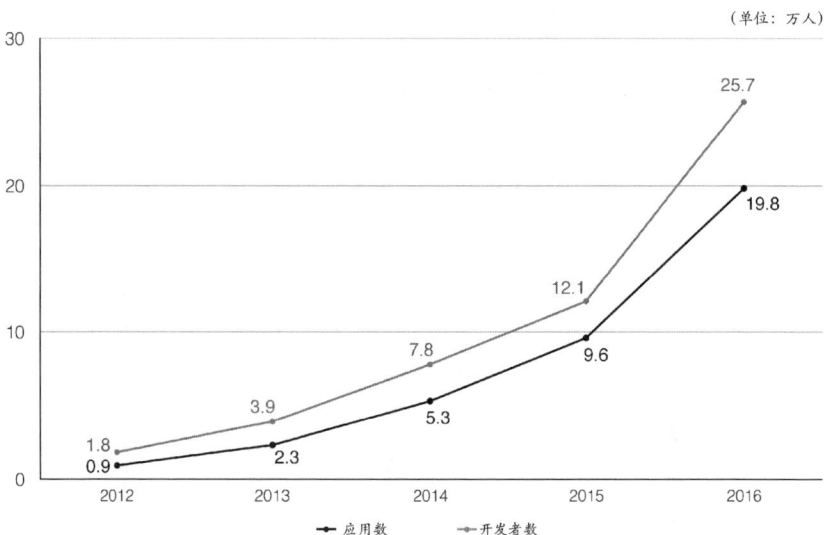

（单位：万人）

图 1.3　科大讯飞第三方应用和开发者增长情况

资料来源：科大讯飞提供

[①] 中国声谷产业园建立在合肥国家科技创新试点示范区。五年内计划：基本完成产业布局，孵化企业 500 家以上，拥有一批语音研发、应用大型企业，完成千亿产业的第一次集聚，树立中国第一语音产业基地的品牌。

智能手机领域：科大讯飞形成了以运营商、手机厂商为核心的智能手机语音生态体系。通过与中国移动、各手机厂商组成战略联盟，科大讯飞语音云用户规模和创业项目数量都在行业中遥遥领先。其中，讯飞输入法排名在 2013 年超过 QQ 输入法、2014 年超过百度输入法。[18] 2016 年三季度讯飞输入法用户数破 4 亿人，活跃用户数达 1.1 亿人，语音输入用户覆盖率超过 40％。截至 2016 年底，[19] 灵犀语音助手月活跃用户超过 1 600 万人，识别率准确度达 97％。[20]

智慧教育领域：科大讯飞通过和基础教育出版行业龙头人民教育出版社合作，进行教学平台、网络学习、电子书包等联合开发和应用；通过与北京师范大学合作，共同推出了教育评价云。此外，科大讯飞已完成 15 个省级教育平台、20 余个市/县/区级教育信息化整体方案的建设，服务覆盖师生超过 8 000 万人。面向学生的个性化教与学平台智学网用户突破 500 万人，覆盖学校超过 4 000 所。普通话水平智能测试实现全国覆盖，累计测试考生超过 2 600 万人次。

智能家居领域：科大讯飞和北京、广东等地方广电、三大运营商以及海信、长虹、TCL 等电视机品牌商均有合作。此外，智能语音助手灵犀 3.0 已可操控智能家居设备。[21] 2015 年 5 月，讯飞和京东合资公司研发的叮咚智能音箱发布，2016 年 11 月份升级版的叮咚智能音箱集成了双全工技术、声纹识别等服务，并搭载人机交互系统 AIUI，可实现智能家居控制，并接入了京东购物功能。[22] 2016 年双 11 当日，叮咚智能音箱在京东平台上智能音箱品类里销量排名第一，截至 2017 年 2 月，叮咚销售同比去年增长 137％。[23]

智能车载领域：科大讯飞在宝马 2015 年 3 月的中文评测及奔驰 2015 年 6 月的中文语音云效果评测中均力拔头筹，并已与奔驰、宝马、大众、丰田、雷克萨斯、马自达、上汽、一汽、长城、长安、吉利、奇瑞、江淮、广汽、海马、东南等国内外汽车品牌开展合作,搭载讯飞语音技术的轿车前装出货车型达到 31 款,市场占有率第一。[①] 此外,科大讯飞与奇瑞共同开发了 Cloudrive2.0 智云互联行车系统,目前已搭载在艾瑞泽 5、瑞虎 7、瑞虎 3x 上,其中搭载 Cloudrive2.0 的艾瑞泽 5,上市 11 个月累计销量突破 15 万辆,刷新中国品牌最快增速纪录。2017 年 3 月,科大讯飞与奇瑞签署战略合作协议,开始进行智能化终端机、车联网开发与应用的全面合作。除了 Cloudrive2.0,2016 年 11 月讯飞还首次对外发布了独立研发的基于 AIUI 的汽车智能互联系统——"飞鱼助理",将于 2017 年迎来量产。

二次创业:从智能语音到人工智能

人工智能浪潮

2016 年,人工智能仿佛一夜之间成为各大互联网巨头的必争之地:Facebook、谷歌、微软等都将人工智能划定为公司的战略方向,中国以 BAT 为代表的互联网巨头也逐渐展开人工智能的布局。特别是伴随着谷歌 AlphaGo[②] 战胜围棋传奇人物李世石事件,人工智能掀起了第三次浪潮。[③]

Venture Scanner 统计,2015 年全球人工智能公司共获得近 12 亿美元的投资,预计 2020 年全球人工智能市场规模超千亿。截至 2016 年初,全球共有 957 家人工智能公司,其中中国人工智能公司约有近百

[①] 内容来源于科大讯飞 2015 年年报。

[②] AlphaGo 是一款围棋人工智能程序,由谷歌旗下人工智能公司 DeepMind 的戴密斯·哈萨比斯、大卫·席尔瓦、黄士杰与他们的团队开发。其主要工作原理利用了很多新技术,如神经网络、深度学习、蒙特卡洛树搜索法等。

[③] 第一次浪潮:1970 年人工智能通过第一代神经网络算法,证明了《数学原理》中的绝大部分原理;第二次浪潮:1984 年霍普菲尔德网络的提出,让人工智能的神经网络具备了历史记忆功能。

家,约 65 家创业公司获得投资,合计 29.1 亿元人民币[24]。

此次浪潮爆发依托于深度学习算法和大数据技术的迅猛发展。从发展路径及阶段上看,人工智能需经历三个阶段：计算智能(能存会算)、感知智能(能听会说、能看会认)和认知智能(能理解会思考)。[25]其中第一个阶段计算智能(包括数据传输、运算、存储等基础技术)由数据中心及运算平台支撑;感知智能(如语音识别、图像识别、自然语音处理和生物识别等)阶段和认知智能(如机器学习、预测类 API 和人工智能平台)阶段需要基于基础层提供的存储资源和大数据进行数据训练,通过机器学习建模,开发面向不同领域的应用技术。目前,人工智能的主流应用包括图像识别、语音识别、语义识别、预测规划和智能控制,在智能家居、智慧医疗、安防、无人驾驶等领域已落地开花。[26]

当前人工智能的发展主要分为两类：一类是以谷歌为代表的巨头企业通过纵向收购,力图打造从基础层到应用层的完整产业链;另一类是以科大讯飞为代表的科技公司,从自身优势出发,从语音识别(或图像识别)单点突破。科大讯飞是国内第一波将深度学习算法应用到语音识别的企业,在深度学习算法下语音识别率从 2010 年的 60% 迅速提高到 95% 以上。[27]

科大讯飞的"超脑计划"

"人工智能是未来真正可出现颠覆性产品的领域。我对这一领域的发展时刻保持着警惕。"[28]

——刘庆峰

自 2010 年推出开放平台后,科大讯飞迅速成长为中国最大的智能语音技术提供商。但从人工智能的发展阶段来看,科大讯飞仅实现了让机器"能听会说",离"能理解会思考"还有很大差距。人工智能浪潮来临之际,刘庆峰在年度会议上和骨干员工重新梳理了公司的愿景和使命——就是"让机器能听会说,能理解会思考,用人工智能建设美好世界!"在这个使命的框架下,科大讯飞的战略目标调整为"成为人工智能产业的先行者"。

对此,科大讯飞在 2014 年正式启动了"讯飞超脑",计划 5 年内建成世界第一个中文认知智能计算引擎,实现感知智能和认知智能的全面突破——在感知智能领域,语音识别、手写识别方面每年保证30%～50%的错误率的下降;在认知智能上突破语言理解、知识表示、联想推理、自主学习等多个方面,让机器能理解会思考。[29]

截至目前,科大讯飞"超脑计划"形成了一些阶段性成果:

在核心研发能力平台建设方面,2016 年,科大讯飞平台建设启动,形成了以研究院为中心,以人工智能技术和大数据技术为支撑,串联消费者、教育、智慧城市和其他业务方向的应用开发。

在技术创新方面,科大讯飞提出了基于神经网络的深度学习认知智能路线,取得了源头技术的突破,获得国际人工智能比赛威诺格拉德模式挑战赛(Winograd Schema Challenge)、国际知识图谱构建大赛(KBP)核心任务世界第一。

在生态构建方面,科大讯飞 2015 年发布对中国人工智能产业具有里程碑意义的人机交互界面标准——AIUI①。2016 年 11 月,已有3 000 家机器人公司使用了 AIUI 系统。

在应用落地方面,科大讯飞选择在教育领域进行主动布局和突破,通过名校试点打造切实可行的应用样板。通过教师、学生数据的不断

---

① AIUI 集成了包括双全工技术、麦克风阵列技术、声纹识别技术、方言识别、语义理解技术和内容服务等——科大讯飞一系列尖端科研成果和完善服务,代表业界最高水准。

反馈更新,科大讯飞的AI＋教育产品逐步形成了统一的数据体系,并在深度学习算法下实现快速迭代。科大讯飞基于人工智能实现了机器人扫描阅卷、作业自动批改,从而实现个性化诊断和个性化学习辅导。其中在中英文作文机器阅卷上已超过了人类专家阅卷；科大讯飞牵头的"类人答题机器人"也正在不断学习迭代中,预计3年内将"考入"中国重点大学。

路在何方？

"未来谁掌握了人工智能产业的主导权,谁就将拥有全球话语权。"[30]

——刘庆峰

2016年是人工智能诞生60周年,也是中国人工智能元年。年尾,科大讯飞在北京国家会议中心举行了以"人工智能＋共创新世界"为主题的年度发布会,发布了大量与教育、家居、机器人领域结合的人工智能应用,如智能客服机器人晓曼、汽车智能车载系统飞鱼助理、智能语音家居设备超脑魔盒等。但从智能语音走入人工智能,科大讯飞也将面对更多竞争和挑战:

市场竞争: 在AI领域,科大讯飞将面临更激烈的竞争——包括国外的谷歌、苹果、亚马逊等以及国内的百度、腾讯等超级互联网巨头以及不断涌入的源头技术创业企业等。科大讯飞应该采用哪些措施加快技术创新研发以应对竞争？

资源的挑战: 人工智能从技术研发到产品推广,需要大量人才和资金资源。科大讯飞可以通过哪些方式获取足够的资源以支撑人工智能的发展？

组织结构挑战: AI时代科大讯飞将同时面临多元业务的探索,原先的组织结构将无法适应多元化战略。科大讯飞应该如何调整组织结构以更好地应对新的情况？

商业化效率挑战：早在 2010 年推出开放平台后，讯飞就在玩具、电视等多个行业展开了早期项目的探索。但一些项目由于进入过早，市场并未成熟，导致长期无法盈利。AI 时代，科大讯飞将面对更多项目机会，科大讯飞应该如何挑选项目，在有限的资源下实现市场效益的最大化？

2017 年两会期间，人工智能首次被写入政府工作报告。[31] 与此同时，刘庆峰喊出了"二次创业"的口号。杰弗里·摩尔在《跨越鸿沟》这本书里写道："一项技术从产生到发展到产业化到盈利需要经历很多过程，早期用户的出现不足以证明一个时代到来。[32]"人工智能的发展道路上必然也会出现很多曲折。第一次创业科大讯飞的语音产品从亏损到盈利用了 5 年的时间，这一次科大讯飞需要多少年？

尾注：

［1］ 人工智能将深刻改变人类生活［EB/OL］.（2016 - 03 - 11）. http：//mt. sohu. com/20160311/n440163327. shtml.

［2］ 石亚琼, 刘庆峰. 科大讯飞发展到今天, 主要做对了这三点［EB/OL］.（2015 - 12 - 22）. http：//36kr. com/p/5041338. html.

［3］ 正和岛, 刘庆峰. 科大讯飞 15 周年的三点思考［EB/OL］. http：//www. ppdai. com/zixun/caijing_wz270662_p1.

［4］ 刘庆峰. 把中文语音产业掌握在中国人手中［EB/OL］.（2012 - 04 - 11）. http：//www. 1633. com/news/html/201203/news_219423_1. html.

［5］ 刘庆峰. 科大讯飞：押注语音生态圈［J］. 创业家, 2015(1).

［6］ 门槛太低？ 科大讯飞说, 不过是从 toB 到 toC［EB/OL］.（2013 - 09 - 15）. http：//www. tmtpost. com/63337. html.

［7］ 刘庆峰. 科大讯飞：押注语音生态圈［J］. 创业家, 2015(1).

［8］ 魏星, 谷俊丽. 深度神经网络算法（DNN）的分析、应用与挑战［EB/OL］. http：//www. csdn. net/article/a/2013 - 09 - 10/15816586.

［9］ 中国企业报. 语音识别商用尴尬, 应用场景垂直化路有多远［EB/OL］.（2016 - 12 - 13）. http：//money. 163. com/16/1213/03/C84RVCRR002580S6. html.

[10]　袁晓雨.把控智能语音入口,打造人工智能巨头[R].(2016－10－25).

[11]　亚萌.刘庆峰年会演讲:科大讯飞的三层生态架构是如何构成的[EB/OL].(2017－01－26).http：//www.leiphone.com/news/201701/KlYEpdWdl2cxjMUP.html.

[12]　亚萌.科大讯飞创始人刘庆峰:17 年 AI 从业经验,从这 10 000 字长文中一窥[EB/OL].(2016－11－23).https://www.leiphone.com/news/201611/tGzhRwFYBt1earg8.html.

[13]　刘庆峰.科大讯飞的语音生态梦想[EB/OL].(2015－01－31).http：//www.iheima.com/top/2015/0131/149042.shtml.

[14]　亚萌.刘庆峰年会演讲:科大讯飞的三层生态架构是如何构成的[EB/OL].(2017－01－26).http：//www.leiphone.com/news/201701/KlYEpdWdl2cxjMUP.html.

[15]　分享科大讯飞"超脑计划"内部团队负责人年度感言[EB/OL].(2016－02－01).http://mt.sohu.com/20160201/n436560315.shtml.2016－02－01

[16]　亚萌.刘庆峰年会演讲:科大讯飞的三层生态架构是如何构成的[EB/OL].(2017－01－26).http：//www.leiphone.com/news/201701/KlYEpdWdl2cxjMUP.html.

[17]　科文.科大讯飞创始人刘庆峰:创新应是大波浪加小波浪[EB/OL].(2016－04－16).http://news.jyb.cn/job/cyrw/201604/t20160416_657447.html.

[18]　瞿永忠.科大讯飞:人工智能战略布局,"AI＋教育"加速落地[EB/OL].(2016－05－25).http://finance.qq.com/a/20160525/044720.htm.

[19]　A 股上市公司 APP 下载量讯飞输入法最高.[EB/OL].(2017－01－22).http：//www.chinaz.com/news/2017/0122/648624.shtml.

[20]　向密.灵犀事业部田原:灵犀语音助手月活超 1 600 万,识别率达 97％[EB/OL].(2016－12－12).http：//www.donews.com/news/detail/1/2945026.html.

[21]　科大讯飞:语音与智能硬件的故事该怎么讲[EB/OL].(2015－05－13).http://ee.ofweek.com/2015－05/ART－8320315－8610－28956250.html.

[22]　翟继茹.讯飞叮咚智能音箱升级,接入京东购物功能[EB/OL].(2016－11－25).http：//www.donews.com/company/201611/2943429.shtm.

[23]　郑凯.中外智能语音 PK:亚马逊 Echo 对标叮咚智能音箱[EB/OL].http：//smarthome.ofweek.com/2017－03/ART－91008－8420－30109663_3.html

[24]　2016 年中国人工智能行业市场现状及发展趋势预测[EB/OL].(2016－05－27).http：//www.chyxx.com/industry/201605/420494.html.

[25]　科大讯飞胡郁:人工智能的发展未来与创业[EB/OL].(2017－02－15).http：//www.eepw.com.cn/article/201702/343991.htm.

[26]　2016 年中国人工智能行业市场现状及发展趋势预测[EB/OL].(2016－05－27).http：//www.chyxx.com/industry/201605/420494.html.

[27]　亚萌.科大讯飞创始人刘庆峰:17 年 AI 从业经验,从这 10 000 字长文中一窥[EB/OL].(2016－11－23).https://www.leiphone.com/news/201611/tGzhRwFYBt1earg8.html.

[28]　刘庆峰.科大讯飞的语音生态梦想[EB/OL].(2015－01－31).http：//www.iheima.com/top/2015/0131/149042.shtml.

[29]　陈思.关于讯飞的未来及未来价值[EB/OL].(2015－05－30).http://guba.eastmoney.com/news,002230,172138606.html.

[30]　刘园园.科大讯飞:下一个风口,"人工智能＋"[EB/OL].(2016－11－24).http：//

www.stdaily.com/cxzg80/kebaojicui/2016 – 11/24/content_344202.shtm.

[31] 新智元.人工智能首次写入政府工作报告,李彦宏、马化腾、刘庆峰两会发声[EB/OL].
(2017 – 03 – 05). http：//it.sohu.com/20170305/n482411282.shtml.

[32] 杰弗里·摩尔.跨越鸿沟[M].赵娅,译.北京：机械工业出版社,2009.

点评 1.1

机遇意识、危机意识、前瞻意识
——科大讯飞的脊梁

韩景倜

上海财经大学互联网金融研究院院长
实验中心、中亚云计算研究中心主任，教授，博士生导师

居安思危，才能保持清醒的头脑；未雨绸缪，才能防患于未然。科大讯飞，中国语音识别领域的领头羊，充分演绎了优秀企业的三大意识：创业需要把握机遇意识，持业需要时刻保持危机意识，拓业需要灵敏的前瞻意识。

机遇意识，是企业创立的催化剂。当 1952 年的贝尔研究所研究出第一个能识别 10 个英文数字发音的系统时，我们在做什么？在 20 世纪 90 年代，国外已经出现了不同领域的语音服务，当时，国内也有众多科研人员正在从事语音识别的研究，但其中只有刘庆峰清醒地认识到"语音是人类最自然便捷的沟通手段，会带给人机交互根本性的变革"，因此刘庆峰把握住了国内历史性的机遇，以 300 万元人民币的起始资金创办了"硅谷天音"。

忧患意识，是企业利润保持高速增长的稳定剂。在科大讯飞发展的历史中，我们看到了科大讯飞清晰的发展脉络，由最初面向企业的智能语音提供商发展为面向企业以及个体用户的服务商，然后发展不同行业的开放式创新，直到此刻提出"超脑计划"。每当企业的利润增长出现瓶颈时，企业都会从不同的角度分析问题所在，其中包括分析当前

行业格局以及企业所处的位置。这些行业格局分析虽然看似简单，但反映了企业时时刻刻的危机意识，科大讯飞也正因为此保持了企业良好的活力。

前瞻意识，是企业未来能够林立于行业的推进剂。"人工智能是未来真正可出现颠覆性产品的领域，我对这一领域的发展时刻保持着警惕。"刘庆峰的一席话不但表现了企业的危机意识，同时展现了其对人工智能领域的前瞻性思考。科大讯飞对人工智能的布局不仅体现在思想上，而且做出了实际的行动。科大讯飞关于对语音以及语言的认知"从能听会说到能理解会思考"，也注定了科大讯飞将会在人工智能领域发挥更大的作用。

企业的行为就像是骑行，俯视看到的是眼下的机遇，平视看到的是前方的危机，仰视则能看到远方的天空。科大讯飞的辉煌带给我们的不仅是这简简单单的机遇意识、危机意识以及前瞻意识；更重要的是需要将这三大意识融入现实创新环境中，帮助我们在创新环境发现机遇，抓住机遇，保持持续的研发动力，为我国智能制造夺取更多硕果。

点评 1.2

成功的供给：基于需求，又高于需求
——科大讯飞以开放式创新引领语音服务及人工智能

祝 阳

中欧 MBA17 级学员 苏州新东方学校高级经理

如今，在中欧国际工商学院的课堂（教四-103 室）上，讯飞语音翻译软件开始帮助这个国际化学校，克服语言障碍，逐步实现中文语音转译成英文字幕的同步教学。2016 年，该校的朱晓明教授已经在这个教室中实现了中文界面的转写（以前叫听写）。这是科大讯飞首次为国内高等学校和商学院提供语音智能服务。对于这种创新教学的合作，无论是中欧方面还是科大讯飞方面，都有一个共识："这只是一个开始。"

科大讯飞作为世界领先的智能语音技术及服务提供商，创新性地推出了"讯飞智能云平台"和"讯飞超脑"计划，在企业全球化的今天，向即将走向世界的尖端科技企业展现了大胆并有效运用开放式创新的力量。

朱晓明教授在为 MBA 授课时介绍了译著《开放式创新》一书提出的三种创新模式："由外而内的内向型开放式创新""由内而外的外向型开放式创新"和"耦合型开放式创新"。在合肥，朱教授与科大讯飞的董事长刘庆峰有一段很有意思的对话。朱晓明问："按照《开放式创新》一书中定义的三种模式，科大讯飞属于哪一种？"刘庆峰答："以自己为主，向外整合资源。"朱晓明问："耦合型开放式创新？"刘庆峰答："是的。"

早在 2000 年初，只有语音合成技术的科大讯飞非常有效地运用由外向内的开放式创新模式,与拥有先进技术的国际智能语音公司 Nuance 合作研发推出了语音应答系统,迅速地抓住了呼叫中心应用对智能语音识别技术的需求。可贵之处在于,科大讯飞也意识到,如果要抢占技术的制高点,需要运用由内向外的开放式创新模式来灵活并精确满足潜在市场需求。从 2003 年开始,科大讯飞克服重重困难,自主研发语音识别技术,才有了今天引领全球的讯飞智能语音识别系统。

从由外向内的模式创新到由内向外的技术创新,科大讯飞的发展历程充分地体现了技术性创新型公司如何迅速和有效成长。如今在对技术要求较高的人工智能领域,创业公司面对技术创新成本高、投入周期长的困境,这种内外耦合的开放式创新路径对突破困境具有领先的指导意义。

任何有效创新都需要从企业自身的优势和资源出发,切实地满足市场需求才能保证企业的生存和持续发展。自创立始,科大讯飞经历了外部市场竞争以及内部技术和模式更替的多重挑战,每一个挑战都孕育着内部机制和战略的调整。这些创新决策建立在对自身优势和资源优势的充分分析上,大胆并合理地调动内外部资源,服务市场短期需求的同时把握市场长期的潜在需求,既基于需求,又高于需求。

在创业早期,也是智能语音市场发展的早期,科大讯飞坚持"大波浪 + 小波浪"的战略方向,不断调整商业模式,寻求企业盈利和技术创新的同步发展。那个时候,消费者市场还未成熟,公司果断专注于 B2B 市场的细分应用场景,以开放的心态抓住了 B 端客户的需求,从而积累了财务和技术资源,保证了企业的持续发展和竞争优势。

当智能语音市场迎来爆发性增长、行业内竞争逐渐加剧时,科大讯飞又果断发展平台战略并运用云端技术,以中小企业的需求为出发点,将自己的技术服务开放出来,从表面上看是由内向外的创新模式,实际上是对耦合式开放创新模式的有效应用。通过积累外部用户的数据样本，科大讯飞不断迭代自己的语音识别算法，实现了技术上的接连突破。这种以外部用户驱动技术创新的模式，保证了科大讯飞持续获取和创造用户价值。

创新的背后是人才的竞争。如何满足企业对人才的需求，引进和留住人才是企业持续创新的基本。为了挖掘和培养外部人才，科大讯飞整合了重点高校和实验室的高端技术人才资源。讯飞开放平台的推出，更是从另一个途径聚集了更多技术人才资源。对于内部人才建设，科大讯飞加大投入，引进世界顶级专家和领军人物。内部创业机制的有效建立也为内部创新型人才提供了成长和表现的舞台，不但留住了有想法的创新型人才，而且从另一个角度鼓励了由内向外的开放式创新的落地执行。

科大讯飞的案例说明企业想要抢占尖端创新领域，就要很好地实现供给与需求相结合。科大讯飞在保证其产品满足现有的智能手机、教育、家居、车载及金融等领域的需求基础上，于2014年推出"讯飞超脑"计划，加强在认知智能和感知智能方面的创新和布局，力争抢占未来的人工智能市场。我们期待科大讯飞，作为中国乃至世界智能语音领域的领跑者，在全球人工智能领域的激烈竞争中，以技术与商业创新永远做"产业的先行者"。

讯飞为中欧国际工商学院提供的语音产品与语音服务只是一个开始，在拥有众多高等院校的中国是一个成功的、引领性的开始，因为中国是全球高等学校数量最多的一个国家。

2(A)　京东 JIMI 的成长
——人工智能进入京东客服领域

2012 年 12 月,京东(JD.com)在线客服团队中出现了一个叫 JIMI(JD Instant Messaging Intelligence)的新成员。作为一款聚焦客户服务的人工智能产品,截至 2016 年 3 月 JIMI 在一些领域的客户满意度已超过 80%。JIMI 的价值不仅在于让客户满意,更在于通过技术创新,克服企业快速发展过程的人力资源瓶颈:JIMI 一天的咨询工作量等同于京东近 6 000 位人工在线客服的工作总量,而在"6.18"①"双 11"②这样的促销时段,JIMI 则承担了超过 70% 的在线客服工作总量。

通过 JIMI,京东希望带给客户最极致的消费体验;甚至,京东希望它能在未来成为智能家庭的管家助手,将京东与客户的连接延伸到家庭消费的方方面面。

尽管人工智能技术正在快速发展,谷歌围棋人工智能程序 AlphaGo 已于 2016 年 3 月战胜世界顶级围棋棋手李世石,但人工智能技术的商业化应用尚处于探索中,JIMI 能如京东所愿,最终超越人工客服成为京东打造极致用户体验的低成本利器吗?

本案例由中欧国际工商学院教授朱晓明、案例研究员朱琼、研究助理黄成彦与研究助理朱叶子共同撰写。在写作过程中得到了京东 CIO 体系的支持。

① 每年 6 月是京东推出一系列大型促销活动的店庆月;而 6 月 18 日是京东店庆日,也是京东促销力度最大的一天。

② 每年的 11 月 11 日,电子商务平台商们会在全中国范围内发起大型购物促销狂欢日。

JIMI 的诞生

JIMI 诞生于 2012 年，推出 JIMI 的初衷，是为了缓解京东客服的压力。

京东是中国最大的自营电商企业，创建于 1998 年，并于 2005 年开始纯线上运营。发展到 2012 年时，订单量从 2011 年的 6 590 万笔增长至 2012 年的 1.93 亿笔，活跃客户数从 2011 年的 1 250 万人，增长到 2012 年的 2 930 万人。京东创始人、京东集团董事局主席兼 CEO 刘强东自创建京东以来一直强调出色的客户体验，因此，随着这样的规模增长，作为保证客户体验的手段之一，客服团队也从 2009 年的 400 人扩大到 2012 年的 2 600 人。如果未来京东保持相同增速，可以预见，配套的客服团队会成为沉重的成本包袱。而即使客服团队应需增长，也很难满足促销旺季的客户咨询需求。

为了解决客服资源的短缺难题，2012 年京东决定研发机器人参与在线客户服务。京东认为，机器人不仅能分担在线人工客服工作，还能延长客服时间，实现 7×24 小时服务。而京东人工客服，只能提供从早上 9 点到晚上 12 点的服务。

京东所研发的机器人主要用于跟人交互。这类机器人就是基于人工智能原理（Artificial Intelligence），通过对外界输入信息进行分析后给出应答的一类模仿人类对话的程序。全球最早的跟人交互机器人诞生于 20 世纪 80 年代，用 BASIC 语言编写而成。2012 年京东决定研发机器人时，中国市场已经出现了小 i 机器人、小黄鸡等能进行中文聊天的机器人。小 i 机器人是由上海智臻智能网络科技股份有限公司开发的，在银行、电信、海关等客服领域都有商业应用，而小黄鸡则是由一所国内大学的学生通过调用韩国聊天机器人 SimSim 的应用程序编程接口而开发的，主要用于社交网络上的对话聊天。

京东之所以选择自主研发 JIMI 而不采用市场现有产品，是因为京东不仅想让机器人具备简单的问答聊天功能,还希望机器人参与到客户体验的提升中,也就是说需要读懂人的情感,个性化地与人交互,让客户体验到人性化的关怀。因此,京东为机器人设定的客户满意度目标为 80%,而市场既有产品最多只能达到 50%。于是,拥有人工智能博士背景、负责研发的副总裁马松派朱艳波担任京东成都研究院院长,整合该地区高校和技术人才资源,自主研发 JIMI 机器人。

JIMI 的发展轨迹

JIMI 上线之初承担的是售后咨询服务,2014 年 5 月起,它又开始承接售前咨询。JIMI 研发团队负责人杨洋表示,从售后到售前,JIMI 的智能化能力实现了质的突破。售后咨询,客户输入的信息相对标准化,信息范围边界相对清晰,比如"订单什么时候能到货"之类的;而售前咨询,客户的发散问题相对较多,需要 JIMI 结合上下文语义灵活应答,甚至在对话过程中引导客户的购买行为。随着智能化能力的不断提升,JIMI 从 2014 年 7 月开始提供店铺个性化服务。2015 年 10 月,JIMI 的服务范围扩大到京东金融板块。同年 12 月,JIMI 覆盖了京东全部有在线客服需求的品类。与此同时,其应用场景也从最初的网页端延伸到了移动端(见图 2.1)。

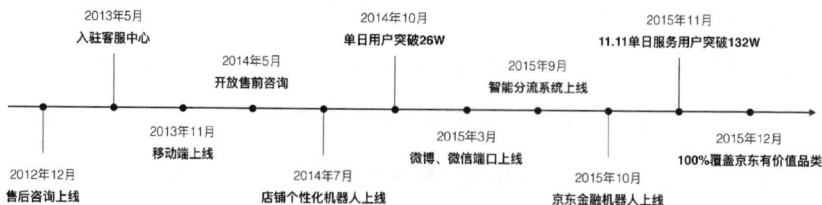

图 2.1　JIMI 发展历程

资料来源:京东

JIMI 全站多客户端覆盖的应用背后,是其逐步成熟的技术体系。此技术体系由 NLP(Natural Language Processing,自然语言处理)、知识平台、应答引擎、离线挖掘、调度、运营平台等系统组成(见图 2.2)。不过,JIMI 诞生时并非五脏俱全,这些系统功能是在发展过程中逐渐增加的。几年时间的积累,使 JIMI 从最初基于搜索引擎的应答系统,发展成为能根据上下文理解客户、具备自学习能力、能识别客户情绪、向客户提供个性化服务的客户伴侣(见图 2.3)。

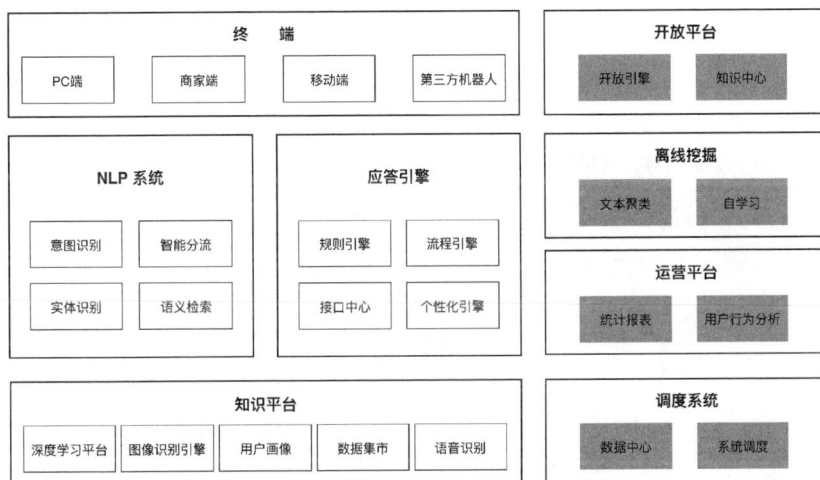

图 2.2　JIMI 技术系统架构图

资料来源:京东

不断成熟的技术体系,让 JIMI 的客户满意度逐渐接近人工客服的水平:从最初的 50%,逐次提升到 60%、70%、80%。在诸如服装、鞋靴等品类上,JIMI 的客户满意度超过了 80%。

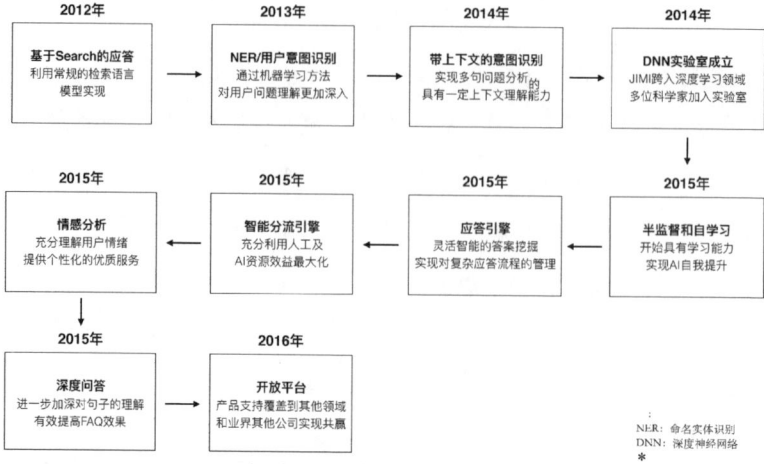

图 2.3　JIMI 技术功能发展轨迹

资料来源：京东

JIMI 的工作原理

JIMI 通过 NLP 系统和应答系统实现在线服务，并通过机器学习体系实现数据积累和知识的储备（见图 2.4）。

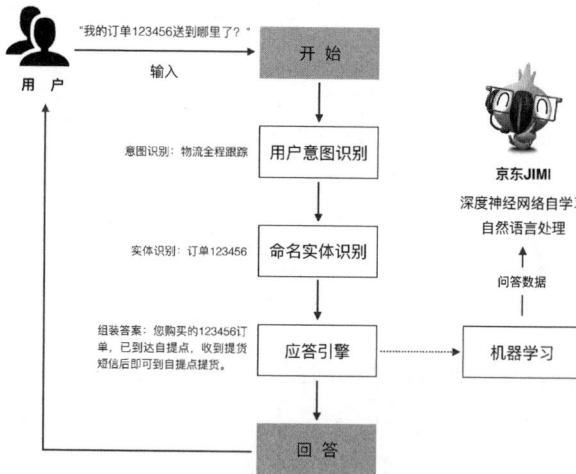

图 2.4　JIMI 工作原理图

资料来源：京东

JIMI 的在线应答处理大致分为三个板块：意图识别、命名实体识别和应答引擎。意图识别主要是识别客户说话所表达的目的或中心思想，即识别客户想干什么，是针对客户的一个句子来做判断；而命名实体识别，则是抽取客户一句话中的关键词，再由这个关键词指向 JIMI 后台所对应类别的知识库；应答引擎就是根据来自意图识别和命名实体识别所给的结果，依据引擎规则判断并给出答案。因此，在一个应答过程中，前面两个识别对信息起到明确、聚焦和归类的作用，而应答引擎则负责去找到答案并回答。比如，假设京东商城有一本书叫《刘强东》，如果一个客户来寻求服务："给我推荐刘强东"，那么意图识别模块就要根据这整个一句话来判断，客户到底是要找人还是找一本书，如果这两种目的都有可能，那么就要结合命名实体识别来判断。而命名实体识别模块则提取关键词"刘强东"，并且判断到：客户在商城里咨询，则肯定咨询的是商品，因此，把这个关键词指向书名知识库，综合这两者判断，应答系统去到与书名相关的知识库中选择答案。实际操作过程中，如果这两个识别无法聚焦客户需求的话，那么 JIMI 还会通过反问去缩小客户需求信息范围从而进行识别。

JIMI 要能准确应答问题，除了需要前面两个识别的帮助外，还需要应答引擎和应答知识库的支持。应答引擎是 JIMI 选择、判断答案的规则，这是由各种参数构成的算法模型；应答知识库是 JIMI 所储存的对应各种关键词的分类大数据知识库（通过机器学习得来）。发展到 2016 年，JIMI 已经储存了成千上万种应答引擎。

在日常工作中，JIMI 会与人工客户一起，等待着客户来选择咨询。不过，2015 年 9 月 JIMI 增加了智能分流功能后，当人工客服接待不过来时，JIMI 就会提示客户是否选择自己。

在 JIMI 的应答流程中，还有一个客户情绪识别模块，一旦客户给出情绪不好的信息时,这个模块就会被触发识别,并将信息与客户的意图识别信息、命名识别信息一起传递给应答系统,如果 JIMI 觉得自己无法处理这样的问题时,也会向客户建议引入人工客服,从而实现分流。

JIMI 的核心技术

深度学习

深度学习中的一种技术是深度神经网络。它模拟人脑神经网络来对数据进行分析处理。相对传统机器学习算法,深度神经网络技术因为引入更多维度的判断参数而拥有更强的学习和判断能力,需要的人工干预更少,更懂客户,更精确,更智能。

2014 年 9 月,京东成立了深层神经网络实验室。2015 年初,JIMI 的客户意图识别和命名实体识别都引入了深层神经网络技术。这个技术让 JIMI 在命名实体识别上的准确率从之前的 83.5% 提升到 92.6%,在客户意图识别方面的准确率提升了 4%~5%,在网页端准确率达到 90.4%,在移动端准确率达到 92.8%。

机器学习

JIMI 应答知识库的建立和丰富以及应答引擎的优化,都是机器学习的结果。按照京东成都研究院智能通讯部 & 京东全球售部门负责人刘丹的说法,机器学习跟人学习是一样的。人不断学习后做事的能力会不断提升;同样,JIMI 通过学习,智能化业务能力也会提高。人可以通过日常生活或工作学习(在线学习),也可以到学校机构去学习(离线学习),而 JIMI 的学习方式也可分为在线和离线两种。JIMI 可以在工作中通过与客户互动而完善自己的认知,也能通过对京东历史资料以及从互联网上搜集来的数据进行离线学习,像谷歌的 AphalGo 学习棋谱那样。

JIMI 的整个学习体系包括四个部分：

第一块，监督式学习，包括有监督、半监督和无监督模式。

JIMI 诞生之初，好比一个什么都不懂的婴儿，因此，它的最初学习一定是有监督的，靠人工去教它，或者说训练它，让它明白某个数据代表什么意思：客户的这个问话是什么意思，该用什么话来回答。而教 JIMI 的教材，就是京东那些历史客服数据或者 JIMI 团队从网上搜集来的对话数据，这些数据需要采用聚类技术转化成一个个代表某类特征（关键词）的知识库或者叫应答库。JIMI 学会了这些知识，以后就会到这些知识库中来寻找答案。

当 JIMI 获取一定知识后，就可以进入半监督学习状态，这时，人工教学和 JIMI 自学同时存在，就像一个会自己看书的学生一样。人获取一定知识后可以摆脱老师完全自学，同样，JIMI 达到一定程度后也可以自主自学，进入无监督学习模式。

不过，对于成长中的 JIMI 来说，监督或半监督式学习是一直相伴其左右的。事实上，JIMI 研发团队会不定期到网上去抓取信息补充给 JIMI，比如一些二次元的流行语，或者一些突发事件所带来的突发应答素材。

第二块，基于客户反馈的学习。

JIMI 也会在工作中通过客户的肯定或否定来判断所给出答案的优劣。如果客户对某个答案点赞，那么，JIMI 就会给其知识库里的这个答案增加权重，下次客户再提类似问题时，JIMI 会优先使用这个答案。当然，如果客户对某个答案表示出不满意，JIMI 下次也会尽量避免使用这个答案。实际上，这个学习过程，就是对应答引擎模型参数值的修正和优化过程。

第三块,评测体系。

这是一个人工介入的环节。JIMI 在京东自营业务中主要是作为独立客服存在的,但在第三方卖家中也作为客服助手存在,以辅助第三方卖家的客服工作。

作为独立客服时,JIMI 与客户的对话会被定期拿到线下找有经验的人工客服做评测,以此来对 JIMI 的答案和应答引擎做进一步优化;而作为客服助手时,JIMI 与人工客服同时服务客户,JIMI 的答案会被实时修正。

第四块,异构信息融合与挖掘。

这是一个对 JIMI 应答知识库做补充的环节。相关人员利用专业软件从京东商品图片或其他信息载体上获取非结构化信息,然后格式化成结构化数据,再补充进 JIMI 的相关知识库中。

就像人需要不断学习一样,JIMI 的这个机器学习过程也是在不断进行中的,JIMI 之所以能不断变"聪明",不断被客户所接受,很大一部分原因就在于能不断学习。

客户画像的应用

客户画像是京东用来记载客户基本资料、在京东的历史交易和行为轨迹信息的个人信息库。这些信息可以帮助 JIMI 识别客户,比如客户性别、家庭状况、喜好、在京东买过多少东西等。可以想象,面对前来咨询的客户,如果 JIMI 一开始就能直接称呼对方的名字或者知道性别等,就会立刻让客户产生一种"我都没说你居然就知道"的惊喜感。

个性化服务、智能分流是 JIMI 应用客户画像的两个直接结果。在个性化服务方面,凭借客户画像数据,JIMI 不仅能在对话开场时让客户产生温暖感,还能更准确地向客户推荐和介绍商品,提供超出客户期望的服务。比如,面对一个经常购买海外婴儿用品的客户,当他(她)提出想买奶粉时,JIMI 直接推荐的就是国外奶粉,这样客户的购买意愿和满意度都会相应较高。而这个客户再返回京东咨询时,JIMI 还会询问上次买的奶粉是否适合孩子。这种主动关怀可以增加客户的信任度和亲近感。在对话友好的气氛下,JIMI 还有可能向客户推荐其他婴儿用品,从而实现导购的功能。而在智能分流场景中,JIMI 则可以根据客户画像对客户意图进行准确识别。

在目前的操作中,JIMI 的机器人身份还是向客户明示的,把是否选择机器人客服的权利交给客户。但智能分流未来将把 JIMI 混迹于人工客服中,让客户感觉不到是在跟人对话还是在跟机器人对话。

JIMI 成长的内部土壤

大数据

无论是从 JIMI 的工作原理还是它的核心技术来看,JIMI 都是一个大数据应用的结果。JIMI 的知识库由数亿条信息数据聚类而成;JIMI 的数千个引擎模型,也是需要针对庞大数据计算分析而发挥作用的;而如果没有大量的客户画像数据,JIMI 也无法引入神经网络技术从而实现高质量的客户识别。

因此,研发副总裁马松认为,JIMI 的门槛就在于其背后的京东大数据。JIMI 诞生时,京东就有 8 年自营电商交易和服务数据的积累,这些数据是 JIMI 最初成型的基础。而在 JIMI 的成长过程中,京东在自营、第三方平台电商以及金融等方面仍然在源源不断地产生数据。截至 2016 年 3 月,京东数据总容量突破 100 PB(拍字节),每天新增超过 1.5 PB 数据,每天处理 150 亿行数据。据刘丹称,京东自营业务客服和第三方卖家客服每天跟客户的互动达到 200 万到 300 万次,产生

2 000万～3 000万条消息。所有这些数据构成了JIMI成长的沃土。

京东大数据,按照马松的说法,是"中国电商领域最精准、价值链最长的数据"。比如,京东可以拿到其所有数十亿自营商品的详细商品信息,对于这些信息的挖掘和提取,让京东建成了商品画像。拥有商品画像后,JIMI能更准确地向客户推荐商品,比如对于一条裤子,JIMI能准确告诉客户其面料是什么,尺寸有多大。这样的服务方式,如果换成人工,只能是那些小网店的客服针对其店内有限商品才能做到的。京东的这些自营商品信息不仅是建立商品画像的基础,也是京东获得其平台上第三方卖家商品信息的对标信息。京东可以通过读图的方式识别出第三方卖家商品广告信息,然后再与同类自营商品进行信息对标,由此取得准确信息。而这些信息则丰富了京东的商品画像,从而让JIMI有更多、更详细的商品推荐选择。

以提升客户体验为目标的定位

极致客户体验是京东做零售所追求的终极目标,因此,定位于提升客户体验的JIMI,在京东就不是一个用来装饰点缀主业的小项目。按照京东数据与机器智能平台负责人杨洋的说法,京东研发JIMI,不仅仅是为了开发一个客服应答工具,而是力求能给客户一种精准的、人性化的服务,比如,当客户咨询购买商品时,JIMI尽可能给他(她)推荐一个最适合的商品,而不是给客户呈现一系列商品,让客户做选择题。后者更像一个搜索结果。

虽然JIMI最早诞生于搜索引擎,但在京东内部JIMI研发团队和搜索引擎团队还是完全分离的。"尽管我们在技术上有很多相似性,但实际业务场景还是有很多区别。"杨洋说,搜索引擎考虑的是商品转化率,因此能推荐一堆商品希望客户购买,而JIMI则是以满足客户需求为出发点，因此必须精准给出答案以解决用户的问题。为了达到这个目的，JIMI 有时还会反问客户以进行需求甄别。由此，"JIMI 用到的技术比搜索引擎更难。"

因为具有很高的战略定位，JIMI 会被注入充分的资源去保持持续不断的优化和升级。比如，在 JIMI 诞生一年多后，京东就为它引入神经网络技术去替代传统算法技术。按照杨洋的说法，传统算法尽管仍然适用，但会很快碰到瓶颈，影响 JIMI 的性能发挥。"引入神经网络算法对 JIMI 来说，是一个影响全局的举动。"

而对于 JIMI 的知识库，JIMI 研发团队也会投入资源去进行维护，而不是任由它自主生长。比如，他们开发一套知识过滤机制，将外界输入的诸如黄赌毒之类的信息或者"京东商品全免费"这类信息过滤掉，不让 JIMI 接触。微软机器人小冰曾经因为自生长而被外界教得满嘴脏话，以至于 360 公司董事长周鸿祎发微博称，希望和小冰的产品经理探讨设计改进思路，如果不改，问题很大。[1] 显然，如果这样的事发生在 JIMI 身上，那无疑会对京东品牌造成伤害。因此，JIMI 团队在这方面十分小心。

研发管理

JIMI 团队

JIMI 研发团队隶属于京东成都研究院，是刘丹所负责的京东智能通讯部中专攻智能技术的研究团队（该部门除了 JIMI 还拥有的另外一个产品就是京东的即时聊天 IM 工具——京东咚咚，这个是 JIMI 的造血工厂），目前由杨洋负责带领，位于成都，与京东成都在线客服部门共享一个院落。这样的地理位置布局，也是为了 JIMI 团队与在线客服的协同工作。具有 40 人规模的 JIMI 研发团队下设 6 个小组，分别是测试组、应答与核心商业数据组、NLP 与意图识别组、开放平台组、智能融合组和产品经理组。

测试组是负责整个 JIMI 质量测试的;应答和核心商业组负责应答引擎的开发和优化;NLP 与意图识别组负责命名实体识别、意图识别和神经网络技术等;开放平台组负责将 JIMI 产品化后提供给外部客户使用;智能融合团队负责将 JIMI 跟京东即时通信产品咚咚融合成一套在线客服解决方案向外推广,同时,也负责智能分流技术的开发和完善;而产品经理团队就是负责整个 JIMI 产品的规划和落地。

整个研发过程就是由产品经理提出需求,然后各个技术团队根据需求完成研发,之后将各自的研发成果拼装成型并交给测试团队根据产品需求来测试。

JIMI 的产品测试遵循 AB 机制,即让 JIMI 同时运行 AB 两套模型:一套模型是擂主,另一套是挑战者。两套模型各自分担 50% 的流量,如果挑战者运行效果好于擂主,那么,擂主就被淘汰;反之,则挑战失败。凭借这样的机制,保证 JIMI 能力被不断迭代并优化。不过,这样的过程,杨洋说对研发团队是一个尝试和挫折往复循环的历练,"辛辛苦苦做出来的东西,上去挑战不成功就意味着之前精力的浪费。但是,没有办法,只能马上返回来再研究其他算法,然后再去改进,再去挑战。"

对 JIMI 团队的管理

JIMI 团队像京东其他团队一样,也要受到量化业绩指标的考核,比如多长时间内客户满意度要达到多少,客户接待量要达到多少。不过,杨洋说有些指标也是他们自下而上提供给领导的,或者说跟领导沟通的结果。领导之所以能接纳他们的意见,也是源于实践的证明。

比如,领导曾经让他们三个月之内将 JIMI 的客户满意度提升 10

个百分点,达到 80%。按照杨洋给领导列示的清单,要达到这个目标,需要搞定 2 000 个信息分类,而根据当时语料的准备状态,搞定这么多分类需要一年的时间。看到这样的清单,领导作出了让步,提出要在部分商品品类达到 80% 的满意度。不过,在完成这样一个被让步了的指标的过程中,领导也看到 JIMI 团队在竭尽全力地冲刺。本来 JIMI 团队的研发方式是针对某个问题按顺序分别尝试不同的方法,先采取 A 方法,达不成目标马上再采取 B 方法,这样可以避免资源无谓的耗费。但那次由于时间紧迫,他们不得不四五个方法同时试,投入全部人力没日没夜地加班。他们不仅自己冲刺,还要申请运维部门跟他们一起劳作。当时正常情况下,线下开发的软件要上线测试,一周只有两次机会,他们不得不申请运维人员帮他们每天上线测试。目睹了整个过程的艰辛和非常态化之后,领导对他们意见的接纳程度比之前高了许多。

除了用这样的行动为自己赢得相对合理的管理空间,JIMI 团队还通过创新让自己能在大公司的框架下实现像小创业公司那样快速迭代产品。

比如,移动端 JIMI 必须跟着整个京东 APP 的步调来行动,后者每三个月迭代一次,JIMI 也必须每三个月迭代一次。这样的迭代频率对 JIMI 研发团队来说风险太高,如果三个月新产品上去达不到效果,就得再等三个月,不仅时间成本很高,业绩指标也很难完成。情急之下,JIMI 团队想到了移动端网页(m.jd.com)。这个网页的改动,是由服务提供端控制的,因此把 JIMI 嵌到移动端网页上,就能实现快速迭代,从而增加产品达标的成功率。

与其他团队资源共享

置身于京东的研发体系中,JIMI 研发团队不需要孤军奋战。他们常常与其他团队共享信息、数据和技术。比如，他们跟搜索引擎团队就能共享数据，JIMI团队挖掘出来的关键词会分享给搜索引擎，而搜索引擎识别出来的信息也会分享给JIMI团队。同样，他们跟客户画像团队也保持着密切沟通，后者一有更新版本，JIMI团队就会立即拿来应用。

杨洋把这种沟通分享称为"互惠"，"我们彼此分享可以形成一种良性循环，共同把某些东西做得更好。"

定期分享是京东研发体系的惯例，某一个研发团队做出一些新成果时，就会召集大家开展交流。JIMI也有自己的分享品牌叫JIMI学院，JIMI学院会不定期到京东北京总部去分享自己的新成果。除了这种相对正式的分享外，京东不同研发团队成员之间也有各种沟通渠道，叮咚就是他们内部的一种即时沟通平台。

在京东，JIMI研发团队被定位于应用技术开发部门，即他们负责将技术转化成产品；而对于JIMI所涉及的前沿技术的研究，则由京东深层神经网络实验室来完成。因此，深层神经网络实验室的专家会定期拜访JIMI，跟JIMI研发团队一起分析JIMI可能的改进方向和预期提升效果，由此获得深层神经网络实验室的研究方向，这个实验室所采用的各种前沿技术，都是为这个既定的研究方向服务的。而这个研究成果最终会再返回到JIMI身上产生商业价值。因此，一般半年左右会请JIMI研发团队对专家们的研究成果做一次评估，以保证方向不偏。

JIMI 的新目标

JIMI诞生时，京东对它的希望还局限于在线客服领域；随着京东在智能硬件生态圈的布局逐步展开，随着JIMI的潜力被不断挖掘，京东为它增设了新目标：家庭智能硬件中枢、垂直领域专家、私人随身助理。

叮咚音箱是 JIMI 在智能硬件中枢方向的尝试。按照京东首席技术顾问、副总裁翁志的定义，叮咚音箱就是一个家庭智能控制中枢机器人，它可以控制家庭内部所有相联的智能硬件。客户通过语音与叮咚机器人交互，实现对智能冰箱、窗帘、彩电等的控制。"我们不只是想把它做成一个接受命令的机器人，而是希望把它变成家里的一分子，让它可以帮助我们完成产品推荐并进行日常产品护理，成为我们的家庭助手。"

这个音箱的语音交互部分技术，由京东与科大讯飞的合资公司来负责，而其中的商业咨询、导购等服务则是由 JIMI 来完成。

显然，如果叮咚音箱能如愿成功，那么，JIMI 将成为京东智能硬件生态圈中的又一枚重要棋子。

然而，就在 JIMI 努力成为京东核心竞争力的同时，京东的竞争对手们也在进行着同样的努力。比如阿里巴巴于 2016 年 3 月也推出了人工智能服务机器人"阿里小蜜"，并声称"按照一个客服小二日均接待 100 余人来计算，小蜜的服务能力堪比 3.3 万个客服小二"。[2]而蚂蚁金服也称九成客服工作由机器人完成。[3]同样，JIMI 的另一个新目标——私人随身助理，在市场上也有类似产品，比如百度的度秘。

如果人工智能机器人成了各家企业的标准配置，那么，京东 JIMI 的优势将如何体现呢？它还能成就京东的差异化竞争力吗？

尾注：

[1] 周鸿祎评小冰'脏话连篇'：问题很大我都快受不了[EB/OL].（2014 - 06 - 26）[2016 - 03 - 30].http：//tech.ifeng.com/internet/detail_2014_06/26/37031183_,0.shtml.

[2] 阿里小蜜日均接待 400 万人服务能力堪比 3.3 万客服小二[EB/OL].（2016 - 03 -

31)［2016 - 04 - 02］. http：//news. 163. com/16/0331/15/BJGE2NPB00014JB6.
html.

[3]　江南子.蚂蚁金服九成客服由机器人完成［EB/OL］.(2016 - 03 - 11)［2016 - 04 - 02］.
http：// tech. sina. com. cn/it/2016 - 03 - 11/doc - ifxqhmvc2295910. shtml.

2(B)　京东：从"人海"向"无人"跨越

　　京东自建仓储物流配送体系的 B2C 电子商务模式,曾经遭到竞争对手的公开否定:"未来 10 年,每天将有 3 亿个包裹,得聘请 100 万人。没有一家公司能够管理 100 万快递员。"[1]对此,京东集团董事局主席、京东创始人刘强东在 2016 年 7 月回应道:"我相信 90％以上的概率京东有一天员工总数会超过 100 万人。但我并不认为一家公司没有能力管 100 万。沃尔玛全球有 140 万员工,管得很好,富士康在中国大陆有 100 万员工,也管得非常好。实际上,我可以说管人算是京东过去一个很重要的核心竞争力。"当时,京东快递员人数为 6 万人,占京东总人数的 50％。而在 2013 年,京东总人数只有 3.83 万人。

　　就在外界以为京东将沿用人海战术继续前行时,2017 年 2 月,刘强东对外宣布,京东未来 12 年的战略是全面技术转型,用自动化、大数据、人工智能等技术改造京东的所有商业模式,京东百分之七八十的蓝领工作未来将由机器人承担。

　　按照这样的战略,从 2017 年开始,京东将从之前的人海战术模式转变为技术驱动下的"无人"模式。由此,京东将要面临的不仅是巨大的研发资金投入、数万名员工安置等具体问题的挑战,更为关键的是,

本案例由中欧国际工商学院教授朱晓明、案例研究员朱琼与研究员倪英子共同撰写。在写作过程中得到了京东科技部门的支持。

它还要面临从蓝领密集型企业转变为技术驱动型"无人"企业所带来的管理理念和管理手段变化的挑战。

在未来的 12 年中,在前有强敌、后有追兵的市场上,京东将如何应对这些挑战?

京 东 简 介

京东由刘强东于 1998 年 6 月 18 日在北京中关村创立,最初是光磁产品的线下代理商;2004 年随着京东多媒体网正式开通,线下业务搬至线上,正式开启 B2C 电子商务零售业务;2007 年,多媒体网改名为京东商城。同年 7 月,京东建成北京、上海、广州三大物流体系;8 月,获得来自风险投资基金今日资本的千万美元融资。2010 年,京东开放平台正式运营,京东商城变成自营加第三方商家运营的综合零售网站。2013 年 3 月,京东商城更名为京东集团;同年 7 月,成立金融公司。2014 年 5 月,京东集团在美国纳斯达克挂牌上市(股票代码:JD)。2016 年 7 月,京东首次进入《财富》杂志 2016 年全球财富 500 强榜单,位列第 366 位。

截至 2016 年 12 月底,京东在全国范围拥有 7 个物流中心,运营着 256 个大型仓库,拥有 6 906 个配送站和自提点,仓储设施占地面积约 560 万平方米;京东员工数达 12 万人,第三方平台签约商家数超过 12 万个,年度活跃用户数达 2.266 亿人,同比增长 46%。

2016 年京东全年净收入为 2 602 亿元人民币,同比增长 44%;全年交易总额(GMV)为 6 582 亿元人民币,同比增长 47%;这个交易总额占中国 B2C 购物网站交易市场的 24.7%,位列第二(见图 2.5)。2016 年京东非美国通用会计准则下(Non-GAAP)净利润为 10 亿元人民币，而 2015 年同期 Non‐GAAP 净亏损为 16 亿元人民币。2016 年全年京东商城 Non‐GAAP 经营利润率上升至 0.9％，2015 年为 0.3％。

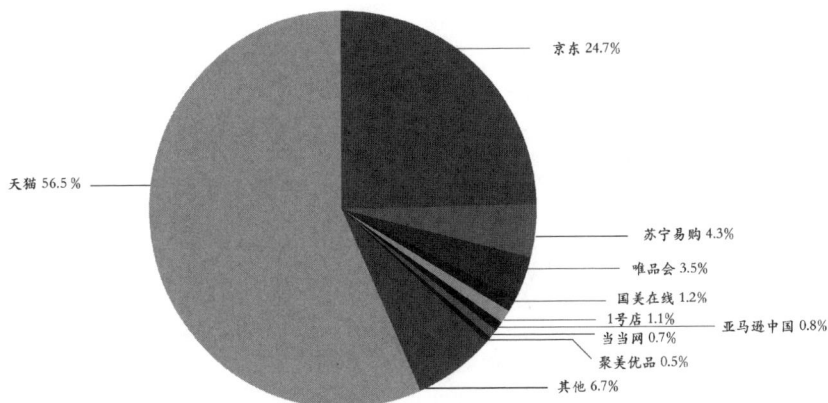

图 2.5　2016 年中国 B2C 购物网站交易规模市场份额

资料来源：搜狐.年度数据：2016 中国电商规模超 20 万，以新零售加速打通线上线下商品与物流［EB/OL］.（2017‐01‐09）［2017‐03‐28］. http://mt. sohu. com/20170109/n478134943.shtml.

中国零售市场

京东所在的中国零售市场一直处于增长状态，不过，自 2010 年起，市场增速逐年下降（见图 2.6），2016 年零售总额为 332 316 亿元人民币，同比增长 10.4％。[2]

在中国零售市场，网络零售占比逐年增强，2010 年占比为 3.48％，而 2016 年占比增长到 15.2％。2010 年网络零售交易额为 5 459.2 亿元人民币，而 2016 年的数据则增长到 51 555.7 亿元[3]人民币，不过自 2013 年起，网络零售增长率逐年下滑。在网络零售市场中，B2C 市场交易额占网络零售交易额的比重在逐年提升，2010 年占比为 18.8％，2016 年占比为 55％[4]。2010 年，B2C 的交易总额为 1 028.9 亿元人民币,而 2016 年这个数据为 28 355.6 亿元[5]人民币;不过,在交易规模增长的同时,市场增长速度自 2011 年起却逐年下降(见图 2.7)。

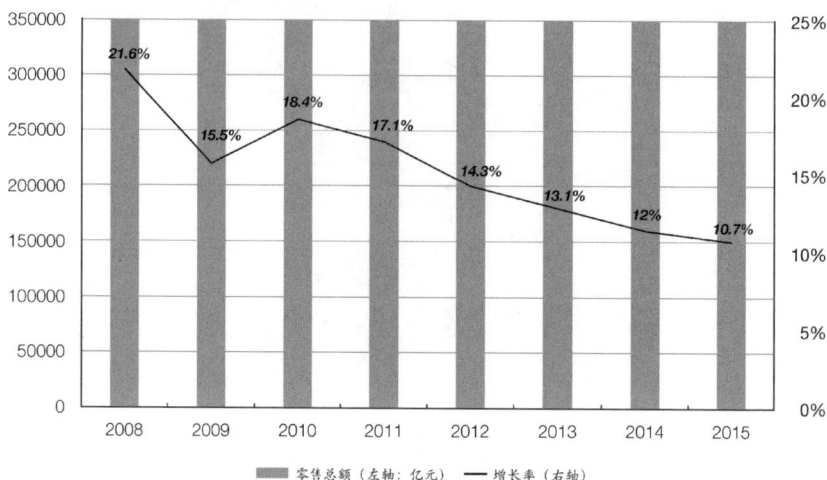

图 2.6　2008—2015 年中国社会消费品零售总额

资料来源:中国产业信息网.2016 年中国零售行业市场现状及发展趋势预测[EB/OL].(2017-03-23)[2017-03-28].http://www.chyxx.com/industry/201603/398159.html.

支持零售市场增长的,是中国人均可支配收入的增长。2011 年中国人均可支配收入为 14 551 元,而 2016 年这个数据增长到 23 821 元。不过,人均可支配收入的实际增长率却从 2012 年的 10.6% 下降到 2016 年的 6.3%(见图 2.8)。

不仅人均收入在增长,中国市场也正涌现出一批批富裕阶层。根据瑞信研究院的《2015 年度财富报告》,中国中产阶层的财富为 7.34 万亿美元,仅次于美国和日本。在绝对数量上,中国中产阶级已凭 1.09 亿人位列全球第一。截至 2015 年,中国的百万富翁(按美元衡量)数量超过 133 万人,近万中国人资产净值超过 5 000 万美元,同比增幅近 24%。未来 5 年中国百万富翁人数将增长至 230 万人左右。[6]这些富裕人群再加上 80 后、90 后年轻一代,构成了中国零售市场的新一代消

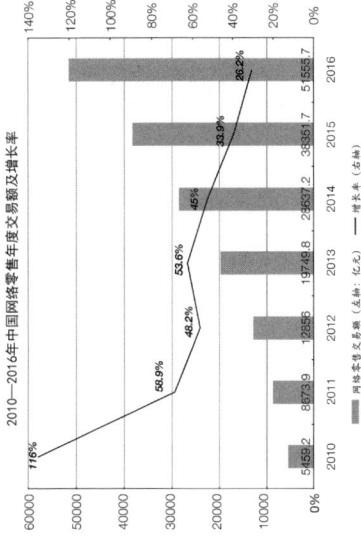

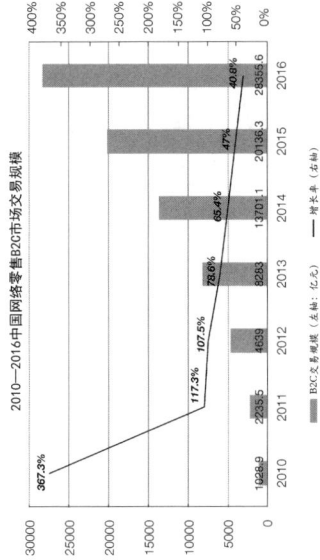

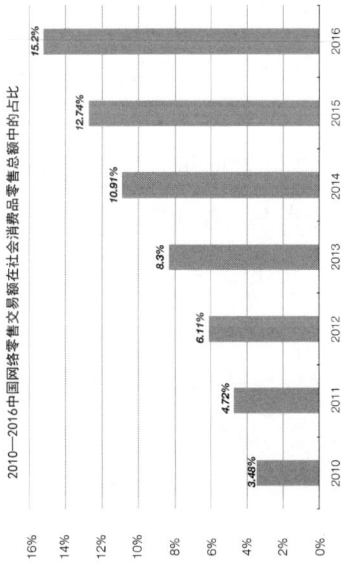

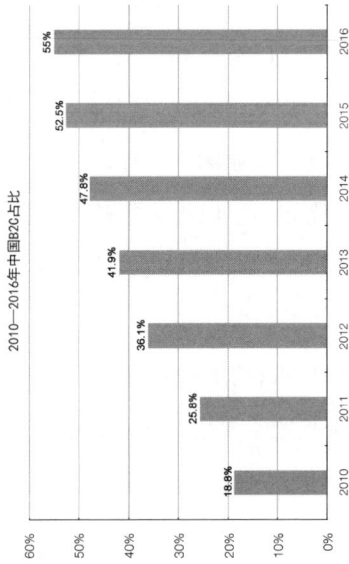

图 2.7　中国零售市场情况

资料来源：张怀水.2016 年我国网络零售交易额超 5 万亿[EB/OL].(2017－03－28].http://www.nbd.com.cn/articles/2017－02－09/1075054.html；中国产业信息网.2016 年中国网络零售行业发展前景及市场规模预测[EB/OL].(2016－07－15)[2017－03－28].http://www.chyxx.com/industry/201607/430917.html.

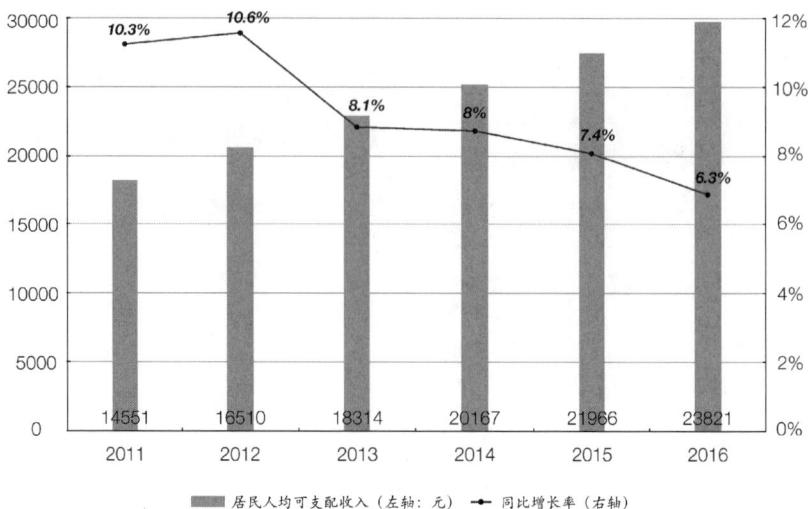

图 2.8　2011—2016 中国人均可支配收入及实际增长率

资料来源：中国产业信息网.2016 年中国居民人均可支配收入及城镇、农村居民人均可支配收入分析[EB/OL].(2017－02－21)[2017－03－28]. http://www.chyxx.com/industry/201702/496643.html.

费主力。他们从高价格敏感度转向个性化需求，愿意为高品质的生活买单，追求极致消费体验。

零售市场的这些需求变化，导致了靠低价取胜的电商模式发展受阻。因此，电商企业除了在产品品质和消费体验上下功夫外，还在线下布局资源，比如阿里巴巴入股银泰和苏宁，而京东入股永辉等。

阿里巴巴集团董事局主席马云在 2016 年提出"新零售"的概念："未来，线下与线上零售将深度结合，再加现代物流，服务商利用大数据、云计算等创新技术，构成新零售的概念。"[7]而这也是刘强东在 2015 年所预言的："未来很难分得清是线上的零售商还是线下的零售商，消费者最关心的是你的用户体验，以及产品品质的保证、价格和服务的保证。"[8]

要实现这种零售模式，刘强东说要依靠技术改变既有的零售商业模式，阿里巴巴集团 CEO 张勇也说，要利用互联网思维和技术去全面改革和升级现有的社会零售商品总量，使得整个商品生产、流通、服务的过程因为互联网、大数据的广泛运用而变得更加高效，使得消费者日益升级的消费需求得到有效满足。[9]

新技术对零售行业的改变已经开始。比如移动支付让消费者在门店买单不用带银行卡只用手机就能支付；大数据分析应用让零售商能针对消费者做个性化营销；人工智能技术能让机器人替代人工做仓库操作或者服务客户；无人机能解决偏远地区最后一公里的送货问题等。

京东同行们的动作

截至 2017 年初，京东的同行们——电子商务企业和零售商，几乎没有一家还敢对影响零售行业的新技术持怀疑态度。在新技术研发应用方面动作较大者，在中国除了京东外，还有阿里巴巴。而跑在他们前面的，则是电商鼻祖亚马逊。

阿里巴巴

1999 年由马云领衔创立的阿里巴巴，发展到 2016 年时，已成为全球最大的零售交易平台。与京东涉及交易、仓储、配送、售后、营销等环节的零售商定位不同，阿里巴巴将自己定位成连接并服务于卖家和买家的平台。

就在刘强东宣布京东将向技术转型后不久，2017 年 3 月 9 日，马云也在阿里巴巴技术峰会上首次推出阿里的"NASA"计划，面向未来 20 年组建强大的独立研发部门，建立新的机制体制，为阿里巴巴转型成为服务 20 亿人的新经济体储备核心科技。此次计划，与阿里巴巴之前的技术思路非常不同。"以前我们的技术是跟着业务走，是兵工厂模式。但手榴弹造得再好，也造不出导弹来。我们必须思考建立导弹的机制，成立新技术研发体系，"马云说道。[10]

早在 2012 年，阿里巴巴就汇集了一批来自全球的科学家团队，从事人工智能领域的技术研发和储备。于是，2015 年他们推出一系列研发成果，比如起导购作用的虚拟购物助理机器人"阿里小蜜"、支付宝机器人客服、支付宝中的人脸识别支付应用等。2016 年，他们还推出了利用虚拟现实技术(Virtual Reality，VR)的 BUY + 平台，以增强消费者购物的真实体验。另外，在其牵头组建的社会化物流平台菜鸟网络上，阿里巴巴也正在引入无人机、仓储机器人、拣货机器人，以及自动化、智能化仓储管理技术等。

阿里巴巴对新技术的探索，不仅停留在自己应用层面，还把这些应用变成产品服务提供给外界。比如，2016 年，他们向外界开放其覆盖数据采集、加工、分析和机器学习功能的大数据应用平台"数加"，将其擅长的"交易"生意扩展到数据领域。[11]阿里巴巴提供数据生意的平台是阿里云，"数加"其实是隶属于阿里云的。2009 年创立的阿里云，就是将阿里自己剩余的计算资源、存储资源，以及在大数据、人工智能等方面的应用能力，以服务的形式对外输出以实现价值。2016 年第二季度，阿里云的营收为 12.43 亿元，同比增长 156％，占阿里同期营收的 3.87％。至此，阿里云在全球云计算市场中按销售额排名第三，仅次于亚马逊云计算服务平台 AWS 和微软云计算服务平台 Azure。[12]

亚马逊

亚马逊是美国最大的网络电子商务零售公司，成立于 1995 年。亚马逊 2016 年第二季度的业绩数据显示，AWS 净营收为 28.85 亿美元，运营利润为 7.18 亿美元，在亚马逊总运营利润的占比为 55％。[13]

尽管亚马逊电商业务还不如 AWS 业务盈利能力强，但这并不妨碍亚马逊对其电商业务的技术投入，而这些投入的目的就是为了提高运营效率，实现更好的用户体验。

亚马逊是电商企业中最早使用大数据、人工智能和云技术进行仓储物流管理的。它于 2012 年斥资 7.75 亿美元收购了机器人制造商 Kiva Systems，将机器人运用到其各大物流运转中心，从而将物流作业效率提高了 2～4 倍。[14] 2013 年 12 月，它又推出了无人机快递，将重量 5 磅以下的商品在 30 分钟送到客户手里。而在电商端到客户端的服务链条中，亚马逊还将大数据技术应用到每一个可能的角落。比如，在用户浏览环节，亚马逊能利用大数据洞察消费者需求并据此向消费者精准推荐商品，借此推荐，亚马逊能获得 10%～30% 的附加利润。[15] 不仅如此，2016 年 12 月，亚马逊还推出了一家免排队结算的线下商店 Amazon Go，购物者只需打开 Amazon Go 的 APP，让一个扫描仪扫描其智能手机，门就会打开，他们可以选择任何商品。当购物者离开后，亚马逊才会结算所购商品金额。

亚马逊还通过科技产品扩大业务半径，提高用户黏性，比如它的电子书阅读器 Kindle 就能黏住用户不断购买其电子书。而其语音交互系统 Alexa 则被寄希望成为亚马逊继在线零售、亚马逊 Prime 和 AWS 之后的第四大支柱产业。[16] 内嵌在亚马逊智能音箱 Echo 中的 Alexa，在 Echo 热销后被广泛关注。于 2014 年底推出的 Echo，至 2016 年底时已卖出 500 万台。支持 Echo 用语音交互实现播放音乐、控制智能家居设备、创建购物清单、查询交通状况的，就是 Echo 的大脑 Alexa。基于深度学习、云计算和搜索技术，Alexa 正赋予 Echo 更多的功能。2015 年 7 月，亚马逊宣布将 Alexa 语音技术免费开放给第三方开发者。而在 2017 年美国拉斯维加斯消费电子展上，内置 Alexa 的产品已经随处可见,智能家居、机器人、手机,甚至是汽车都有内置 Alexa 的。显然,内置 Alexa 的产品越多,Alexa 越有可能成为智能硬件的连接中枢,而由此形成的智能硬件生态,对亚马逊意味着巨大的金矿。

京东为什么要进行技术转型

打破发展瓶颈

用户流量红利和廉价的劳动力成本,曾经是京东快速发展不可或缺的资源。在中国电子商务发展最初的若干年内,基于中国庞大的人口数而不断涌现的电子商务用户群体,让包括京东在内的电商先驱企业都享受到了用户流量红利。而京东自 2007 年开始自建仓储物流后,它又对仓储、物流、配送人员产生了大量的需求。而曾经中国劳动力资源的低廉成本,让京东的这个人海战术具有了一定的可行性。

然而,这两项曾经的资源都正在枯竭。中国劳动力人口(16~59岁)从 2012 年开始逐年下降,2012 年比 2011 年减少 345 万人,之后 3 年减少了 1 000 万人。[17]2016 年末,中国就业人员 77 603 万人,仅同比增长了 0.2%,其中,农民工总量 28 171 万人,同比增长 1.5%,外出农民工 16 934 万人,仅增长 0.3%。对此,中国社科院副院长李培林说:"过去人排着队找工作,现在很多工作找不到人。"[18]这种状态导致劳动力成本急剧上涨,2016 年时仅比美国便宜 4%,而日本劳动力成本则仅为中国的 70%~80%。[19]

劳动力资源的减少,是因为中国人口红利的消失。中国 80 后人口为 2.28 亿人,但 00 后人口就降到 1.2 亿人。这样的人口红利消失,也导致了互联网人口流量增速放缓,2016 年电商购物 PC 端增幅已降至12.9%,手机端也只有 29% 的增幅,创近年新低。[20]实际上,京东的活跃用户数增长率在 2012 年时曾达到 134.4％，但在 2016 年只有 46％（见图 2.9）。

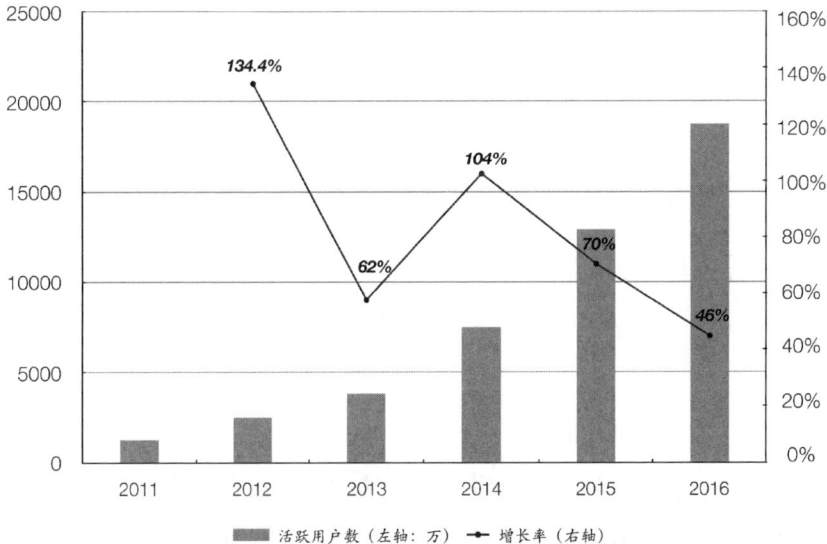

图 2.9 京东近年活跃用户数及增长率

资料来源：京东

　　面对这样的情况，京东意识到，要想打破发展瓶颈，就必须筹划更精细化的运营模式，包括要在控制人员增长的前提下获得业务增长，要通过为每一个用户提供更多服务的方式提高客单价。而这样的精细化运营需要借助新技术手段，比如，利用用户大数据技术挖掘用户更多的需求，利用智能机器人降低物流人员和客服人员成本并提高效率。

新技术的成熟度

　　京东所借助的新技术正在逐步成熟。比如，它主要依靠的人工智能技术，就已经被业界认为在 2016 年从量变转向了质变。[21]

2016 年是人工智能诞生 60 周年。过去 60 年,特别是近 20 年内,随着移动互联网的发展,数据采集方式和采集量都呈指数级增长。足够量的数据是导致人工智能技术发生质变的因素之一,此外,大幅提升的计算能力则是导致质变的另一个诱因。截至 2016 年,集成计算机组的计算能力在 20 年内已提升 8 400 万倍。[22]

"京东已经开始分享人工智能的红利",京东集团首席技术顾问翁志说。京东已于在线客服机器人、图像分类、光学字符识别及广告等多项业务中应用人工智能相关技术并取得了一定成果。比如京东的客服机器人 JIMI,2015 年就为京东节省过亿元的成本。

业务场景的具体需求

京东之所以能在同行中相对较早地分享到新技术的红利,是因为其拥有相对较多的新技术应用场景。京东不仅做 B2C 电子商务平台,还将业务延伸到采购、仓储物流和配送等零售的所有环节。在这样一个从用户端出发再回到用户端的供应链条中,能够凭借新技术提升效率、提高用户体验的环节非常多。

比如,2012 年京东之所以决定研发客服机器人 JIMI,就是为了解决人工客服成本增加过快的难题。2012 年京东客服团队增加到 2 600人,而 3 年前它只有 400 人。同样,当京东的仓储物流覆盖半径越来越大时,人工加自动化的操作管理模式已无法满足业务要求,由此,无人仓、无人机、无人车等新型管理工具随之诞生。

新技术在具体场景中的应用,还能激发更多的业务场景对新技术的需求,从而引发连锁应用。比如,当机器人服务用户时,要实现快速解决问题,就需要问题所涉及流程诸环节都能及时响应。由于机器人是随时工作的,因此,需要对相关环节做智能化改造,以保证整个流程都能随时、快速、准确地反应。

京东的技术积累

京东的技术资源,除了常规支持业务发展的部分,比如京东商城技术研发部门、京东金融技术研发部门外,还有近几年陆续衍生出的云事业部、人工智能和大数据事业部、X事业部、Y事业部、成都研究院、硅谷研发中心。这些技术资源按照所服务业务对象的不同,或者隶属于京东集团,或者隶属于对应的业务部门(见图2.10)。

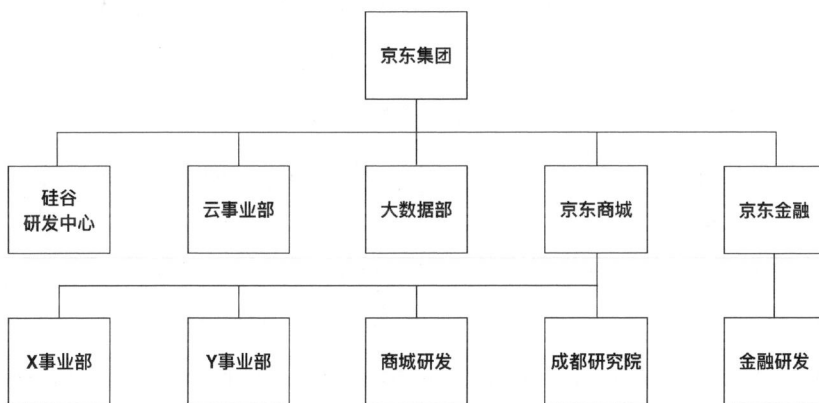

图 2.10 京东技术研发组织架构示意图

资料来源:京东

云技术

京东云事业部成立于2012年,前身是京东电商平台的运行维护部门,负责京东云的搭建和维护。每逢"6.18""双11"这样的大型促销活动,京东电商系统都会遇到瞬时激增流量的冲击,为了保证系统稳定,京东必须实现系统计算能力的弹性化。在没有云计算技术之前,京东不得不像大部分同行一样，在流量高峰时临时增加数百台计算机以获得计算能力的物理叠加。从 2012 年起，京东开始利用开源的云计算技术打造自己的私有云平台，2015 年"6.18"之后，京东把网站页面、订单交易、仓储物流、数据库等悉数迁移到了京东云。

大数据

大数据事业部成立于 2013 年。当年京东制定了下一个 10 年的发展规划，大数据技术被定为重点战略方向之一。京东有 10 多年的数据积累，当前每天还有约 20 万个作业运行，新增超过 1.5 PB 的数据。这些数据的商业价值，需要通过大数据技术来挖掘；而这些挖掘出来的数据价值，则可以通过人工智能技术反哺于业务发展。2014 年，京东 DNN（Deep Neural Network，深度神经网络）实验室成立。提高 JIMI 的智能性和应用广泛性是这个实验室的首个任务。这个实验室建立了 GPU（Graphics Processing Unit，图形处理器）计算集群，对京东积累的数据进行高纬度的深度学习，从而让 JIMI 能更好地"听懂"用户提问，判断用户意图，通过话题上下文理解，更好地匹配用户需求。2015 年，京东 PCL（Perception and Cognition Lab，感知认知实验室）图形技术实验室成立。一年以后，京东集团首席技术顾问翁志说，PCL 研发的技术成果已应用在京东内部多个场景，包括京东商城的推荐、搜索、图片识别、人脸识别，以及京东金融的人脸识别、身份证识别、银行卡识别等，甚至在语音识别、智能冰箱、无人仓视觉识别、无人机障碍识别、无人车感知等众多业务场景中也有 PCL 的技术应用。

X 事业

X 事业部成立于 2016 年 5 月 13 日，聚焦智慧物流的前瞻性研发和应用。物流配送体系是京东的核心竞争资源，由于劳动力资源的紧缺，京东高速发展对物流配送需求的不断增加，尽可能提高运营效率、降低运营成本成为京东在物流方面矢志不移的追求。另外，随着京东业务向农村地区的延展，京东还需要有效解决乡村最后一公里配送的问题。于是，京东无人机、无人仓和无人（配送）车陆续从 X 事业部诞生。

无人机是针对农村最后一公里配送需要双脚"翻山越岭"的物流现状而研发的用无人驾驶飞机替代人工配送的产品；无人仓则让仓库中的智能机器人可以根据不同的应用场景、商品类型与形态，进行自主判断和行动，在商品分拣、运输、出库等环节实现自动化；而无人车是针对城市环境下办公楼、小区便利店等订单集中场所而研发的送货车，它可以按照既定路线自动导航行驶，并具备路径规划、智能避障、车道保持、智能跟随等功能。

2016 年 6 月 8 日，京东无人机业务在中国宿迁进行首单试运营；它预计在 2017 年将在中国进行小批量规模化实验。

2016 年 10 月，京东向外展示了其无人仓系统。根据京东 X 事业部总裁肖军的数据，无人仓的存储效率是传统横梁货架存储效率的 10 倍以上，并联机器人拣选货品的速度为每小时 3 600 次，相当于传统人工的 5～6 倍。

京东无人配送车也于 2016 年 9 月进入道路测试阶段。测试初期，无人车用于执行"极速达"①等临时配送任务，随后逐步承担常态化配送任务。京东希望在 2017 年实现大规模商用。

---

① 这是京东提供的一种快递服务：每日 08:00～20:00 下单并选择"极速达"配送的用户，货物将在 3 个小时内送达；20:00 至次日 8:00 间选择"极速达"服务的，将在次日 11:00 前完成派送。

Y 事业

Y 事业部成立于 2016 年 11 月 24 日,以服务泛零售为核心,围绕洞察消费者需求、商品预测计划制定、商品定价以及商品库存管理等方面,打造智慧供应链能力,包括智能销售预测、智能定价、智能促销、智能库存管理,以及与供应商的协调能力等。

截至 2017 年初,京东商城 50%(约 300 万)的商品单元已经实现自动补货、自动定价,尤其在图书、快速消费品类目,几乎全部实现系统自动预测、补货、下单、入仓、上架。[23]京东 200 多个仓库之间货品调配的,所有指令都是由智能机器发出。通过这套系统,京东重点品类库存周转天数降低了 20%,最低库存周转天数降为 12 天,现货率提升 5%。[24]

人工智能

成都研究院成立于 2011 年 11 月,是京东北京之外最大的研发中心,负责人工智能、在线客服、大客户等京东若干项目的研发工作。JIMI 就是出自成都研究院。它通过应用自然语言处理、深度神经网络、机器学习、用户画像等技术,实现涵盖售前咨询、售后服务等环节的全天候、无限量用户服务。

从 2017 年起,成都研究院开始试运行无人客服项目。所谓的无人客服,就是把人和机器做无缝融合,即把京东咚咚和 JIMI 融合起来,咚咚是一款类似于微信或 QQ 的即时交流平台。此前,用户在京东上咨询人工客服时,都是通过咚咚向人咨询的。两者融合后,用户再在京东上咨询,出来应答的或者是人工客服,或者是 JIMI,或者是他们交替出场。他们谁出场,由无人客服的系统中枢决定,这个中枢的决策依据就是两条:第一,能带来更好的用户体验;第二,能降低客服成本提升效率。

为了提升用户体验，无人客服系统还能基于用户的浏览轨迹、订单状态、用户画像等数据，对用户咨询的问题进行预判，从而为用户提供更精准的服务。在人机交互的服务过程中，为了高效准确地传递信息，无人客服系统还能对上一个服务者（可能是机器或者是人）的服务信息自动生成要点内容，以便下一个服务者在看过这些内容后就能立刻了解咨询历史，从而无缝承接了后续的咨询任务。

硅谷研发中心

硅谷研发中心于 2015 年 10 月成立，这是京东在美国，也是在亚洲以外的第一个分支机构，致力于人才、技术方面的沟通交流。按照京东集团首席技术官张晨的说法，"研发中心设立后将更有利于引进国际技术人才，让他们加入京东平台，回国或在美国当地发挥自己的价值；硅谷研发中心也将成为两地技术交流的窗口，让京东和硅谷有更紧密的连接，搭建双方技术创新的通畅沟通渠道；同时，京东在这里也能把握更多投资机会，和伙伴们共同成长。"

叮咚音箱

这是一款由京东与科大讯飞于 2015 年 7 月联手推出的智能产品。像 Echo 一样，它跟用户之间也采用了语音交互方式。它能成为用户的音频助理，具有百科查询、讲故事、聊天等功能。同时，它还可以让用户通过语音控制接入京东微联①的智能产品。如果用户通过它控制了

---

① 京东微联是一款针对智能家电的管理工具 APP，可以在手机端通过 Wifi 或蓝牙实现远程控制智能设备的开关、设置、调节以及其他功能。通过京东微联银河智能产品的双向互动，可实现智能化的家电设备操作及应用场景设置，从而实现家庭智能化。截至 2016 年底，京东微联对接智能品类超过 42 个，累计销售智能产品超过 150 万台，覆盖大家电、生活电器、厨房电器、五金家装、可穿戴设备、车载设备等多种智能硬件。由此，京东微联已经成为京东智能旗下针对智能硬件产品专门推出的互联开放的智能硬件平台。

家里所有的智能家居,那么它就变成了用户家庭的智能控制中枢。

支持叮咚音箱语音交互的,一方面是科大讯飞的语音技术,另一方面就是京东之前应用于JIMI的语义分析技术。语音技术可以把人的语音转化成文字,而语义技术则是通过文字来识别用户的真实意图并传递给系统执行相关操作。比如用户说"我要买苹果手机",语音技术可以将这句话变成文字,而语义技术就会分析出这个用户是要购物、要买手机,品牌是苹果。叮咚下一步动作就是根据这样的语义分析而展开的。

2016年双11当日,叮咚音箱在京东平台上智能音箱品类里销量排名第一,并且大于第二名至第十名的销量总和。截至2017年2月,中国有260个城市的人在使用叮咚音箱,用户中68%的人是已婚家庭用户;叮咚音箱的整体销量同比增长137%。

未来的挑战

随着京东在人工智能等相关技术领域研发应用的逐步发展,2016年中,刘强东意识到了"人工智能正在成为超级生产力"。于是,京东的技术转型战略浮出水面。然而,发展到2017年初,京东依然是一个依靠八九万蓝领物流配送人员的劳动密集型企业。从这样一个企业转向技术驱动型"无人"企业,京东之前对人的管理思路、对技术研发的管理思路,都将面临转变。京东如何在业务快速奔跑的过程中转变这些思路? 在这个过程中,如何卸下人力包袱? 如何系统化、体系化地打造技术核心竞争力? 我们拭目以待!

尾注:

[1] 李成东.马云挖苦刘强东管不了100万快递员,京东未来不需要[EB/OL].(2016-10-

28)[2017 - 03 - 25].http://www.techdog.cn/system/2016 - 10 - 28/2016102821392.shtml.

[2] 2016 中国社会消费品零售总额占 GDP 比例为 44.7%[EB/OL].(2017 - 01 - 20)[2017 - 03 - 28].http://www.askci.com/news/dxf/20170120/14480288632.shtml.

[3] 张怀水.2016 年我国网络零售交易额超 5 万亿[EB/OL].(2017 - 02 - 09)[2017 - 03 - 28]. http://www.nbd.com.cn/articles/2017 - 02 - 09/1075054.html.

[4] Ibid.

[5] Ibid.

[6] 全球中产阶级财富总额前十排名,中国第三[EB/OL].(2016 - 05 - 17)[2017 - 03 - 28]. http://finance.qq.com/a/20160517/014948.htm.

[7] 解读|马云口中的'新零售'到底为何物[EB/OL].(2016 - 10 - 14)[2017 - 03 - 25]. http://mt.sohu.com/20161014/n470317002.shtml.

[8] 刘强东：未来零售业将不会有线上线下之分[EB/OL].(2015 - 07 - 11)[2017 - 03 - 28]. http://www.longsok.com/person/2015/0711/14488.html.

[9] 解读|马云口中的'新零售'到底为何物[EB/OL].(2016 - 10 - 14)[2017 - 03 - 25]. http://mt.sohu.com/20161014/n470317002.shtml.

[10] 亚萌.阿里重磅推出'NASA'计划[EB/OL].(2017 - 03 - 19)[2017 - 03 - 28]. http://www.leiphone.com/news/201703/yf9C7N6bz4UhN1Ef.html.

[11] 百度腾讯阿里,看看他们的大数据优劣势与策略分析[EB/OL].(2016 - 10 - 31)[2017 - 03 - 28]. https://sanwen8.cn/p/of7LMS.html.

[12] 不只是现金牛,阿里云对阿里巴巴至少有五重价值[EB/OL].(2016 - 08 - 12)[2017 - 03 - 28]. http://it.sohu.com/20160812/n463906380.shtml.

[13] AWS云计算已成亚马逊盈利关键[EB/OL].(2016 - 08 - 16)[2017 - 03 - 28]. http://mt.sohu.com/20160816/n464429862.shtml.

[14] 亚马逊其实是一家牛逼的物流公司[EB/OL].(2016 - 08 - 16)[2017 - 03 - 28]. http://www.kejilie.com/siilu/article/Vby2Ub.html.

[15] 吕泓霖.雅虎谷歌都退出了中国,亚马逊凭什么成幸存者[EB/OL].(2016 - 12 - 26)[2017 - 03 - 28]. http://www.iceo.com.cn/com2013/2016/1226/302287.shtml.

[16] 高志华.亚马逊 CEO：Alexa 有望成为公司第四大支柱[EB/OL].(2016 - 06 - 01)[2017 - 03 - 28]. http://news.zol.com.cn/586/5862643.html.

[17] 国务院专家：中国劳动力成本急剧上涨[EB/OL].(2016 - 08 - 20)[2017 - 03 - 28]. http://finance.sina.com.cn/roll/2016 - 08 - 20/doc - ifxvcnrv0434186.shtml.

[18] 2016 年中国劳动率增长 6.4%[EB/OL].(2017 - 03 - 20)[2017 - 03 - 28]. http://www.archcy.com/news/hotnews/432c97b3f0bb1f28.

[19] 中国劳动力成本超日赶美[EB/OL].(2016 - 03 - 18)[2017 - 03 - 28]. http://news.163.com/16/0318/02/BIDGTDJJ00014AED.html.

[20] 曾响铃.流量红利消失,电商的'新故事'往哪讲[EB/OL].(2017 - 02 - 23)[2017 - 03 - 28]. http://www.admin5.com/article/20170223/719789.shtml.

[21] 2017 年七大科技趋势,人工智能全面爆发[EB/OL].(2016 - 12 - 26)[2017 - 03 - 28]. http://mt.sohu.com/20161226/n476920413.shtml.

［22］ 迟学斌：六招破解我国高性能计算发展瓶颈［EB/OL］.（2015 - 12 - 29）［2017 - 03 -
  28］. http：//www.tuicool.com/articles/vINjei.

［23］ 10 个要点看懂人工智能将怎样革新零售业［EB/OL］.（2017 - 02 - 25）［2017 - 04 -
  06］. http：//www.ebrun.com/20170225/217121.shtm.

［24］ 京东超市放狠话：2017 年交易额要超千亿元［EB/OL］.（2017 - 02 - 16）［2017 - 04 -
  06］. http：//it.sohu.com/20170216/n480902106.shtml.

导语:

京东是一家什么公司？消费者给的标签是"电商"，商界给的标签是"互联网公司"。中欧案例《京东：从"人海"向"无人"跨越》为从传统的零售企业转型到以人工智能为核心手段的科技企业的京东画像，京东的这种"跨越"传递出中国企业在数字经济年代的创新自信与科技自信。

点评 2.1

起步貌不惊人，前程无可估量
—— 亲历京东案例课堂教学

戚文佳

中欧 MBA17 级校友　浙江丝路产业基金有限公司执行董事

2016 年 7 月 2～3 日在中欧 MBA 的课堂上，朱晓明教授、林宸教授问在座学员："京东是一家科技公司吗？"学员们众说纷纭，莫衷一是，一部分人认为起步于传统零售行业的京东的确有一些高科技的元素。经过一番激烈讨论之后，朱教授请出了京东深度学习总监陈宇博士给学员分享了京东目前在互联网科技上的开发项目与战略布局。他向学员展示了京东用深度学习实现商业智能的成果，并在课堂上邀请学员与京东智能客服机器人（JIMI）对话，激发学员对科技创新的热情和冲动。这样生动的现场案例教学使得 MBA 的国际、国内学员无不对京东有了全新的认知。有同学说，也许有朝一日，京东会成为中国的亚马逊。陈博士收集了很多学员的反馈，并表示将采纳大家的反馈意见。

他对中欧国际工商学院朱教授以创新精神制作的数字化视频教学、对中欧 MBA 学员在课堂分享与互动时的氛围赞赏不绝。

在这堂课上两位教授还安排了多家科技公司高管现场分享或视频连线，并以 AI、VR/AR 的最前沿科技产品让学员对智能商业进行"零距离"体验。

京东案例揭示了：在数字经济年代的平常企业，与时俱进，创新不已，也可以拥有不平常的抱负，誓以数字技术、智能技术改天换地，纵然起步貌不惊人，创新终将前程无量。

点评 2.2

京东,跨越为了超越自我,超越明天
——亲历京东案例课堂教学

胡建平

中欧 EMBA15 级校友　北京拾贝投资管理有限公司创始人

2017 年 3 月 18～19 日在中欧 EMBA 课堂上,我作为一名学员,一开始很诧异朱晓明教授何以在三年前的著作《数字化时代的十大商业趋势》中预测并讲述了许多商业趋势与科技创新,而这些趋势与创新如今已经成为现实,正在成为当下热门的商业热点、投资项目。两天课程后我们明白了教授曾经对许多跨国集团、中小企业进行了详尽的考察与调研,并反复阅读了国内外有见地的论文与资料,正如他所告诉我们的,爬梳剔抉、韦编三绝,才能础润而雨、不落窠臼。

以朱教授撰写的京东案例为例,除了讲解《京东 JIMI 的成长》《京东：从"人海"到"无人"的跨越》以外,他还邀请了京东首席技术顾问、副总裁翁志现场分享"科技改变世界,AI 与大数据再定义",并让翁总展示了 2016 年出版的《Presto 技术内幕》一书,全书围绕着京东大数据开源计算框架 JD-Presto 这根主线展开,它的性能较其他大数据技术提升了 10 倍以上,而成本节省了一半,同时京东又将这些成果反馈于社区,服务于广大开源用户。据媒体报道,截至 2017 年 6 月 23 日,百度与京东市值差距不到 6 亿美元,一路高歌逼近中国互联网企业巨头的京东开始发力了,撼动 BAT 宝座的挑战者终于露脸了。我想,教授在"商业趋势与科技创新"这门课中精讲京东等 10 多个案例,是试图让我们明白：在数字经济年月，无论是什么企业，不跨越陈腐模式将毁损于当下，不超越自我将沉没于明天。

朱教授又邀请了京东首席人力资源官、首席法律总顾问隆雨通过视频连线，在北京与上海校园的师生们探索"数字经济年代的人才分布式结构"。

我作为一名投资者，深感中国有无数创新型企业正在崛起，无数传统行业正在转型，要无时无刻地学习新案例，选准新投资，特别要研究京东这种"跨越，为了超越自我，为了超越明天"的企业精神与企业文化。

点评 2.3

调研为了精心备课，备课为了完美授课

——亲历京东案例调研、中欧京东三地
视频会议及教授备课与授课

朱奕帆、施天瑜

中欧国际工商学院研究助理

两年多前，大多数人对京东的印象滞留在它是一个不错的电商平台，拥有不错的物流仓储和不错的快递配送，但朱教授"商业趋势与科技创新"这门课的目的是让学生站在数字经济的角度，去认识一个不一样的京东。2016 年 3 月 9 日，我们随朱教授到京东北京总部调研，接待我们的是京东 5 位顶尖科学家，他们分别是京东 CTO 张晨、首席技术顾问翁志、技术副总裁赵一鸿、云首席架构师杨海明、深度学习总监陈宇。他们向我们讲述了京东如何用科技创新面对用户需求，解决用户痛点。如：京东建立智能云，一是通过实时的大数据能力与强大的计算能力，帮助电商业务进行准确的用户画像，二是向中小企业的网站开放云计算服务，做云服务提供商；如：京东使用深度学习、神经网络，开发图像识别技术与相关的算法，以此洞察京东网站"选品""搜索""推荐"等项的用户需求，进行精准营销。

为了进一步了解京东的深度学习与神经网络，2016 年 3 月 24 日，朱教授（中欧上海校园）与京东首席技术顾问翁志（北京总部）、京东人工智能研究院院长朱艳波（成都），通过视频会议系统，对京东 JIMI 智能客服的案例，进行实时音视频互动调研。我们有幸参与其中，并从中了解到京东 JIMI 的背后是拥有 400 人研发团队的京东成都研究院，智能客服 R&D 投入的一大优势是可以节省人力与财力，更大的优势则是能够提

高服务质量,为京东留下宝贵的用户大数据等。基于两次深入调研,《京东 JIMI 的成长——人工智能进入京东客服领域》《京东:从"人海"向"无人"跨越》两个案例出炉了,一次精心的备课初步完成了。

我们见证了朱教授讲演京东案例时的诸多创新点。

(1)多媒体案例升级。从编撰纸质案例,到采用 3ds Max、iMovie 等众多软件,编制音视频融合的新型案例,熟谙新媒体技术的朱教授,将两个京东案例编制为可视化的版本,从传统案例创新升级为多媒体案例。

(2)启迪学员,不仅要有跨越的决心,更要有超越的自信。本是传统电商的京东,会与高科技有紧密联系吗?它正着力打造智慧物流中心,从入库、在库到拣货、分拣、装车的完整过程都无需人力参与。朱教授在课上为学员播放了最新的京东无人仓储、无人配送的技术资料。如今有报道称,"无人仓"将是京东物流应用的质的飞越,其智能化体现为:数据感知、机器人融入、算法指导生产。在 2017 年 5 月 21 日/6 月 4 日中欧 MBA、3 月 19 日中欧 EMBA 的课堂上,朱教授告诉学员,除了京东的电商、物流业务,它的大数据、云服务已经走出京东,与北京某三甲医院跨界合作,承担了智慧医疗服务的研究项目。

(3)设计开放式讨论,延伸案例的学与用。开放式讨论题有:① 选择一家民营企业,为其做战略咨询:"做自营,做平台,还是……?"② 为企业做战略咨询:"深耕线下,主攻线上,还是……?"③ 传统百货业/服务业还会有春天吗?电商会遭遇冬天吗?……

我们见证了朱教授完美授课的实现。

结语:

京东有效仿的标杆企业吗?京东是万千传统企业转型创新的标杆吗?京东案例的教学还有更多发人深省之处吗?教授在思考,学生也在思考。

2017 年京东年会上,刘强东的一句话"未来 12 年,京东只有三样东西——技术!技术!技术!"也许能够帮助你思考这些问题。

3 上海中心：科技助推
精益创新

2017 年 4 月 26 日，世界第二、中国第一高楼，拥有 120 度旋转外形的上海中心大厦第 118 层观光厅正式向公众开放。在那之后的一段时间内，上海中心大厦建设发展有限公司总经理顾建平经常会在观光厅售票处门口巡视一会儿，面对熙熙攘攘的游览人群，思考着还能怎样优化接待流程，以保证游客有序、高效地游览。

像这样针对已有业务流程精益求精的做法，对顾建平来说已然是一种习惯。这种习惯不仅让他关注具体的业务优化，更让他不停地思考上海中心的未来演变，"这幢大厦肯定不能停留在现有水平运转，应该赋予它更新、更有活力的内容。然而，怎样才能赋予它更有生命力的内容呢？"

上 海 中 心

作为上海截至 2017 年的第一高楼，上海中心大厦位于上海市浦东新区陆家嘴金融城，紧邻金茂大厦和环球金融中心（见图 3.1），于 2016 年 4 月投入部分试运营。大厦包括地下 5 层的地库、地上 127 层高的

本案例由中欧国际工商学院朱晓明教授、案例研究员朱琼、研究员倪英子、研究助理施天瑜共同撰写。在写作过程中，也得到了上海中心大厦建设发展有限公司的协作与支持。该案例目的是用来做课堂讨论的题材而非说明案例所述公司管理是否有效。

图 3.1　上海中心实景图

资料来源：上海中心大厦

综合楼（包括办公楼、酒店和 5 层高的商业裙楼），总建筑面积 57.8 万平方米，建筑高度 632 米。

1993 年 12 月，上海市政府批复《上海陆家嘴中心区规划设计方案》，明确了上海中心将与金茂大厦、环球金融中心等组成超高层建筑群，形成小陆家嘴中心区的制高点区域。金茂大厦于 1999 年落成，环球金融中心于 2008 年竣工。两位邻居一个是由中央企业主导开发，一个是由外资企业主导建设，而上海中心则是上海市企业合力之作。2006 年 4 月，上海市政府确定，由上海城投总公司负责上海中心项目建筑概念方案的征集和深化研究工作。为此，顾建平和他的两位同事被抽调出来，成立了小陆家嘴项目筹建组。2007 年底，筹建组变成了上海中心大厦建设发展有限公司。后者由上海市城投（集团）有限公司、上海陆家嘴金融贸易区开发股份有限公司、上海建工集团股份有限公司共同出资成立，注册资本 84 亿元人民币，三方股东股比分别为 51％、45％、4％。

要与具有世界水平的高楼为邻，建造更高的楼，这让上海中心项目充满了挑战：如何与邻居们构成差异化定位？如何史无前例地在软土地上建造 600 米以上超高建筑？如何在全球范围内以最低成本整合协同技术和资源？应对这些挑战成了上海中心项目向前推进的"指定动作"。于是，按照顾建平的说法，上海中心的所有创新就这样"被逼了出来"。

比如，为了在软土地上打牢地基，他们首次采用"钻孔灌注桩"①。他们之所以不按照惯例采用传统施工时用的钢管桩，是因为大量超长钢管桩将会挤压土地，对邻近超高层建筑带来结构性破坏。另外，打桩产生的巨大震动和污染物排放，也将影响周边公司的运营和居民的生活，并破坏周边地下管线和道路；而"钻孔灌注桩"操作起来噪音很小。在安装了 955 根钻孔灌注桩并用混凝土填充缝隙后，他们又在此基础上连续用了 63 个小时浇筑了一块直径为 121 米、厚 6 米的圆形钢筋混凝土平台，由此构建了整个大厦的承重地基。而这种不同寻常的举措，为上海中心在桩基建设上至少节约成本 2 亿元人民币，施工周期也因此缩短了一半。

为了形成差异化竞争力，上海中心被定位成垂直的、绿色的和文化的商务社区。为了实现这样的定位，上海中心被划分出 9 个街区、21 个空中大堂，每个街区集办公、餐饮、购物、会议、展示、娱乐等功能于一体，以方便人群就地解决相关需求，减少人群在不同楼层间穿梭的次数，从而降低电梯能耗。为了满足绿色定位，他们综合应用了 40 多项绿色建筑设计和技术。比如大厦的双层幕墙设计，就是为了利用中间

---

① 通过机械在地基上钻孔，放入钢筋笼，最后灌注混凝土形成基桩。

的空腔形成温度缓冲区,营造冬暖夏凉的环境,由此采暖和制冷的能耗比单层幕墙降低了 50％左右,并在 7 个楼层形成了 21 个空中大堂。而且,外层幕墙的旋转向上收分设计,还有助于大厦抵御上海经常出现的台风威胁。这个设计不仅为大厦降低了 24％的风载荷[①],还造就了更轻、更高效的幕墙结构,节省了近 3.5 亿人民币的造价。而在 632 米的超高层上安装柔性幕墙则是他们的又一次世界级创新。

40 多项绿色建筑设计和技术,尽管让上海中心增加了 3％～5％的投资,却为他们降低了 20％左右的运营能耗。为此,上海中心获得了国家住房和城乡建设部的"三星级绿色建筑设计标识证书"和美国绿色建筑委员会颁发的 LEED(能源环境设计先锋奖)铂金级认证。

具有精益思想的团队

柔性组织

在上海中心项目建设期间,前后有 500 家企业参与,现场参与人数达 1 万多人。而管理这整个盘子的顾建平团队,却只从最初的 3 人,增加到 50 人。

在最初的 3 人筹建小组中,顾建平和现任上海中心大厦建设发展有限公司副总经理兼总工程师葛清都具有专业背景,都毕业于上海同济大学建筑系。顾建平毕业后先在上海市政府工作了 10 年,从 1994 年开始从事房地产开发管理工作。而葛清此前则在建筑设计院工作,画过施工图,对技术细节非常熟悉。3 人小组中的另一个人,是做房地产市场开发出身,"项目启动时就要从市场的角度定义项目功能价值。

---

① 风载荷指垂直于气流方向的平面所受的风的压力。

如果这个定义有偏差，最终的产品是卖不掉的，而为这个产品做的所有投入都将变成了浪费，"顾建平说，"因此，我们的筹建小组中，不能只有懂建筑开发的，还需要能从市场角度对项目把关的。"

实际上，筹建小组对项目的功能价值定位，早在 2007 年他们遴选外观设计方案时就开始。2007 年他们聘请了第三方市场研发团队，后者为他们调研了 CBD 人群和相关市场。根据调研反馈的信息，他们意识到，随着人们生活、社交和文化教育等多元需求的日益增长，以及对绿色环保意识的增强，现代社会对 CBD 商务空间的服务功能和价值创造提出了新的需求。于是，他们将上海中心大厦定位成垂直的、绿色的CBD 商务社区。而他们后来之所以决定引入马未都创建的观复博物馆，是因为他们希望通过加深上海中心的文化内涵而增加其品牌厚度。

这个筹建小组的精益管理思想，不仅体现在先做项目定位以避免日后盲目投入上，还体现在商业模式的选择和组织的建设上。

筹建小组成立后马上面临着商业模式的选择，是像当时主流房地产商那样组建自己的设计、施工团队呢，还是将专业工作外包给第三方去做？在顾建平看来，拥有自己的设计、施工团队，肯定在沟通、管理上比较方便，但是大家绑在一起也会导致各专业团队创新动力不足、创新突破能力受限等问题。更为主要的是，对于上海中心这个难度极大的项目，他们之前从未经历过，他们也不知道该组建一支什么样的专业队伍才能满足需求。因此，他们最终决定，采用外包模式，尽可能用自己有限的资源，去撬动外部广大的优质资源。于是，上海现代建筑设计（集团）有限公司、市场研发和调研公司、上海建工（集团）总公司等 500多家企业，成为他们不同专业领域的外包合作伙伴。

因为选择了外包模式，上海中心团队最终被控制在了 50 人的规模。这个团队的组织架构也经历了不断地调整。

2007 年,当筹建组变成有限公司时,他们早期的组织结构也逐步成型,初期设置了设计前期部、工程管理部、采购部等七八个部门(见图 3.2)。

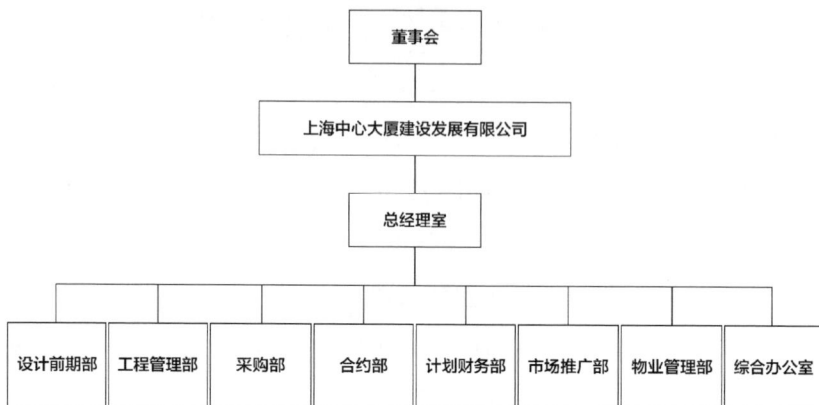

图 3.2　上海中心大厦建设发展有限公司最初的组织结构

资料来源:上海中心大厦

2008 年底,当外观设计方案最终确定、整个项目进入施工阶段时,设计部被合并到了工程部。之所以进行这样的合并,是因为设计图纸和实际施工图之间不可避免会产生一些不一致,通过合并,就将这种矛盾变成部门内部问题去解决,消除了部门之间的推诿扯皮。

同样,当针对房屋建筑的大宗商品、材料和设备采购完成后,采购部也被合并到工程部。在工程施工阶段,工程部在使用那些采购来的物品时,需要跟采购部和供应商进行协同,采购部合并进来后,针对这些后续工作的协同难度就能降低很多。

为了能够在项目进展的不同阶段顺利实现这些合并,顾建平在团队成立之初就有针对性地进行管理岗位的配置。对于设计部,他没有配一个跟工程部负责人平级的负责人,这样,设计部合并进工程部就顺理成章了。而当采购部与工程部合并时,他将工程部负责人提升为工程总监,让采购部原负责人担任新的工程部负责人,而此人之前也有过管理工程的经验。

上述 3 个部门合并后,上海中心的管理团队组织架构进入了相对稳定的阶段。而随着大厦建设进入后半程,他们又面临着招商、运营、酒店管理、物业管理等任务。面对这些新课题,他们又一次本着精益管理的原则,通过设立分、子公司或合资公司来承担这些专业管理(见图 3.3)。比如,2011 年他们与上海锦江国际酒店股份有限公司合资成立上海中心锦江酒店资产管理有限公司;2014 年 11 月合资成立上海中心大厦世邦魏理仕物业管理有限公司。这些子公司的负责人都是外聘的来自境内外的职业经理人。

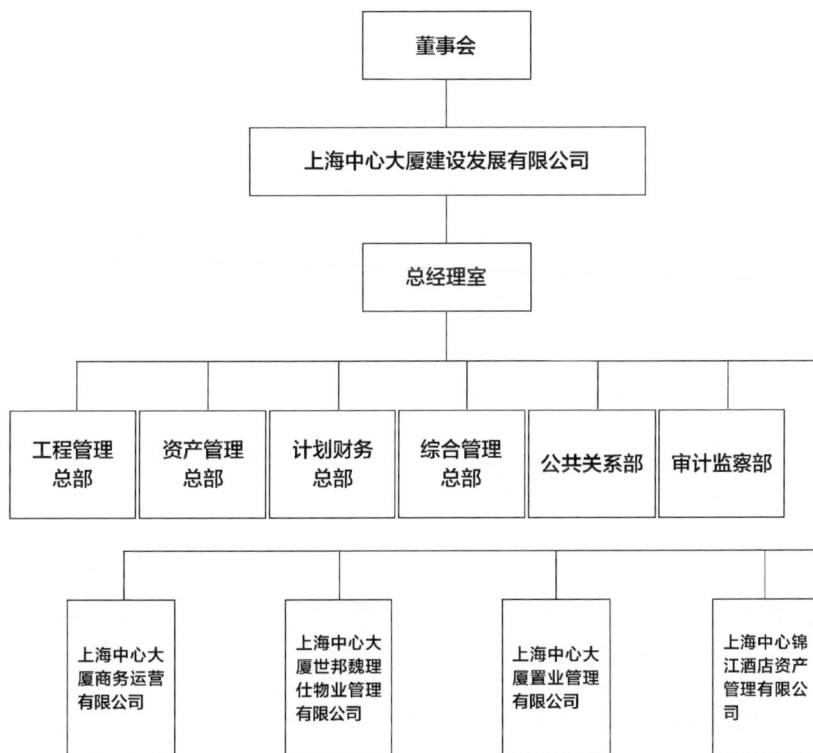

图 3.3 上海中心大厦 2017 年的组织结构图

资料来源：上海中心大厦

杜绝腐败和浪费的管理流程

顾建平认为,杜绝腐败、减少浪费最好的措施不是说教,而是用管理流程约束。因此,在这个项目开工之前,他们不仅制定了相关制度,还设计了与制度相匹配的 37 个业务流程。比如,他们的采购曾设 3 个副总经理来把关。

上海中心 3 台最快电梯(上行速度 18 米/秒,普通电梯上行速度是 2 米/秒)的采购成本,就是因为有相应管控流程而减少了 1/3。那 3 台电梯上行速度每秒 18 米的参数,最初是由设计部门提出的,而当方案提交给采购部后,采购部依照流程做了 2 件事:第一,到市场上去调查:设计部所提出的相关技术参数是不是为某一家供应商定制的。如果是为一家定制的,那么围绕电梯的招标就无法开展,因为其他供应商无法参与竞争,导致的结果就是成本无法控制;第二,去询价,预估投资是否会超预算。

当采购部走完上述 2 个流程后得知,全世界范围内能做这种电梯的供应商也就 2 家,且询价 1 亿多元。上海中心总共要采购 149 台电梯,预算 7 亿元,如果按照这个价格采购,那这 3 台电梯的投资就要占到总预算的 1/7。显然,这是不能接受的。

于是,流程又转回到设计部门,设计部门被要求给出足够理由,来支持 18 米/秒这个速度的参数。最终,经过充分讨论,他们发现上行速度定在 15 米/秒也可以满足要求。而当这个指标降低后,能生产这种电梯的供应商扩大到了 8 家,分布在美国、德国和日本。因为多家参与竞争,报价被降低了 1/3。最终中标的是一家日本供应商,他们承诺可以用针对 15 米/秒参数的价格提供 18 米/秒的产品。于是,上海中心最终采购来的仍然是上行速度 18 米/秒的电梯。

建设工程项目一般投资大,建设周期长,不确定因素较多。施工合同不可能对未来整个施工周期内可能发生的情况都作出预见和约定,施工图预算也不可能对整个施工期发生的费用都作出详尽预测。为了保证施工顺利进行,项目管理方和工程承包方一般通过签署工程签证①来计量因不确定性而发生的额外工作量。工程承包方凭工程签证从项目管理方领取额外报酬。

由于管理不善,工程签证在有的国内企业里都是浪费的漏洞所在。很多项目管理企业在施工过程中对这些签证没有严格管理,企业中随便一个职位的人,甚至是现场项目工程师都有权在这个签证上签字,以至于项目结算时,项目管理方面会出现一叠说不清楚的签证。

为了杜绝这个漏洞,顾建平在项目启动时就设计了一个很长的流程去管控其工程指令单,也就是工程签证。工程要发生变更,必须在指令单上填清楚:是谁发起的变更,是业主的功能更改还是设计师的问题,或者是施工的问题,或者是供应商的问题。对于这些问题的确认,不仅要通过图纸审核,投资监理也要签字。投资监理还要明确变更涉及的资金以及资金应该由谁来出。这个指令单最终是要流转到总经理顾建平手里的,只有顾建平签了字,单子才有效。

顾建平说:"我们所设计的这些管控流程,看起来很长很繁琐,但恰恰是这些流程让我们减少了很多浪费。我们八九年前大厦开工前制定的预算之所以到现在还能基本持平,就是靠这些流程的保驾护航,尽管在这期间各种资源物价都在大幅上涨。"

借助软件实现精益创新

这样一个具有精益思想的团队,当遇到 BIM(Building Information

---

① 工程签证是指工程承发包双方在施工过程中按合同约定或施工惯例,对支付各种费用、设计变更、顺延工期、造价调整、赔偿损失等所达成的双方意思表示一致的补充协议。

Model,建筑信息模型)软件时,自然碰撞出了一系列精益创新实例。

按照美国国家 BIM 标准(NBIMS)对 BIM 的定义,BIM 由 3 部分内容组成:第一,BIM 是一个设施(建设项目)物理和功能特性的数字表达;第二,BIM 是一个共享的知识资源,是一个分享有关设施信息、为该设施从概念到拆除的全生命周期中的所有决策提供可靠依据的过程;第三,在项目的不同阶段,不同利益相关方通过在 BIM 中插入、提取、更新和修改信息,以支持和反映其各自职责的协同作业。[①]

BIM 的概念早在 1975 年就被提出。2002 年,美国 Autodesk 公司针对建筑设计行业率先推出 BIM 软件,将建筑设计从二维作图提升到三维建模阶段。自此,BIM 软件在美国逐步成为建筑设计的主要工具之一。在中国,在上海中心应用之前,BIM 在香港有过一些成功应用,而在内地的大部分开发商对 BIM 概念非常生疏。

发展碰壁引入 BIM

上海中心之所以与 BIM 结缘,是因为 2008 年他们在试装外幕墙时遇到了麻烦。当时设计的外幕墙,14 万平方米的面积需要拼装 20 357 块不一样的玻璃幕墙。这种极端个性化的产品,不仅生产成本极高,设计画图也是一个浩大的工程。当时,设计师们按照 1∶1 的比例做了一个 3 层楼高的模型进行外幕墙试装,结果,由于设计图和施工图的误差叠加,试装到最后,玻璃板块是用脚踹进去的。试装不成功让他们意识到了问题的严重性。

就在这个问题悬而未决时,葛清向顾建平推荐了 BIM。顾建平在调研了包括失败案例在内的 BIM 相关信息后,力排众议决定引入

---

① 凡智伟业.BIM 概念与历史[EB/OL](2016‐09‐18)[2017‐05‐10].http://sanwen.net/a/xdqkcoo.html.

BIM。"失败企业之所以应用 BIM 失败，是因为他们不是把最原始的设计数据输入系统中，而是找一批数字录入员把施工图信息输入系统中。施工图本身就有问题，再加上非专业人士输入数据时出现偏差，到最后就是一个完全不对的模型了。如果能在设计之初就进入系统，那么系统还是能提供很强的纠错和协同能力的。"顾建平给出了自己的判断理由。

而上海中心项目应用 BIM 有一个先天优势。其外观设计方案提供商，美国 Gensler 公司，是利用 BIM 系统做的设计方案。因此，如果上海中心项目决定引入 BIM 系统，Gensler 可以把模型数据直接导入上海中心的 BIM 系统中。这些模型数据将成为上海中心后续设计的优质源头数据。

后来的事实是，借助 BIM 系统他们优化了外幕墙技术方案，将玻璃设计成平的，而且也不需要将每块都设计成不一样的规格，玻璃品种被降到 100 多种，由此，玻璃的生产成本大大降低。同时，他们将固定玻璃的铝合金框设计成异形的以适应旋转曲面变化。而铝合金框的加工，则由计算机辅助制造技术完成：在 BIM 三维建模后，铝合金框的三维数据被输送给数控机床加工出来。"铝合金异形加工技术已经很成熟，成本也不高"，顾建平说。由于外幕墙设计、预加工在 BIM 里已被精确到毫米量级，因此，实际拼装时，都是整块安装，不会像传统设计时那样到最后几块由于误差而产生的安装困难。不仅如此，外幕墙使用 BIM 设计后，制图效率也提高了 200％，处理图纸转换效率提高了 50％。

由 BIM 产生的创新

决定引入 BIM 时，顾建平就想到了上海中心在商务上的优势。此前，BIM 在中国内地建筑行业不为人知，但是中国内地建筑行业的庞大市场规模却对 Autodesk 公司充满了吸引力,如果上海中心要做成一个 BIM 应用的成功案例,那么对 BIM 进军内地市场将起到极大的示范和助推作用。因此,在跟 Autodesk 公司进行商务谈判时,他将自己的这个想法直接告诉了对方,并以此让对方提供免费的 BIM 系统咨询和软件服务。最终双方签订了一份零元合同,由此,上海中心节省了千万元的相关投资。

尽管是免费得来的技术,但上海中心团队却很尊重它。引入 BIM 之初,他们就确立了自己(建设单位)主导、参建单位共同参与的基于 BIM 平台的精益化管理模式。

上海中心的项目,工程参建单位众多,项目统筹协调阻力大,因此,当确定引入 BIM 后,就在招标文件中对钢结构、机电、幕墙、室内装饰、电梯和擦窗机等设备业务增加了应用 BIM 的详细技术要求,而且制定了不达标就出局的硬性规定,以在 BIM 平台上实现全员参与、专业分工,明确各参与方职责,实现多方协同合作。

在 BIM 平台之上,上海中心团队牵头成立了 BIM 工作小组,相关外包合作伙伴都参与其中,作为系统之上的管理协调。整个项目进程由 BIM 系统流程主导,Gensler 设计的外观模型在系统中被分成若干模块,交由各个分系统去进行扩初(扩大初步设计)和深化设计,然后再定期返回主系统进行碰撞干涉检查[①],发现问题,进行沟通,再回分系统解决问题,再回主系统……经过这样一个个螺旋上升的循环过程,整个项目被不断向前推进。

在这样的推进下,上海中心解决了之前很多按常规设计手段无法解决的问题。比如,对于异型建筑复杂结构中的杆件穿插定位问题,借

---

① 碰撞干涉检查是为了发现项目中各组成部分之间的冲突。

助二维设计是无法准确定位的，但BIM三维管线建模就能快速查找模型中的所有碰撞点，从而较好地解决以往无法避免的错、漏、碰、撞等问题。根据葛清的介绍，他们运用BIM技术提前发现并解决的碰撞点数超过10万个，按单个碰撞点平均返工费用1 000元左右计算，保守估计可节约建设费用至少超过1亿元。

借助BIM，上海中心团队不仅解决了设计阶段的疑难问题，也实现了对制造和施工的精细化管理。

在制造阶段，通过设计获得了正确、完整的模型后，系统会将模型转换为预制加工设计图纸，指导工厂生产加工，减少现场加工的工作量。同时，利用BIM模型进行工作面划分，再通过BIM的材料统计功能，对单个工作区域的材料进行归类统计，据此，材料供应商就可以将材料准确地送到配送中心，从而大幅减少了材料发放审核管理工作，有效地控制了材料领用误差，减少了不必要的人员与材料运输成本。

在施工阶段，利用BIM模型进行深化设计、预拼装，可以直接展现各专业的安装顺序、施工方案以及完成后的最终效果。由此可以减少60%的现场制作工作量，减少90%的焊接、粘胶等危险和有毒有害作业，实现70%的管道制作预制率。受益于此，不仅外幕墙安装一次性无损耗完成，重达数万吨的钢结构也不需要返工。

此外，上海中心团队还利用BIM实现了监理的透明化。在上海中心项目的监理过程中，监理探索用一个扫描设备对所检查的地方进行三维扫描，然后把所得的三维数据跟BIM模型进行比对，这样一来，是否有问题就一目了然了。

衍生于BIM的未来模式

BIM系统中沉淀下来的设计和施工数据，在上海中心团队看来，就是一个巨大的金矿。首先这些数据可以进入他们的物业管理系统，成为他们实现精益化物业管理的基础。实际上，他们正在建设一个围绕上海中心大厦的运行维护管理平台，物业管理系统是其中一个分支，此外还有弱电管理系统、能源集中管理系统等。BIM 系统的数据，也构成了这些系统实现精益化管理的基础。

对于精益化管理，上海中心还在探索人工智能模式，以期实现大厦中所有设备的自我检测、自我修复等。

2016 年那场引起全球轰动的谷歌机器人 AlphaGo 与围棋世界冠军李世石对垒并最终取胜的事件，也让顾建平受到了启发，"机器人是靠输入大量棋谱进行自我学习后实现了智能决策和智能行为，而我们做建筑工程管理也有大量有规律的、能沉淀下来的信息和数据。它们应该也可以支撑起我们未来大楼的人工智能管理模式。"

当把思路锁定在借助人工智能实现精益化管理的方向上后，顾建平又面临着一个前无古人的创新之旅。在他看来，这种创新也是让上海中心大厦一直保持鲜活生命力的主要途径之一。然而，从哪里寻找这种创新的突破口呢？他还在苦苦探索中。

点评 3.1

上海中心：当高度不再成为目标
——数字经济时代的新选择

陆玙璨

中欧国际工商学院院长办公室经理

我们正处在一个无处不终端、处处皆计算、数据驱动发展、软件定义一切的新时代。从 20 年前的一纸梦想，到如今矗立在陆家嘴的上海地标、亚洲之巅，关于上海中心的故事娓娓道来，恰是这个时代最生动的注脚之一。

这是一个关乎科技进步的故事。在案例中，我们看到了拥抱精益思想的筹建团队如何在设计、制造、施工的过程中，借助 BIM 系统（建筑信息模型系统）的力量，不断优化技术方案，加强流程监管，推进协同作业，真正实现了以科技创新促管理创新、以管理创新促生产效率的跨越。

此前，我们面对的是一个相当传统、相对滞后的建筑业。根据麦肯锡 2017 年出炉的报告，自 20 世纪 90 年代以来，全球建筑业对研发和信息技术的投入远低于制造业的其他领域，实际生产效率持下降趋势。而中国建筑业信息化的水平，或不足国际平均水平的十分之一。上海中心项目是 BIM 系统的大陆首秀。在这个"超级工程"的设计和建造过程中，BIM 系统大显身手，展现出强大的纠错和协同能力，使得流程标准化、管理精细化、监理透明化成为可能，从而极大地提高了资金、人力和时间效率，让"小团队"在"短时间"内建成了亚洲最高的"大工程"。

基于其示范效应,自 2017 年 10 月起,上海市特定规模以上的政府建设财力投资工程项目将全部应用 BIM 技术。日前,在住建部印发的《建筑业发展"十三五"规划中》,也明确了将"加大信息化推广力度,增加应用 BIM 技术的新开工项目数量"作为建筑业的技术进步目标。

这是一个关乎时代发展的故事。BIM 系统,是一个覆盖项目计划、设计、施工、运营维护全过程的信息化集成平台,从本质上来说,是土建类项目全生命周期管理的信息化。在上海中心这个超级工程中,数字化的知识和信息作为关键生产要素,应用于传统的建筑业中,实现了生产方式的转变和生产效率的极大提高,这正是数字经济时代的典型特征。从这个意义上来说,这个案例的意义,超出了建筑业本身,也超出了信息化技术本身,而是关乎我们身处的新时代。

在这个"数据驱动发展"的新时代里,唯有拥抱趋势,调整思路,借力科技,加速数字化转型,方能乘势而上,有所作为。在这个案例中,上海中心的设计师们已经敏锐地洞察到了数据的价值。上海中心的项目历时十载,逾 500 家企业参与协作,共同建设者逾 10 000 人。在这一过程中,BIM 系统中积累沉淀了海量的设计和施工数据,恰是一个巨大的金矿。一方面,这些数据将继续被保留并输送至运营维护阶段,成为上海中心实现精益化物业管理的基础。另一方面,随着 BIM 系统在全国范围内的推广和使用,可期在不远的将来,众多大型工程、超级工程将产生并沉淀大量的数据金矿,这些单体的金矿相互连接,将真正形成一个相互连接的大数据矿山,不仅有助于提升建筑业的生产效率,还有望成为建筑业及其相关产业的新的增长点。

当我们把目光从建筑业放到全世界、全行业,不仅"数字经济时代"已全面来临,"智能时代"的未来也已到来。新一轮的科技革命和产业变革正酝酿着新一轮的工业革命,工业生产正从 3.0 时代(电子信息时代)迈向 4.0 时代(智能制造时代)。在这个新时代中，万物皆可联网，计算无所不在，智慧城市的模型已然初现。设计者们将上海中心定位为一座矗立在外滩的"垂直城市"，这样一个面向未来的标杆性综合体，一定是可感知的、可计算的、联通的、智能的。对于大厦本身来说，利用前期沉淀和运维过程中不断产生的数据，进行实时监测、实时计算、自动修复、动态调整，在减少人力投入的情况下保障大厦的精细化运营，提升入驻者和参观者的体验，将是下一阶段面临的重大课题。对于陆家嘴金融城乃至上海来说，上海中心大厦又将扮演城市中心的一个巨型智能终端，与整个智慧城市的网络联接融合，发挥更大的作用。在这一过程中，科技，尤其是人工智能的核心技术，将继续作为核心引擎，凭借互联网、物联网的平台，促进生产力的提高，带来不可估量的经济效益。

这是一个关乎人心取舍的故事。"信息革命"带我们步入了一个全新的数字经济时代，许多从前的"不可能"已一一实现。在下一轮的"智能革命"中，更多的技术瓶颈将会被突破，人类的劳动力也将得到极大的解放，甚至，智能机器将部分替代人类的大脑。伴随着对物质极大丰富、经济极大繁荣的期待，担心和焦虑接踵而来：一方面，科技进步是否会成为人类贪婪膨胀和无休止索取之路的绿灯？另一方面，人类是否真的面临着"软件定义一切，机器控制未来"？

毋庸置疑，科技进步和机器智能对人类社会的冲击，将是巨大的，巨大到我们难以预测和估量。这时，不妨让我们再回过头来，读一读上海中心的故事。

"我们不是最高的建筑，我们是最高的绿色建筑，"上海中心总经理顾建平如是说。

现有的技术水平和物质支持，足以让上海这个全球金融中心，拥有全球第一高度。然而,团队从区域的协调出发,从环保的理念出发,在设计伊始便一致放弃了"全球最高"的目标,而是致力于在建筑森林里,打造一个最节能、最绿色、最人文、最宜居的诗意的栖息空间。双层柔性幕墙结构,充分利用自然光照,降低了内外直接冷热交换的能耗,在保证安全的前提下,每年减少碳排放 25 000 吨,实现了 43％的综合节水率和 21％的综合节能率。这是一座超 5A 级高层办公楼,更是一座垂直的文化艺术中心。在这寸土寸金的空间中,设计者们大手笔地辟出了中式园林半亩园和西式庭院广场,将宝库艺术中心和观复博物馆请进了最核心的区域。城市雕塑、艺术藏品、珐琅厅、瓷器馆,这些凝固的人文艺术与钢筋水泥奇妙地嵌合在一起,形成了一个真正的文化社区。这种设计者的格局和气度,远不是一个以经济效益为目标的算法,或是一个以物理传感为终端的人工智能系统,可以比拟的。这种设计理念,也得到了业界的认可,获得了国家住建部颁发的"三星级绿色建筑设计标识证书"和美国绿色建筑委员会颁发的"LEED(能源环境设计先锋奖)铂金级认证"。

在这个新时代里,当最高、最快、经济效益最大化均成为通过技术手段可达的目标,我们面临取舍。有所为,有所不为,这是人类心中的道德律和对理想未来的期许,这是唯有人心可以做出的选择。

点评 3.2

志存高远的抉择

——上海中心：应用 BIM 软件系统建楼，应用智慧楼宇理念管理

邵其瑞

中欧 MBA17 级学员　鹏瑞地产投资发展中心总经理助理

导语：

常言道："站得高，才能看得远。"中欧案例《上海中心：科技助推精益创新》却以一个崭新的视角告诉身处数字经济年代的人们，志存高远者，有可能将"高"与"远"协同到极致的境界，创造从不可能到可能的奇迹，如上海中心的顾建平总经理及其团队。他们多少次摘取全球摩天高楼评奖的桂冠，皆因他们多少次极富远见的战略抉择。

1. 应用 BIM 软件系统建楼，领跑建筑行业的建筑设计、施工建设

BIM 以建筑工程项目的各项相关信息数据作为基础，建立起三维的建筑模型，通过数字信息仿真模拟建筑物所具有的真实信息，可以达到校核设计、安排生产、指导施工等多用途。

上海中心作为全国的标志性创新建筑体，率先采用了基于 BIM 系统，以建设单位为主导，参建单位共同参与的精细管理模式，其使用阶段、使用程度均达到世界领先水平：

介入时间早。上海中心在扩初设计阶段即引入了 BIM 技术，将其和扩初设计、施工图设计同步推进。相对于其他项目等施工图完成后

再引入 BIM,它提前了两个设计周期,真正实现了边设计边校核。这样虽然会延长一定的设计周期,但是因为减少了单独的校核周期和施工调整周期,整体工期仍然缩短了不少。

介入程度深。相对于国内甚至是全球的同体量超高层建筑,上海中心不仅使用了 BIM 系统基础的土建、机电、钢结构模块,还扩展到了幕墙、绿色可持续发展等模块。甚至在各个模块单项上进行了更深度的应用,如钢结构模块的 Tekla,整体设计完成后即自动生成加工图,交付工厂安排生产,做到了设计、校核、生产、施工统一标准、一次成型。

介入周期长。上海中心的另外一个创举是将设计阶段的所有模型都运用到了施工阶段的监控。为了保证精准性,管理团队在施工期将三维激光扫描技术和 BIM 技术结合,把现场每个阶段性场景扫描导入系统和模型进行对比,快速而且精准地查找出施工误差,并指导后期校正。这项技术的运用,把节点的误差控制到了毫米级。

2. 应用智慧楼宇数字化模型,领跑楼宇行业的精益管理

上海中心对 BIM 的应用不仅仅体现在了设计及施工阶段,更具有挑战性和前瞻性的是应用在了运维阶段。这样的全周期应用案例在国际上也仅有少数几个,顾建平总经理的团队在没有现成经验可借鉴的情况下,边探索边应用边调整,把 BIM 拓展到了空间管理、资产管理、BAS 监控、危险源监控和灾害预警应急处理领域,做到了信息的无损失即时交互,为后期的运维团队的卓越服务提供了坚实的技术基础。

3. 科技创新的推广

2003 年美国总务署(GSA)推出 3D - 4D - BIM 计划,要求自 2007 年起,所有招标级项目都要使用 BIM。2011 年 5 月,英国内阁办公室发布了"政府建设战略"(Government Construction Strategy),要求最迟 2016 年完成全面协同 BIM。

　　尽管中国的经济现状在一定程度上限制了BIM技术的推广，我国住建部自2010年起仍将BIM技术作为建筑业10项新技术开始进行推广，上海住建委进一步要求国资投资的项目必须使用BIM系统，并对满足要求的项目最高补贴500万元。这一系列的措施加快了BIM在国内的应用，显著提高了建筑的精细化管理水平。

　　上海中心对于BIM的深度应用，不仅仅是体现在了自身的应用方面，还体现在了经验总结和推广方面。顾建平团队自2011年即着手编制《上海中心BIM实施标准》，并在实际应用中不断调整和完善，最后形成了一份完整的行业性标准，为其他项目提供了宝贵的经验。其后的平安中心、广州东塔等复杂综合体建筑都广泛采用了BIM系统，不断丰富了国内建设方的应用经验。

　　参与这些项目的建设公司都成立了各自的BIM小组，如上海中心的同济院、上海建工集团、远大幕墙、宝钢钢构，平安中心的CCDI，培养出了一大批专业人才，为在更多项目中的技术推广提供了强有力的支持。

结语：

　　今天无数的企业家都有志于在市场搏击中，获取更多的丰沛资源，赢得更大的商业成功，但上海中心这个案例给人们的启示是：先行一步，必须苦下功夫。企业领导团队要志存高远。看得远，才能行得远。建议读者在看了本案例之后，收看央视制作的展现中国重大工程项目的大型纪录片《超级工程》第一季第二集。

4 拍拍贷：奔跑在数字金融领域

拍拍贷是国内首家 P2P(peer to peer，个人对个人借贷)纯信用无担保网络借贷平台，具有 8 年历史。与国内其他 P2P 平台相比，拍拍贷有三大特点：第一，让投资人和借款人在线交易，平台不介入交易，不为投资人提供担保，只是提供信息匹配、工具支持等服务，赚取交易佣金；第二，定位于个人小额消费信贷市场，目标借款人是互联网用户中相对低端的个人，他们中 90％没有信用卡，而对于投资者，他们则提倡小额分散投资的理念以降低投资风险；第三，单笔交易规模小，平台上 80.2％的单笔借款金额小于 5 000 元。因此，直到 2015 年 6 月底，平台的半年成交额才突破 13 亿元。不过，发展到 2017 年第一季度，平台的累积成交量已达 105.48 亿元，环比增长 40.32％，远超过行业 3.61％的环比增速，公司处于盈利状态。

拥有这样的发展局面，2017 年时的拍拍贷 CEO 张俊，已经没有了 2015 年时的担忧，那时他曾害怕阿里、腾讯之类的互联网巨头会在 P2P 行业对拍拍贷构成威胁。而经过这两年的发展，看到了陆续进来的巨头们的作为后，他意识到："我们这个业务还是有很大门槛的。巨头们只能做信用卡用户人群，只有我们敢来者不拒，向各种人群提供借贷服务，因为我们的风控模型已经越来越精准，而这个模型是 10 年积

本案例由中欧国际工商学院朱晓明教授、案例研究员朱琼、研究员倪英子与研究助理黄成彦共同撰写。在写作过程中得到了上海拍拍贷金融信息服务有限公司的协作与支持。

累的结果。时间这个门槛任谁也无法跨越。"

不过，排除了这方面的担忧后，张俊又发现了新的挑战："我们业务发展很快，公司规模也在增大，我们这些高管，特别是创始人团队，包括我自己，如果不能跟上公司的发展节奏，就会变成最大的瓶颈。"

商业模式的形成

拍拍贷创建于 2007 年 6 月，全称为"上海拍拍贷金融信息服务有限公司"，总部位于上海，是 P2P 网络借贷行业第一家拿到金融信息服务资质的公司。发展到 2017 年 3 月底，拍拍贷员工人数从创业时的 4 人扩大到 4 000 人，业务覆盖全国 99％的县市，服务用户近 3 996.82 万人。

拍拍贷这种定位于个人小额消费信贷市场、基于互联网的纯信用无担保借贷平台模式，并不是其创立之初就确立的，而是在其多年发展试错过程中，伴随着中国 P2P 行业的发展不断迭代演进而来。

中国的 P2P 行业

像不少其他互联网模式一样，中国的 P2P 也是舶来品。P2P 的鼻祖是英国的 Zopa，它创立于 2005 年 3 月，提供社区内个人对个人的贷款服务。在它之后，2006 年 2 月，美国的 Prosper 创立，它借助美国发达的信用体系提供当天验证当天借款的 P2P 服务。Prosper 和 Zopa，都是依靠收取用户服务费获利，借贷双方都需要支付一定的费用。2007 年 5 月，美国另一家 P2P 平台 Lending Club 上线,它利用 Facebook 和其他社区网络将出借人和借款人聚合,并对借款人在贷款交易前进行信用认证和 A～G 分级,据此对借款人规定不同的固定利率。它的平均贷款额为 5 500 美元,最低为 1 000 美元,最高为 2.5 万美元。

中国的 P2P 行业随着宜信等平台的创立于 2006 年进入起始元年。当时小微企业借贷所暴露出的痛点为早期的 P2P 提供了市场机会。张俊说他们当时就是冲着以下三大痛点而创业的:

第一,高利率。民间借贷的高利率导致小微企业的融资成本奇高,小微企业生存发展受到制约。

第二,民间借贷的透明性令人诟病。信息不对称、不透明,不仅导致高收费、高利率,还使不良贷款率居高不下。

第三,银行贷款门槛很高,小微企业基本没有贷款可能。

尽管 P2P 的市场需求已经出现,但当时的 P2P 平台企业并没有得到监管政策的支持,"近乎一个'黑户',说不定什么时候就被政府取缔了"。因此,从 2007 年到 2012 年,P2P 在中国市场的发展缓慢。2012 年温州金融改革试验区的设立,成为市场的破冰信号。2013 年,余额宝上线,随之,互联网金融概念热了起来,阿里巴巴、腾讯、百度等互联网巨头开始在银行、证券等金融领域竞相跑马圈地。P2P 网贷也借此开始爆发(见图 4.1),很多具有民间线下放贷经验的人开始搭建 P2P 网上平台。从 2012 年到 2014 年,网贷平台从之前的 148 家迅速增加到 1 575 家,与此同时,风险投资者也闻风而来,仅 2014 年,就有超过 30 家 P2P 平台获得风险投资,金额大多在数千万元级别,也有上亿元级别。

活跃在中国 P2P 行业的企业,除了宜信、拍拍贷外,还有红岭创投、陆金所等(见表 4.1)。有业内人士将这些企业归并为如下四类[1]:

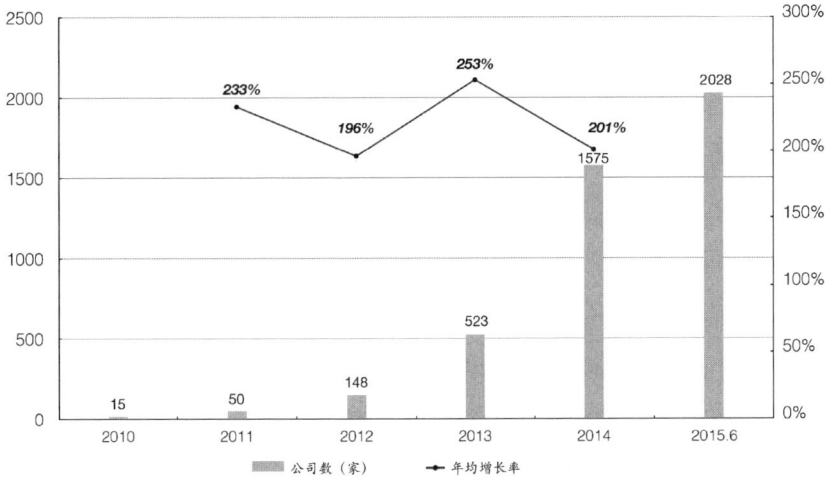

图 4.1 2010—2015 年 6 月 P2P 公司数量增长表

资料来源：网贷之家

表 4.1 P2P 行业典型企业

公司	成立时间	目标用户	用户数	累计交易资金	特 点
宜信	2006 年 5 月	个人、小企业			债权转让模式；利用信贷机器人辅助人工审核
拍拍贷	2007 年 6 月	个人	超过 700 万人（2015 年 6 月）	34 亿元（2015 年 6 月）	无担保、纯线上审核和交易
红岭创投	2009 年 3 月	个人、小企业	57 万人（2015 年 7 月）	600 亿元（2015 年 7 月）	线下审核；自有资金垫付
人人贷	2010 年 5 月	个人	超过 200 万人（2015 年 8 月）	90 亿元（2015 年 8 月）	线上开发投资者；线下开发信贷者
陆金所	2011 年 9 月成立，2012 年 3 月上线	个人、小企业	突破 1 200 万人（2015 年 6 月底）	8 015 亿元（2015 年 6 月底）	第三方担保；近期逐渐去担保
宜信宜人贷	2012 年 12 月	个人	突破 600 万人（2015 年 8 月）	突破 80 亿元（出借端）	"极速模式"：用户无需提交财产证明和信用报告，只需提供信用卡账单接受邮箱、电商网站和手机运营商信息

（续表）

公司	成立时间	目标用户	用户数	累计交易资金	特　点
有利网	2013 年 2 月	个人、小企业	近 300 万人（2015 年 3 月）	80 亿元（2015 年 3 月）	线下与小额贷款公司一起设计产品，线上寻找客户
积木盒子	2013 年 8 月	小企业	5 万人（2015 年 4 月）	75 亿元（2015 年 7 月）	商圈贷；线下审核

资料来源：Wind 数据库

第一，债权担保模式：即投资者和借贷者的需求是错位的，典型代表企业是宜信，它承担类似资产管理功能，在债权和债务之间进行打包转让，自身既是投资者的债务人，也是借贷者的债权人，错位的同时形成了资金池。

第二，项目批发模式：陆金所，利用平安集团的金融产品优势，广泛对接银行、信托、保险和具体项目信贷，用项目对接的方式把投资者的资金匹配到具体的产品中。

第三，线上运营模式：拍拍贷，主要利用互联网开展投融资，并结合数据征信开展信用贷款。

第四，线下信用嫁接模式：人人贷、积木盒子等，利用线下审核为线上融资开展征信服务。

2014 年起，传统银行也陆续进入这个领域，形成了这个行业的又一类参与者。比如招商银行推出的小企业 E 家，国家开发银行参与投资设立的开鑫贷和金开贷，民生银行旗下民生电商推出的民生易贷等。

截至 2015 年 6 月，百度、腾讯、阿里巴巴以及京东都没有直接设立 P2P 平台，而是与 P2P 平台展开合作。比如，阿里巴巴旗下的蚂蚁金服与恒生电子、中投保共同成立合资公司，并由后者推出 P2P 平台"网金社"；蚂蚁金服的芝麻信用又与银湖网、玖富等 P2P 平台进行战略合作；而腾讯则与信而富合作推出"现金贷"。不过，业内人士判断，一旦行业监管政策明朗，这些巨头直接设立 P2P 平台将是大势所趋。京东高管就曾公开表态："京东未来一定会做 P2P 业务。"[2]不仅如此，阿里巴巴早在 2011 年就推出了小额贷款业务，2015 年 6 月，蚂蚁金服旗下的浙江网商银行正式开业，主营小微企业贷款业务——网商贷。

尽管自 2014 年 1 月起相关部门就释放出了监管信息，但截至 2014 年底，对中国 P2P 行业的监管几乎是一片空白。在这个原生态发展阶段，随着 P2P 平台数量激增，跑路、诈骗平台也被不断爆出，2014 年出问题的平台达 275 家，而发展到 2016 年末，问题平台则多达 1 855 家，占总平台数的 40%。[3]

不过，这种状态也许不会长久。2015 年 7 月 18 日，央行等十部委联合发布了《关于促进互联网金融健康发展的指导意见》；7 月 31 日，央行又发布了《非银行支付机构网络支付业务管理办法（征求意见稿）》；同时，最高人民法院也发布了《最高人民法院关于审理民间借贷案件适用法律若干问题的规定》。

"这些政策陆续出台后，将促使一些不良目的的平台加速裂变出来，也会导致一些跑路平台或问题平台逐渐显露出来。同时会使大众投资者觉得投资更有保障，因而会让更多的人参与到这个行业。这将有利于整个行业的繁荣发展，"一位 P2P 公司创始人说。[4]

中国个人消费信贷市场

1997 年底，中国消费信贷规模仅为 172 亿元。但 1998 年央行出台消费信贷政策之后，中国个人消费信贷市场开始以年增万亿的速度发展，2007 年消费贷款余额达到 3.2 万亿元，2014 年达到 15.36 万亿元(见图 4.2)。一家咨询机构预计,中国消费信贷规模将继续维持20％以上的复合增长率[5]。驱动这个市场不断增长的,是消费信贷结构和品种的多元化。个人住房抵押贷款、汽车贷款、助学贷款、医疗贷款、旅游贷款、3C 产品消费贷款等,构成了消费信贷的主要内容。

消费信贷余额   (单位: 万亿元人民币)

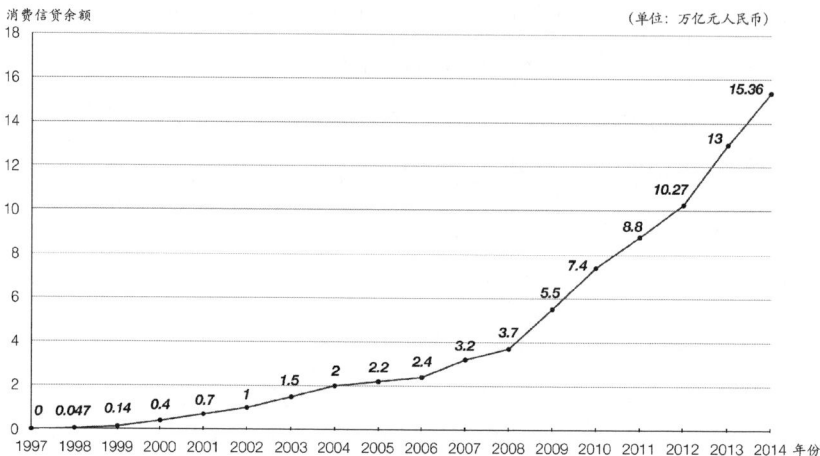

图 4.2 　中国个人消费信贷市场增长曲线

资料来源:中国统计年鉴电子版.

在这个市场的发展过程中,个人无抵押小额信贷市场借款需求从2011 年到 2014 年出现了近 20 倍增长,而与此同时,个人投资需求也累计增长了 15 倍(见图 4.3)。

曾经一度只有银行被监管部门许可针对个人消费信贷市场提供产品和服务,因此,各家银行都推出了信用卡、住房贷款、购车贷款等产品。1999 年银行占据了这个市场 99.2％的份额,2005 年,它们仍然占据 70％的份额。2009 年银监会发布《消费金融公司试点管理办法》后,这个市场才开始松动。2010 年,4 家消费金融公司首次出现。不过,这个市场较大范围的放开,还是在 2013 年以后。这一年,银监会将消费

2007—2014 年 P2P 借款增长趋势

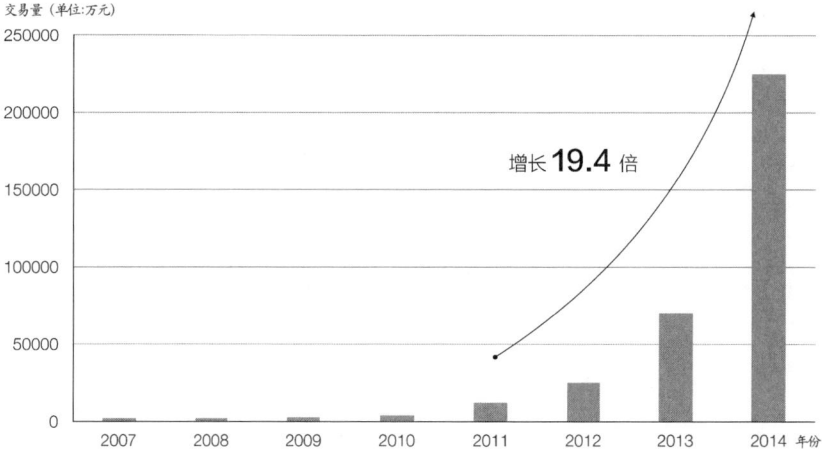

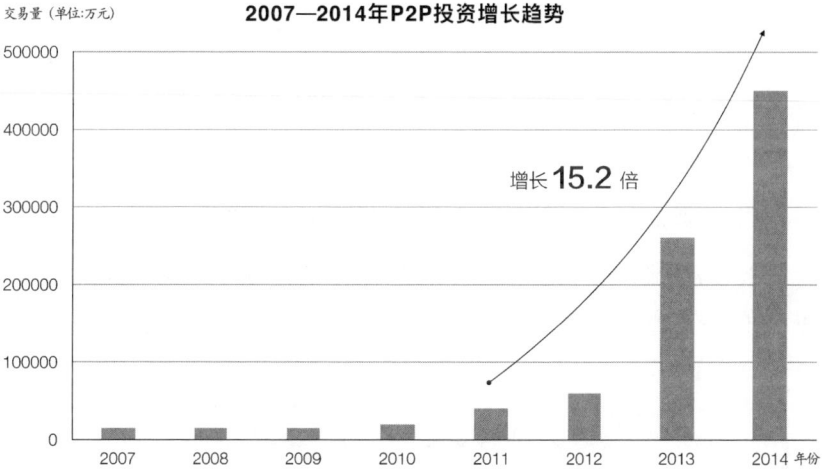

交易量（单位:万元）

增长 **19.4** 倍

资料来源：拍拍贷《2007—2014 年中国 P2P 个人信用借贷市场发展报告》

交易量（单位:万元）

2007—2014年P2P投资增长趋势

增长 **15.2** 倍

图 4.3　P2P 借款和投资需求增长趋势

资料来源：拍拍贷《2007—2014 年中国 P2P 个人信用借贷市场发展报告》

金融公司试点城市扩充为 10 个,并修订完善了《消费金融公司试点管理办法》。于是,一些第三方机构开始进入。2014 年 2 月,京东推出了互联网金融行业第一款信用支付产品——京东白条[①]。2014 年 7 月,天猫推出了"天猫分期"[②]。2015 年 1 月,蚂蚁微贷联合淘宝、天猫共同推出"花呗"[③]服务。由于这个市场的潜力巨大,一些民间小贷公司或互联网金融公司也通过 P2P 的形式直接对接资金与借款人,从而绕开了监管制约。2015 年 6 月,国务院决定将消费金融公司从之前的试点城市扩至全国,于是,这个市场迎来了更多的参与者。

拍拍贷的模式迭代

从中国 P2P 行业的发展态势来看,作为行业先驱者之一的拍拍贷注定是一个孤独的前行者。它们的商业模式,直到 2012 年底才基本确定。

拍拍贷是由四位合伙人联合创建的,这个创业团队除了张俊外,还包括拍拍贷执行总裁胡宏辉、首席战略官顾少丰和首席运营官李铁铮,其中顾少丰跟张俊是上海交通大学上下铺的同学,李铁铮是他们的学弟,胡宏辉则是顾少丰的高中同学。四位创始人都是理工科背景。合伙创业之前,顾少丰创办播客聚合平台,张俊在微软就职,胡宏辉是职业律师,李铁铮则在民生银行总行中小企业部从事风险管理工作。

---

① 消费者在京东购物可申请最高 1.5 万元的个人贷款支付,用户可以选择最长 30 天延期付款或者 3～24 个月分期付款两种不同方式。如果选择前者,用户不需要支付任何利息,而后者则按照每期 0.5％的利率来计算。

② 这是天猫和蚂蚁微贷联合推出的,根据实名用户的消费数据计算"分期购"的额度,用户可以进行"赊购"消费。

③ 消费者在阿里巴巴集团旗下的淘宝网、天猫商城购物下单后,可以选择使用花呗付款,在确认收货后的下下月 10 号再进行还款,期间不计利息。蚂蚁微贷会根据消费者的网购以及支付习惯等综合考虑,开出从 1 000～30 000 元不等的消费贷款额度。还款之后,消费额度会自动恢复。除去从下单到确认收货的时间外,还能最长享受到 41 天无息贷款期。而消费者超过期限未还清"赊账款"的话,则需按每天万分之五的利息来缴纳费用。

熟人借贷是拍拍贷最先尝试的模式，这个模式是受孟加拉国银行家尤努斯（Muhammad Yunus）所创的普惠金融①业务的启发。尤努斯将资金借给一个个穷人小组，这个小组通常由 5 人组成，如果这个小组成员到期不能还款，则整个组都失去了下一期借贷资格，因此，组内成员会互相监督和帮助，不会故意拖欠款项。

按照这个思路创建的拍拍贷，最初不是一个开放注册的网站。新用户需要熟人通过链接推荐才能注册为会员。但这个模式推了几个月却少有人问津，因为人们觉得操作起来太麻烦了。熟人间借贷本来就看重快捷，如果借贷还要转至网上注册、充值、提现，那就太偏离原本的习惯了。

拍拍贷之所以设计熟人借贷模式，是想解决资金风险控制问题，希望通过朋友关系链把借出去的钱收回来。当这条路走不通后，他们又想学银行做线下风控审核，于是，他们开放了平台，并把借款人圈定在上海地区，以便他们一家一家去上门审核。但运作一段时间后，他们又发现了问题：第一，成本太高，一个人一天在上海开着车满大街跑，最多也就能见 6 个客户。因此，服务 60 个借款人就需要 10 个人在外整天跑。如果借款人数量增多甚至跨区域，那就需要组建一支庞大的地面审核团队，而培养和维护这支团队也需要很大投入。第二，这种面审要求审核人员具有大量相关经验，而这不是这个创业团队所擅长的。

第二次试错后，这个创业团队坚决地将业务搬到了线上。他们要利用互联网的手段对借款人做征信，做信用评估，并据此设计有针对性的风控措施，同时对欠款制定惩罚措施。那时，已经到了 2008 年下半

---

① 普惠金融是指立足机会平等要求和商业可持续原则，通过加大政策引导扶持，加强金融体系建设，健全金融基础设施，以可负担的成本为有金融服务需求的社会各阶层和群体提供适当的、有效的金融服务，并确定农民、小微企业、城镇低收入人群和残疾人、老年人等其他特殊群体为普惠金融服务对象。

年。此前的一年多,被张俊称为拍拍贷发展的第一阶段。

张俊是在 2009 年初从微软辞职全身心投入拍拍贷创业的。彼时,这家公司正游走于崩溃的边缘,4 位合伙人凑的 200 万元创业基金已经消耗殆尽,十几位公司员工只剩下了 5 人。之所以遭遇这样的窘境,一个主要原因就是,这家创业公司一直没有找到收入来源,他们按照互联网的免费精神,为借款人和投资人免费撮合。当时平台有 10 万注册用户,月交易量在 30 万元左右。

没有收入,但要往下走,还需要不断烧钱,到哪里找钱呢?他们为此找过风险投资公司,但后者因看不懂他们的商业模式而拒绝投资。于是,当年 4 月,张俊不得不将免费模式改为收费模式,对在平台上借入资金的用户收取相当于本金 2‰~4‰ 的服务费。好在那时竞争者寥寥,平台业务量在当月下滑了十几万元,几个月后又缓慢回升了。

2009 年到 2012 年,是拍拍贷发展的第二个阶段。经过这个阶段,它们的商业模式基本确立,各种管理控制系统陆续建立起来,用户数据量也初具规模。进入 2013 年,P2P 市场迅速扩大,拍拍贷的业务也进入了快速成长期,不过,他们的商业模式却迎来了挑战。

那时,同行们几乎都不同程度地采用线上线下相结合的模式开展业务,为了吸引客户,他们大都承诺:"如出现借款人违约,就由平台或第三方担保机构垫付本息。"由此,同行中快速做大者比比皆是。坚持纯线上模式并让用户自己承担可能出现违约损失的拍拍贷尽管用户数也在增长,但交易量却被不少同行甚至是后来者超越。

为此,拍拍贷内部出现了争论:是继续坚持做线上小额贷款呢?还是像同行那样选择线上线下结合的大额交易模式?

张俊不看好线下线上相结合的模式,一方面,线下审核或者做交易不是他们团队的强项,他们没有同行那些熟悉传统信贷或者做过线下小额贷款的资源；更主要的是，他认为，未来大家的行为都要互联网化，所以业务将来一定都是在线上完成的。在线下绕一圈最终可能还要回到线上，但回到线上时，他们在线上基于软件所成就的业务的优势可能就不明显了。

为了说服团队、稳定方向，2013 年，张俊特地写了一篇《不忘初心，方得始终》的文章，告诫团队要抵御诱惑，坚持自己原来的路。

2014 年 1 月起，拍拍贷的客户定位开始锁定个人消费群体。之前，他们的客户定位是银行服务不到的人群，包括个人，也包括小微企业。可是，2013 年经济下行对小微企业的影响，让张俊嗅到了这个群体的高风险，于是，他们不得不将这个群体排除在客户之外。

支撑模式的风控系统

拍拍贷纯线上 P2P 模式之所以能在一波三折中坚持下来，应该归因于他们利用软件打造了一个适合线上控制信贷风险的"魔镜"系统，这个在 2015 年 3 月发布的系统，之所以取名"魔镜"，是因为该系统的核心——大数据风控模型，是拍拍贷历经 8 年，依托 700 万用户、近 40 亿条数据经年累积打磨而成。基于大数据模型，"魔镜"可以预测借款标的的风险概率，并能基于风控评级制定风险定价。

张俊说，拍拍贷已经在"魔镜"系统上投入了 5 000 万元人民币，而且还在不断投入中，"我们的风控模型需要持续不断调整和优化，以及时应对用户规模增长和其他新情况的出现。"在这个模型的打造过程中，拍拍贷的还款逾期率除 2013 年外都在逐年下降（见图 4.4），2015 年上半年逾期率降为 1.7％。

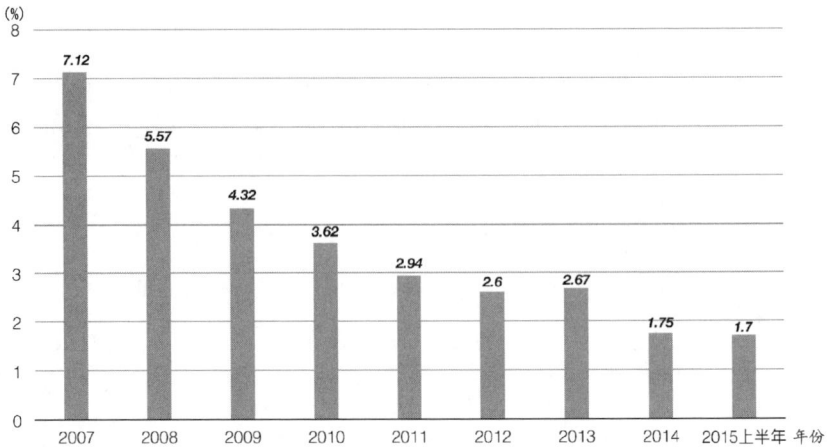

图 4.4 拍拍贷 2007—2015 年上半年逾期率

资料来源：拍拍贷

风控能力

"魔镜"系统分为四大块：第一，反欺诈，就是剔除骗子；第二，信用评分和评级，这里包含为用户建立信用档案，采集数据为用户做信用评分，并据此对用户做信用评级；第三，风险定价，就是针对不同信用等级的人制定不同的信贷价格和借款额度；第四，贷后监控，包括贷后行为预警、逾期信息曝光、催收等。

这套系统首先对用户评定信用等级，依据用户的还款记录、账户认证、上传资料等信息计算用户的信用分，并据此将用户按照信用高低分为 A 到 F 六级，风险依次上升。在这个信用等级的基础上，这套系统还会针对每一笔借款产品确立风险等级。拍拍贷的每一款产品都会被归到从 AAA 到 F 的 10 个等级中的一级。AAA 风险最低，逾期率小于 0.1%。F 风险最高，逾期率大于 10%。风险越低，借款项目的利率就越低。

每个风险级别的具体利率定价是由市场行情倒推而定的。比如，拍拍贷认为10％的投资回报收益在某段时间的市场上有竞争力，那么，他们就倒推每个风险等级的产品应该对应的最低借款利率，再据此倒推不同信用等级的人必须以最低多少利率来借款。定价不仅定利率，还定额度，信用等级高的人，可以获得较高额度的借款。因此，每个借款人在发布借款申请前，就被告知了他的借款额度和最低借款利率。

发展到2015年6月，这套系统已经自动处理了80％的借款业务量。人工介入的，主要是那些信用等级居中的项目，比如C、D、E级。之所以要人工介入，一方面是系统无法判断，另一方面也是为了测试一些不同变量从而修正风控模型。

借助这套系统，2015年上半年，拍拍贷总共处理了143万笔借款申请，相当于平均每分钟处理6笔借款，因此，拍拍贷月发标量逐渐趋于行业成交量前三名平台的总和；上半年审批通过了25万笔借款，同比增长248.6％，这意味着平均每一分钟就能发放1笔借款；上半年还实现了421万笔投资理财，同比增长169.7％，相当于每2.5秒就产生1笔投资。

交易完成后，这套系统还接着进行贷后监控，借款成功的15天内，系统会对用户在互联网上的行为进行监控，如果发现异常，就会向系统和拍拍贷的催收团队发出预警；如果没有异常，系统就在还款日的前5天、3天和1天向用户发短信提醒。如果逾期一天，用户信息就会曝光给借钱给他的投资人；如果逾期30天，用户就会被曝光到网站黑名单中；而他们的催收团队则在逾期4天后就会跟进去催收。

"魔镜"的打磨

"相较于传统金融，互联网金融P2P在风险管理上虽然要面临缺乏央行征信、信用数据有限，以及政策不确定性的挑战，但互联网更大的机遇在于数据、技术及其可拓展性。通过互联网，我们可以接触庞大的用户群，能够收集海量的碎片化数据。这样的数据非常适合运用各类大数据与机器学习软件技术去分析提炼，"拍拍贷高管道出了他们打造"魔镜"的思路。

"魔镜"的大数据模型，目前包含400个数据变量，这些数据来源于拍拍贷近2 000个数据维度，后者来源于互联网、社交关系链、网络黑名单以及其他第三方数据源。之所以要以这样的冗余量来储备数据，张俊说是为了未来更精确地实现风控。

对风控模型的打造，在拍拍贷是一个从定性到定量的过程。"一开始早期进行数据积累时，我们不可能做到定量分析，只有后面随着数据积累多了，有了足够的样本，我们才有定量分析的基础。定量的时候，我们也是从简单的线性模型发展到二叉树模型，再发展到后面具有大数据分析和机器学习功能的神经网络模型，"张俊解释道。

从2009年起，拍拍贷开始有意识地通过互联网搜集借款人尽可能多的信息。拍拍贷对借款人信息的搜集，一方面通过提供一张注册表，让借款人填写相关信息，包括个人基本资料、财力证明和工作信息等；另一方面，就靠拍拍贷在获得客户授权后，主动去互联网上抓取客户其他信息。"那时我们也不知道这些信息跟一个人的信用有多大关系，但我们认为肯定有关系，"张俊谈到了他们最初搜集数据时的心态。

2009年公安部对外开放了数据，随后教育部也开放了数据。这些开放加速了拍拍贷的大数据积累过程。当数据量达到一定程度时，拍拍贷进入了定量分析阶段，比如他们得出结论：社交账号粉丝数在50以上的人的违约率只有粉丝数在50以下的人的1/3；凌晨两点之后上网的借款人的违约率是两点之前借款的两倍多等。他们关于信用和风险的定量分析模型也逐步建立起来。

2014 年，90 后群体借款需求同比增长 768％，拍拍贷的用户量也在同一年呈爆发性增长。大量的用户让拍拍贷的风控模型如鱼得水，"数据模型、风控系统的准确性，建立在巨大的用户量上。用户越多，每个用户借款频次越高，所产生的数据就越多，系统对用户风险的判断也越准确，"拍拍贷风控总监顾鸣说。

2014 年 7 月，这套经过大数据修正的风控系统开始尝试对拍拍贷的产品进行信用评级和风险定价。2015 年 4 月，这套系统全面渗透进拍拍贷风险控制的所有环节。发展到 6 月底，拍拍贷借助这套系统为529 万借款人建立了信用档案。

风控模型的修正和完善在拍拍贷是由一个 10 人团队专门负责的，"这个团队是最忙的，要一直不停地去监控模型系统。"张俊介绍，他们要在不断增加的用户数据中寻找影响风控的显性或潜在迹象，并把相关变量挪到模型中去测试、观察，以优化模型的风控能力。

风控系统的门槛

按照张俊的说法，这套风控系统相对于同行的门槛在于大数据的量以及积累数据所用的时间。"迄今为止没有谁可以像我们这样积累到 60 亿条数据的，也几乎很少有谁愿意花这么长时间积累。"同行之所以不能做到这一点，在于他们跟拍拍贷从一开始就定位不同。

大部分同行或全部或部分选择小（微）企业客户，这群客户不是主要的互联网用户，他们的行为数据不太容易通过互联网的方式获取；而且，很多同行因为依赖线下人工审核，所以用户量也不可能太大，因此，他们宁愿选择借款量大的客户。按照拍拍贷的数据，拍拍贷 1 亿元贷款，可以服务 18 000 人，而这些企业最多只能服务几百人。"基于几百人建立的风控模型与基于上万人建立的模型准确度就完全不一样",张俊说。

不过,拍拍贷的这个模式短期内很难像同行那样赚大钱。积累数据是一个长期的过程,需要耐得住寂寞,更要有坚持活着的本事。好在拍拍贷有风险投资相助,创业 8 年时,已经获得了 3 轮过亿美元的融资。

拍拍贷之所以坚持走这条寂寞之路,除了最初对这个方向的看好,以及后来的风投相助外,还在于他们认定"未来小额消费信贷会拥有比小企业更大的市场,将会有上亿级客户"。因此,他们相信自己这套建立在大数据基础上的风控系统将会更有竞争优势,"我们这里面最难做的就是征信。征信其实是一个机器学习过程,积累的数据越多,征信就越准确。"因此,在张俊看来,尽管他们选择了一条难走的路,但随着他们不断向大用户量的市场推进,随着数据的不断积累,他们每走一步,都是在强化下一步的正确性。

移动端 APP

拍拍贷业务量能在短短一年半内增长四五倍,从一定程度应该归功于拍拍贷移动端 APP。通过 APP 端来的借贷业务,即使是发自于新用户,拍拍贷也能用接近100%的自动化方式去处理。

拍拍贷移动端 APP 分理财端和借入端。拍拍贷于 2014 年底和 2015 年初先后推出了 Android 版和 IOS 版理财端 APP,由于借入端 APP 风险点相对更高,因此,2015 年 7 月才推出了借入端 APP。

负责拍拍贷移动端 APP 产品开发的是拍拍贷首席产品官王玉翔。他加入拍拍贷之前,是百度手机浏览器的产品负责人,具有 14 年无线互联网产品设计管理经验，出品过多个亿级用户移动产品。他到拍拍贷的主要使命，就是实现拍拍贷业务从 PC 端到移动端的迁移。因此，从 2015 年起，他组建了拍拍贷的移动团队，并打造了产品快速迭代的能力。凭借这个能力，在整个 2016 年，拍拍贷移动端 APP 经历了 13 个版本的升级，累积上线了 135 个功能点。

这些新增功能，主要是为了达到 3 个目的。第一，让新用户在注册填写资料时尽量简洁、便捷。用户在移动端 APP 上注册时，经过用户授权，拍拍贷的系统可以获得用户相关授权信息，省去了用户输入信息的麻烦。第二，改善用户提交资料的便捷性，借助人脸识别技术、图像识别技术，让用户可以更方便地提交资料，从而提升用户体验。比如，在 PC 端，需要用户将身份证扫描下来再上传给拍拍贷，但在拥有人脸识别技术的 APP 端，用户只需要对着自己拍张照片或者刷个脸就可以完成身份验证。PC 端输入资料的繁琐，曾是用户转化率不高的原因之一。第三，提高借贷审核通过率。由于通过移动端能更详细地掌握用户信息，因此，可以在产品跟风险之间做准确匹配，从而提高借贷通过率，拍拍贷也因此对用户了解得越多，从而可以向用户推出更合适的产品，用户也因此会逐渐从低频级别变成优质用户。

此外，通过诸如每天签到功能，移动端 APP 还能让拍拍贷与借款人有更多互动，从而获得更多的用户特征信息，同时，也增加了向用户推荐产品的机会。

经过一年的升级，2016 年拍拍贷的平均借款速度比 2015 年提升了 1.03 倍。而 2017 年第一季度的数据则显示，拍拍贷的平均借款速度又环比提升了 2 ~ 3 倍。

2015 年之前，当业务大都集中在 PC 平台上时，虽然拍拍贷可以获得很多结构化和非结构化数据，后者比如身份证信息、房产证信息、音像信息等,但这些非结构化数据,在当时是需要人工审核的。

而业务移动化后,借助技术可以把以前的一些非结构化数据变成结构化数据,比如人脸识别技术可以把身份验证信息数据化,同时,引入深度学习技术后,拍拍贷也在主动将诸如图像、二维码、声音等非结构化数据转化为结构化数据。于是,从 2016 年开始,拍拍贷用户审核工作,至少 90% 都可以用自动化方式处理。审核时间从人工审核时的 24 ~ 48 小时,降低到 2016 年下半年系统审核时的 1 小时,再到 2017 年 4 月时的平均 15 分钟。

业务自动化能力的提升,客观上让拍拍贷可以做大规模。事实上,从 2016 年起,他们也开始了向上向下的延展:所谓的向上,就是将用户范围从之前的非信用卡长尾用户市场延展到信用卡用户市场;而向下,就是向原先被他们认为风险级别相对较高的长尾用户市场延伸。

之所以向上延伸,是因为随着运营成本的降低,拍拍贷能提供比信用卡分期还要低的贷款利率,由此能吸引信用卡用户;同时,他们自己的用户,随着年龄和工作经历的增长,也变成了信用卡用户,他们也希望保留这一部分用户,"1 个老用户的价值相当于 9 个新用户的价值,"张俊说。

之所以向下延伸,是因为拍拍贷的风控体系已经成熟到了一定的程度,能对之前被他们拒之门外的一部分人进行精准的风险评估和定价。

拍拍贷正在研制一个所谓的拍拍贷大脑,将深度学习和人工智能技术应用到其基于风控系统的整个运营业务中。这个大脑成型后,拍拍贷可以对每个客户进行全方位的了解,并自动地投其所好服务于他。凭借这个"大脑",拍拍贷可以包容任何一种风险等级的用户。

这个"大脑"需要将拍拍贷所有的业务数字化整合到一个平台上以

支持决策。因此，2017 年 1 月，拍拍贷将之前风控部门的数据团队独立成一个数据部门，并设立了首席数据官，由数据团队负责人顾鸣担任。顾鸣是加州理工计算与神经网络系博士，拥有超过 14 年的数据分析建模经验，是拍拍贷魔镜大数据风控系统的奠基人。

风控以外业务的数字化，不仅能提高业务运营效率、降低成本，还能为风控提供帮助。比如，通过将营销业务数字化后，顾鸣团队发现，一个频频关注利率的借款人，就不大可能是骗子，因此，就可以给他定低一点的借款利率。

像这样的业务优化在拍拍贷持续发生。这类优化已经产生了实际效果：尽管 2016 年拍拍贷增大了引流的市场投入，但是获客成本却因规模扩大和运营效率提升而比 2015 年降低了 10％。

发展到 2016 年底，拍拍贷全年成交 198.78 亿元，同比增长 253.39％，用户规模达 3 261 万人，新增 2 308.63 万人。2017 年，拍拍贷进入了快速发展状态，第一季度成交量为 105.38 亿元，环比增长 40.32％，而 P2P 行业第一季度成交量环比仅增长 3.61％。[6]

进入快速奔跑状态后，张俊以及他的创始人团队都意识到，拍拍贷需要与之匹配的组织管理能力和领导力。"我们自己能行吗？我们会不会成为发展瓶颈?"张俊和他的伙伴们都在思考这样的问题。

尾注：
［1］ P2P 定义及国内几大模式分类［EB/OL］.（2015－07－09）［2015－09－10］. http：//mt. sohu.com/20150709/n416486251.shtml.
［2］ 网贷天眼.京东开始招兵买马，欲备战 P2P 网贷？［EB/OL］.（2014－08－08）［2015－09－10］. http：//iof.hexun.com/2014－08－08/167346309.html.
［3］ 张禹，去年四成平台出问题［EB/OL］.（2017－02－08）［2017－04－06］. http：//www. wdzj.com/news/licai/63943.html.
［4］ 2015 年 P2P 监管元年，三大政策相继发布［EB/OL］.（2015－08－01）［2015－09－10］. http：//www.helloan.cn/web/front/section/news12004200.html.

［5］ 闫瑾,孟凡霞.牌照放开,引燃消费金融权益之战［EB/OL］.(2015－06－15)［2015－09－
　　　10］. http：//ec.iresearch.cn/e-bank/20150615/251176.shtml.

［6］ 王潘.拍拍贷发布第一季度业绩［EB/OL］.(2017－04－17)［2017－09－22］. http：//
　　　tech.qq.com/a/20170417/034298.htm.

点评 4.1

唯有坚持与专注
——拍拍贷成功之道

赵元章

中欧 FMBA14 级学员　暖游天下创始人，CEO

初识拍拍贷是在 2014 年 9 月，彼时中欧金融 MBA2014 级开学，有幸和时任拍拍贷 CRO（首席风险官）的李铁铮成为同学。

2014 年国家继续鼓励互联网金融创新，其中 P2P 行业更是资本追逐的宠儿，一时间各种"贷"各种"财富"如雨后春笋般迅速充斥街头，虽然盛极一时，但也已经有不少露出了狐狸尾巴，网络媒体也经常能看到跑路事件的爆料，说实话，真心不看好这个行业的未来。

我和铁铮就是在这样的大环境下结识的，一聊还都是交大校友，就聊开了。最让我意外的是拍拍贷并非赶时髦追风口的产物，而是已经默默耕耘 7 年多。和铁铮沟通的过程中听他提到的最多的词就是"慢""扎实"。直到我有幸提前看完这篇深入采访的中欧案例，我才明白这个"扎实"到底是怎么回事。

作为同在路上的创业者，看这篇案例的时候会有很强烈的共鸣。比如创业初期的各种试错犯错，再比如确定商业模式后的抵御诱惑，坚持潜心打磨产品（"魔镜"系统）。

创业初期往往想得很美好，这个要做，那个也想做，一旦铺开就会面临做不透彻、没有效果的窘境，反而白白浪费了有限的资源，所以必须尽快找到自己的精准定位，从细分市场找到突破口。这一点，拍拍贷创始团队也经历过弯路与挫折，从"熟人借贷"到"线下风控审核"再到"收费模式"，直到 2012 年才初步确定了属于拍拍贷自己的发展之路，即"利用互联网开展投融资，并结合数据征信开展信用贷款"。

模式确定了，很快又面临行业大环境变化之后带来的各种冲击，行业春风起，后来者超车，面对这一系列的变化，百爪挠心。在这种焦虑的状态下，依然要坚持自我，实在是难上加难。关键时刻，创始人张俊通过自己这几年对行业沉淀下来的独立思考及理性分析，说服团队不忘初心。甚至在接下去的坚持自我之路上，更加聚焦，比如将客户锁定为个人消费群体。在这样一波三折的坚持背后还有一个不得不提的利器——"魔镜"系统（大数据风控）。

依托 700 万用户、近 40 亿条数据经年累积打磨而成，包含 400 个数据变量，这些数据来源于拍拍贷近 2 000 个数据维度，后者来源于互联网、社交关系链、网络黑名单以及其他第三方数据源。借助这套系统，2015 年上半年，拍拍贷总共处理 143 万笔借款申请，相当于平均每分钟处理 6 笔借款！这一系列令人振奋的数据背后，是一条长达 8 年的寂寞的产品打磨之路。即便在已经取得巨大成功的今天，拍拍贷仍保持专业团队专注于不断修正完善风控模型，每走一步，都是在强化下一步的正确性！

拍拍贷团队的坚持与专注为未来"组建阿里式的金融生态圈 P2P平台"的远大抱负打下了扎实基础，祝福他们一路前行，早日圆梦！

点评 4.2

以终为始，方得初心

赵　甜

优势资本私募股权基金合伙人

在投资人开出的访谈清单里有无数格式化的问题，如果让创业者从中票选一个最棘手的，那毫无悬念的就是："如果 BAT 这样的巨头进入这个市场，你该怎么办。"这问题往往问得人毫无招架之力，正如文中张俊自省的那样："像我们这样的创业公司，谁不担心这些巨头啊?!他们有数据，有钱，有资源。"有了丰富的数据可以轻松超越创业公司的数年积累；有了资源可以完美复制创业公司的整体架构；最可怕的是在资本的裹挟下通过兼并整合，BAT 的战车可以一夜跨过创业公司的护城河。这是任何一个年轻企业都无法逃避的噩梦。

在面对这个问题的时候，大部分回答都不足以让人信服：技术、人才、市场等方面的优势往往只是相对的。倒是有一个回答相对靠谱：我们做的是苦活脏活，对于 BAT 这样的公司来说，他们不屑于啃没有油水的硬骨头。但是互联网金融似乎这几年逐渐成为肥肉，巨头或是合作或是直营，无不虎视眈眈地盯着这必争之地。从消费到金融，从社交到金融，从数据到金融，BAT 殊途同归最终都在金融的场景下会车，这让互联网金融的赛道虽然宽阔但异常拥挤。

拍拍贷算是这条赛道上的领跑者，作为国内第一家 P2P 平台，他早早出发，在 2007 年首次把 P2P 的概念带给国人。他一路跑过迷茫寂寞的萌芽期，这个时期几乎无人陪跑，前途茫茫，只能独自寂寞地摸索前程；他一路跑过高速发展的成长期，沿路红岭、宜信纷纷入场，路边满是观望的眼光;他一路跑过喧嚣拥挤的泡沫期,熙熙攘攘的跟风者,让拥挤的道路上充满了诱惑的陷阱;他一路跑过急转直下的调整期,这期间丑闻频出,无数参赛者慢下了脚步,贪婪的支路上中晋、易租宝等留下一片狼藉;他一路跑过风声鹤唳的监管期,在丑闻的噪音和监管的强音夹击下,信任危机的绊脚石和禁止通行的路障,虽清理了门户但也误伤了无辜;今天,他把挫折化为铠甲,跑入了健康良性的规范期,阵营开始清晰,格局越发明朗,同时平台化国字头等巨头发力,他们的步伐沉稳又急促。

在这条跑道上,越来越多的机构选择了不那么互联网化的发展路径,事实上有了兜底的信用背书又加上借力于成熟的线下风控体系,让后来的进入者迅速成长甚至超越了拍拍贷。在这种局面下,拍拍贷并未迷失,反而始终坚持着自己的发展思路:选择线上运营而非像宜信等机构一样选择借力线下,选择信用中介模式而非像红岭这样以担保模式增加信用背书,选择小额普惠而非像一些小贷公司那样大额抵押赚取更高的利润,选择大数据风控而非像传统银行那样人工风控。

正如对自己使命的描述那样:"建立一个安全、高效、透明的互联网金融平台,规范个人借贷行为,让借入者改善生产生活,让借出者增加投资渠道。"——这就是拍拍贷的初心。显然拍拍贷走的这条路,工期最长,离钱最远,是互联网金融中油水最少的硬骨头,但是强大的数据模型却把这块骨头挤出了价值。

创始人保持互联网的初心,没有走门槛低、利润丰厚的捷径,但正是这样才使得拍拍贷在面对竞争,特别是面对巨头们的挑战时更有底气。这份底气不是来源于他提前出发多少年或者是在资本市场上融了多少钱,而是源于近百亿条数据积累,几百万借款人的信用档案。以终为始,方得初心,在互联网金融的战场上还会有新的厮杀,但是拍拍贷的坚持绝对会在赢得战役的同时赢得所有对手的尊重。

点评 4.3

行 稳 致 远

钱 俊

中欧 FMBA14 级学员　银河源汇投资有限公司风险合规总监

拍拍贷作为最早一批成立的 P2P 企业，经历了 P2P 网贷在中国发展的过程。从初步摸索到快速扩张，从风险爆发到规范监管，P2P 行业经过了野蛮生长，正在进行重新洗牌。公开数据显示，拍拍贷在网贷之家的平台发展指数上排名靠前。能够经受住行业变化和激烈竞争的洗礼，正是拍拍贷坚持其商业模式的结果。

分析案例可以发现，拍拍贷的商业模式并非一蹴而就，当中经历了试错和迭代。第一，纯线上模式的确立。公司成立初期，为控制风险尝试熟人借贷，发现行不通后改成线下模式，但线下审核成本太高且非团队擅长，于是创业团队将业务搬到线上，利用互联网手段对借款人进行评估，既能发挥团队长处，又符合互联网金融的本质。第二，纯信用无担保。面对同行大多向投资人承诺垫付本息的状况，拍拍贷通过内部激烈的争论，确立了做纯信用无担保平台的模式，这在早期会对公司业务发展造成一定的影响，交易规模落后于一些同行，但从长期来看，信息中介正是互联网金融的核心所在，也是监管政策对 P2P 网贷倡导的方向。坚持走与众不同的道路固然要付出代价，但换来的是合规运营的品牌形象。第三，专注个人消费贷款。许多 P2P 网贷的目标用户包括个人和小微企业，拍拍贷之前也曾尝试过服务小微企业，但在发现这个群体的高风险后，团队毅然决定将业务锁定在个人消费信贷，认定这一领域未来的发展空间,并通过小额借贷分散风险。

理想很丰满,现实很骨感。对创业企业来说,最初的商业想法和实际的业务模式并不完全一致。因此,创业团队要善于变通,根据现实情况不断摸索和调整,通过创新敏锐地找到一条切实可行的道路,在此基础上不断坚持,才能有所突破。

同时,商业模式需要有核心技术的支持,拍拍贷利用软件自主研发的"魔镜"风控系统就是为业务发展保驾护航的利器。信息中介的重要作用就是为资金供需双方解决信息不对称的问题。采用互联网技术手段对借款人逾期风险进行评估,运用大数据进行征信,实现反欺诈分析,针对借款给出风险评分,对逾期率进行预测,这对风险甄别十分重要,也是拍拍贷能够坚持纯信用无担保的有力支持。数据的积累需要时间,或许是由于创始人的互联网从业背景,拍拍贷历时8年,通过业务积累和互联网、社交链、网络黑名单等第三方渠道积累了大量数据。系统的打造需要人力和资金,在创业早期是一笔不小的投入,但随着时间的推移,数据的积累,也形成了企业的竞争优势。拍拍贷2016年度业绩报告显示,其全年成交共计198.78亿元,服务338万借款人,发放711万笔借款,新增注册用户2 308.63万人,80、90后借款人占比85.22%。业务增长的背后,若没有强大的风控体系对借款人进行评级、对借款进行风险定价和贷后监控的支持是无法想象的。"魔镜"系统打造过程中,还款逾期率除2013年外逐年下降的事实,也反映了系统的实际应用效果。

自2015年6月之后,国家对金融市场的监管日趋严格,2016年4月开始的互联网金融专项整治工作,也对P2P网贷行业产生了重大影响。网贷之家的数据显示,截至2016年12月底,P2P网贷行业正常运营平台数量为2 448家,相比2015年底减少了985家,当年累计停业及问题平台数量达到 1 741 家。严格的监管环境下，合规经营或将成为某些 P2P 平台的先发优势，资金和投资人将向资质良好的知名大平台聚集。在激烈的竞争格局下，阿里、腾讯等互联网巨头的马太效应日益显现，行业分化加剧，对拍拍贷来说也面临着新的挑战。回顾拍拍贷的成长历程，稳健规范贯穿其中，几经试错建立的商业模式和历时多年打造的风控系统，将助力其在大浪淘沙的行业变迁中继续前行。行稳方能致远，这也是该案例带给我们的有益启示。

5 思路迪：数字技术
——启迪精准医疗走向成功

2015 年初，美国提出"精准医疗计划"（Precision Medicine Initiative，PMI）；[1]几乎与此同时，中国政府也开始加大在精准医疗领域的财政投入，并于 2016 年底正式将精准医疗写入"十三五"发展规划。[2]精准医疗从学术概念迅速成了全球热议和关注的经济焦点。据机构研报预计，2015 年到 2022 年全球精准医疗市场规模年均复合增长率（CAGR）将达 12.60％，2022 年有望突破 880 亿美元。[3]精准医疗行业迎来了前所未有的市场前景。

与此同时，行业内各路资本的竞逐也催生了市场竞争的白热化：截至 2017 年 1 月，中国国内仅基因测序公司就超过 150 家。[4]与之相对应的，是肿瘤的精准早筛、精准药物研发和个体化治疗等领域还有待挖掘与探索。而总部位于上海浦江高科技园区的思路迪医疗科技公司（以下简称思路迪），自 2010 年成立伊始就将目标定位于成为肿瘤精准医疗领域的综合性平台。依托中国庞大的基因数据和患者样本资源，思路迪不仅提供肿瘤诊断产品和服务，也逐步开拓健康管理和个性化药物研发管线。公司希望这种"三位一体"的商业模式能够发挥规模与平台优势，但该模式也对资金运营、技术贯通和人才组织能力提出了更高要求。思路迪创始人熊磊博士该如何落实这一商业模式构思，引领企业去迎接肿瘤精准医疗行业充满机遇和挑战的未来？

本案例由中欧国际工商学院朱晓明教授、兼职案例研究员宋彦博、研究助理黄成彦与金黎佳共同撰写。在写作过程中得到了思路迪医疗科技公司的支持。

"三位一体"的商业模式

正如熊磊在 2010 年底预测的那样,随着二代基因测序(NGS)技术的普及,单人全基因组的测序成本将在未来急剧降低而速度大幅提升(见图 5.1),这会使基因测序这项曾经只存在于尖端科研实验室的技术,在不久的将来逐步走向世界各地的医院、诊所和其他各种医疗服务机构。对于长期致力于肿瘤研究的熊磊来说,应该等待基因测序价格降到可及的程度,再去抓住商业机会;还是继续在海外学习,选择合适时机回国,找一份稳定的高收入工作;抑或是预判趋势,分析未来测序价格下降可能会带来的产业链变化,从而提前布局,开启创业之路? 熊磊从自己的创业梦想出发,选择了第三条路。

精准医疗的定义

根据美国国家卫生研究院(NIH)的报告定义,精准医疗是针对每个人的基因、环境和生活方式等个体差异,进行疾病预防和治疗的新兴方法。它使医生和研究人员能够更准确地预测特定的预防和治疗策略将对哪些群体起作用,与"将一种药物用于所有患者"的传统医疗方式相比,在疗效和安全性上有明显优势。[5]例如,现年 53 岁的崔志青(化名)有半年多时间反复咳嗽,但他一直以为是感冒没有痊愈的缘故。直到某天早晨,他从剧烈的咳嗽中醒来,才决定前往医院。医生通过 CT 检查发现,崔志青肺部存在阴影,穿刺组织病理显示为Ⅳ期肺瘤。为了精准判定肿瘤的分子分型,医院与一家基因测序公司合作,为崔志青做了分子病理检测,并依据检测结果为其定制了治疗方案,包括使用靶向药物吉非替尼来控

三代测序技术发展历程（1950—2010）

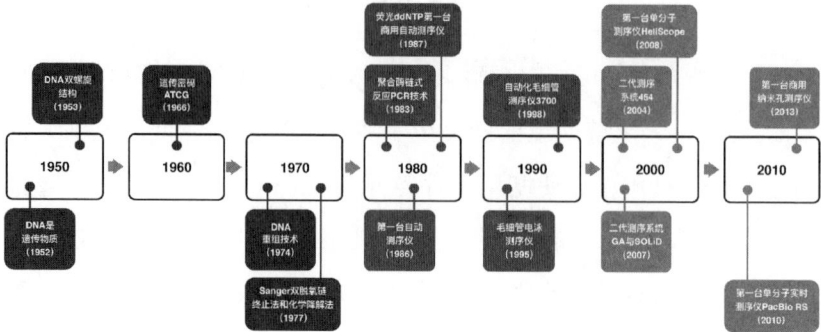

资料来源：公开信息整理

单人类基因组测序成本（2001—2015）

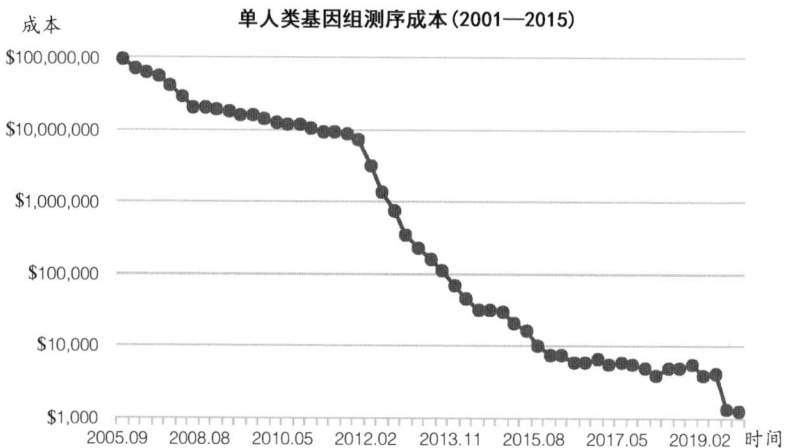

资料来源：National Human Genome Research Institute

图 5.1　基因测序技术更新与成本变化

制肿瘤生长,终于将他的病情控制在了稳定状态。就目前信息而言,崔志青可以说是肿瘤精准医疗的受益者。

精准医疗的投资机会

虽然精准医疗背后的核心理念由来已久,但随着人类基因组测序、生物芯片、大数据分析等工具和技术的推动，这一概念在近年来才得以逐步成为现实。加上美国、英国等国政府与私人机构的投资与宣传加力(见表 5.1)，精准医疗逐渐为大众所知。其中，中国科技部就于 2015 年初规划，未来 15 年内将在精准医疗领域投入 600 亿元，包括中央财政支付 200 亿元，企业和地方财政配套 400 亿元。业内人士判断，这不仅是中国医药行业接下来 5～10 年的重大机遇，也是资本市场当之无愧的风口。[6]

表 5.1　海外精准医疗投资动向(2011—2016)

日期	国家/地区	项目内容及目标
2011.11	美　国	政府发表题为"向精准医疗迈进"(Towards Precision Medicine)的报告，提出在对癌症重新分类的基础上对症用药——跳出传统使用疾病原发灶位置(如肺癌、胃癌)和细胞学特征(如小细胞癌、腺癌)的分类手段，根据患者对某种特异性疾病的易感性差异、患者可能发生疾病的生物学或预后差异、对某种特异性治疗的反应性差异，进行亚群分类，并创建生物医学知识网络
2012.12	英　国	政府宣布启动针对癌症和罕见病患者的"十万人基因组计划"(The 100 000 Genomes Project)，预期到 2017 年底实现：将基因组医疗整合至国家医疗服务体系(NHS)，使英国在该领域引领全球；加速对癌症和罕见病的了解，提升诊断和精准治疗；促进基因组领域的私人投资和商业活动；提升公众对基因组医疗的理解与支持
2013.05	英　国	英国首个综合运用大数据技术的医药卫生科研机构"李嘉诚卫生信息与发现中心"于牛津大学正式揭牌。该中心包括"靶标发现研究所"和"大数据研究所"两个机构，旨在通过搜集、存储和分析大量医疗信息，确定新药研发方向，探索疾病新疗法，促进医疗数据分析与医疗服务
2015.01	美　国	前总统奥巴马宣布拟投资 2.5 亿美元启动"精准医疗计划"(Precision Medicine Initiative)，计划搜集 100 万人的医疗记录、个人健康和生活方式信息并测得其基因组序列，建立生物样本库，以实现短期目标：鉴定新的癌症亚型；与制药企业等私人部门合作测试精准疗法的临床效果；拓展对癌症疗法的认识(抗药性、肿瘤复发等)

（续表）

日期	国家/地区	项目内容及目标
2015.11	韩　国	政府宣布启动"万人基因组计划"（10 000 Genome Project），主要目标是：绘制韩国人基因组图谱；建立标准化的韩国基因数据库；发现罕见遗传疾病的突变位点；为韩国快速增长的基因组产业提供全面的基因组信息
2016.05	澳大利亚	总理马尔科姆·特恩布尔宣布"零儿童癌症计划"（Zero Childhood Cancer Initiative），旨在利用基因组技术为目前无法治愈的儿童癌症提供个体化治疗策略
2016.06	法　国	政府宣布投资 6.7 亿欧元启动基因组和个体化医疗项目"法国基因组医疗 2025"（France Genomic Medicine 2025），以提高国家医疗诊断和疾病预防能力为整体目标，预计在全国范围内建立 12 个基因测序平台、2 个国家数据中心，未来 10 年将基因组医疗整合至患者常规检测流程，建立起国家基因组医疗产业，从而推动国家创新和经济增长

资料来源：案例作者根据公开信息整理

　　于是，行业内外大量资本迅速涌入精准医疗领域，争相竞夺市场布局时机。据研究机构不完全统计，仅 2014 年与 2015 年两年，中国国内就新增了 270 多家精准医疗公司。[7]而行业投资标的，在经历了无创产前基因检测的市场爆发之后，逐渐转向了肿瘤医疗，具体涵盖领域包括二代基因测序（NGS）、聚合酶链式反应（PCR）检测、基因芯片、液体活检、肿瘤靶向治疗、免疫治疗及肿瘤大数据等（见表 5.2）。2015 年前后，除了掌握相关技术、从学术科研转型的海内外创业者，很多传统医疗企业甚至非医疗企业，也开始通过并购等方式快速切入肿瘤精准医疗领域。

思路迪的发展方向

　　相比之下，熊磊的创业时机选择则显得有些提前。早在 2010 年11 月，毕业于中科院上海生化与细胞所的熊磊，就中断了他在瑞士的

表5.2　国内精准医疗领域部分投资一览(2015)

医疗服务

方向	准备设备	设备	试剂与耗材	测序服务	大数据	药品研发
产前诊断	丽珠集团	达安基因	千山药机、达安基因	新开源、达安基因	荣之联	仙琚制药
个性化用药	—	紫鑫药业	康芝药业、昌红科技	达安基因、以岭药业	—	—
敏感基因筛查	—	—	东富龙	北陆药业、马应龙	—	—
临床试验样本筛选	—	—	—	乐普医疗	—	—

靶向治疗

方向	研发服务			生产销售
	临床前CRO	临床CRO	CMO	
小分子靶向药物	药明康德、完全科技	泰格医药	博腾股份、九洲药业	恒瑞医药、贝达药业、浙江医药、正大天晴、普衡药业、精华制药、海正药业、安科生物、丽珠集团、沃森生物、华海药业、信立泰、上海医药、独一味、国药集团、华神集团、兰生股份、海南海药、浙江医药、复星医药、复旦医药、千金药业
单克隆抗体	星昊医药、尚华医药	—	—	

生物治疗

方向	存储		设备		治疗技术
肿瘤免疫治疗	冠昊生物	开能环保	南华生物	中航投资	香雪制药、中源协和、北陆药业、中珠控股、海欣股份、姚记扑克、和佳股份、双鹭药业、银河投资、上海凯宝、安科生物、恒瑞医药、冠昊生物、中源协和、开能环保、康弘生物、赛莱拉、香雪制药、中源协和
干细胞	中源协和、国际医学	南华生物	金卫医疗	新华锦	
基因治疗	仟源制药	—	—	—	

资料来源：案例作者根据公开信息整理

博士后研究,带着 50 万元启动资金回到上海,创立了思路迪医疗科技公司。为尽快找到投资,让公司得以生存,熊磊一边拓展业务渠道,一边向潜在投资人推广当时还未流行的"精准医疗"概念。然而,相比于互联网领域等当时热门的投资风口,肿瘤个体化医疗行业尚不明朗的市场前景和相对较长的回报周期,让很多想要快速实现收益的投资人望而却步。2012 年,熊磊终于从深圳华信资本拿到了第一笔千万元人民币融资。这笔资金可以帮助他利用博士期间所学,开展当时利润丰厚的二代基因测序(NGS)科研服务业务,但熊磊却把公司的业务方向定位在了肿瘤新药研发和个体化治疗。

用熊磊自己的话说,"我们的创业思路是从病人的根本需求出发,而不是单纯的技术或商业角度。我从国外回来,如果仅仅是为了赚钱,那只要抓住最火的投资风口,或者利用自己的某个技术优势即可。在中国,医疗行业的公司背景主要分为两种:一类是传统的医药或诊断公司,随着新技术出现会不断扩展(业务范围),这是以商业趋势驱动为主;还有一类是海外归来人才(创立的公司),以技术驱动为主,结合商业趋势。这两种模式带来了资金、人才和业务整合方面的差异。但很少看到由使命驱动的公司,就像阿里巴巴那样,是出于自身使命('让天下没有难做的生意')才选择那么早就开始为中小企业提供 B2B 平台——那时还有很多人不知道什么是电商,需要教大家使用网络;没有信用担保,还要自己做支付宝。他们(确定业务方向)的标准不是某项国外技术容易移植,或者容易赚钱,否则完全可以模仿谷歌做网页搜索。企业的出发点决定了商业形态。思路迪的目标是要用精准医疗的理念对抗肿瘤,那么光做筛查不行,光做诊断不行,光做药也不行。所以我们一开始就锁定了肿瘤早筛、诊断和新药开发这三个方向,完全是按照疾病管理的思路在走,即使在公司规模很小的时候。"

"三位一体"的商业模式构想

在企业愿景和使命的驱动下，思路迪选择将肿瘤早期筛查、精准诊断和精准新药开发三大业务整合起来，形成"三位一体"的商业模式。由于医疗行业巨大的资金与人才投入需求，这种模式在国内甚至国外同行业中都非常少见，尤其是对于一家刚刚成立的初创企业来说，更非易事。

但熊磊看重的是平台化商业模式所能带来的种种协同优势。其一是渠道协同，由于肿瘤的早筛、同伴诊断和用药面向的是同一批肿瘤医生，销售团队可以建立统一的营销渠道；其二是品牌协同，同一集团推出的产品和服务品牌，可以让消费者的感知在不经意之间得到强化；其三是数据协同，就像 B2C 网站天猫后台收集的用户大数据那样，通过挖掘和综合运用肿瘤基因组数据、临床诊疗数据和药物研发数据，可以为企业的业务发展带来更多可能。

融 资 与 投 资

基于"三位一体"的商业模式构想，思路迪从 2014 年开始明显加快了企业建设步伐（见图 5.2）。而作为一家刚刚成立的医疗科技公司，融资效率与投资方向，一直是熊磊需要慎重考虑的问题。

从 A 轮到 B 轮融资

2012 年思路迪获得天使轮融资后，国内基因检测公司逐渐增多，精准医疗行业的投资环境也逐渐变好。[8] 2014 年，思路迪连续获得 A 和 A＋两轮风险投资。之后，思路迪推出了个性化药物筛选平台服务和二代基因测序诊断业务。

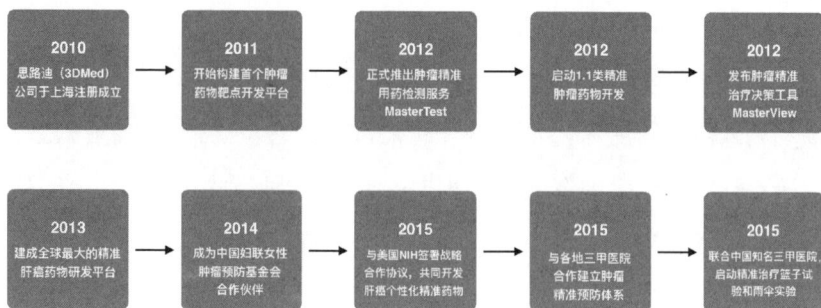

图 5.2　思路迪发展历程大事记(2010—2015)

资料来源：思路迪官网——发展历程

2015 年第二季度,思路迪完成 1.46 亿元 B 轮融资。其中,曾在 A＋轮领投的芳晟基金,联合腾讯前 CTO 熊明华和分众传媒创始人江南春组成的基金再次领投。此外,制药企业天士力、中民投下属中民国际也悉数加入。[9]

参与此轮投资的天士力风险投资部负责人胡晓芳博士表示:"在投资思路迪之前,我们对美国的相关行业做了深入调研,例如基因检测相关公司 Myriad、23andme、Foundation Medicine 和 Bioreference;精准新药开发公司,如 Blueprint 和 Deciphera;肿瘤大数据相关公司 Flatiron 等,形成了我们对精准医疗的理解:肿瘤是一种复杂的基因组疾病,在健康体检和疾病诊断过程会发现很多数据,跟药物研发联动会体现出巨大价值。我们认为疾病诊断是数据入口,药物研发体现最终价值。思路迪目前快速推进的数个药物也得益于大数据的挖掘和开发,这是天士力认为的代表未来发展方向的精准医疗模式。"

此时,作为思路迪在制药领域唯一的战略投资伙伴,天士力也派出投资顾问出任思路迪董事,表示其参与意图不限于简单的财务投资。双方的战略合作思路是利用思路迪在诊断业务中获得的基因组数据入口,结合大规模临床前肿瘤原代细胞株(PDC)和动物模型(PDX),再由天士力在药物临床开发和营销方面加以助力,通过优势互补,共同完成精准药物的研发和营销。[10]

企业投资与规模扩张

经过多轮融资,思路迪企业规模得以扩张,逐步建成 2 400 平方米的新药研发中心、上海和沈阳两个共约 3 000 平方米的独立医学检验所,并相继在北京、辽宁、广东、云南等地布局设立分公司。

建立肿瘤原代细胞库

从 2012 年到 2015 年,思路迪投入数亿资金,通过与中国三甲医院合作,建立了近 2 000 个肝癌原代细胞株(PDC),以及数百株食管癌、肺癌、结直肠癌、胆囊癌、头颈部肿瘤等中国高发性癌症的原代细胞。所谓肿瘤原代细胞株,是用临床肿瘤组织进行体外分离获得肿瘤细胞,经培养后得到形态较为单一的上皮样细胞,再通过短串联重复序列(STR)验证染色体数目异常,并在后续平行实验中被证明可以连续传代的细胞株。这些细胞株来源于临床,包含病人肿瘤组织的基因信息,可用于药敏反应测试和生物标志物筛查。[11]

医学检验所建设升级

而 2015 年新建成的思路迪医学检验所,采用 Illumina 测序平台进行二代基因测序,具备唾液、血液遗传胚系、组织和循环肿瘤 DNA(ctDNA)等样本胚系和体细胞基因突变检测能力。2016 年,上海思路迪医学检验所先后通过了 6 次国内外质量控制考评(见表 5.3),成为国内第一家同时获得美国病理协会(CAP)实体瘤肿瘤组织(NGSST)和遗传胚系变异高通量检测与注释(BRCA)能力验证的医学检验机构。

表 5.3　上海思路迪医学检验所过审评统计 (2016)

时　　间	已通过审评	具体评价指标
2016.06	上海市临床检验中心 2016 年第一次室间质量评价	EGFR 基因点突变、短片段插入/缺失、复合突变等变异类型样本,临床实验室日常所用试剂和程序
2016.08	美国病理协会(CAP)遗传胚系高通量检测与注释(BRCA)能力验证	BRCA1/2 基因的高通量测序、数据分析和临床注释
2016.09	美国病理协会(CAP)实体瘤肿瘤组织基因变异检测(NGSST)能力验证	实体瘤肿瘤组织 15 个常见肿瘤驱动基因和 90 个基因变异位点检测准确性,及变异丰度
2016.10	上海市临床检验中心 2016 年第二次室间质量评价	EGFR、KRAS 和 BRAF 点突变、短片段插入/缺失、复合突变等变异类型样本,临床实验室日常所用试剂和程序
2016.11	中国国家卫计委 ctDNA 基因突变检测质评	高通量测序(NGS)和数字 PCR(ddPCR)检测能力
2016.12	中国国家卫计委病理质控评价中心(PQCC)分子病理室间质评	EGFR、KRAS 及 BRAF 基因突变检测能力

资料来源:思路迪官网——新闻中心

数据与文献结构模型开发

从 2015 年起,思路迪还开始加大数据建设力度,通过大型服务器集群的建设,将肿瘤数据模型(ODM)作为大数据架构的基础。此外,文献结构模型(LSM)也在加速开发。它将通过机器学习的方法积累肿瘤大数据,旨在为进一步的数据挖掘和价值分析打下基础。

三大业务的战略布局

基于全球规模最大的肿瘤原代细胞库平台、诊断平台和肿瘤大数据平台优势,思路迪开始布局肿瘤精准早筛、诊断和药物研发三大业务,并将其中的早期筛查业务独立为全资子公司(见图 5.3)。

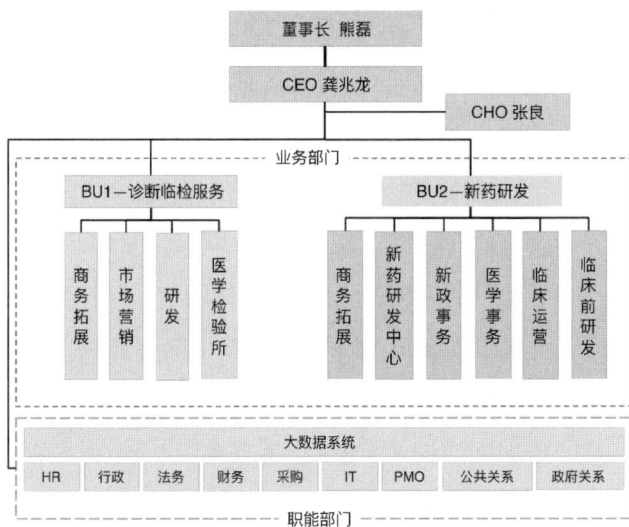

图 5.3　思路迪组织结构图（2016）

资料来源：思路迪内部资料

业务一：肿瘤精准早筛

肿瘤精准早筛第一次进入大众视野，可能源自 2013 年好莱坞女星安吉丽娜·朱莉接受的预防性乳腺切除术。在和卵巢癌抗争了 10 年后，朱莉的母亲于 56 岁时因癌症去世。作为家族高危人群，朱莉进行了肿瘤遗传易感基因检测，结果发现自己携带有突变的 BRCA1 基因，医生预估她罹患乳腺癌的概率为 87%；通过手术切除，可发生癌变的组织量大幅减少，癌变风险也随之降到了 5% 左右。[12]彼时，肿瘤易感基因检测似乎还是全球高收入群体的专属，但短短两年之后，这项服务就出现在了中国国内不少大中型公司的体检项目里。尤其是乳腺癌、宫颈癌基因筛查，几乎成为了中高端女性体检套餐的必备项目。[13]

据 2015 年 9 月的不完全统计，仅在中国"北上广"三地，提供二代基因测序服务的公司就已超过百家。[14]其中，包括达安基因、迪安诊断在内的多家上市公司借由"基因检测"风口,在 2015 年上半年股价翻了 3～4 倍。但激烈的竞争也使得全身基因检测产品的价格从 2013 年的最低 8 万元,降低到 2015 年的 1 万元左右。[15]

成立子公司:宜朗健康

2014 年 11 月,思路迪成立宜朗健康管理公司(以下简称宜朗健康)。不同于单纯提供基因检测产品,宜朗健康与医疗体检机构展开合作,面向健康人群提供肿瘤风险评估和精准早筛服务——利用风险评估量化模型,结合基因检测结果与问卷调查,为客户提供体检指导和健康管理方案。"事实上,由于(基因)检测本身并不难,只要有仪器你就能提供服务,市场上竞争已经很厉害,现在基因检测的成本已经相当透明,对我们来说检测业务本身也并不盈利,"宜朗健康董事长曾锐坦言:"向一些曾经有过病症、有相关遗传病家族史的客户提供有针对性的(健康管理)服务,是我们现在的主要方向。"截至 2016 年底,宜朗健康提供的肿瘤预防服务范围包括乳腺癌、卵巢癌、宫颈癌、前列腺癌、结直肠癌、胃癌等。

以乳腺癌为例的精准早筛

乳腺癌是全球女性发病率最高的癌症,每年约有 167 万例乳腺癌新发病例及 52 万例死亡病例。[16]2015 年,中国女性乳腺癌新发病例约 26.9 万例,近 10 年来以每年超过 3％的增幅攀升;死亡病例约 7 万例,约占所有中国女性癌症死亡病例的 15％。[17]

乳腺癌具有散发性、家族性和遗传性的特点。与乳腺癌相关的 BRCA1 和 BRCA2 基因一旦发生变异,就会使细胞丧失修复 DNA 损伤的功能,进而导致携带该类基因变异的健康人群更易发生乳腺癌。[18]除了遗传因素,一些不良的生活环境因素也会诱发乳腺癌。[19]比如,现代女性生育晚或不生育、生育后不哺乳会降低对乳腺细胞的保护；吸烟、酗酒、高脂肪饮食、长期补充雌激素、缺乏运动和熬夜等生活习惯会增加患癌风险；焦虑、紧张和压力引起的内分泌失调可能抑制肿瘤的免疫；非典型性乳腺增生、乳腺纤维囊性腺病等良性疾病如治疗不及时或治疗不当，亦可能发生癌变；此外，乳腺癌发病率随着年龄增长而上升，也与个人的初潮年龄和绝经年龄有关。[20]

如果携带乳腺癌易感基因的高危人群能通过检测，及时了解自己的患病概率，从而改善生活环境和日常习惯，或者采取药物或手术预防等手段，就能显著降低患病风险。[21]另一方面，通过后续追踪与定期筛查，也可以及早发现肿瘤并采取措施。因为乳腺癌作为一种慢性疾病，在体内发展时间长达 10～20 年，其自然病程以无症状的临床前期最长。早期筛查可使乳腺癌死亡率下降 20%～40%，同时也能让患者有机会选择副作用更小的治疗方案（如保乳手术和激素辅助治疗）。[22]

推出女性健康管理品牌"美智安"

2015 年 3 月，宜朗健康宣布正式进入女性健康管理市场，首期推出的"美智安"服务品牌，针对的就是乳腺癌、卵巢癌等女性常见肿瘤。

通过线上网站或线下健康宣讲会，消费者在了解了"美智安"相关产品服务后，可以在线订购基因检测试剂盒，并填写包含 100 多道问题的综合调查问卷，内容包括基础生理数据、病史、环境、生活习惯、饮食结构等。仍以乳腺癌为例，宜朗健康在进行易感基因突变分析和乳腺风险计算后，会生成客户个人的健康评估报告。消费者可以电话咨询顾问，得到报告解读，也可以在此基础上选择包括持续健康数据监测、长期健康管理咨询和早期预警在内的整体服务。此外，高风险人群还可以从宜朗健康合作的全国 30 多家医院中，通过"绿色通道"与乳腺科医生进行一对一咨询，接受量身定做的乳腺检查、个性化干预和随访管理。

与肿瘤预防基金会合作

2015 年 5 月，宜朗健康宣布成为全国妇联女性肿瘤预防基金全国唯一战略合作伙伴，协助承担科普教育、科研项目和预防筛查的推广工作。随后，"中国乳腺癌 BRCA1/2 登记项目"自 2015 年 6 月正式启动，并通过同济—宜朗乳腺肿瘤预防门诊为 10 000 名符合申请条件的女性提供免费检测。[23]该项目旨在绘制中国遗传性乳腺癌 BRCA1/2 基因突变图谱，指导健康人群早期筛查并建立健康风险管理模型。在活动中收集得到的数据，也可以帮助宜朗健康进一步完善其自主设计的肿瘤风险预测模型。

业务二：肿瘤精准诊断

肿瘤不是一朝一夕形成的，一个癌细胞经过成倍增殖，形成 1 毫米直径的 T1a 期实体瘤，潜伏期就可能长达数年。[24]而传统的医学影像仪器，如计算机断层扫描（CT）和核磁共振成像（MRI），只能在人体内形成明显肿瘤组织后才能鉴别定位。[25]此外，组织穿刺活检技术也有一定的局限性，主要表现为：侵入性的穿刺活检手术可能对患者身体不利，且有加速癌症转移的风险；单一位置的肿瘤组织取样很难反映癌细胞转移患者的整体情况；而且与影像检测的问题类似，穿刺活检的滞后性同样会影响患者的及时治疗。

而基因测序技术的革新，为肿瘤的检测与诊断方式带来了新选择。有研究显示，肿瘤发生的根本原因，是细胞中的基因组部分被删除或扩增，从而引起关键基因的缺失；或者表达过量，干扰正常细胞的生长。[26]由于肿瘤基因变异演化的时间长达十几年甚至数十年，诱导原因、生活习惯、治疗方式等因素的不同，导致每名患者的基因组变异情况各不相同。利用二代基因测序（NGS）等技术，可以对某名患者提取少量组织细胞进行基因拷贝数目分析,从而发现肿瘤细胞与正常细胞的差异,了解基因突变方式,收集肿瘤的组织来源、生长规律和所属基因型等信息,为早期检测、诊断肿瘤和肿瘤的个体化治疗提供指导。[27]

例如,针对循环肿瘤 DNA(ctDNA)的液体活检技术,可以通过捕获患者血液中的单个肿瘤细胞,对漂浮在血液中的 DNA 碎片进行测序,这为早期诊断恶性程度较高的肿瘤(如胰腺癌)提供了可能。利用液体活检技术,一方面可以在患者出现明显症状之前就提早发现癌症;另一方面,由于血液中肿瘤 DNA 的数量与肿瘤大小大致呈正比,液体活检技术还可以用于评价手术或药物的治疗效果,这在肺癌等癌症的预后评估中尤为重要。[28]

公布肿瘤精准用药同伴诊断四个产品线

为更好地协助医生的临床决策和辅助科研,思路迪将肿瘤诊断产品进行细分定位,先后公布了"路明(实体瘤)""迪科(ctDNA 液体活检)""智安(遗传性肿瘤)"和"思明(免疫诊断)"四个产品线。其中,"路明"和"迪科"系列产品在国内临床一线渗透率较高,使用该产品的医院已经拓展至 100 多家。

2015 年首先公布的路明系列四个产品,分别针对肺腺癌、肺癌和所有实体瘤患者人群(见表5.4)。除了提供严格病理样本质控下的基因检测和即时更新的变异注释数据库分析报告,思路迪还主打包括报告解读、持续随访和研究转化在内的"报告后"服务:由专人提供一对一、面对面的报告解读,解释所有报告突变的临床和研究意义;由思路迪医学团队与医生合作,全程跟进患者的用药和转归,提供持续的医学支持;定期汇总分析每位医生的所有患者数据,寻找研究转化机会。

表 5.4 "路明"系列产品介绍

优路明™ 精选 65 个基因	康路明™ 精选 33 个基因
临床决策为主,兼顾科研转化	
基于二代基因测序平台 精准作用肺癌患者	基于二代基因测序平台 精准作用肺腺癌患者
检测包含 30 个靶点标记物基因、27 个非靶点标记物基因、8 个耐药相关基因	检测包含 12 个靶点标记物基因、13 个非靶点标记物基因、8 个耐药相关基因
一次性检测基因多种突变形式:点突变、插入/缺失、融合/重排、扩增/丢失	
涵盖肺癌相关的中国 CFDA 批准的所有靶向药物和海外上市的全部靶向药物基因(FDA 和 EMA 批准),最大限度扩展靶向治疗方案	涵盖肺腺癌相关的中国 CFDA 批准的所有靶向药物和海外上市的全部靶向药物基因(FDA 和 EMA 批准),最大限度扩展靶向治疗方案
涵盖大量耐药、预后和非靶标临床标记物基因,在支持临床决策的前提下, 最大化临床研究转化机会	
迈路明 TM 精选 390 个基因	博路明 TM 精选 138 个基因
探索实体瘤精准医疗新边疆	实现临床决策和研究转化的最佳组合
基于二代基因测序平台 精准作用于实体瘤患者	
检测包含 180 个药物靶向相关通路基因、55 个高频突变基因、80 个靶向治疗与耐药基因、50 个 DNA 损伤及修复基因、25 个表现遗传基因	检测包含 23 个预后基因、47 个重要信号通路高频突变基因、45 个靶向治疗与耐药基因、10 个 DNA 损伤及修复基因、13 个非靶点标记物基因
一次性检测基因多种突变形式:点突变、插入/缺失、融合/重排、扩增/丢失	
涵盖大量耐药、预后、非靶标临床标记物基因和低频临床研究热点基因,对阳性率最高的基因提供精准医疗方案	涵盖大量耐药、预后和非靶标临床标记物基因,在支持临床决策的前提下,最大化临床研究转化机会
涵盖中国 CFDA 批准的所有靶向药物和海外上市的全部靶向药物基因 (FDA 和 EMA 批准),最大限度扩展靶向治疗方案	

资料来源:思路迪官网——新闻中心

ctDNA 液体活检系列产品升级

2016 年 8 月,思路迪 ctDNA 液体活检迪科系列三款产品面世(见表 5.5)。ctDNA 液体活检在肿瘤精准治疗、早期应答评估和耐药监测的实时评价等方面都具有一定的临床应用价值，但 ctDNA 在血浆中存在总量少、片段小、丰度低等特点。为解决这一检测难题，思路迪在测序前为每个 ctDNA 片段增加特殊的分子条码，使特异基因片段不易丢失；数据分析时采用特殊算法降噪，使突变位点清晰可见；并改善建库方法，旨在更有效地区分样本自身重复及 PCR 扩增带来的重复。据思路迪介绍，该技术可以通过提高测序深度来增加有效数据量，把平均有效检测深度提高至 5000X 左右，检测下限达到万分之三，从而比传统 ctDNA 检测方法多检测出 28% 的变异。

表5.5 "迪科"系列产品介绍

博迪科™ 精选 150 个基因	优迪科™ 精选 80 个基因	安迪科™ 精选 20 个基因
实体瘤精准医疗 无创检测新边疆	实体瘤精准医疗临床决策 无创检测优选方案	非小细胞癌精准医疗 无创检测解决方案
最大测序深度 15 000X	平均有效测序深度 5 000X	检测丰度低至 0.03%
检测包含 66 个药物靶点及所在信号通路基因、62 个重要信号通路高频突变基因、17 个 DNA 损伤修复基因、5 个化疗药物代谢基因	检测包含 49 个药物靶点及所在信号通路基因、16 个重要信号通路高频突变基因、10 个 DNA 损伤修复基因、5 个化疗药物代谢基因	检测包含 8 个 NCCN 推荐靶向治疗基因、12 个药物代谢与耐药基因
一次性检测基因多种突变形式：点突变、插入/缺失、融合/重排、扩增/丢失		
博迪科＋PLUS™	优迪科＋PLUS™	安迪科＋PLUS™
复发进展的 晚期非小细胞肺癌患者 血液 ctDNA 150 基因 检测方案	复发进展的 晚期非小细胞肺癌患者 血液 ctDNA 80 基因 检测方案	初诊晚期及术后复发的 肺腺癌患者 血液 ctDNA 20 基因 检测方案
D 迪科EGRE 3位点	D 迪科EGRE T790M	D 迪科多位点
目标针对肺腺癌患者		
检测 EGFR 基因 3 位点 L858R、19del、T790M	检测 EGFR 基因 1 位点	检测 EGFR 基因 2 位点 T790M ＋（12 选 1）

资料来源：思路迪官网——新闻中心

2017年3月，思路迪又正式发布迪科系列的三个升级产品。其中，迪科 PLUS 结合二代基因测序（NGS）和微滴式数字聚合酶链式反应（ddPCR）技术，只需通过一管血液即可完成两种检测，3 个自然日即可得到肺腺癌患者最常见的三个用药热点检测结果，7～10 个自然日即可得到多个基因的各种突变结果，为患者的诊断、治疗和预后提供信息。

业务三：精准药物研发

以个人基因组信息为基础，诊断病因或检测出治病目标，仅仅是肿瘤精准医疗的开始；真正关键的环节，在于针对治疗效果或毒副作用等应答的个性化差异，为每名癌症患者选择最适宜的疗法。而影响这一环节的瓶颈，是可利用的个性化药物种类不足。

截至 2015 年底，肿瘤基因组已发现 2 000 个潜在和已知的药物靶点基因，上百个肿瘤驱动基因已被确证，但真正完成靶点开发的药物并不多。[29]尤其是对于发病率较高的肝癌、结直肠癌、乳腺癌等，可选择的分子靶向药物很少（见图 5.4）。2016 年，美国安德森癌症中心（MD Anderson Cancer Center）在对 2 600 名患者的测序研究中发现，仅有 6.4％的患者能找到合适的靶向药物。[30]而在中国，情况更不容乐观，因为截至 2016 年 12 月，FDA 一共批准了 72 款针对肿瘤的靶向药物，其中包括 45 种小分子靶向药物；但中国国家食品药品监督管理总局（CFDA）批准上市的仅有 20 种，其中 16 种为原研进口，仅 4 种为中国药企开发的新药。[31]

FDA历年批推抗肿瘤靶向药物个数（1997—2016）

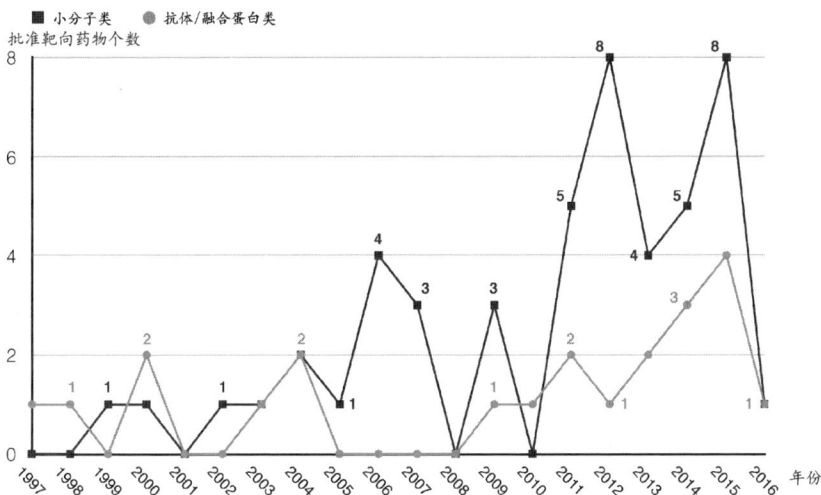

■ 小分子类　　● 抗体/融合蛋白类

批准靶向药物个数

分子靶向药物适应症分布（2016）

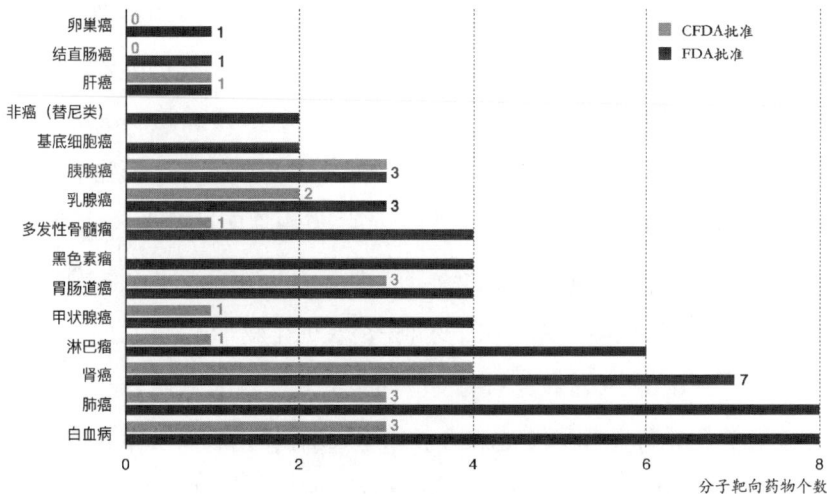

注：其中有10个药物是多适应症药物,已重复统计

图 5.4　获批上市的抗肿瘤靶向药物统计(2016)

资料来源：fda.gov，CFDA

据思路迪介绍,个性化肿瘤靶向药物标志物发现的常见模式有两种:一是使用肿瘤原代细胞株(PDC)作为药筛模型,结合基因组测序,对大量药物(包括以前临床试验失败的候选药物)进行甄别,筛选出对某种突变有良好治疗效果的药物;另一种就是利用各种动物模型(PDX),对肿瘤进行基因测序分型,测试药物对肿瘤各基因亚型的治疗效果和治疗剂量。以这两种方式为基础,再在特定人群中开展临床试验,可以提高临床试验的成功率,缩短临床开发周期,降低新药开发风险,甚至可能带动传统中药研发的成功转型。

思路迪药物研发实践

思路迪在成立初期积累了规模化的肿瘤原代细胞株,这有助于预测患者群体对药物反应的差异,为肿瘤药物开发提供了平台。[32]例如,通过来自不同肝癌患者的近 300 株原代肝癌细胞株药物测试,发现某新药在肝癌人群中反应率不到 10%,这意味着如果不对病人进行基于肿瘤基因组测序和生物标志物的患者分层,那么该药物的临床实验反应率将低于 10%,失败的可能性很大——事实上,思路迪系统筛选了过往历史上数十个临床失败的肝癌药物,未发现任何一个药物能拥有高于 20% 的人群反应率,这也解释了这些药物临床试验失败的原因。然而,通过对这 10% 敏感细胞群体的高通量基因组信息和药物筛选数据整合分析,思路迪发现某基因变异是潜在的生物标志物,在此基因变异的原代细胞群中,对该药物的反应率接近 50%。这意味着在以此基因变异为生物标志物区分的病人群体中,其临床药物有效率有望提高近 5 倍,可能高达 50%,这将显著提高该新药开发的成功率。[33]

截至 2016 年底,思路迪共有三个在研药品,计划于 2017 年到 2018 年陆续进入临床申报和一期试验阶段,预计在 2022 年到 2025 年上市。

与康宁杰瑞联合开发新一代 PD－L1 抗体

除了传统的靶向药物,近年来,抗肿瘤精准药物领域兴起的又一大热门是免疫药物。正常情况下,人体免疫系统可以识别异源蛋白、病菌或病毒等外来侵袭物,通过自然免疫和诱发免疫将之清除。然而,肿瘤细胞经常能找到办法躲开免疫系统的识别,或令其失去战斗力。从这一点入手,免疫药物的目标就在于帮助免疫系统准确识别肿瘤细胞,并对其展开攻击,具体类别则包括癌症疫苗、T 细胞疗法和免疫检查点抑制剂等。例如,近来研究发现,肿瘤细胞会释放一种细胞膜蛋白受体 PD－1,并与 PD－L1 配体结合,关闭淋巴细胞的免疫检查点,从而躲避淋巴免疫细胞的攻击。而 PD－1 和 PD－L1 在正常细胞中几乎不表达,主要表达在肿瘤细胞的表面。因此,研发出能够阻止 PD－1 与 PD－L1 结合的检查点抑制剂,就能解除肿瘤细胞的抵御,重启人体自身的免疫调节功能。[34]

由于其卓越的疗效和创新性,免疫疗法被《科学》杂志评为 2013 年度最重要的科学突破。[35]但截至 2016 年底,国际上仅有两种 PD－1 药物上市,分别是百时美施贵宝的 Opdivo 和默沙东的 Keytruda,获批适应症都为黑色素瘤;另有一款治疗膀胱癌和非小细胞癌的 PD－L1 抗体药物获得 FDA 批准,即罗氏的 Tecentriq。[36]

2016 年 2 月,思路迪与康宁杰瑞签约合作,联合开发以 PD－L1 为靶标的免疫抗体药物 KN035。前期的药效评价结果显示,KN035 能够高亲和力结合 PD－L1 分子,阻断 PD－L1 与 PD－1 及免疫球蛋白 CD80 之间的相互作用,在体外激活外周血单个核细胞(PBMC),诱导特异性细胞因子(IFN－r)的分泌。由于该抗体是利用抗原免疫骆驼最后筛选得出的一种天然缺失轻链却依然功能完善的"重链抗体",抗原结合区自抗体分离后,仍具有结合抗原的功能。据思路迪介绍,

KN035 与目前国际上已上市及开发中的 PD－1 及 PD－L1 抗体相比，具有常温下稳定、可皮下注射等优点，能够降低药物生产、运输和使用成本，提高用药依从性。

2016 年 11 月，思路迪宣布公司提交的新药研究申请已经通过 FDA 的审评，获准在美国开展临床研究；2016 年 12 月，该药又获得中国国家食品药品监督管理总局（CFDA）颁发的临床试验批件。一直以来，国外研发的抗肿瘤新药在中国的上市时间常常比西方国家延迟数年，而 KN035 的开发有望改变这一现状。

展望未来趋势与企业挑战

如果说 2013 年是思路迪公司发展的关键节点，在此之前，思路迪曾经历过非常艰难的融资、人才和市场教育问题，那么如今的思路迪已经越过了硬件设施建设和主要业务拓展的基本门槛，距离公司使命的达成又迈进了一步。用熊磊的话说，过去的问题已经不是问题了，但未来的问题依然存在。除了应对市场环境变化的挑战，作为高科技、高风险、高投入、高产出的生物医药类企业，思路迪未来的发展依然高度依赖于资金和人才。

市场环境的挑战

数十年来，恶性肿瘤不仅一直占据人类疾病死亡原因的前列，也是造成国家人力资源损失和经济损失的重要因素。受人口基数、老龄化趋势和环境等因素影响，全世界约 20％的新发癌症病例和 25％的癌症死亡病例发生在中国。[37] 据调查测算，2015 年中国新增癌症病例429.2万个，[38] 这意味着每分钟有超过 8 个人被新确诊为癌症。然而，与动辄数十万甚至上百万元治疗费用相对应的,是传统医疗方式低效的现状。巨大的医疗负担之下,存在着难以估计的无效医疗支出,精准医疗的发展有望成为解决问题的答案。

熊磊认为:"虽然肿瘤精准医疗的需求一直存在,但消费者对这一理念的接受度如何? 配套行业、基础建设是否成熟? 依然是首要考虑的问题。"由于精准医疗研究在世界范围内尚处于起步阶段,处于第一梯队的美国和英国政府正在加速推动相关基础设施建设,包括电子病历系统、生物样本库和智慧医疗信息专网等(见表5.6)。而得益于近40年中国经济的高速发展和科研力量的逐步提升,中国政府也将目光投向精准医疗领域。随着行业政策的松绑和推动,监管责任也逐步明确,标准化、规范化的市场氛围值得期待(见表5.7)。另一方面,如果能建立并落实抗肿瘤精准药物的快速审评通道,将基因检测、基因诊断和抗肿瘤精准药物纳入医疗保障范围,或许才能在惠及更多患者的同时,促进肿瘤精准医疗行业的发展。

表 5.6 精准医疗行业基础设施举例

用途类别	基础设施举例
数据生成	• 基因测序平台 • 移动健康监测设备 • 电子病历系统
数据存储	• 医疗云 • 服务器仓库
数据分析	• 生物信息学 • 大数据分析技术和工具
数据展现	• 基因组浏览器 • IGV 等图形化软件
数据网络	• 智慧医疗卫生信息专网

资料来源:Chemical Data Union,《基于大数据的精准医疗服务体系研究》

表 5.7　中国精准医疗相关政策法规变迁(2014—2016)

日　期	相关政策法规详情及解读
2014.02	卫计委、国家食品药品监督管理总局(CFDA)联合叫停基因检测项目：所有基于高通量测序的检测需经 CFDA 审批注册，并经卫生计生行政部门批准技术准入，方可应用；已经应用的，必须立即停止，由此基因检测真正纳入监管视线
	相关部门出台文件明确了基因测序行业的双重监管属性：所用仪器设备归口 CFDA 报批管理，临床领域的使用归口卫计委或属地管理。
2014.03	卫计委出台《关于开展高通量基因测序技术临床应用试点单位申报工作的通知》，拉开了基因测序行业临床应用规范化的序幕
2014.06—2015.03	国家食品药品监督管理总局(CFDA)先后批准华大基因、达安基因等多家公司的测序仪和测序产品，卫计委先后正式授牌"个体化医学检测试点单位"3 家，同时陆续公布了临床应用首批四大领域：遗传病诊断、产前筛查与诊断、植入前胚胎遗传学诊断、肿瘤诊断与治疗
2015.04	国家卫计委医政医管局发布《关于肿瘤诊断与治疗专业高通量基因测序技术临床应用试点工作的通知》，发布了第一批试点单位名单，20 家医疗机构和第三方检验实验室入选
2015.07	国家发改委发布《关于实施新兴产业重大工程包的通知》，将在 2015 至 2017 年建设 30 个基因检测技术应用示范中心，以开展遗传病和出生缺陷基因筛查为重点，推动基因检测技术的普及和产业化
	卫计委医政医管局出台《药物代谢酶和药物作用靶点基因检测技术指南(试行)》和《肿瘤个体化治疗检测技术指南(试行)》文件，弥补了药物基因组学和肿瘤个性化治疗的行业标准缺失问题
2015.10	中国共产党第十八届中央委员会第五次全体会议通过《中共中央关于制定国民经济和社会发展第十三个五年规划的建议》，将"健康中国"写入纲领性文件，未来 5 年健康产业将获得重点扶持
2016.03	《科技部关于发布国家重点研发计划精准医疗研究等重点专项 2016 年度项目申报指南的通知》将"精准医疗研究"列为 2016 年优先启动的重点专项之一，并正式进入实施阶段
2016.04	国家发改委下发《关于第一批基因检测技术应用示范中心建设方案的复函》，正式批复建设 27 个基因检测技术应用示范中心，上百家医疗机构被批准
2016.09	深圳国家基因库一期建成营业，主要包括基因信息数据库、生物样本资源库、生物活体库和数字化平台、基因编辑平台。这是继美国、英国和日本之后，世界上第四个建成的类似基因库，并且将与其他基因库分享信息
2016.11	国家工信部、国家发改委、科学技术部、商务部、国家卫生和计划生育委员会、国家食品药品监督管理总局六部门联合发布了《医药工业发展规划指南》，精准医疗正式写入"十三五"规划

资料来源：案例作者根据公开信息整理

对资金的持续需求

随着市场环境的改变,肿瘤早期筛查和精准治疗的重要性已经为大众所知,基因标志物对于药物开发、检测和诊断的重要价值也得到公认。在此背景下,思路迪认为吸引投资人的注意已不是特别大的难题。事实上,中国医疗健康领域曾经历了 2014 年的"爆发元年"和 2015 年的"资本寒冬论",但作为"永远的朝阳产业",依旧深受资本关注,尤其是肿瘤医学,持续成为投融资最活跃的细分领域。[39]据不完全统计,中国国内肿瘤医疗行业的初创企业中,2016 年获得融资的共有 21 家,融资总额超过 1.78 亿美元,其中融资最多的仍是肿瘤基因检测相关企业,其次为肿瘤药物研发、肿瘤大数据和肿瘤与人工智能领域(见表 5.8)。

2016 年至 2017 年,思路迪又陆续完成两轮融资,但具体细节尚未对外公布。对于未来的融资前景,熊磊考虑的是:"投资人眼中的精准医疗,与我们看到的精准医疗是不是一回事? 能不能像我们看到的那么远? 就像阿里巴巴 2007 年在香港上市时,市值达到 200 多亿美元,已经算很成功了。资本市场对当时的电商(领域)非常吹捧,但普遍认为机会也就那么多。谁能想到今天的阿里巴巴规模比香港上市时还大了 10 倍? 它现在影响了我们生活的方方面面,甚至变成了信用,变成了数据。肿瘤精准医疗(的前景)也是一样。"

人才依然是重要问题

在行业发展日新月异的背景之下,专业人才流动加速,企业间人才的竞争也日趋白热化。调查显示,2016 年中国内地高科技行业的主动离职率在全行业中排名最高,为 21.6%。[40]究其原因,一方面是由于

表 5.8　肿瘤精准医疗行业部分初创企业融资概览（2016）

企业名称	成立时间	公司规模	融资阶段	已有投资方	本轮融资金额	对外公布投资方向
吉因加	2015	100 人以上	A 轮	华大基因、火山石资本、松禾资本	2 亿元	主要用于启动 cfDNA 液体活检基线计划，建立中国人肿瘤基线数据库，部分用于肿瘤基因检测试剂的研发，申报和商业营销体系的拓展，市场推广等
奕安济世	2014	50~100 人	A + 轮	盖茨基金会、礼来亚洲基金、默克公司、ARCH Venture Partners	2 900 万美元	建设肿瘤药物研发新实验室，中试车间及提升 GMP 制造能力，加速生物制剂的开发和生产进程
全域医疗	2012	30~50 人	A + 轮	联基金、凯撒旅游、正和磁系资本	1.8 亿元	精准云放疗技术
泛生子基因	2013	100 人以上	B 轮	中源协和、新天域资本、分享投资、约印创投、嘉道功程等	数亿元	加速肿瘤与基因产业链上下游拓展，巩固并继续扩张市场及渠道，完善产品线，大数据建设
友芝友医疗	2011	50~100 人	IPO 上市	北陆药业、磐霖资本、神奥基医药、才金资本	6 500 万元	个体化用药基因诊断试剂盒，循环肿瘤细胞检测设备
零氪科技	2014	100 人以上	B 轮	宽带资本、汇侨资本、干骥资本、NEA	数千万美元	肿瘤领域的中国医疗大数据

（续表）

企业名称	成立时间	公司规模	融资阶段	已有投资方	本轮融资金额	对外公布投资方向
思派网络	2014	30~50人	B轮	腾讯、斯道资本、F-Prime基金、平安创投	数千万美元	肿瘤大数据
世和基因	2013	100人以上	B轮	北陆药业、东方创投、东资基金	6 000万元	肿瘤与基因
希元生物	2005	100人以上	A轮	安科生物	3 000万元	增强肿瘤药物研发实力，推进抗肿瘤领域的产业化发展
壹加医	2015	15~30人	A轮	尚未透露	300万美元	肿瘤与基因
认知关怀	2016	30~50人	天使轮	普华资本、思创医惠	数千万元	将人工智能运用到肿瘤医疗领域，打造中国版沃森肿瘤专家
健康580	2016	30~50人	天使轮	尚未透露	300万元	肿瘤与人工智能
连心医疗	2016	15~30人	天使轮	尚未透露	数百万元	肿瘤大数据平台搭建和医疗数据分析
义和云创	2013	30~50人	天使轮	重山资本	数百万元	肿瘤远程病理服务领域拓展市场、产品研发等
志诺维思	2015	15~30人	天使轮	真格基金、领势投资	数百万元	肿瘤与基因

资料来源：动脉网、蛋壳研究院数据库

217

高科技行业员工从业年龄普遍较小,期待更多的发展机会与晋升空间;另一方面是该行业创业公司较多,员工需要适应快节奏和高压力的工作状态,如无法适应往往也会选择主动离开。对于融合了生物信息、基因测序、分子药理、临床病理、大数据计算与分析等多个前沿技术的肿瘤精准医疗行业来说,多学科交叉人才更是稀缺资源。思路迪在两年时间内从70多人扩增到300多人,其中包括40多位博士及博士后。并在2015年连续引入多名在海外拥有研究经验的科研工作者,逐渐形成了兼具技术和商业思维的管理团队(见表5.9)。

但熊磊对于人才的渴望依旧热烈:"人才依然是重要的问题。虽然思路迪成立时间早,在人才积累上有优势。但相比于市场需要,行业的人才储备依然不足。我们依然会面临许多挑战。只是现在有更多人愿意加入这个行业,愿意来这个公司罢了。环境变好了,不代表大家就变得很专业。"

熊磊经常强调:"商业机会驱动的公司核心决策是抓住现在,而使命驱动的公司核心决策是预见未来。目前,我们的早筛业务规模还不够大,药物也在临床试验阶段。但随着未来几项业务的开展,药物上市,渠道铺开,网络建成,可能只要再过几年,协同效应就会显现出来。"那么,思路迪能否在熊磊和管理团队的带领下,实现"三位一体"的商业模式构想,完成2017年2月于公司内部启动的三年上市计划,早日实现"整合下一代精准诊疗技术,实现肿瘤的早期筛查、精准诊断和精准新药开发,最终攻克肿瘤"的企业愿景呢?

表 5.9 思路迪管理团队介绍（2016）

高级管理层

熊磊 Ph.D.	创始人 董事长 联席 CEO	・2010 年创立思路迪，专注肿瘤精准诊断、大数据和精准药物开发 ・15 年肿瘤生物学、药理学研究经验 ・中科院生物化学博士，瑞士苏黎世大学博士后
龚兆龙 M.D., Ph.D.	CEO	・10 年美国 FDA 新药评审经验，20 年药物研发经验，熟悉国际新药开发和药物审批法规 ・曾任百济神州 VP、北京昭衍 CTO、莱博药业 CEO ・AAALAC（国际实验动物管理评鉴及认证协会）专家委员会成员 ・美国纽约大学毒理学博士，北京医科大学医学学士
张良	首席人才官兼执行副总裁	・外企 10 年、内企 11 年资深人力资源工作岗位，擅长组织能力、企业文化和团队建设 ・曾任旭辉集团副总裁兼首席人力资源官、上药科园信海医药首席人力资源官、天士力集团总裁助理兼人力资源总监、摩托罗拉（中国）人力资源经理 ・中欧国际工商学院（CEIBS）MBA

精准诊断与数据

李福根 Ph.D.	精准治疗研发副总裁	・精通生物信息学的应用和分析策略，包括基因组学技术、序列分析以及生物标志物分析 ・曾任哈佛 Dana-Farber 癌症研究院高级生物信息学研究员、波士顿 Ibioinform 公司 CTO ・俄勒冈州立大学分子生物学博士
杨韩雁	数据与信息系统副总裁	・20 多年软件系统架构和智能算法应用经验 ・先后在中科院计算中心、美国 MCI 世界通信公司、美国 SAS 公司等机构工作 ・数学硕士、计算机硕士，MBA

（续表）

精准治疗商业

付箐	精准医疗战略副总裁	· 20多年制药销售和市场经验，先后在默沙东制药、Abbott China 雅培制药、葛兰素制药、纽迪亚制药等公司工作 · 重庆医科大学临床本科，澳大利亚国立大学国际管理硕士
蔡平	精准治疗副总裁兼商务总经理	· 2年临床医生的工作经历；20年医药市场营销的经历，曾任西安杨森公司中枢神经事业部总监、战略市场部总监、全国销售经理 · 第一军医大学临床医学本科，中山大学EMBA

运营

曾锐	副总裁兼PMO	· 曾任美国礼来制药销售力管理高级经理、摩立特管理咨询高级顾问，IBM全球整合项目经理 · 中欧国际工商学院MBA，高级健康管理师，注册项目管理师

资料来源：思略迪官网——企业团队

尾注：

[1] The White House. Fact Sheet：President Obama's Precision Medicine Initiative. January 30，2015

[2] 中国国务院.国务院关于印发"十三五"国家战略性新兴产业发展规划的通知[R]. (2016－11－29).

[3] BIS Research. Research and Markets：Global Precision Medicine Market-Estimates and Forecasts Through（2015－2022）. Business Wire，November 24，2015

[4] 朱萍.基因检测机构竞争趋白热化,病理人才缺口亟需弥补[N].21世纪经济报道, 2017－01－12.

[5] NIH. The Precision Medicine Initiative. Accessed at https：//syndication. nih. gov/ multimedia/pmi/infographics/pmi-infographic.pdf on March 18，2017

[6] 崔晓林.我国将启动精准医疗计划2030年前投入600亿[J].中国经济周刊,2015－ 10－12.

[7] 孙爱民.精准医疗是泡沫还是先机？[J].财经,2016－11－28.

[8] 秦夕雅.思路迪熊磊：去走肿瘤精准'医疗从0到10'那段路[N].第一财经日报,2015－ 11－13.

[9] 郑琪.拿到1.46亿融资后,思路迪要干哪四件事[EB/OL].（2015－12－16）. http:// vcbeat.net/25092.

[10] 佚名.天士力牵手思路迪,大力进军肿瘤精准医疗领域[EB/OL].（2015－11－16）. https：//www.360zhyx.com/home-research-index-rid-62786.shtml.

[11] 左丽媛.消化领域国际权威杂志发表思路迪联合中国学者关于肿瘤内异质性对药物治 疗影响的最新进展[R].测序中国,2016－10－20.

[12] Angelina Jolie. My Medical Choice. New York Times，May 14，2013

[13] 王悦.基因测序开打价格战：两年时间从8万降到1万[N].第一财经日报,2015－ 09－02.

[14] 肖玫丽.达安基因陈英杰：中国过早进入价格战,达安重点布局后续服务[N].21世纪 经济报道,2016－01－08.

[15] 王悦.基因测序开打价格战：两年时间从8万降到1万[N].第一财经日报,2015－ 09－02.

[16] World Hearlth Organization. Cancer Fact Sheet：Breast Cancer. Accessed at http：// gco. iarc. fr/today/fact-sheets-cancers？cancer＝15&type＝0&sex＝2 on March 18，2017

[17] Wanqing Chen；et al.. Cancer statistics in China，2015. CA：A Cancer Journal for Clinicians，January 25，2016

[18] Duncan JA；Reeves JR；Cooke TG.. BRCA1 and BRCA2 proteins：roles in health and disease. Molecular Pathology，October 1998，51（5）：237－247

[19] Christian Nordqvist. Breast Cancer：Causes，Symptoms and Treatments. Medical News Today，May 5，2016

[20] 女性肿瘤预防基金聚力公益,为乳腺癌高危人群保驾护航[EB/OL].（2015－10－21）. http://www.sohu.com/a/36988492_268116.

[21] American Cancer Society. Breast Cancer Prevention and Early Detection 2015. Accessed at https：//old.cancer.org/acs/groups/cid/documents/webcontent/003165 - pdf.pdf on March 18，2017

[22] American Cancer Society. Breast Cancer Facts & Figures 2015 - 2016. Accessed at https：// www.cancer.org/content/dam/cancer-org/research/cancer-facts-and-statistics/breast-cancer-facts-and-figures/breast-cancer-facts-and-figures-2015 - 2016.pdf on March 18，2017

[23] 女性肿瘤预防基金聚力公益,为乳腺癌高危人群保驾护航[EB/OL].(2015 - 10 - 21). http：//www.sohu.com/a/36988492_268116.

[24] John Howard. Minimum Latency & Types or Categories of Cancer. World Trade Center Health Program，October 17，2012

[25] David Gorski. The early detection of cancer and improved survival：More complicated than most people think. Science-Based Medicine，May 12，2008

[26] Carlo M. & Croce, M. D.. Oncogenes and Cancer. The New England Journal of Medicine，January 31，2008，358 (5)：502 - 511

[27] Zong, Chenghang；et al.. Genome-Wide Detection of Single-Nucleotide and Copy-Number Variations of a Single Human Cell. Science，December 21，2012，338：1622 - 1626

[28] Antonio Regalado. What Are Liquid Biopsies Useful for?. MIT Technology Review，August 13，2015

[29] 李蕴明.精准医疗投资开云拨雾[N].医药经济报,2015 - 12 - 14.

[30] Vinay Prasad. Perspective：The precision-oncology illusion. Nature，September 7，2016

[31] 火石创造.20 大 CFDA 批准靶向抗肿瘤药物及其市场浅析[EB/OL].(2017 - 02 - 20). http：//med.sina.com/article_detail_103_2_20589.html.

[32] Qiang Gao；et al.. Cell Culture System for Analysis of Genetic Heterogeneity Within Hepatocellular Carcinomas and Response to Pharmacologic Agents. Gastroenterology，September 24，2016

[33] 访思路迪联席 CEO 龚兆龙：新药研发模式的革命,你抓住机会了吗？[EB/OL]. (2014 - 12 - 09). https：//www.360zhyx.com/home-research-index-rid-32965.shtml.

[34] Mario Sznol；Lieping Chen. Antagonist antibodies to PD - 1 and B7 - H1 (PD - L1) in the treatment of advanced human cancer. Clinical Cancer Research，March 1，2013，19：1021 - 1034

[35] Couzin-Frankel J.. Breakthrough of the year 2013. Cancer immunotherapy. Science，December 20，2013，342(6165)：1432 - 1433

[36] Lisa A. Raedler. Tecentriq（Atezolizumab）First PD - L1 Inhibitor Approved for Patients with Advanced or Metastatic Urothelial Carcinoma. American Health & Drug Benefits，October 6，2016

[37] Torre LA；et al.. Global cancer statistics 2012. CA：A Cancer Journal for Clinicians，February 4，2015，65(2)：87 - 108

[38] Wanqing Chen；et al.. Cancer statistics in China，2015. CA：A Cancer Journal for

Clinicians，January 25 2016

［39］ 莫人英.医健投融资寒冬来临？大肿瘤领域火热依旧！［R］.蛋壳研究院，2016 -
10 - 12.

［40］ 任紫.前程无忧调研报告显示——员工流动明显加快,企业调薪趋于谨慎[N].中国劳
动保障报,2016 - 12 - 30.

点评

依"数"为"术"
——思路迪精准医疗启迪了创业者的思路

王丹萍

苏州大学副教授、博士

数字经济年代,创业须臾不可弃离创新。如同所有创业型企业一样,思路迪这家医疗行业的创业型公司向我们展示了当代创业者们共同的风范:一靠模式创新,二靠科技创新。

韩愈《师说》"闻道有先后,术业有专攻"一语中"术"之释义就是"技能"。那么,这些年来"思路迪"的模式创新与科技创新,依何为"术"呢?我以为,它是依"数"为"术"。精准医疗前程无量却又竞争激烈,而正是数字经济的产物——平台、大数据启迪了思路迪的创业思路。

一、模式创新:择平台而起

思路迪创业实践依靠的第一个"数"就是它定位于平台的商业模式。对于初创企业而言,准确定位是其未来发展的基础。思路迪瞄准的精准医疗市场规模巨大,竞争也异常激烈:仅 2014 年与 2015 年两年,中国国内就新增了 270 多家精准医疗公司。面对严峻的市场环境,思路迪独辟蹊径选择了平台模式:遵循疾病管理全流程的思路,打造集肿瘤早筛、诊断和新药开发三位一体的综合性精准医疗服务平台。

平台的优势不仅在于它的协同优势,还在于它的网络效应(网络外部性)。首先,平台能充分实现渠道、品牌和数据资源的整合与协同。

一是渠道协同，由于肿瘤的早筛、同伴诊断和用药面向的是同一批肿瘤医生，销售团队可以建立统一的营销渠道；二是品牌协同，同一集团推出的产品和服务品牌，不仅可以建立一个全方位、整体的品牌形象，还可以让消费者的感知在不经意之间得到强化；三是数据协同，通过挖掘和综合运用肿瘤基因组数据、临床诊疗数据和药物研发数据，为企业创造更多的业务可能。其次，平台的网络效应意味着它对用户产生的效用将随着用户数量的增加而呈几何倍数的增长，一旦这一效应被激发出来，思路迪精准医疗服务未来的发展潜力将无可限量。

思路迪之所以能在同行竞争中脱颖而出，就是因为它不落窠臼，结合自身实际准确定位，也为塑造企业的核心竞争力打下了基础。试想如果思路迪囿于传统，像其他同行一样定位和开展业务，那么它今天最多不过是中国众多的生物医药企业之一，而且很可能会陷入"同质化竞争"的泥沼。

二、科技创新：择大数据而进

思路迪依靠的第二个"数"是它对于大数据的有效应用。"工欲善其事，必先利其器"，要实现精准医疗服务，必须找到恰当的工具。思路迪选择了大数据，并以此为基础，创建了它的三大业务：肿瘤精准早筛、肿瘤精准诊断以及精准药物研发。精准医疗市场潜力巨大，但只有那些专注于技术研发和科技投入的企业，才能留下来成为分蛋糕的参与者。思路迪正是利用大数据这件利器在这块令人垂涎的蛋糕上成功争取到了自己的份额，并有望继续扩大。

个性化医疗的基本理念就是：根据每位患者的具体情况对症下药。思路迪积累海量的肿瘤基因组数据和高通量药物数据（大数据），通过数据分析，寻找"药物—基因"配对关系，并在此基础上提供抗肿瘤个体化筛查、诊断和精确药物的研发和应用方案。这种独树一帜的个性化医疗服务方案正是利用了大数据技术高效、低成本的优势。大数据已经受到广泛关注，但真正将其充分应用并由此提升效率和效益的企业却并不多，思路迪在这方面走在了前面，并利用这一工具创造了价值。

除此之外，思路迪还利用自身的数据优势，将业务从早期的单一药物研发逐步拓展为集肿瘤早期筛查、精准诊断和精准新药开发为一体的综合性精准医疗服务模式，全产业链布局很显然成为思路迪下一步的发展目标。以 50 万元创业资金起家的思路迪能发展成为今天包括一个新药研发中心、两间医学检验所和独立子公司在内的精准医疗服务机构，除了把握市场机遇，更是精准的商业模式定位与科技创新结合的产物。

依"数"为"术"并不难，难的是创业家面对竞争与质疑时的那份依"数"而"行"的自信与坚定。

6 上海市儿童医院：
智慧医疗的先行者

2016 年 3 月 5 日是第 53 个学雷锋日纪念日。在这样一个阳光灿烂的星期六，上海市儿童医院于广军院长早早来到办公室，开始准备上海首个病房学校——"教育童行·i 在彩虹湾"上海市儿童医院病房学校——的揭牌仪式。他深知，在互联网时代，儿童医院将不再仅仅是疾病的治疗场所，而更应从生理、心理和社会 3 个层面全方位开展服务，努力打造成"智慧、精品、人文"的医院。

2 年前的今天，上海市儿童医院位于普陀区长风生态商务区泸定路的新院区投入试运行。新院的建立为智慧医院的建设奠定了更高的平台，自此上海市儿童医院开启了"一院两区，协同发展"的医院布局。近些年，上海市儿童医院一直致力于为患儿和家长提供人文关怀，并借助先进的信息技术推出了一系列的便民服务，如微信就医、诊前化验、智能床旁、一站式输液等。作为智慧医疗的先行者，其先进的理念和丰富的实践经验得到了广泛认可。然而，在于广军看来，一切只是一个开始，他说："在建设智慧医院的道路上，我们还有很长的路要走，还面临着很多挑战……"。

本案例由中欧国际工商学院朱晓明教授、案例研究员赵丽缦和研究助理朱叶子、肖颖君共同撰写。在写作过程中得到了上海市儿童医院的支持。

智 慧 医 疗

"智慧医疗"(Smart Healthcare)源自 IBM 于 2008 年 11 月提出的"智慧地球"(Smart Planet)概念,旨在利用最先进的物联网技术,实现患者与医务人员、医疗机构、医疗设备之间的互动,逐步达到信息化。IBM 所提出的"智慧医疗"系统是一个以患者为本的信息体系。[1]在"2015 年中国互联网大会·互联网医药健康论坛"上,智慧医疗被认为是移动互联网时代的"最后一座金矿"。2014 年又被视为"移动医疗"元年。[2]

智慧医疗由 3 个部分组成,分别为智慧医院系统、区域卫生系统,以及家庭健康系统。作为医疗行业的重要组成部分,智慧医院将是对传统医疗模式的颠覆性创新。[3]智慧医院是数字化医院发展的新阶段。传统的数字化医院的技术基础是计算机和数字通信网络等信息技术,实现了无纸化、无胶片化和无线网络化,其采用的医疗设备系统主要包括:医院信息系统(Hospital Information System,HIS)、医学影像和通信系统(Picture Archiving and Communication Systems,PACS)和办公室自动化系统(Office Automation,OA)。而智慧医院是基于计算机网络技术发展,应用计算机、通讯、多媒体、网络等其他信息技术,在全部医疗流程中实现全面的数字化和网络化。智慧医院涵盖了联机业务处理系统(On-Line Transaction Processing,OLTP)、医院信息系统(HIS)、实验室信息管理系统(Laboratory Information Management System,LIS)、临床信息系统(Clinical Information System,CIS)、互联网系统(Intranet/Internet System)、远程医学系统(Tele Medicine System)、智能楼宇管理系统(Intelligent Building Management System)等。[4]

　　21 世纪初,国内一些有信息化基础的医院开始探索智慧医院的建设。2013 年前后,我国中央和部分地方政府相继出台了关于智慧医疗的设计方案和实施规划。2014 年,国家相关部门制订了智慧医院的评价体系,指出将主要从能力建设、应用管理和成效评价等 3 个方面来评价医院的智慧建设和应用水平。[5]相关研究显示,近些年我国医院信息化飞速发展,2014 年医疗机构信息技术的支出达 261.2 亿元,2015 年超过 300 亿元,为智慧医疗的发展奠定了扎实的基础。[6]2014 年,中国移动医疗市场的规模约为 30 亿元人民币,增长率接近 30％,[7]2017 年将达到 200 亿元,年复合增长率超过 80％。[8]未来几年,更多的医院、企业和社区将会参与智慧医疗的建设。作为中国第一所儿童医院,上海市儿童医院率先引入了先进的医院管理理念,开始了对智慧医疗的探索。

上海市儿童医院

发展历程与背景简介

　　上海市儿童医院是一所集医疗、保健、教学、科研、康复于一体的三级甲等儿童医院,拥有我国最早的小儿外科专业、门诊和病房。其前身是由我国著名儿科专家富文寿及现代儿童营养学创始人苏祖斐等于 1937 年创办的“上海难童医院”,1953 年更名为“上海市儿童医院”,2003 年成为“上海交通大学附属儿童医院”。[9]

　　成立 80 年来,上海市儿童医院历经 3 次搬迁,院区不断完善。目前,上海市儿童医院有 2 个院区(泸定路院区和北京西路院区)和 1 个康复中心(梅川路步行街)。其位于普陀区的新院被定为医院总部,它将优质的儿科医疗资源带到了上海市西北部并成功辐射至长三角地区。位于静安区北京西路的院区可以满足上海市中心儿童基本的医疗服务需要。康复中心是为儿童提供康复训练的场所。

"一院两区,协同发展"的布局为上海市儿童医院的发展奠定了更高的平台。新院于 2009 年 12 月 26 日奠基至 2014 年 3 月 5 日启用试运营,承载了 3 届院长的梦想。2012 年走马上任的于广军见证了上海市儿童医院主体结构的完成,承担起更艰巨的现代儿童医院的建设任务。此前,于广军曾担任上海市医疗保险局办公室副主任、上海市卫生局党委办公室副主任、上海申康医院发展中心医疗事业部主任、医联中心主任。1997—2005 年,他参与上海重要医保政策和卫生改革政策的研究与设计;2006—2011 年,他负责具体组织实施上海医联工程,实现上海 34 所三级医院临床信息共享,建成了国内最大的临床数据中心。

秉承"为儿童服务就是幸福"这一宗旨,于广军提出建设"精品医院、人文医院、智慧医院"的发展战略。精品医院体现在精致的环境、精湛的技术、精良的设备、精心的服务和精细的管理这几个方面。人文医院同样体现在很多方面,比如新院建设的"三面墙"——院史文化墙、慈善感恩墙和儿童画展示墙。而建设一个智慧的儿童医院在于广军看来,不仅是上海建设"智慧城市"的要求,更是现代医院发展的内在需求。

信息化建设与改造升级

"我们智慧医院的建设有一个很好的契机,就是我们新院的建设,"上海市儿童医院院长办公室主任晏雪鸣女士说道,"但是一院两区三地的话,如何做到信息的互联互通,是在我们做基础架构的时候就要考虑到的。"上海市儿童医院早在 20 多年前便开始了信息化建设的探索,在为新院选择信息系统时同样做出了勇敢的尝试。

在新院建立之前,上海市儿童医院的医疗信息化系统由上海复高信息技术有限公司①提供。考虑到新院未来的发展规划与愿景，信息中心等相关部门在2013年下半年讨论决定采用市场表现更好的上海金仕达卫宁软件股份有限公司②所提供的信息系统。"刚开始建新院的时候，我们的想法是老院老模式，新院新模式，"上海市儿童医院信息中心主任王淑女士说道，"但是，新院正式运营以后，我们发现一家医院两个院区使用不同系统的情况下，会出现很多问题，比如挂号、收费等各种患者就诊的问题。"

在这种情况下，上海市儿童医院经过各部门的商议，于2014年9月请第三方软件测试中心对2个院区进行了数据测试，发现对医院不同信息系统进行互联互通在技术上有一定的可行性。为了顺利切换原有的信息系统，医院各业务职能科室和将近20位工程师经过了数十次的沟通和讨论，各个临床和职能部门负责人形成了以院长为领导的"北京西路院区信息系统切换项目指挥组"，信息部联合软件公司与相关临床和职能科室商讨制定了详细的切换方案。经过工程人员上百次对业务功能的反复修改和夜以继日地对系统切换方案的调试和演练，上海市儿童医院的2个院区于2015年10月22日晚上10点成功完成了旧院区和梅川路康复中心的信息系统升级改造。

此后，新旧两院和康复中心通过万兆光纤实现了数据源的统一，解决了各业务系统的相互独立、标准不一、信息无法共享等问题，实现了一院两区三地各医疗健康信息的实时共享，为患者、医生和医院管理者

---

① 上海复高信息技术有限公司成立于1996年，其服务覆盖区域卫生信息化、医院信息化、公共卫生信息化、社区卫生信息化四大体系。在2014年之前，其在上海医疗信息化市场的占有率位居第二，仅次于金仕达卫宁。2014年7月底上海复高被万达信息股份有限公司（简称"万达信息"）以6亿元人民币全资收购。万达信息成立于1995年，以行业应用软件、专业IT服务和系统集成作为三大主营业务，为智慧城市提供整体解决方案。

② 上海金仕达卫宁软件股份有限公司是一家专业从事医疗卫生领域信息化、数字化、软件研究与开发的高科技企业，创立于1994年，于2011年在深交所上市。

带来了多重便利,为上海市儿童医院建立"以患者为中心"的智慧型儿童医院打下了良好的基础。

成为"四级甲等"医院

2015 年 4 月 16 日,上海市儿童医院全面接受了国家卫计委统计信息中心组织的"医院信息互联互通标准化成熟度测评"现场测评查验工作。在这次近一年的测评项目中,上海市儿童医院基于面向服务架构(Service-Oriented Architecture,SOA)的信息集成平台,完成了8个业务平台接口开发,提供了 26 个对外集成 WEB 服务,实现了 HIS、CIS、EMR(Electronic Medical Record,电子病历)、检验、RIS/PACS、物资、财务、人事等系统的集成,医院信息系统完成了 15 个子类 54 个数据集的电子病历改造,实现了 5 个大类主数据的统一管理与维护,并修订了医院临床、护理、医技 3 个大类共 49 个结构化文档,对数据集、共享文档、平台服务的各项测试全部符合国家医疗信息互联互通测评标准。通过这次信息标准化评测的改造与建设,上海市儿童医院建立了 1 个平台(集成平台)、2 个中心(临床数据中心、运营管理数据中心)和 3 张网络(业务网、办公网、监控网)的基础架构,实现了多院区之间的数据共享、业务协同、管理统一。

上海市儿童医院的信息平台架构的完整性得到了专家们的肯定,最终成为沪上首家国家医疗健康信息互联互通标准化成熟度测评"四甲"医院。按照卫生健康信息互联互通标准化成熟度测评方案,国家医院互联互通标准化成熟度测评分为 5 个等级,每级细分为甲、乙 2 个等次,因五级测评细则国家尚在完善和修订中,暂未出台,目前国内医院评测最高等级为四级甲等,包括 5 家医院,分别是北京大学人民医院、中国医学科学院北京协和医院、中国医科大学第一附属医院、上海市儿童医院和吉林中心医院。

上海市儿童医院的信息化建设得到了业界的认可。2014 年 11 月上海市经济与信息化委员会表示愿意将上海市儿童医院作为沪上"智慧型医院"的样板和典型医院进行打造，希望其不断努力发展成为全国智慧医疗示范点。然而，"智慧医院是以信息化作为支撑，但智慧医院不仅仅是信息化。"于广军很明白，建设智慧医院任重而道远。

探索儿童智慧医疗

以人为本，借助先进的信息技术

我认为智慧医院应包括 5 个 R。第一个 R，我们叫 CRM(Customer Relationship Management)，以患者为中心，改善患者体验；第二个 R 是 EMR(Electronic Medical Record)，就是电子病历，围绕医生提升质量与安全；第三个 R 是 HRP(Hospital Resource Planning)，是围绕我们医院的运营管理，以绩效为统领，运营一体化；第四个 R 是针对医学科研的，叫 SRIS(Science Research Information System)，它将生物信息和临床信息结合，这个是我们的特色；第五个 R 是指对区域的 RHIN(Regional Health Information System)，是指互联互通，要做医疗联合体，与外部医院进行协作。

于广军这样解释"智慧医院"的内涵。在他看来，智慧医院的建设应当以现有的信息化建设为核心，围绕"人"来进行。"'智慧医院'一定是以人为本，一定会用到先进的信息技术，"于广军说道，"但是对于先进的技术的使用，我们不能为用而用，而是要找到一个适合的场景，能够及时地与医院的实际应用结合起来，能够实现成本效益，能够实现供

233

给与需求的融合,这个我觉得是要考虑的。"

比如,物联网最早运用于医院的节水系统——自动抄表系统。这个系统是与第三方研究所合作完成的,目的是为了检测水表水平衡的情况。后来,物联网还运用于后勤管理中的能源(电力)检测等。而大数据技术的应用则更为多样,比如基于临床数据建立的辅助决策知识库、罕见病知识库。目前,医院各科室正在做一些专病的数据库,未来可以用于各个科室的科研管理项目。2015 年,上海市儿童医院医学遗传科牵头成立了罕见病诊治中心,联合各相关科室开展罕见病的临床治疗、实验室诊断及科研等工作。基于这个数据中心,上海市儿童医院2015 年共检测 400 余例罕见病,确诊近 200 例。

面向患者

于广军认为,5 个 R 的先后顺序应当为:"先为患者服务,所以医院重点先做互联网服务,第二步是做对医务人员的,第三步我们重点放在管理运营上,然后是区域性的服务,再有就是科教的服务。"于是,他上任之后最想解决的就是传统医疗服务中的"三长一短"问题(挂号、候诊、收费队伍长,看病时间短)。为了实现患者就医的便捷、高效,增强医生和患者的互动与沟通,于广军带领上海市儿童医院进行了多方面的探索。

微信医疗服务平台

上海市儿童医院于 2014 年 4 月 8 日开通了医疗服务平台(智能手机微信就医导航系统),实现了专家预约、在线挂号、自助收费、在线候诊、报告查询、药师在线、三维导诊等全方位的信息化服务(见图 6.1)。这个微信服务平台的设计思路为"一个中心,五个平台",即建设一个以微信为支撑的便民服务中心,以及高精准度的会员服务平台、高时效的信息发布平台、高到达率的医患互动平台、高便利性的在线服务平台、高接受率的健康知识平台。

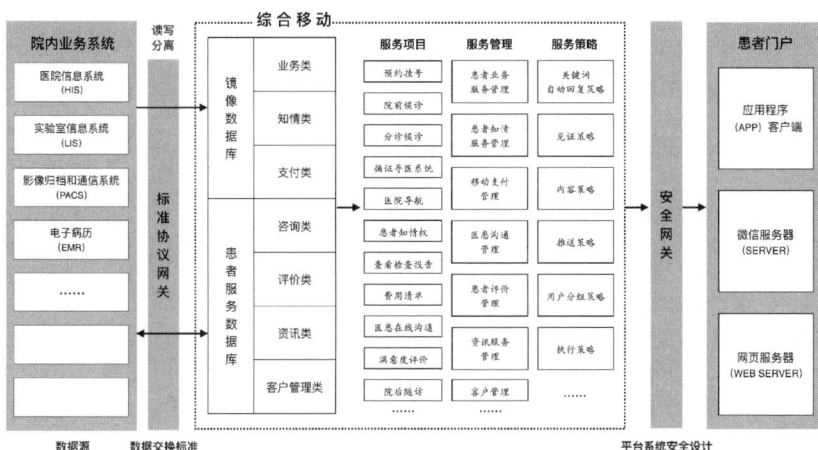

图6.1 上海市儿童医院微信医疗服务的业务架构设计

资料来源：于广军,钮俊,王淑,崔文彬.基于微信平台优化医疗服务流程的探索[J].中国卫生资源,2015,18(5)：315－317.

上海市儿童医院微信公众平台有2种形式：为用户推送消息的订阅号（ID：shchildren）以及具有自定义回复功能的服务号（ID：shchildren1）[①]。微信服务号通过"阳阳服务""阳阳告知""绑定阳阳"三大板块,为患者展示便捷的服务功能。通过微信服务号,家长可以在线预约挂号,极大地改善了到医院排队挂号的传统就医流程。此外,自2015年6月1日新院实现Wi-Fi全覆盖之后,医院的一站式自助服务支付和微信支付全面对接,解决了传统的支付问题。值得一提的是,在支付宝、微信财付通等第三方支付平台颇为流行的情况下,上海市儿童医院经过慎重思考与实践,从保证用户信息安全和支付效率的角度,决

---

① 微信订阅号,用户可以回复内容,上海市儿童医院对患者感兴趣的内容加以判断,使工作更有针对性。微信服务号,用户可以点击某一项内容,系统就会自动链接到医院网站上,供用户查阅。

定绕开第三方支付平台,打通医院 HIS 系统与银行一站式自助系统的通道,通过微信实现了医院诊疗卡与银行一站式系统的在线结算,实时性更高。在这种支付模式下,只要患者在自助付费机上开通账户确认,即可在手机终端实现移动支付,也可在医院现场实现一站式自助支付功能。

上海市儿童医院的微信公众服务号开通的第一年便得到了 10 万多患儿家长的关注,移动在线预约和挂号使用量分别达 13 444 人次和 48 612 人次,用药在线咨询指导人次为 51 120,育儿宝典使用人次为 24 720,共计 137 896 人次,占同期相应门诊量的 29.8%。[10] 2015 年的统计数据显示,平均每天微信挂号人数约占当天就医人数的 15.25%,与传统就医流程相比,平均缩短就医等待时间 1.23 小时。[11] 截至 2016 年 1 月底,上海市儿童医院的微信用户已经达到 26 万人,微信医疗服务的作用显著。

根据全国医院微信阅读总数及 WCI 指数综合统计,上海市儿童医院在 2015 年度全国医院新媒体运营榜单中排名为第 14 名,全国医院微信服务号十强(第 1 名),全国专科医院微信十强(第 1 名)。上海市儿童医院基于微信平台对医疗服务流程的优化得到了业界的认可,获得上海市智慧城市建设"十大创新应用奖""2014 年上海政务新媒体影响力十强""第七届健康中国新媒体建设金牌示范医院"和"政务微信优秀公众账号"等荣誉称号。

掌上儿童医院 APP 和智能床旁 APP

在一定程度上,智慧医院是基于移动设备的掌上医院,在整个就医流程中充分运用了移动终端的便捷性。[12] 为了全方位促进院前、院中和院后的就医效率,上海市儿童医院与上海市经济与信息化委员会同步推进沪上"医疗云"部署,开发手机 APP 应用,将智能分诊、预约挂号、取报告单、医院导航、在线支付等功能进行整合，为患儿就医提供更多便利的选择。掌上儿童医院获得上海智慧城市建设"十大创新应用奖"。

此外，为了丰富患儿的生活，医院开发了智能床旁系统。借助iPad将健康教育、一日清费用查询、诊疗计划跟踪、住院紧急呼叫、门诊预约、影视娱乐集于一体。患儿和家长可以通过该系统做游戏、看视频，也可以了解疾病情况和下一步的治疗计划，同时还可以查询治疗费用和检查项目。医护人员也能借助系统了解病区患儿的病史、报告，制定治疗计划，并通过医疗系统实现日查房和患儿病情跟踪。智能床旁系统促进了医院、医生和患者的互动，获得第三届上海市医务职工科技创新"星光计划"一等奖和上海医院协会优秀项目特色奖。

此外，上海市儿童医院还新建了腾讯QQ公众号，为家长提供在线挂号、专家预约、候诊队列、健康讲座、育儿宝典等多种移动医疗服务。

"一站式"服务

早在2011年，上海市儿童医院就开展了一站式自助服务，患儿家长仅需在自主机进行一次充值后，便可完成挂号、预付费、交费、预约专家等服务，避免了在检查、取药过程中的往返付费，同时缩短了就医过程中的排队等候时间。于广军任院长之后，将一站式自助服务和微信无缝对接，并推出了门诊一站式输液。

晏雪鸣主任这样解释一站式输液的设计思路："按照传统的输液模式，患者需要排队等医生开补液，之后去排队缴费，然后到药房排队领药，再将瓶瓶罐罐交给护士，护士冲配之后给患者，患者再去排队输液。这个过程中患者需要排4次队！而且需要由医生将输液包交给患者，再由患者交给护士，这并不能体现以患者为核心的态度。所以，我们于院长认为应该从患者的角度出发简化这个流程。"

按照一站式输液流程,患者可以自助叫号,接下来排队候诊,配药及冲配的过程在后台完成,期间患者只需排队等待叫号便可完成注射。这样的流程改造方便了患者(只需排2次队),但在推动的过程中却也面对着一些阻力。首先是需要建一个补液药房,更重要的是会涉及人力的配置和绩效的分配,比如负责配药的药学部以及负责输液的护理部在人力配置上需要发生一些变化,新增的补液包的传递工作量的绩效分配同样需要调整。

类似地,为了更好地解决"三长一短"的问题,上海市儿童医院继一站式输液之后又创新性地推出了诊前化验支持系统,大大地优化了传统的就医流程(见图6.2)。按照现有的门诊数据,上海市儿童医院发现大约50%的患者是常见病(如感冒、发烧、拉肚子等),是要看内科的。如果患儿符合指定的适应症,可以自愿接受诊前化验的服务,即经过门诊预检或普内科分诊台处的医护人员严格把关和有效指导,向他们索要诊前检验单,付费后便可在候诊的同时完成常规化验(如血常规、尿常规、粪便常规),随后取得化验结果直接提供给医生以协助诊断和开具诊疗方案。

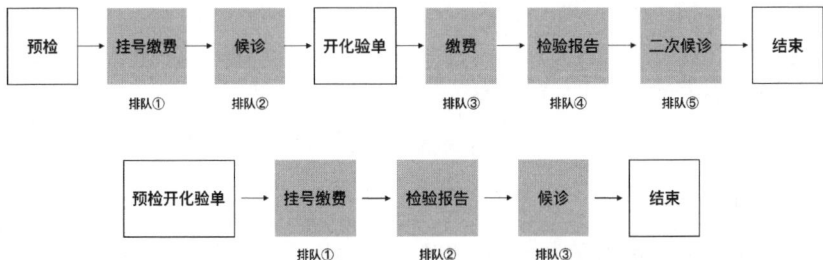

| 预检 | → | 挂号缴费 | → | 候诊 | → | 开化验单 | → | 缴费 | → | 检验报告 | → | 二次候诊 | → | 结束 |
| | | 排队① | | 排队② | | | | 排队③ | | 排队④ | | 排队⑤ | | |

| 预检开化验单 | → | 挂号缴费 | → | 检验报告 | → | 候诊 | → | 结束 |
| | | 排队① | | 排队② | | 排队③ | | |

图6.2　上海市儿童医院诊前化验与传统门诊的流程比较

资料来源:上海市儿童医院

　　以患者为中心,上海市儿童医院用新技术推动了就医模式与服务模式的变革,实现了对患者从院前、院中到院后的全程精细化、人性化、智能化服务(见图6.3)。线上和线下相互协同的服务模式有效地减少了患者的无效排队与等待,提高了服务效率,实现了就医模式的创新。

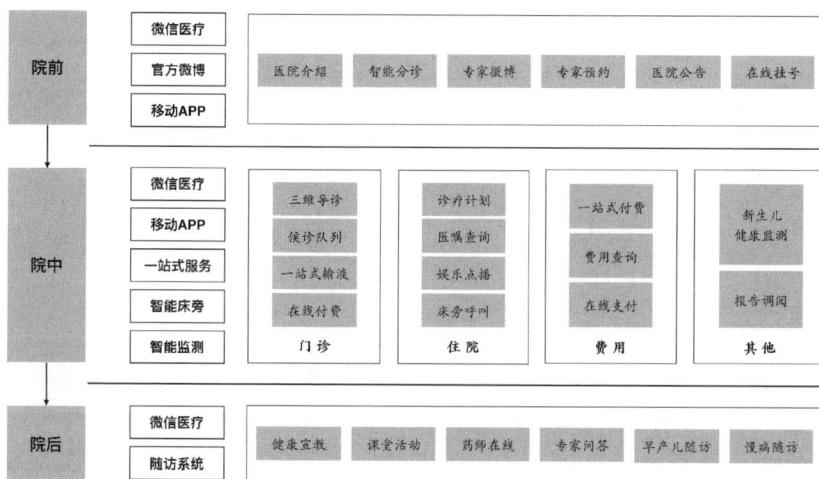

图6.3　基于移动在线技术的全流程医疗服务平台总体架构

资料来源:王淑,于广军,蒋蓓,魏明月,凌琦鸣.基于移动在线技术的全流程医疗服务平台建设与应用[J].中国数字医学,2015,10(5):49-51.

面向医生与医院

　　于广军这样看待医院改革:"在整个医疗改革过程当中,对公立医院来说,它的改革其实主要侧重于两方面:第一,如何来改善医疗服务,改善患者的体验,这是从外部的角度来讲;第二,内部改革是改革它的管理机制,就是绩效考核和收入分配。"在很大程度上讲,智慧医院的建设同样是一场重大的医疗改革。除了面向患者进行的一系列改革之外,上海市儿童医院面向临床、管理和科研同样进行了勇敢的探索。

临床：个性化用药提醒和临床决策支持系统

在中国健康促进基金会的支持下，上海市儿童医院成立了上海市首家"儿童个体化药学中心"。它所建立的儿童个体化用药知识库，与门诊住院医生站联动，实现了个体化基因用药智能提醒、检测报告审核发布、临床结果查看等功能。

此外，针对临床实践，上海市儿童医院借鉴国内外先进的技术和经验，在现有信息技术的基础上，逐步建设了符合儿童专科特色的临床决策支持系统(Clinical Decision Support System，CDSS)。这个系统包括人机交互、数据库、模型库这 3 个核心部件，可以支持临床诊断、临床治疗和临床合理用药。比如，这个临床决策系统可以支持小儿呼吸系统感染性疾病的辅助诊疗，对患儿的体温变化、临床检验指标、微生物指标、药品治疗状况等特征进行综合分析，然后运用数据挖掘技术将多种细菌、病毒、肺炎支(衣)原体、真菌所致的呼吸系统感染划分为不同感染源组。[13]

管理：院长决策支持系统和科主任决策支持系统

通过建设智能决策的商业智能(Business Intelligence，BI)平台，医院管理层可以实时看到相应的临床和运营信息，为院内管理决策提供科学化的数据分析服务。上海市儿童医院面向管理采取了 2 个主要举措，即建立了院长决策支持系统和科主任决策支持系统。

院长决策支持系统可以对医院运营进行宏观分析，并辅助医院的管理决策。无论在哪个院区，院长都可以实时掌握医院的运行情况(如看到各院区、各科室的挂号和就诊情况分析，知道各科室医务人员的工作情况，了解院内大型设备使用率分布情况)。这些数据可以辅助管理层在人力调配、专科分配和设备维护、预算增减等方面做出决策。比如，通过对上海市儿童医院新旧 2 个院区的患者来源和病种分布数据的分析发现，新院的患者多来自长三角地区，多为疑难重症患者，而旧院地处上海市中心，以本地常见病多发病患者居多。大数据技术的应用可以为 2 个院区的医疗资源分配提供依据。

科主任支持系统实现了科室层级多维数据钻取，利用透视表、分析图展现了科室运营管理数据（比如，某天每个科室出诊医生情况、医生的手术安排、患者的处方、处方是否合理等信息）。通过这个系统，科主任可以了解科室医生的工作分配和工作成效，也为相应科室的二次绩效分配找到了客观翔实的依据。[14]

科研：基于临床数据中心的科研数据一体化

上海市儿童医院 2015 年工作总结比前两年多了一个主题——"以构建临床科研平台为重点，加强学科建设人才培养"。上海市儿童医院的科研能力和成果一直处于上升期，这与信息化建设和智慧医院的诉求分不开。

上海市儿童医院面向临床所搭建的临床决策支持系统的一个重要基础是临床数据中心（Clinical Document Repository，CDR）。而临床数据中心作为一个科研平台，可以对科研数据进行一体化，为临床科研提供数据支持。在这个科研平台的支持下，上海市儿童医院完成了 863 计划"（面向医疗信息共享）基于区域医疗与健康大数据处理分析与应用研究"，国家自然科学基金"基于风险评估模型的区域卫生信息化环境下医疗信息隐私保护体系研究"以及科委项目"面向儿童过敏、感染性疾病的医疗服务大数据知识挖掘系统关键技术与应用示范研究"等科研项目。

展望未来：挑战与思考

上海市儿童医院以"为患者服务"为核心，以移动互联网、物联网、大数据等现代信息技术为支撑,对智慧医院的建设做出了勇敢的尝试。展望未来,于广军深知挑战无处不在。

其中一个很大的挑战体现在信息系统的适应性、复杂性和安全性。医院的发展应适应外部环境的变化,按照市领导的要求及其提出的医疗联合体①的概念,上海市儿童医院应走出上海,把好的医疗服务辐射到外地,实现优质资源的互联共享。这将要求上海市儿童医院的医疗信息化要从单个医院的信息化向区域、外部社会延伸。目前的信息系统包含的内容越来越多,越来越复杂。在于广军看来,复杂的信息系统会很脆弱,信息化应该做到"大道至简"。再者,复杂系统的安全性往往面临着很大的挑战。在合理公开并有效利用现有信息内容的同时,如何才能保证信息的安全呢?

此外,新技术也将带来很多问题和挑战。目前,上海市儿童医院将物联网技术应用于后勤管理,并开始研究试用物联网设备对儿童的体温、血氧饱和度和体重身高的管理。云计算在上海市儿童医院的运用还不够多,但于广军相信医院未来必将充分发挥云计算的作用,比如云存储以及云计算在区域儿童健康系统的应用。同时,作为硬件智能化的重要组成部分,智能机器人在医疗服务体系中的作用也被于广军所看好。但他认为目前需要充分考虑成本和适用度的问题。比如,可否将智能机器人用于康复中心患者的康复?如此种种,这些先进的技术未来还可以被有效地用于哪些方面呢?

人类的未知远远大于已知。先知先觉的是先行者,无畏无惧的是追赶者,不断挑战现状又持续战胜自己的是超越者。始于智慧医疗的

---

① "医疗联合体"概念是在十二五规划实施中提出的,目前上海、广州等地已经陆续建立。所谓"医疗联合体",即由一所三级医院,联合一定区域范围内的二级医院和社区卫生服务机构,组成"医疗联合体",医疗联合体内各合作单位双向转诊。

上海市儿童医院能否集先行者、追赶者、超越者于一身呢？于广军正在勾画着、思索着，人们正在企盼着、期待着……

尾注：

［1］　2015 中国智慧医院现状与趋势报告［EB/OL］.（2016－01－31）［2016－03－23］.http：//health.sohu.com/20160131/n436539369.shtml.

［2］　我国智慧医疗走过探索期步入启动期［N/OL］.广东建设报,（2015－08－07）［2016－03－23］.http：//www.ycwb.com/ePaper/gdjsb/html/2015－08/07/content_762506.htm? div＝－1.

［3］　39 药品.于广军：智慧医院将颠覆传统医疗模式［EB/OL］.（2015－12－04）［2016－03－23］.http：//drug.39.net/xwsd/151204/4738544.html.

［4］　2015 中国智慧医院现状与趋势报告［R/OL］.（2016－02－04）［2016－03－03］.http：//www.exw360.com/news/dgView/71374.htm? p＝1.

［5］　Ibid.

［6］　零趣网络科技.智慧医疗与大数据 2015 年度报告［EB/OL］.（2016－02－25）［2016－03－03］.http：//mt.sohu.com/20160225/n438462004.shtml.

［7］　移动医疗年增长率近 30%［EB/OL］.（2014－08－19）［2016－03－23］.http：//news.xinhuanet.com/info/2014－08/19/c_133558262.htm.

［8］　一图看懂智慧医疗，概念股一网打尽［EB/OL］.（2015－04－08）［2016－03－23］.http：//finance.ce.cn/rolling/201504/08/t20150408_5048293.shtml.

［9］　上海市儿童医院官网［2016－03－23］.http：//www.shchildren.com.cn/shchildren_website/html/shset/shset_yywh_yygk/List/list_0.htm.

［10］　王淑,于广军,蒋蓓,魏明月,凌琦鸣.基于移动在线技术的全流程医疗服务平台建设与应用［J］.中国数字医学,2015,10(9)：49－51.

［11］　于广军,钮俊,王淑,崔文彬.基于微信平台优化医疗服务流程的探索［J］.中国卫生资源,2015,18(5)：315－317.

［12］　智慧医院 APP 竞争热　卓健团队欲通过认领计划圈地［EB/OL］.（2013－07－08）［2016－03－23］.http：//www.cnii.com.cn/2013－07/08/content_1178700.htm.

［13］　王淑,陈敏,于广军,舒林华.基于数据挖掘技术的典型儿童呼吸道感染性疾病临床决策支持系统研究［J］.中国数字医学,2015,10(12).

［14］　刘畅.看这家儿童医院如何做成"四级甲等"［EB/OL］.（2016－03－09）［2016－03－23］.http：//mp.weixin.qq.com/s? ＿＿biz＝MjM5MDQyNDE3Mg＝＝&mid＝402228264&idx＝1&sn＝c7daccb8c7dde1dc1ef07216cb923a54&scene＝5&srcid＝03256krWGJJ3nPXvg2v0BoZq#rd.

点评

牵动天下父母心的智慧

——上海市儿童医院：智慧医疗的先行者

曹白燕

健医科技创始人兼CEO

当我写这篇评论的时候，我还有另一重身份——2个孩子的母亲。和天下父母一样，有过抱着孩子半夜急诊、天亮出来的体验；或白天进医院、夜半才回家的疲惫经历。而生活在大城市的我们，这样已属幸运。在三甲医院整体"三长一短"的大环境下，儿童医院因其特殊性和稀缺性更加人流如织，上海市儿童医院作为中国首家拥有小儿外科的著名儿童医院，承载着长三角乃至全国儿童的医疗健康职责。上海儿童医院的智慧医疗建设，牵动着天下父母心和万千家庭的幸福。

这个牵动万千家庭智慧医疗的建设者和掌舵人，是上海儿童医院院长——上海最年轻的三甲医院院长，于广军博士。与于院长相识在1年半前的中欧智慧医疗班，为了这篇评论，还专门约了于院长弥足珍贵的周末时间，在一个阳光灿烂的上午，谈儿童医院的智慧蓝图。

智慧医疗，是以信息化的技术，实现以人为本、高效智慧的医疗。信息化是工具，医疗是本质，智慧是目标。在此过程中有信息的采集，数据的处理与决策的反馈，能够作为一个整体机制拟人地发挥这些体系环节的作用，才是智慧的最高体现。于院长对于智慧的认知，让做数据模型出身的我，常常有种在和同行对话的错觉。他对于医疗和数据两端的理解都如此深刻，难怪上海市儿童医院能成为智慧医疗的先行者，其建设目标清晰，脉络有序，战略前瞻，成果务实。

基础必行

第一，基础要先行。如果数据不统一、不结构化，那智慧医疗无从谈起。儿童医院一院两区三地，借新院区的落成，一举统一其三地的信息系统，做到数据同步，数据统一，系统架构具备可扩展性。这件事情说起来容易做起来难，我自己就经历了公司在业务发展过程中，系统重构和数据迁移的纷繁复杂，更何况有着庞大历史数据的儿童医院。坚持做，是因为相信和认同它对于未来的价值。

患者先行

明确以患者为最先的智慧医疗 5R 建设（Relation，Record，Resource，Research，Regional），Relation 特指与就诊者的关系。儿童医院的就诊者与普通医院区别较大，不是给自己看病的，而是多为年幼的孩子加上年轻的父母，这些年龄段的父母通常对移动互联的适应程度非常高，且就医具有迫切性、不方便性（排队抱孩子等），通过智慧医疗的建设，能够最大程度地受益。令我比较有感触的，不是高大上的一站式服务微信、掌上 APP 或床旁系统，而是细致入微的一站式输液，体现了医院建设体系的务实性。我自己对此深有体会，之前有几次半夜 2 点带孩子看急诊，只要是输液的，一般都在上午 8 点左右结束。为什么？输液实在是太麻烦了，要排 4 次队才能输上液。所以这个门诊一站式输液是真正以人为本的智慧，现在的家长应该比我以前幸福多了。

区域同行

目前社区医院儿科匮乏，加上家长又只愿意给孩子看最好的医生，分级诊疗对于儿科的推进举步维艰。儿童医院正在建设儿科医疗联合体,从人才建设、标准化建设、临床大数据中心的共享,把智慧医疗从一家医院输出到诸多区域,再辐射到长三角,形成更为广阔的数据入口和标准化医疗社区,延展儿童医院的服务容量,造福更多的孩子与家庭。

未来领行

诚如于院长所说:医疗是本质,智慧是目的。儿童医院不仅立足于解决儿童的疑难杂症,更立志于儿童的精准医疗与疾病预防。于院长将信息与医疗结合专门创立了生物医学信息研究中心,将生物基因组学与临床数据结合,能够形成更为强大的疾病预防和疾病治疗的数据交互的精准医疗体系。医学是与时俱进、立足未来的科学,期待这个立足长远的部署,能在未来为万千家庭免除不幸,保留幸福。

我想起我一直相信的,产业互联网的变革,是由深刻了解和运用互联技术的本产业精英完成的。医疗的变革要由医疗人自己完成,也只能由医疗人自己完成,他需要具备跨学科学习能力,深刻地相信移动互联和大数据的力量,并用这些力量解决属于这个时代的医疗挑战。于院长说,这只是开始,儿童的智慧医疗要解决医疗和儿科的双重挑战,要伴随一代父母,要造福一代儿童。

爱是往下传递的,幸福了孩子就是幸福了家庭;未来是向前走的,强壮了少年则是强壮了中国。

7　九院：个性化医疗的先驱

　　因软骨肉瘤接受骨盆部分切除并置换 3D 打印个性化人工骨盆的王先生，手术 10 个月后已恢复得跟正常人没有多大区别了。瞧，他打开了车门，一猫腰坐进了驾驶位，发动了汽车……

　　看着王先生这一连串毫不费力的动作，上门随访的戴尅戎团队成员们都露出了欣慰的笑容。戴尅戎是上海交通大学医学院附属第九人民医院（简称"九院"）的骨科专家，这个手术是他的团队在 2014 年实施的。王先生的骨盆上长了一个大肿瘤，来就诊时已行动困难。因为肿瘤巨大，王先生已经被好几家医院"建议转诊"，就在他近乎绝望时，他被朋友介绍来到了九院。

　　经过各种检查后，戴尅戎发现，这位病人的肿瘤已经占据其一侧骨盆的 60%，不仅切除肿瘤本身的手术难度大，而且修复切除后剩下的残缺骨盆更是一个大难题。骨盆是躯干和下肢的连接环节，这一部位的残缺使病人即便生存下来也将终身行动困难。为了解决这个难题，戴尅戎和他的学生，九院骨科主任医师、教授郝永强等团队成员通过 CT[①] 和

本案例由中欧国际工商学院朱晓明教授、案例研究员朱琼、研究员倪英子和研究助理金黎佳共同撰写。在写作过程中得到了上海交通大学医学院附属第九人民医院的支持。

① CT(Computed Tomography)，即电子计算机断层扫描。它是利用精确准直的 X 线束、γ 射线、超声波等，与灵敏度极高的探测器一同围绕人体的某一部位进行一个接一个的断层扫描。可用于多种疾病的检查。

MRI①采集病人病变区的相关数据,利用 3D 打印技术为病人设计和打印了一个与残存骨盆密切贴合的骨盆假体,在切除肿块后将其植入,以保证手术后病人能正常行走、开车、完全下蹲。

2017 年的早春时节,戴尅戎用团队在 2014 年的这个杰作说明了个性化医疗在临床上的刚性需求。"如果没有 3D 打印技术,就很难制作出如此匹配、具有良好承重和活动功能的假体,而不得不采用截肢的方法截除半个骨盆和同侧的下肢,而且手术效果还不能得到保证。不过,"他话锋一转,"有多少病人能受惠于这种个性化医疗呢?"

由于 3D 打印个性化医疗尚属新生事物,还不能进入医院收费目录,因此,九院进行 3D 打印相关的个性化医疗时,依据的是"个性化人工关节"许可证,有些产品不能对病人收费,因而不得不用科研经费来冲抵相关成本。显然这样一种需要外部"输血"的运转模式无法惠及更多病人。而这也是戴尅戎在践行一个又一个的个性化医疗案例后反而更加焦虑的原因所在:"怎样才能让这么好的个性化医疗手段拥有自主造血的运转机制呢?"在九院,除了骨科,口腔、整形、眼科、神经科等科室都在使用 3D 打印制品,其中 3D 打印模型、手术导板、康复辅具超过5 000 例,各种 3D 打印植入物也有上百例。

个性化医疗及 3D 打印

所谓"个性化医疗",在某种意义上也可以称为精准医疗,是"一种基于病人个体信息量身定制的新型医疗模式。在这种模式下,医疗的

---

① MRI(Nuclear Magnetic Resonace Imaging,核磁共振成像)是继 CT 之后的另一种临床影像学检查手段。它提供的信息量不但大于医学影像学中的其他许多成像术,而且不同于已有的成像术,因此,它对疾病的诊断具有很大的潜在优越性。

决策、实施等都是针对病患的个体化特征而制定的。疾病治疗决策也是在患者个体化生物和解剖信息结合个体环境、生活与工作方式以及健康状况等数据信息的基础上进行的。"[1]

　　所谓3D打印，其实是一种增（加）材（料）制造技术。它是以数字模型文件为基础，运用粉末状金属或塑料等可黏合材料，通过逐层打印的方式来构建产品的技术。与传统减（少）材（料）制造技术相比，3D打印在制造结构复杂、小批量或者单个产品时，具有成本优势。例如，一套普通的灯罩模具，用传统工艺制造，需要2万元以上，耗时4周左右；但如果使用3D打印，就只需要50元，耗时4小时。[2]

　　3D打印技术在20世纪80年代得到发展和推广，当时被称为快速原型技术。在进入医疗行业之前，这个技术已经在首饰、鞋类、工业设计、建筑、汽车、航空航天等领域得到应用。

　　1999年，美国维克森林大学（Wake Forest University）运用3D打印技术制造了加强患者膀胱功能的植入物。之后，这所大学又在2002年打印出小型动物肾脏，该肾脏植入动物体后能过滤血液并产生尿液。2009年，美国Organovo公司在世界上首次使用3D生物打印机打印出血管。2012年11月，苏格兰科学家利用人体细胞首次打印出人造肝脏组织。2013年2月，美国康奈尔大学（Cornell University）利用牛耳细胞在3D打印机中打印出人造耳朵，用于先天耳畸形儿童的移植。

　　随着这一系列应用技术的发展，3D打印技术逐步可以让医生们通过获取病人自身的数据，借助3D打印技术与设备，快速生产形状与结构复杂、功能各异的产品，满足个性化医疗的需求。

　　按照戴尅戎的说法，3D打印在医疗行业已有4个层面的应用。第一，个性化制造用于体表的各种体外辅具，比如夹板、假肢、隐形眼镜等。第二，个性化制造各种具有生物相容性和力学相容性的人工假体，比如人工关节、各部位的骨修复体、假牙齿、血管、气管、胆道等的内支架，产品将长期留存在体内。第三，制造能逐步降解的组织工程支架，在支架上种植细胞和生长因子；在体外或体内的培养过程中，细胞开始扩增、分化而形成各种组织，而支架则同步降解吸收，直到所需组织如骨、软骨、肌肉、血管完全形成时，支架材料也完全被吸收而消失。第四，打印活的细胞、生长因子等活性材料，制造出具有生物活性的人类组织或器官替代品，比如骨、软骨、会跳动的心肌或能排毒的肝组织，这类组织可以用来做药物临床前实验。不过，截至2017年2月，打印出来的心脏最多可以跳90分钟。

整体而言，3D打印在个性化医疗上的应用尚处于初期。第三方数据显示，全球3D打印医疗器械市场2016年预计达到2.8亿美元，之后10年每年年复合增长率为17.5%，2022年市场规模将达38.9亿美元。[3]

这个市场基于组件分类，被分为3D打印设备、材料、软件和服务3类。3D打印设备市场又被分为3D打印机和生物3D打印机。而材料品种繁多，用于医疗的有高分子、金属、陶瓷和活性材料。[4]

中国其他医院对3D打印的应用

20世纪90年代，九院即与上海交通大学机械工程学院合作，采用快速原型技术制作骨关节模型和个性化假体，随后中国其他一些医院也开始了对3D打印技术的应用探索。

北京大学第三医院（北医三院）是行动较早的医院之一。从2009年起，北医三院骨科就开始进行脊柱外科的3D打印植入物研究。2014年，他们首次用3D打印的人工定制枢椎治疗寰枢椎恶性肿瘤。2015年，他们参与研制的3D打印人工髋关节标准产品，获国家食品药

品监督管理总局(CFDA)注册批准。2016 年,他们首次完成 3D 打印
5 节长 19 厘米的假体并手术植入。

此外,还有一些医院利用 3D 打印的解剖模型,来设计手术方案或
者辅助手术方案的准确实施。2015 年 2 月,复旦大学附属中山医院外
科就利用 3D 打印技术打印出患者心脏模型,据此进行手术规划和导
航,成功地为一位 77 岁的主动脉瓣重度狭窄合并关闭不全患者实施了
经导管主动脉瓣置换手术(TAVI)。2016 年 3 月,北京阜外医院也用
同样的方法进行了 TAVI 的术前模拟。

尽管有了这些星星之火的应用,但它们中的大部分尚处于临床科
研探索阶段,不少应用前都被加上了"首次""第一例"的字样。

中国的政策环境

2015 年 1 月,国家卫计委和科技部召开会议,论证、启动"精准医
疗"计划,2015 年 2 月,工信部、财政部等部委印发了《国家增材制造产
业发展推进计划(2015—2016)》,其中涉及医用领域的发展目标为:初
步成为新药研发、临床诊断与治疗的工具;在全国形成一批应用示范中
心或基地。计划突破的医用增材制造专用材料应用领域包括仿生组织
修复、个性化组织、功能性组织及器官等精细医疗制造;计划突破的材
料包括聚乙醇酸、聚醚醚酮等人工合成高分子材料,羟基磷灰石等生物
活性陶瓷材料,镍钛合金等医用金属材料;计划加速发展的设备包括仿
生组织修复支架增材制造装备、医疗个性化增材制造装备、细胞活性材
料增材制造装备等。[5]

2016 年 11 月,在国家相关部委联合发布的《医药工业发展规划指
南》中,也强调了要重点发展 3D 打印骨科植入物、组织器官诱导再生

和修复材料、人工关节和脊柱、心脏瓣膜等介入产品和医用材料。[6]

通过上述一系列行为,政府在一定程度上为3D打印个性化医疗技术的应用营造了相对宽松的政策环境。然而,按照业内人士的说法,3D打印及由此形成的个性化医疗欠缺行业标准仍然是其尴尬的一面。[7]比如,截至2014年底,3D打印的个体化定制产品在中国还没有途径申请审批,也无相关的产品规范。[8]另外,3D打印医用材料跟传统材料不同,材料的内部结构和力学性能也不完全相同,因此,现行行业标准并不适用于这类材料,由此也给相关监管提出了挑战。

由于3D打印所涉及的个性化医疗模式综合了临床诊断、材料加工及手术治疗等多个环节,因此,还需要医疗监管覆盖整个过程,这也对传统医疗监管提出了新课题。

3D打印及其个性化医疗的发展,需要医院临床科研与3D技术研发、制造机构密切合作。然而,在中国公立医院主导的大背景下,医院科研成果转化和市场化进程却相当迟缓。截至2016年8月,包括医学在内的科研成果转化率不足10%。[9]因此,有专家呼吁,要想加快成果转化,需要转变政府职能,取消繁琐的行政审批,赋予包括医院等机构的科研成果使用权、处置权;同时,建立利益机制,使包括医院在内的科研机构、科研人员在转化过程中有收益,激发科研成果的转化动力。在这个过程中,政府需建立起公共服务平台,构建转移、转化的市场,以及与之适应的税收、政策环境。[10]

九院对个性化医疗的探索

九院

九院的前身"伯特利医院"创建于1920年,1952年更名为上海第九人民医院，1964 年成为上海第二医科大学附属第九人民医院，2005 年上海第二医科大学与上海交通大学联合，九院改名为上海交通大学医学院附属第九人民医院。九院是经上海市卫生局核准登记的政府主办的非营利性三级甲等综合性医院，总部位于上海市黄浦区，拥有临床科室 38 个，医技科室 10 个，其中口腔临床医学、整复外科和组织工程学、外科学（骨科）为国家重点学科。

2007—2015 年间，九院立项科研项目达 1 000 余项，科研总经费达 3.8 亿元，其中国家自然科学基金 418 项。中国科学技术信息研究所公布的"2015 年度中国科技论文统计结果"显示，九院发表 SCI 论文 392 篇，在全国医疗机构中排名第 20 位；其中表现不俗的 SCI 论文 152 篇，在全国排名第 24 位；2015 年度共申请专利 23 项，授权专利 15 项。

30 年的探索

需求驱动

九院之所以在个性化医疗领域走在了中国同行的前列，是因为他们的业务存在刚性需求。九院的口腔、整形外科在中国医院中排名第一，而这两个科的医疗从本质上来说对个性化要求很高。因此，个性化医疗的理念已成为九院医疗文化中的重要内容。正是因为坚持个性化医疗的理念，九院的这两个科才能在中国持续保持领先地位。

而九院的骨科，之所以能从戴尅戎加入时的零基础变成上海医院中的强势专科，也在于其对个性化医疗的探索和践行。而他们之所以追求个性化医疗，按照戴尅戎的说法，也是因为站在临床个体病人角度思考时"被逼出来的"。

在骨科传统的医疗模式中，医生针对骨肿瘤患者或严重创伤、畸形患者，往往采取截肢手术。然而，做完手术的病人因为骨与关节被较大范围切除而又没有合适的可置换假体,往往要终身残疾,生活质量严重下降。20世纪80年代初,骨科医师戴尅戎每次为病人做完这样的手术后都会产生内心的不安。这种不安成了他随后30多年率领九院骨科坚持不懈探索个性化医疗的原动力。

开展跨学科研发

1934年出生的戴尅戎,1955年毕业于上海第一医学院。之后,他选择放弃在北京就业而加入了宝成铁路工地医院。在那里,他从清理创伤开始,逐渐操刀接骨头、开腹、剖腹产、开颅、开胸等手术。1974年调回上海时,他已经是一位颇具实践经验的医生。上海骨科实力一流的医院都对他敞开了大门,但他却选择了进入骨科零基础的九院,"我比较擅长从零开始,"他说。此后他不仅将九院骨科建成了全国知名专科,自己也成了九院引以为豪的4位中国工程院院士之一。在九院,他担任教授、主任医师、博士生导师,还担任过骨科主任和院长之职。

戴尅戎虽然身为骨科医生,但他的视野却不局限在骨科医学上。多学科跨界的习惯导致了他后来的一系列医疗创新,而这种创新意识和能力,为他探索个性化医疗奠定了基础。他之所以能于1981年在全球医学界率先将形状记忆合金①应用于人体,就是源于他对材料学的关注和钻研。

而当他希望为病人量身定制人工假体时,他也意识到这是一个涉及多学科研发的课题,"要打造个性化的关节假体,就要对病人的运动特点和生理状况进行精准测算,这是生物力学所要解决的问题;而植入人体的假体材料能否与周围组织相融,这又涉及材料学;至于假体的设计和制造,又与工程学相关。"于是,他在九院创建了国内第一个设在医

---

① 形状记忆合金是一种在加热升温后能完全消除其在较低的温度下发生的变形,恢复其变形前原始形状的合金材料,即拥有"记忆"效应的合金。

院内的生物力学研究室，并聘请工程师一起从事工程技术与医疗相结合的研究。

为了系统掌握生物力学知识，1983 年，戴尅戎在自己近 50 岁时选择到美国 Mayo 医学中心学习生物力学。"我后来做的很多工作，如内置物的改良、创伤修复甚至组织工程研究都有赖于那个时期打下的生物力学底子，"戴尅戎说。

1985 年，戴尅戎与美国艾奥瓦大学（The University of Iowa）合作，开发出国际首个兼具机械和生物学固定作用的骨粒骨水泥，并研制了中国第一代多孔表面人工关节。

1986 年，戴尅戎与上海交大精密机械系主任王成焘合作，利用柔性制造和快速成型等制造技术以及计算机辅助设计和建模等软件工具，开始了系列化的计算机辅助定制型人工关节的基础研究，研制出新型人工髋、肩、膝、踝关节、骨盆和四肢长骨假体，让这些产品以系列化的方式进入了临床应用。

1998 年之后，他们应用已熟练掌握的计算机辅助设计和 3D 打印（当时称为快速原型）技术，开始进一步发展个性化人工关节。他们首先采集具体病人的信息打印出对应的器官模型，用于术前模拟手术和辅助设计手术方案。之后，他们又把依据模型所做的假体设计用数控机床加工出钛合金植入假体。

尽管数控机床还不能完全满足复杂结构假体的全部加工需求，但发展至此，他们的个性化医疗已经实现了质的突破。当时人工关节还处在标准型号时代，只有少数几种型号可供选择。而实际上病人的体型和病变是各不相同的、个性化的，即"一人一个样"。因此，当时的人工关节手术普遍采用"削足适履"的安装方法，医生选择一种与需求比较接近的型号，然后将与产品不一致的部分骨骼削掉，再植入假体。而戴尅戎团队按病人骨骼数据设计、经过数控机床加工的个性化假体,已经十分贴近病人的实际需求了。

从 20 世纪后期开始,他们的个性化假体开始以科研方式在临床上应用,随后又获得了"个性化关节假体"的产品许可证,为大量四处求医的严重损伤、畸形和肿瘤病人带来了福音。但当时的个性化假体制作成本偏高,加工时间比较长,从设计到加工出来的周期最短也要 20 天,且虽然外形相符,但内部结构尚有较大差异。

引入 3D 打印技术

当戴尅戎获得金属 3D 打印技术信息时,他马上意识到,这个新技术能弥补之前技术的短板。于是,2014 年,他在九院引进了国内设在医院中的第一台 3D 金属打印机。

2014 年 10 月,本篇开始提到的王先生有幸成为九院 3D 打印技术的第一位受益者。戴尅戎团队应用 3D 打印技术为他提供了骨盆模型、手术导板和钛合金假体,据此为他成功实施了骨盆软骨瘤切除后的重建手术。王先生术后 3 天即能进行康复训练和下地,术后 2 周已能扶着拐杖行走,10 个月后已能自如地开车和完全下蹲。这次假体制作只用了 3 天时间。

自此,3D 打印的个性化定制金属假体,包括半骨盆假体、髋关节翻修假体、膝关节翻修假体、肩关节肿瘤假体、腕月骨假体、足距骨假体等,相继被九院应用在传统技术解决不了的疑难病例上。截至 2016 年底,九院骨科研究和设计的 3D 打印个体化假体植入达 300 多例,用 3D 打印模型辅助诊断和治疗的病人达 7 000 多例。

此外,基于戴尅戎和王成焘所研发的三维建模系统,3D 打印技术还被九院整复外科、口腔科和眼科的医生用来制作塑料模型,打印假体重建颞下颌关节、修复颅骨、修整下巴、垫高鼻子、重塑髋骨和眼眶，更加精准地满足各类病人的需求。

不过，直到 2016 年底，应用 3D 打印的个性化医疗在九院仍然处在科研阶段，不能为更多的病人服务。原因在于收费问题尚未完全解决。尽管他们已经拥有了中国唯一的个体化假体许可证，但领证时所涉及的个性化产品加工方式没有包括 3D 打印这样的增材加工技术。而 3D 打印技术尚未取得食品药品监督管理局的审批认可，因此，九院只能凭借原有的个体化假体许可证加上伦理委员会的审核，为少量病人施行这种个性化医疗，其中不允许收费的部分产品，只能依靠捐助或科研费用支付。

自主造血能力的探索

如果拿不到应用 3D 打印技术的个体化假体制造许可证，那么，九院利用 3D 打印所进行的个性化医疗就一直不能脱离科研经费的"输血"。好在 2016 年，戴尅戎的团队凭借已有的创新工作积累，由郝永强领衔赢得了科技部十三五重点研发计划项目"个性化硬组织重建植入器械的 3D 打印技术集成与应用研究"，2016 年 10 月，成立了上海交通大学医学 3D 打印创新研发中心，至此，他们获得了较多的研发资源。

尽管如此，自主造血的能力仍然是戴尅戎最为渴望的。早在 2014 年上半年，九院就成立了 3D 打印技术临床转化中心。戴尅戎希望以此中心为桥梁，将 3D 打印个性化医疗成果通过产业化转变成惠及大众的产品，让产品最终通过商业途径进入更多的医院，以合规合法的身份进入医院收费目录。这样，将使个性化医疗产品进入合理的商业应用路径。

要做这样的转化，除了要申请到个体化假体制造许可证外，还要进行一系列商业运作，以整合研发、生产和应用资源。2016 年，戴尅戎团队已经在整理用于申请许可证的相关资料。而他们也构想了一个包括多家医院、临床中心和企业的产业化合作框架（见图 7.1）。

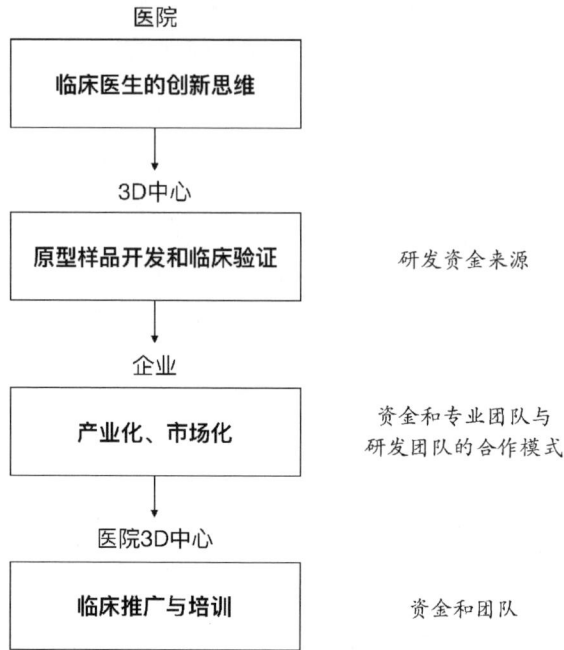

图 7.1　3D 打印个性化医疗器械产品开发和产业化框架

资料来源：九院

作为一名医生，戴尅戎直言自己对商业领域很不熟悉。现实的大背景是，在中国以医院或医生的身份涉足产业和商业运作非常不容易。在中国现有的某些观念里，若医院涉足医疗经营，就有可能被认为是赚黑心钱；若医生与经济效益挂上了钩，就会被质疑以医疗能力谋利。[11]基于这样的背景，九院骨科曾经无偿地将自己个性化制造（用数控机床）假体的科研成果转化给了所合作的加工企业。

不过，针对 3D 打印个性化假体的科研成果，戴尅戎意识到，要想可持续发展，必须探索出一条产业化之路以实现自身造血。截至 2016

年底，九院已设立了一个 3D 打印医疗接诊中心，并在上海闵行区设立了一个产品试制中心，在上海张江科技园区建立了一个精准医学研究院，后者主要用于实现九院包括 3D 打印的个性化医疗相关科研成果的转化。之后，他们将向商业化和产业化延伸。然而，此时的戴尅戎却产生了一系列的困惑：产业和商业因素如何介入？政府、医院、科研团队、企业、投资人如何协调合作？如何保证各方利益并发挥最大效益？

　　在接下来的发展中，戴尅戎的这些困惑能迎刃而解吗？解决这些问题，他需要怎样的环境和资源？谁会向他伸出援助之手？

尾注：

［1］ 新的全球个性化精准医疗时代已来临[EB/OL].(2016 - 08 - 04)[2017 - 02 - 25]. http：//www.geekpark.net/topics/216285.

［2］ 传统制造业 VS 3D 打印谁赢[EB/OL].(2015 - 09 - 05)[2017 - 02 - 25].http：//mt. sohu.com/20150905/n420444534.shtml.

［3］ 医疗 3D 打印市场破 2 亿美元[EB/OL].(2016 - 12 - 28)[2017 - 02 - 26].http：// www.eepw.com.cn/article/201612/342151.htm.

［4］ 全球 3D 打印医疗器械市场研究报告[EB/OL].(2017 - 02 - 04)[2017 - 02 - 26]. http：//www.fredamd.com/xinwen/8614.html.

［5］ 医疗 3D 打印发展政策利好推动个性化精准治疗[EB/OL].(2015 - 11 - 12)[2017 - 02 - 26].http：//3dprint.ofweek.com/2015 - 11/ART - 132108 - 8420 - 29026318.html.

［6］ 重磅！中国医疗产业新一轮大变革开始[EB/OL].(2016 - 12 - 03)[2017 - 02 - 27]. http：//mt.sohu.com/20161203/n474806598.shtml.

［7］ 3D 打印医疗器械：机遇与挑战并存[EB/OL].(2015 - 04 - 29)[2017 - 02 - 26]. http：//www.3618med.com/info/detail - 82364.html.

［8］ 北医三院刘忠军教授与戴尅戎院士共谈 3D 打印技术[EB/OL].(2014 - 04 - 11)[2017 - 02 - 26]. http：//www.39kf.com/education/college/bjmu/2014 - 04 - 11 - 907375. shtml.

［9］ 沈嫒巧.资本看过来 这些医学科研成果转化或值得关注[EB/OL].(2016 - 08 - 20) [2017 - 02 - 26].http：//www.cn-healthcare.com/article/20160820/content-485075. html.

［10］ Ibid.

［11］ 徐迪.戴尅戎：为转化科研成果八十岁老院士一度停发文章[EB/OL].(2014 - 01 - 19) [2017 - 02 - 28].http：//www.xinjiance.com/article-802-3.html.

点评

"天使"也创新

——上海交通大学医学院附属第九人民医院
戴尅戎院士：3D 打印医治病人

侯 军

苏州关爱健康科技发展有限公司

商业进化的动力源于市场需求。近年来，庞大中产阶层的形成，表明中国社会经济的焦点已经向需求的更高层面迁移。健康作为象征生活品质的核心要素，正在成为消费市场的新主题；另一方面，生态环境的恶化、频发的食品药品安全问题以及医疗服务的严重滞后，也促使医疗健康日益成为社会关注的焦点。

"健康中国"成为一项基本国策，意味着医疗健康已经超越个体私生活范畴，成为社会需求的大趋势和驱动新经济的重要动力。这对于以需求为导向、以创新为己任的当代企业家群体，是一个无法回避、不可忽视的重要课题。

此外，近年来在商界精英群体中日益高发的恶性疾病和中年猝死案例，也揭示出社会中坚力量所面临的诸多健康隐患。关注医疗健康领域，不仅是对市场新趋势的一种研究和回应，也是企业家和企业经营者们提高自身健康意识、降低事业风险的一种客观需要。

企业经营者是否应该关注医疗健康？答案是肯定的。

那么企业家们如何跨越行业鸿沟，一窥医学界究竟，甚至参与医疗健康产业发展呢？九院医学专家的创新实践或许可以提供一些启发和

260

思考。

1. 需求：从削足适履到量体裁衣

戴尅戎院士在九院推动骨科 3D 打印医疗创新，首先源于他对个性化医疗的重视。在骨科传统的医疗模式中，医生面对骨肿瘤患者或严重创伤、畸形患者，由于病损和手术切除范围较大，又没有合适的可置换假体，往往采取截肢手术，导致患者终身残疾，生活质量急剧下降。而骨科 3D 打印以患者的骨骼数字模型为基础，借助 3D 打印技术与设备，可以快速生产契合形态、大小、功能各不相同的个性化缺损的假体，极大地降低了患者的手术风险，提高了修复重建效果和患者满意度。可以说，个性化医疗正是现代科技进步与人文医疗理念相结合的临床具体体现。

2. 方向：个性化与普惠

普惠是广度，个性化是深度。在医疗理念和医疗资源既定的前提下，深度与广度的整合存在较大冲突。与传统制造技术相比，3D 打印在制造结构复杂、小批量或者单个产品时，具有成本优势。随着一系列应用技术的发展，3D 打印技术可以让医生们通过获取病人自身的数据，快速产生形状与内部结构复杂、功能各异的产品，满足个性化医疗的需求。这种低成本的快速定制模式，降低了骨与关节医疗过程的复杂性和专业工作强度。个性化与普惠医疗的结合，必将给更多的患者带来福祉。这也是历来"天使"们克服重重困难、推动医学创新的重要动力。

3. 创新：专注与协同

"要打造个性化的关节假体，还要对病人的运动特点和生理状况进行精准测算，这是生物力学应解决的问题；而植入人体的假体材料能否与周围组织相融、耐受载荷和磨损，这又涉及材料学；至于假体的设计和制造，又与工程学相关。"基于这种认识，戴尅戎院士于 20 世纪 90 年代在九院创建了国内第一个设在医院内的生物力学研究室，聘请工程师一起从事工程技术与医疗相结合的研究，并到美国 Mayo 医学中心系统学习生物力学知识。专注骨科、坚持多学科合作研发、长期积累、不断迭代是九院创新成功的关键。

九院在医疗 3D 打印领域的探索和成果处于行业领先位置，但 3D 打印的个体化定制产品截至 2014 年底在中国还没有途径申请审批，也无相关产品的规范。另外，3D 打印医用材料跟传统机械加工的材料不同，材料的内部结构和力学性能也有特殊要求，因此，现行行业标准并不适用于医学 3D 打印，这也给相关监管部门提出了挑战。

直到 2016 年底，应用 3D 打印的个性化医疗在九院仍然处在科研阶段，不能为更多的病人服务。原因在于收费问题尚未完全解决，九院只能凭借原有的个体化假体生产许可证加上伦理委员会的审核，为少量病人施行这种个性化医疗，其中不允许收费的部分，只能依靠捐助或科研费用支付。如果拿不到应用 3D 打印技术的个体化假体生产许可证，那么，九院利用 3D 打印所进行的个性化医疗就一直不能脱离科研经费的"输血"。要想可持续发展，必须探索出一条产业化之路以实现自身造血。

政府、医院、科研团队、企业、投资人的协调合作，是未来科研成果转化为市场应用的必经之路。从需求到市场需要创新的机制，也需要完善的行业生态。

中国历来有着尊重知识、尊重人才的好传统：民间流传着对教师的尊称——"人类灵魂工程师"和对医生的尊称——"白衣天使"。戴尅戎院士曾任九院院长，在国内外医学界获得过许多桂冠，也赢得了无数病人的赞誉。难能可贵的是，已经功成名就、德高望重的他，在白大褂下依然蕴藏着一颗创新之心！

"有时治愈，常常缓解，总是安慰"，特鲁多医生的箴言揭露了医学手段本身的局限性。医疗的最终着眼点，必然是基于社会主流群体对"健康"概念的深刻理解和正确认知，而这有赖于医学界、产业界乃至社会各界多方协作，携手推动健康事业不断发展，开创新局面。

"天使"也创新。商业世界中的我们，更没有理由裹足不前，没有理由畏惧创新！

8 第一反应®：数字经济时代的
全民互助急救平台

    2017 年 5 月中旬，离第 12 届"玄奘之路"商学院戈壁挑战赛①还有几天，作为赛事指定应急救援机构的第一反应®先头部队已在创始人陆乐的带领下出发。赛道位于甘肃省瓜州县和敦煌市，是丝绸之路古道，也是玄奘求取真经之路。他们是第一波前往戈壁的急救保障志愿者。戈壁地势特殊复杂，需要针对地形提前计划布点和流程，确保参赛选手出现心脏骤停时 300 米半径内部署有急救人员，4 分钟内有人赶到并实施心脏复苏急救，并和当地医疗服务无缝对接。这容不得半点差错，半分钟的延误就会让一个鲜活的生命终结。

    光头陆乐双手抱胸，看着车窗外飞起的黄沙若有所思——2012 年有一位参赛者离终点只剩 200 米时心脏骤停，因没能及时抢救而死亡。这样的例子，中国每年还将发生 54 万次……这个事件直接推动了第一反应®的创立。通过在各大马拉松赛事的赛事保障经验，第一反应®自主研发了应急救援系统，并通过 GPS、移动互联网、云计算等技术不断迭代，已经从最初的"全盲指挥"发展到现在可以通过指挥中心大屏幕进行远程的精准任务指挥。截至目前，第一反应®已经成功保障了 200

本案例由中欧国际工商学院朱晓明教授、案例研究员钱文颖和研究助理朱奕帆共同撰写。在写作过程中得到了上海救要救信息科技有限公司(第一反应®)的支持。

① 玄奘之路商学院戈壁挑战赛始于 2006 年，是行知探索和中央电视台策划实施的中印友好年重点文化考察活动，每年举办一次，至今有 44 所国内外著名商学院、近万名 EMBA 学员参与，赛事精神是"理想、行动、坚持"。

多场大型赛事，并成功挽救了 11 例心脏骤停，康复率达 100%。

但这离陆乐最终的设想还有很长的路要走——中国的公共急救资源仍严重缺乏，公民的急救普及率仍远低于国外，如何才能提高公共急救资源利用率，提高心脏骤停病人的救活率呢？陆乐想起了同为橙色、仿佛一夜之间覆盖全国的共享单车，第一反应®是否能够将共享经济复制到社会公益中来，通过科技创新和平台思维实现全民互救呢？

第 一 反 应®

"这件事非常有社会意义，我们一定要全力支持。"

——第一反应®股东，腾讯 CEO 马化腾

第一反应®团队于 2012 年成立，是一家致力于急救培训和生命救援的社会型企业。截至目前已累积拥有互联网＋ICS 专利技术达 50 项，2015 年成为中国首批认证的社会企业，2016 年成为第一家获得"B 型企业"①认证的大陆企业，是当前全球唯一获得中美认证的社会企业，也是美国 AHA 授权的最大急救培训机构。2015 年 7 月，第一反应®获得腾讯和鱼跃医疗②的投资。

创 业 背 景

2012 年戈壁挑战赛预选赛上心脏骤停导致猝死的参赛者，是陆乐

---

① B 型企业认证体系(B Corp Certification)由非营利机构 B Lab 推出，旨在重新定义商业领域的成功，即要让企业成为"为了更好的世界而存在的企业"，作为 B 型企业，除了股东，还需要考虑员工、供应商、社区、消费者和环境的利益。从 2006 年起，全球有 50 个国家、130 种行业、1 800 多家企业通过认证。
② 鱼跃医疗是一家专业从事医疗设备研发、制造和营销的上市公司，是目前国内最大的康复护理、医用供氧及医用临床系列医疗器械的专业生产企业之一，产品以家用医疗器械为主，也是 AED 制造商。

在中欧国际工商学院的校友①。这次悲剧对中欧校友的震动很大——大家都在想：

如果自己倒地周围是否有人有能力救；如果家人倒下，自己是否有能力救？

为了避免悲剧再次发生，大家将学习急救知识提上了议程，纷纷邀请有美国心脏协会 AHA 的急救导师证书的陆乐做急救培训。在与校友们的思想碰撞中，陆乐开始思考：

中国每年发生心脏骤停超过 54 万例，也就是说不到 1 分钟就会有人因为心脏骤停倒下。由于急救普及率过低，当前中国的心脏骤停救活率不到 1％。如果未来中国急救普及率足够高，当再次出现这样的情况时，周围的人就会在第一反应下施救。

于是陆乐和 12 位合伙人（7 位是中欧校友）一起创立了第一反应®品牌，目标是让更多人学会急救技能。"他山之石，可以攻玉"，成立初期，陆乐首先做的事情就是带领团队们去欧美、日本等社会急救发达的国家考察，向当地最好的救援机构、科研机构、救援标准制定方学习。

国外情况

完善的应急指挥体系：ICS（The Major Incident Command System，事故应急指挥系统）是指在标准化结构下将设备、物资、人员、通讯和应急程序联合。该体系使用统一术语和响应程序，能够消除重复行动，提高信息交互效率，实现应急效率最大化。它不仅适用于组织短期事故现场救援，还适用于长期应急管理，对于时间要求极高的心脏骤停急救有非常重要的指挥作用。美国 ICS 发展近 50 年，已上升至法

---

① 陆乐早在 2010 年就意识到了公益急救的重要性，并注册成立上海救要救信息科技有限公司。

规层面,几乎所有州和绝大部分县(市)都建立了应急平台,装备也较完备。[1]

成熟的院前急救模式：成熟的院前急救模式以美国为例,现场救护车上急救人员并不是医生而是 EMT(急救医疗技师)。急救人员分为 3 级：基础急救医疗技师 EMT - B,可做 CPR,用 AED,协助病人服用自己的药品等；高级急救医疗技师 EMT - A,可开通静脉通路,判读心电图,进行气管插管；最高级医疗辅助成员 Paramedic 允许自行手动除颤。救护车也分不同等级：只负责转运病人的基础生命支持 BLS 和配备药物的高级生命支持 ALS。分属不同单位的救护车全部受 911 调配,与警察和消防联动。[2]美国的急救体系很大一部分力量来自民间,该模式极其强调急救人员快速在现场紧急处理,然后把伤病员安全转运到医院进行治疗,这种模式能保证心脏骤停患者在最短时间内受到专业救助,提高存活率。

全民的急救培训：西方发达国家非常重视急救培训的普及。以美国为例,1966 年美国心脏协会就开始提倡普及心肺复苏术。到目前为止,美国已培训了约 7 000 万"第一目击者",急救培训普及率达 25%。其他西方发达国家的急救普及率也相当高,接受过急救培训的民众在法国超过 40%,瑞典超过 45%,澳大利亚超过 50%,德国超过 80%；日本学生群体急救培训普及率高达 92%。[3]

普及的 AED：AED(Automated External Defibrillator,自动体外除颤器)于 1979 年上市,其电击除颤是当前最有效的心脏骤停急救方式,非医务人员只需几小时培训就能熟练使用。如心脏骤停患者在"黄金四分钟"内使用 AED 设备,救活率能大幅提高。西方等发达国家对在公共场所配置 AED 相当重视,各国每 10 万人配有 AED 的数量分别是：美国 317 台,日本 235 台,澳大利亚 44.5 台,英国 25.6 台,德国

17.6 台。其中,美国 AED 社会保有量超过 100 万台,政府每年提供 3 000 万美元专项资金,在急救车 5 分钟无法抵达的公共场所都设置 AED。以西雅图为例,所有公共场所甚至赌场都配备 AED 设备,市民都接受过急救培训,抢救成功率在 30% 以上。[4]

国内情况

应急指挥体系:当前,我国应急管理体系已初步建成,应急预案也逐步完善。但仍存在预防意识薄弱、预警和监控系统不完善、应急联动机制和社会参与机制不健全等问题。

院前急救模式:我国的院前急救体系主要由急救中心承担,受卫生行政部门管辖,依靠政府拨款。随着城市交通拥堵等问题的出现,急救中心出现供不应求以及时效反应慢等问题。

急救培训:中国绝大部分城市的急救知识普及率不足 1%。主要承担急救培训的机构为医院、急救中心和红十字会等,专门从事心脏骤停急救的民间组织几乎没有。

AED:一方面,中国 AED 数量极少,公共场所公开可查的 AED 不足 1 000 台。另一方面,中国也缺乏相关法律保障市民的急救行为,因为法律等诸多原因,2010 年上海世博会没有设置 AED,导致 10 多位心脏骤停患者因救治不及时而猝死。[5]

SOS 应急系统的精益创新

美国从 1971 年开始宣传公民自救,用了 40 年的时间让三分之一的公民成为了急救队员。第一反应®团队在归国途中暗自定下目标:成为一家社会企业,通过商业创新和科技创新的方式,让中国公民在更短的时间内具备自救意识和自救技能。

在急救培训方面，第一反应®加快构建完善了培训课程，包括针对个人培训的美国心脏协会（AHA）认证的 Heartsaver®课程以及第一反应®自主研发的核心急救员课程，用 6～8 小时的课时帮助学员学会高质量的 CPR 和正确使用 AED 的方法；此外还针对家庭、学校、企业等定制个性化的急救培训课程。

但由于公民对急救重要性认识的缺乏，第一反应®的急救普及工作开展困难。与此同时，马拉松赛事在中国日益火爆，越来越多的民众开始关注马拉松。第一反应®决定将重心放到专业赛事的安全保障上，一方面解决企业的生存问题，另一方面快速积累在急救系统方面的经验，同时还能"借力"马拉松的聚光灯效应传播第一反应®的品牌。

探索：赛事场景下急救体系的数字化

马拉松是心脏骤停死亡率最高的一项运动，每 5 万至 8.8 万名完成马拉松的参赛者中就有 1 人死亡[①]，为马拉松赛事提供安全保障是体现应急救援能力的一项指标。

1.0：从借鉴中创新，从经验中学习

2013 年，上海马拉松组委会分给第一反应®10 公里赛段做安全保障的试点。赛前，第一反应®在赛道上做了严密的布岗，和国内大部分马拉松赛事每隔 1～2 公里布点不同，第一反应®每隔 100～500 米就布一个岗，这套布岗方案参考了东京马拉松的系统标准——

日本东京马拉松被誉为世界上最安全的顶级马拉松赛，得益于它有一支专业急救团队——每 2～5 公里设立一个救助站，每 3 分钟左右

———————————
① 《跑步者世界》调查数据。

路程安排一组医疗志愿者,还有 18 名医生随跑者一同行进,及时采用 CPR 和 AED,将发生悲剧的概率降到最低。

为保证志愿者在非常紧张的情况下也能迅速响应并完成标准施救,第一反应®借鉴东京马拉松的应急处置流程,初步设计了更适合中国本土赛事的应急流程。流程对急救过程的每个步骤进行定义和规范:第一响应人自报位置后,会迅速启动应急响应系统,相邻的 2 位队员随即带上 AED 等急救设备赶往现场,形成 3 人施救小组,这套流程几乎不需要通过后台调度就能确保第一时间有人救援。第一反应®志愿者王青在 2014 年上海马拉松上成功应用该流程对一位癫痫病患者施救。

经过一年多经验的积累和总结,这套自主研发的去耦合化自系统处置流程逐步迭代,完善的应急系统 1.0 改善了现场通讯问题:部分志愿者实地救助经验少,遇到紧急情况时现场沟通基本靠吼,有时会因为紧张忘记讲话内容;于是第一反应®在赛前培训中加强了急救人员对讲机通讯的培训,并通过简化现场沟通语言确保沟通的准确性。完善了对紧急情况的分级:最初的流程设计是无论什么紧急情况都是 3 人施救,经过经验总结,第一反应®根据患者的反应对紧急情况进行了分级——情况紧急度低时仅需 1 人到场救助,保证现场布点的完整性。此外,还细化了组长、指挥等工作的分工。应急系统的主要流程如下(见图 8.1):

- 发现有参赛者倒地,最近的急救员第一时间跑向患者并发起通讯。
- 确认好现场环境安全后,及时表明身份控制场面,掌握主动。
- 确认患者反应,如无反应,通过呼救启动救援;如无呼吸立即给予 CPR。
- 附近组内队员听到呼救后自主出动,先到队员协助启用 AED 并进行 CPR 轮换,后到队员负责摄录取证,维持秩序,引导 120。赛道指挥及时赶到现场指导救援。

- 移交 120 后，保存好视频证据，并填写记录表将信息发送给组长和总指挥。

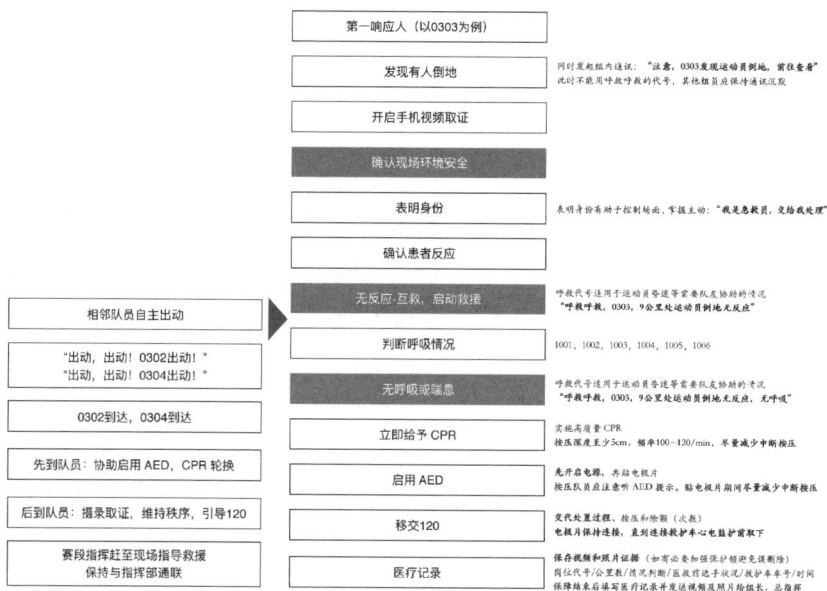

图 8.1 第一反应®去耦合化自系统™处置流程

资料来源：第一反应®提供

2015 年无锡国际马拉松出现了中国首例在赛道现场成功挽救的马拉松"猝死"，第一反应®急救员成功地在应急系统 1.0 的指导下于"黄金四分钟"内对患者进行了高质量的 CPR 和 AED 除颤，及时挽救了患者的生命。这次成功的施救也验证了应急系统 1.0 的可操作性。

2.0：第一闪电侠 APP 上线

到 2015 年，第一反应®的志愿者团队已经扩充到 2 000 人，队伍壮大的同时也出现了新问题：第一代应急系统只有一套逻辑流程，现场调配仅靠对讲机。对于在后台指挥的指挥官而言，现场情况几乎是"全盲"的，当第一反应®分管赛道逐步增加时，同时出现多个不同状况的概率也增加了,指挥在后台的调配工作越来越吃力。

此时中欧校友、第一反应®的志愿者陆俊加入了第一反应®公司,开始构建IT团队,并尝试通过IT系统的开发优化应急系统1.0中存在的问题。陆俊想到,指挥在后台只要"看到"现场急救人员的位置和位置变化就能第一时间了解突发现场的情况,而手机和人是在一起的,只要能看到每个手机的位置,就等于看到了人的位置。

对此,IT团队开发了一款针对赛事现场急救人员的APP——第一闪电侠,这款简单的APP主要是定位功能,包括设备的定位和人流的定位。有了GPS定位,指挥就能在后台IT系统上清楚地了解现场的布岗情况、位置和人流量。应急系统2.0在2015年崇明马拉松赛事中第一次做了小规模试验,赛事过程中仅通过让组长登录APP实时定位,就大大提高了后台指挥的工作效率,让第一反应®顺利地完成了保障工作,提高了现场执行的有序性。

3.0:加入赛前、赛中、赛后管理系统

在这之后,IT团队继续下一个版本的研发。这次第一反应®想到的是,赛事安全保障不仅仅是赛中的应急处理,赛前的评估和准备、赛后的分析和复盘都非常重要。于是应急系统3.0中加入了赛前、赛中、赛后的管理系统。应急系统3.0从2015年的上海马拉松赛事开始使用并不断迭代。

赛前风险管控可视化:在赛事保障经验的积累下,第一反应®逐渐形成了自己的一套评估体系,评估指标包括比赛日天气、人流量、赛道弯道、坡道情况、比赛人群画像等,通过评估体系可以提前预估比赛需要投入的安全保障资源数量,包括物资、赛道、救助人员、救护车辆,以及这些资源的布点位置。应急系统3.0将这些评估计划数据化整合成后台整体方案的一部分,方便指挥随时可视化地了解布置计划并做出

调整。此外，由于 APP 注册用户都是接受过专业急救培训的志愿者，IT 团队还在尝试通过系统智能化地招募急救人员，通过需求的精准匹配将招募信息推送给限定范围的志愿者，提高人工招募的效率。

赛中各环节优化： 应急系统 3.0 逐步转变成标准化、流程化的工具。考虑到手机会遇到没电的情况，现场为工作人员额外配备了带有 GPS 的手表，为后台定位买了份"双保险"。此外，应急系统 3.0 在后台将前端的车、岗位做了细致分类。比如，赛道现场的急救人员分为固定岗急救人员、急救兔和医疗官。一般情况下固定岗急救人员在岗位留守，遇到紧急情况则徒步或骑行，一旦固定岗的人流动，指挥可以据此了解哪个岗位附近可能有情况发生；急救兔会跟随参赛者以相同配速跑动，后台可以随时了解整个赛事的进度；医疗官则在 1 500～2 000 米的赛道分区巡逻。岗位细分后，指挥官可以在后台通过各岗位的移动情况判断紧急事件的严重等级并作出指示。

赛后大数据分析： 应急系统的数字化使得第一反应®在赛事保障中逐渐积累了大量的赛事大数据。一方面，第一反应®和上海马拉松运动医学研究所等单位合作，通过对收集数据的研究分析发表了 2 篇医学论文，论文内容也能进一步指导大家在未来赛事中如何优化布岗。另一方面，第一反应®通过赛后对数据的分析以及与国外数据的对比，研究比赛场景中问题的相关性，并及时对应急系统进行迭代优化。

2013 年至 2016 年，应急救援系统不断升级迭代，实现了精准任务管理、救援现场视频和医疗记录实时上传、多事件并发分级管理等功能，帮助第一反应®大幅提高工作效率，第一反应®从只负责 10 公里赛段到成为各大赛事保障的主力军，从原先一天只能同时保障 3 场比赛到一天可在全国展开 6～7 场赛事的安全保障。

复制：常态化多场景下的急救系统

第一反应®应急系统在马拉松赛事中已经相对成熟，开始尝试将应急系统复制到复杂场景如野外环境以及常态化场景如楼宇、园区等中去。野外环境比马拉松赛事的环境更为复杂，而常态化场景与赛事的应急管理环境存在更大的差别：赛事应急管理是短期临时性的，而楼宇等应急管理则是长期常态化的。但第一反应®认为，只要应急管理的逻辑是一致的，环境差别都不是问题，并开始进行小规模测试。

野外环境：第一反应®在2016年戈壁挑战赛上第一次测试在野外赛事环境中应用应急系统。由于野外环境更复杂，整个应急保障系统除了人、车的信息外，还并入了飞机等交通工具的信息以及其他急救系统信息，保证整个赛事各环节信息透明共享、有效联动，如120医生也全部配备了第一反应®的 GPS 手表和 SOS APP。

常态环境：在系统解决方案方面，第一反应®凭借赛事管理的经验，为南京国电提供了一套包含演练、风险评估以及楼宇场景 AED 等急救设备分布计划、人员队伍配备的打包方案。第一反应®帮助企业从员工中测评筛选出更具责任心、技能和沟通能力的常驻急救志愿者，并对 AED 设备的投放位置和操作流程进行设计和规范，保证每个区域在任何时间段都能有2～3人及时赶到现场。对此，第一反应®在园区不同的地点对应急方案进行实景演练验证，确保任何一个地点出现心脏骤停、大出血这种紧急情况时，急救人员能第一时间有2～3个人进行组队处理，并对方案进行优化改善。在南京国电的小规模测试中，验证了应急系统 1.0 在常态化场景中的可操作性。

在不断积累企业急救经验的情况下，第一反应®基于楼宇纵向的特征，通过技术对常态化应急系统做了一定的创新。

AED 位置问题：赛事环境定位只需二维地图；而楼宇的定位则需

要室内三维导航地图。当前,第一反应®在楼宇应急系统 1.0 阶段还采用传统的编号方式,对楼宇的 AED 以及其他应急设备、一键呼叫设备进行编号,在事件发生时后台能够立即知道事件发生的大致位置、最近的 AED 位置。纵向室内定位技术目前发展迅速,第一反应®已经和一些地图公司接洽,未来将在楼宇应急系统中加入室内定位。

一键互救系统:应急系统 2.0 的运行需要和企业本身的管理系统进行有效联动。第一反应®和中海地产正在研发的"一键互救"系统,将应急呼救系统与楼宇中控系统进行云端对接,并尝试开发 SOS 一键按钮/小程序,当有人倒地时按下桌脚上的 SOS 按钮,中控系统会立刻发出预警信息,监测到信息的保安人员会带上附近的 AED 设备赶到现场帮助急救。第一反应®很快将在中海地产北京的一栋楼宇里启动小规模试验,条件成熟后将会在中海地产全国的楼宇进行推广。

影响：提高各界对社会急救的重视

截至 2017 年 4 月,基于自主研发的智慧应急救援系统,第一反应®成功保障了 29 座城市 200 余场体育赛事的 80 万名选手,并成功挽救了 11 位心脏骤停患者,救助率达 100%;服务了阿里巴巴、中海商业、中欧国际工商学院等 100 多家企业或学校。

随着对全国各个赛事以及知名企业的服务,在全球各大商学院进行的课堂案例分享,以及和其他机构的合作(如和平安产险联合推出"好人险"和第一财经联合举办"全民救救救"活动等),第一反应®的知名度也逐渐打响,公民对社会急救的认知度逐渐提高。尤其是上海,在第一反应®的影响下,政府更加重视社会急救力量,并在 2016 年底正式实施"好人法"(《上海市急救医疗服务条例》),提出社会急救免责原则,鼓励社会互救。浦东新区政府将每年增设 200 台 AED。

"一键互救"的社会共享急救平台

"很高兴看到,第一反应®人近年来不断通过自己的努力和专业素养,在急救领域取得越来越多的突破,至今保持着高水准的心脏骤停救活率,并用创新方式打造社会共享型急救平台。"

——第一反应®股东,腾讯 CEO 马化腾

成立以来,第一反应®的员工扩张到了几十名,全国培训并获取第一反应®认证的约 1 万人,全国有约 9 万成人及儿童接受了第一反应®的急救技能培训。但这离实现梦想——为 2 000 万中国人普及急救技能还有很长的距离。

美国有相当成熟的院前急救体系,除了专业的医院和 911 急救中心,还有专业全职的 EMT(急救医疗技师)做最关键的"黄金四分钟"抢救,但这套急救系统成本相当高。第一反应® SOS 急救系统可以通过信息化方式做应急管理,并成功复制到楼宇园区环境中,这套系统能大幅减少急救资源特别是急救人员冗余的问题,它是否能够复制到整个社会公共环境中呢?

第一反应®的创始人团队中有一半以上来自商学院,他们在一线急救培训和生命救援的过程中碰撞出了一个想法——

共享经济在中国发展迅速,共享单车等能通过共享平台实现资源共享,优化资源配置。社会急救也可以利用共享思维,通过构建全民互助急救平台,用信息化系统打通有急救技能的人和所有 AED 设备,实现全民互救。

第一反应®开始致力于用科技创新打造社会共享急救平台。

第一步：收集信息，搭建寻找 AED 地图

2016 年 11 月，第一反应®自主开发的"寻找 AED"服务上线，上海的市民可以通过 AED 地图实时查找附近的 AED 设备位置和数量，并通过百度地图导航快速到达 AED 所在处。当前，已经接入地图的社会公共场所 AED 设备有 400 多台。

"寻找 AED"上还开通了"新增 AED"入口，鼓励志愿者看到身边公共区域的 AED 设备后自主添加信息，方便后台的第一反应®做信息收集，并派志愿者去现场核实；另外也鼓励企业、私人将拥有的 AED 设备加入平台。该服务已经接入了支付宝"城市服务"入口。此外，第一反应®还是腾讯和中国红十字会基金开发的"AED 地图"服务的主要数据点提供方。当前中国其他城市如北京、杭州等地的公共区域也逐渐在配置 AED，未来第一反应®将把各地的数据统一到信息平台上。

下一步：搭建社会共享互助平台，实现"一键互救"

第一反应®希望下一步能将"寻找 AED"服务升级成"一键互救"的社会共享互救平台。在 CEO 陆乐的脑中，未来社会共享互救平台的情况应该是这样的：

当路上有人突发心脏骤停时，第一发现人迅速启动"一键互救"按钮，后台系统直接查找定位离呼救位置最近的用户们并发出警报。

附近用户警报响起后，打开手机，互救平台上会清晰显示呼救位置和最近的 AED 设备，指引用户前往协助第一发现人做 AED 除颤。

互救平台呼救信息与 120 急救中心系统同步，距离最近的院前急救人员前往，将已经被急救成功的病患送往附近医院。

问题与挑战

满载着应急设备和第一反应®人的橙色救援指挥车已经深入无垠的戈壁,窗外正是当年高僧玄奘为百姓求取真经的路;第一反应®已经踏上征程近5年,但在实现"为2 000万中国人普及急救技能""构建社会共享互救平台"的路上还有很多荆棘:

第一反应®应该采取哪些措施加快社会急救技能的普及呢?

当前一台AED设备采购成本需要2万元,而全国登记可查的AED设备仅1 000多台,与美国等社会急救发达国家每5分钟路程就有一台AED设备差距明显(见表8.1)。在这方面作为一家社会型企业,第一反应®可以通过哪些方式帮助中国社会急救系统加强AED基础设施的布局呢?

表8.1 中国和美国社会急救能力对比

		中 国	美 国
非专业体系	自救互助技能	1%	25%
	AED/10万人	0.2	300(20亿美金)
专业体系	EMT/10万人	4	24
	心脏骤停救活率	1%	20%
	总人口医疗转运	1.5%	15%(180亿美元/年)

资料来源:第一反应®提供,作者搜集整理

可穿戴设备、物联网、人工智能技术正在快速发展并应用于各个行业场景,第一反应®是否可以将这些新兴技术运用到SOS急救系统和社会共享互救平台中去呢? 如何应用可以同时确保安全和效率的提升呢?

尾注:

[1] 马奔,王郅强,薛澜.美国突发时间应急指挥体系(ICS)及其对中国的启示[C].公共管

理与地方政府创新研讨会.北京：汕头大学，北京大学.2009.

[2] 高山.原来美国是这样搞院前急救的[EB/OL].(2016 - 01 - 27). http：//health. sohu.
com/20160127/n436113995.shtml.

[3] 金鹿航空救援.每秒猝死一人,你学会急救了吗[EB/OL].(2017 - 03 - 03). http：//
mt.sohu.com/20170303/n482298085.shtml.

[4] 侯斌雄.缺失的 AED：公众急救体系之困[EB/OL].(2016 - 10 - 21). http：//www.
jiemian.com/article/913598.html.2016 - 10 - 21.

[5] 中国医生美国救人引发我国除颤仪配置思考[EB/OL].(2015 - 03 - 30). http：//
www.cn-healthcare.com/article/20150330/content - 472051.html.

点评

生命的名义

——一键互救助病患，"第一时间"已不难

连敏玲

连力资本创始合伙人

"第一反应®"这样的公司是非常特别的，因为它是社会企业，它有2块牌子：一块民政的，一块工商注册的。金光闪闪的牌子很特别，但同时也意味着未来的发展更不容易。

首先，他们提供的服务绝对是市场痛点，他们每实施一次救助，挽救的就是一个珍贵的生命，应该说是意义巨大。但是从另一个角度来看，这家公司的业务又是典型的小概率事件，这意味着市场教育成本高昂，从人性的角度，大部分人或机构对于小概率事件的重视程度往往是不够的，就像消防，就像环保，如果没有强制规定，很多建筑施工是会完全忽略掉的。第一反应®的业务，从某个角度来看更像是公益组织的业务，但是第一反应®又是一家公司，是企业性质，这就意味着，他们必须要有成本核算，必须要有盈利压力，而不能是纯公益的行为。但是目前来说，第一反应®又无法像消防一样，通过法规强制的方式实现业务推广。那么他们的出路在哪里呢？

对于如今的第一反应®而言，他们现在所需要的技术创新需要打破自己原来的过多限制，需要提高到更高、更大的层面去思考问题。他们获得了很多掌声，因为生命的名义，感召了很多志愿者加入，贡献自己的力量，但是为什么不能质疑一下志愿者这个方向呢？人们总是本

280

能地倾向更容易获得资源的那条路,但是往往更难的那条路会有出人意料的结果。

首先,技术创新为什么一直停留在软件层面?硬件改进也是另外一条从未走过的道路,为什么不去尝试下呢?为什么不能开发一款新的 AED 呢?完全可以成本更低,还自带定位系统,自带产品自检系统。硬件是可以标准化的销售,既能快速给企业带来利润,也能降低过于复杂的人工寻找 AED 的流程。尽管可以为多场体育赛事提供服务获利,但是那个过程个性化太强,对团队要求高,每次方案都需要一定的定制,过于依赖人工的服务是很难快速病毒化传播的,也很难成为真正的共享经济。

其次,既然有腾讯这样的股东,为什么不尝试在微信和 QQ 上直接嵌入呢?当然,如果到处遍布的都是自带定位的 AED,接入微信之类的社交平台,难度会小很多。甚至可以将急救培训嵌入部分游戏之中,成为通关门槛之一。打游戏的群体和跑步的群体不见得就完全不交叉。培训的娱乐化,是成年人培训必备的通关秘笈。多平台的合作才能快速扩大规模。

第三,虽然急救是非常专业化的过程,但并不等于复杂到那么严重的程度,其实简单的急救相信初中生经过培训,都可以胜任。在美国学校里,从小学开始就会有简单的急救课程,第一反应®也可以借助他们特殊的资源背景,快速将培训切入现在的教育系统,通过 VR 技术,将培训标准化、生动化和有趣化。然后再让孩子们回家去培训父母,很多时候这个效果要比苦口婆心对成年人宣讲更加有效,事半功倍。

创新最难的地方,其实是打破自己思想中既定的假设前提。第一反应®在过去的发展过程中不知不觉已经给自己设立了多个假设前提,例如有公益性就增加志愿者,例如救助生命的严肃性,因此所有 PR

推广风格都严肃认真,强调崇高性。但是这些假设前提是不是就不可质疑呢?例如,公益性就一定要增加志愿者吗?为什么不能减少志愿者,增加自动化的设备呢?再例如,以生命的名义,一定要沉重严肃吗?适度的娱乐化,也有助于让这个事情更加常态化。而常态化不正是第一反应®当初的期望目标吗?

救助生命是非常了不起的事情,第一反应®所做的业务也非常崇高,社会企业这块牌子的责任也很重大,但是真正要实现这个崇高的目标,还需要暂时把崇高性放放,以商业化的方式,辅助以各种创新,借助更多的新技术来实现最终的目标。公益项目企业化运作,软件服务硬件化创新,相信未来第一反应®一定会有更大的发展,救助更多的生命。毕竟,没有什么比生命更重要了。

9 IBM 启动认知商业战略

> "世界必须接受认知技术,因为它为我们解决人类所面临的最严峻的难题带来了最有希望的契机。"[1]
>
> ——IBM 董事长兼 CEO 罗睿兰(Virginia C. Rometty)

IBM(International Business Machines Corporation,国际商业机器公司)2015 年第 4 季度财报显示,公司的全球营业收入同比下降 8.5%,连续 15 个季度出现营收同比下滑。2015 年的年度报告显示,全年实现合并收入 817.41 亿美元,同比下降 11.9%,这也意味着公司从 2012 年开始的全年营收下滑趋势还在延续(2012 年,IBM 全年营收下滑约 2.3%)。IBM 的股价也从 2012 年第一个交易日(2012 年 1 月 3 日)的 186.30 美元降到了 2015 年最后一个交易日(2015 年 12 月 30 日)的 137.62 美元,累计下跌 26%,而同期标准普尔 500 指数(S&P 500 Index)则上涨了 54%①。

就在这样的业绩下滑背景下,2016 年 1 月,IBM 董事长兼 CEO 罗睿兰在 CES(International Consumer Electronics Show,国际消费类电子产品展览会)上宣布:"IBM 已经转型为一家认知解决方案与云平台公司。"[2] 同年 3 月 1 日,IBM 在中国正式提出了"认知商业"的理念,并表示认知

本案例由中欧国际工商学院朱晓明教授、案例研究员陈登彪、研究助理黄成彦共同撰写。该案例的撰写得到了 IBM 公司的协助与支持。

① 数据来源:根据 Wind 计算得到

商业已在金融、医疗、教育、旅游、环境、零售等领域初尝成果。IBM 大中华区董事长陈黎明称："认知商业是继'智慧地球'之后，IBM 发布的又一次重大转型战略，它将引发堪比电子商务的又一次商业变革大潮。"[3]

支撑 IBM 这一转型的正是以 IBM Watson(沃森)为代表的认知计算技术。那么，这到底是一个怎样的技术？这个技术真能引发商业的彻底变革吗？"认知商业"战略又将如何重塑 IBM 的商业模式？它能使 IBM 的业绩重获增长吗？

转型认知商业的内外驱动力

IBM 的转型历史

IBM 由托马斯·沃森(Thomas J. Watson)于 1924 年创立于美国，其前身是 1911 年注册成立的计算制表记录公司(Computing Tabulating and Recording Company)，主要经营穿孔卡片数据处理设备，历经百年，现已发展成为全球最大的信息技术和业务解决方案公司，公司员工人数超过 30 万人，业务遍及 160 多个国家(地区)①。因公司的徽标是蓝色的，以及长期处于 IT 行业领头羊的位置，IBM 也被人们习惯性地称为"蓝色巨人"(Big Blue)。历经市场的风云变幻而屹立不倒，这与 IBM 一次次顺应产业变革实施战略转型息息相关(见附录 1)。

云计算、大数据浪潮中再谋转型

自从 2006 年，Google 公司提出"云计算"的概念开始，作为一种技术趋势，云计算横跨 IT、互联网等领域，打通了整个产业链，提供了一

---

① 百度百科：IBM

种全新的信息生产、消费和服务方式。此后几年,云计算很快成为 IT 界的热点,云计算技术得到了快速发展,基于云计算技术的产品与服务被陆续推出。

"整个 IT 产业的发展趋势是往云计算走,而云计算意味着低价低成本,一般企业用户采用云计算可以降低 IT 成本。"IT 行业的观察人士表示,在云计算方面,IBM 除了要面对亚马逊、微软等云计算大厂商的竞争外,还要面对惠普、思科和甲骨文等处于转型阶段的厂商,甚至还面临着 Salesforce 这些迅速崛起的初创企业的竞争。"在云计算市场目前还处于早期的发展阶段,价格战会打得相当惨烈。"[4]

随着云计算的广泛运用,大数据也受到了越来越多的关注。《大数据时代》一书的作者维克托 · 迈尔 · 舍恩伯格(Vikor Mayer-Schonberger)在书中前瞻性地指出,大数据带来的信息风暴正在变革我们的生活、工作和思维,大数据开启了一次重大的时代转型。在面对云计算、大数据带来的新一轮 IT 应用趋势的演变大潮中,IBM 迎来了新的掌门人。

罗睿兰上任

2011 年 10 月 26 日,IBM 宣布罗睿兰接替年满 60 岁[①]的彭明盛成为 IBM 的新任 CEO,并于 2012 年 1 月 1 日正式上任,罗睿兰也成为 IBM 百年历史上的第一位女性 CEO。罗睿兰上任时,IBM 的业务范围已经涵盖硬件及租赁、软件、技术咨询、商业分析等多个领域,公司的发展方向是与社会各界携手共建"智慧地球"。彼时,基于云计算的智能化综合管理服务成为 IBM 接下来的重中之重,也是罗睿兰面对挑战的关键利器[5]。

---

① 60 岁是 IBM 一把手既定的退休年龄

在上任后的几年里,罗睿兰一直在试图改善一些发展缓慢的业务,比如大型计算机和授权软件等。她希望带领公司转向增长更快的目标市场,如帮助企业了解自身庞大数据库的"分析"业务,以及通过网络和移动端管理企业业务的云技术等。但是许多传统业务继续拖累着IBM的业绩表现,而剥离部分此类业务则导致公司整体业绩和股价的下滑。一些投资者认为,罗睿兰在寻找新收入渠道方面动作不够快[6]。面对华尔街的批评者,罗睿兰表示 IBM 正处于"一个转折点",而"我的工作是用未来的持续发展平衡当前的复兴计划"[7]。

罗睿兰任职 IBM CEO 期间,信息产业正发生着巨大的变革。传统的网络模式已经不足以满足人类生活的需求,并逐渐被物联网所取代。物联网所产生的数据呈现爆炸式增长,数据的碎片化程度越来越高,视频、语音等非结构化的数据正在成为数据库中的主力。有数据表明,未来 80% 以上都是这种非结构化数据。非结构化的、碎片化的数据将会蕴含更多的商业机会,这是许多企业和技术人员的共识。基于哈佛大学的商业研究,差不多只有 15% 的企业认为它们能够抓住这些数据和分析,并有效地加以利用。他们认为如果能够做到这一点的话,就拥有了巨大的竞争优势。[8]

越来越多的传统企业、传统行业都在面临着更深刻的动荡,这种由互联网、物联网引发的对于传统商业的挑战,让每个深陷其中的企业试图找到一种方式走出困境。这种背景下,更加重了企业对于产业变革力量的看重,作为一种新兴的事物——认知计算的应用,认知商业的推广被视为"最后一根(救命)稻草"。[9]

新百年的第一个五年规划:IBM 2015 路线图

2011 年,IBM 发布了新百年的第一个五年战略规划,将公司成长的驱动力定位在智慧地球、成长市场、商务分析和云计算等方面。这份被称为"IBM 2015 路线图"的核心是到 2015 年 IBM 公司利润翻番,每股收益达到 20 美元,且其中 50% 的利润将由 IBM 软件集团贡献,继续强调"软件 + 服务"的战略定位。[10] 作为之前参与公司战略制定的罗睿兰,在正式上任以前表示:"我的首要任务是继续执行已有战略和 2015 蓝图,会专注于高价值,加强产品研发和技术创新。"[11] 2012 年,罗睿兰上任后的第一年,没有改变对公司战略的描述,"智慧""云计算""大数据"仍是公司战略执行的关键词。2012 年 1 月 18 日,IBM 在北京举行了"Z 领先机——IBM 2012 主机战略发布会",宣称:"主机新战略的主旨是通过帮助客户建立'工作负载优化、云计算和大数据整合'的基础架构,打造大集中管理和大智慧运算的战略性运营平台,最终成就大格局的经营模式,为提高民生服务效率、提升企业核心竞争力占领先机。"[12] 2012 年 6 月,IBM 推出"智慧存储"战略,提出"智慧存储"应该通过规模化地提升存储效率、优化存储性能以及云计算服务简化管理这 3 个方面来实现。[13] 2012 年 10 月,IBM 在主题为"大数据·大洞察·大未来"的年度大数据战略发布会上宣布"IBM 大数据战略全面升级"。时任 IBM 软件集团大中华区业务分析洞察及智慧地球解决方案总经理的卜晓军说:"IBM 大数据'全面'涵盖 IT 层和业务层。在智慧分析洞察动态循环理论的基础上,通过整合 IBM 在软件、硬件、咨询服务、研发等各领域针对大数据最前沿的资产和独有技术,紧密结合 IBM 深厚的市场经验和前瞻的创新理念,为大数据时代的行业客户未来驱动最大价值。"

在战略执行的过程中,IBM 在人力资源方面也不断调整。2012 年,IBM 在美国和加拿大裁员超过 1 800 人,裁员对象主要是年龄大、经验丰富和高工资的员工,IBM 内部人士表示公司会把这些岗位迁往海外劳动力成本较低的国家。[14]

2013 年公司年报改变了对战略的描述："展望 2014 年和未来，IBM 将不断使自己转变以把握新的机遇，在沃森解决方案、大数据供应和分析、移动企业和高价值云服务等领域进行大胆追求。IBM 将基于持续的研发投入、员工参与、行业专家、全球覆盖性，以及公司技术和能力的广度和深度，创造差异化的客户价值。"IBM 提出利用数据来转变行业和职业从而占领市场。这一年，IBM 投资超过 220 亿美元以提升公司在大数据及其分析方面的能力，其中包括投资 150 亿美元进行了 30 多项收购。公司三分之一的研究围绕数据、分析和认知计算展开。2013 年 IBM 的商业分析业务实现了 157 亿美元的收入，已经基本实现这项业务原定在 2015 年实现的业绩目标——160 亿美元。在云业务方面，IBM 投资了 60 多亿美元收购了 15 家与"云"相关的公司，同时还投资超过 10 亿美元使其全球数据中心达到 40 个。截至 2013 年底，IBM 可提供的 SaaS(Software as a Service，软件即服务)超过 100 个；IBM 为《财富 500 强》前 25 家公司中的 24 家公司提供了云支持。在社交互动业务方面，IBM 收购了 20 家与移动、社交和安全相关的公司，公司的移动、社交和安全业务组的收入实现了两位数的增长，其中移动业务增长 69%，安全业务增长 19%，社交业务增长 45%。

2013 年，在继续转型高利润市场的过程中，IBM 的销售收入、利润以及股价呈全面下滑趋势，公司的裁员也在继续。据估计，2013 年 IBM 在全球的裁员数量为 6 000~8 000 人，占员工总数的 2% 左右。[15]

2014 年，IBM 深刻意识到大数据、云计算、移动社交正在改变着 IT 产业，公司也决定将大数据、云计算、移动社交作为公司今后战略的基础。IBM 先后投资 240 亿美元在大数据方面，比如：投资 10 亿美元成立了 IBM 沃森集团，推动认知计算的发展。在这一战略的推动下，2014 年 IBM 的数据分析业务增长了 7%，营收达到 170 亿美元。在云计算领域,IBM 认为云计算的本质是将企业的 IT 和业务流程转变为数字化服务,从而让公司的业务模式具备高度的可配置性与可扩展性,重新定义企业级 IT。IBM 投资 70 多亿美元,收购了 15 家与云计算相关的企业,包括 SoftLayer;投资 12 亿美元建立了覆盖全球的 40 个云数据中心。2014 年,IBM 的云计算业务增长超过 60%。在意识到社交移动会改变所有人的工作方式、工作时空、工作状态,也可以为企业构建客户参与的互动体系后,IBM 与苹果、Twitter、腾讯等公司建立了与社交移动相关的战略联盟。2014 年,IBM 的移动业务增长超过了300%。在不断向新业务投入资金的同时,IBM 也不断地加紧步伐出售低价值业务——向联想集团出售 x86 服务器业务,甚至倒贴 15 亿美元①"甩卖"芯片制造业务给 GlobalFoundries 等。[16]

到了 2015 年,IBM 意识到公司的客户也在转型,数字化本身已经不再是客户的目的,而是成为真正的认知型企业的基础。为此,IBM 开始将工作重心转移到帮助客户挖掘大数据的价值,将战略定位于帮助客户更好地认知企业。至此,IBM 表示自己已经不再是一家硬件公司或软件公司,而已经转型为一家认知解决方案与云平台公司。公司的战略核心内容转变为 3 个关键词——认知解决方案(Cognitive Solutions)、云平台(Cloud Platform)和行业聚焦(Industry Focus)。

经历了 4 年的战略调整后,截至 2015 年底,IBM 新的"战略规划"逐渐变得清晰起来。云计算、大数据分析、手机平台应用以及数据安全这些新业务正成为 IBM 业绩的支柱。2015 年,这些新的业务已经占到了 IBM 总利润的 35%,较 2014 年同期上涨约 24%。其中云计算销售额

---

① 为此业务的售出,IBM 将在未来 3 年内向 GlobalFoudries 支付 15 亿美元现金。由于 IBM 因售出此业务可以获得价值 2 亿美元的资产,因此实际上的补贴是 13 亿美元

达到了 100 亿美元,较 2014 年同期增长 57%[①],使 IBM 成为全球最大的云服务提供商。大数据分析销售额达到了 180 亿美元,较 2014 年增长 16%。手机平台开发业务达到 30 亿美元,较 2014 年增长 250%。[17]

在 IBM 的新业务中,发展最迅速的是云计算。在云计算领域,亚马逊和微软的云计算基础设施服务是市场份额最大的。但从销售额的角度来考虑,IBM 却是云计算的领头羊。[18]IBM 并没有在云计算基础设施上和微软、亚马逊展开直接的竞争。IBM 全球资深副总裁罗伯特·勒布兰(Robert LeBlance)表示:"在云计算领域我们不比体量,我们较量的是价值。IBM 在云计算领域的特色是混合云和企业级,而正是混合云将成为未来云计算的'主战场'。"[19]

IBM 云计算的利润主要来自 APP 以及与云计算相关的服务。这符合 IBM 的战略规划,IBM 认为企业把数据放到云里,不仅仅是为了降低成本,更是为了更好地挖掘数据。而此类服务,更适应现阶段互联网公司的整体发展策略。[20]

然而,新业务收入的快速增长并没有止住逐步剥离传统业务带来的整体收入的下滑趋势。2015 年,IBM 全球服务业务(Global Services)的收入同比下降 1%,未经汇率调整和不考虑业务剥离情况的下降值达到 10.5%。其中全球技术服务业务(Global Technology Services)的收入同比增长 1%,但未经汇率调整和不考虑业务剥离情况下则是下降了 9.7%。受到从传统大型企业应用程序业务撤离的持续影响,全球商务服务业务(Global Business Services)的收入同比下降了 4%,未经汇率调整和不考虑业务剥离情况的下降率是 12%。软件业务的收入下降了 4%,未经汇率调整和不考虑业务剥离情况的下降率

---

① 案例中所指的业务的销售额增长率均是考虑汇率变动和 IBM 公司 X 系统业务剥离调整后的值

是 9.8%。硬件系统收入未经汇率调整和不考虑业务剥离情况的下降率是 24.2%,但经汇率调整和考虑业务剥离情况时则是增长了 8%。

就在这样的业绩下滑背景下,2016 年初,罗睿兰宣布:"IBM 已经转型为一家认知解决方案与云平台公司。"IBM 也在中国正式提出"认知商业"的理念,认知商业战略浮出水面,而支撑 IBM 这一战略的正是以沃森为代表的认知计算技术。那么,到底沃森是一个怎样的技术呢?

沃森初露头角

2011 年 2 月 17 日,超级计算机 IBM 沃森在美国最受欢迎的智力竞猜电视节目《危险边缘》(*Jeopardy*!)中击败该节目历史上 2 位最成功的选手并获得冠军。当时,IBM 宣称这是认知计算的胜利,也是计算技术走向新时代的启示录[21]。IBM 沃森在世人面前的第一次亮相堪称惊艳。然而,IBM 沃森到底是怎样的一个机器或是技术,在当时则并没有多少人了解。

实际上,超级电脑沃森由 IBM 公司和美国德克萨斯大学历时 4 年联合打造,电脑存储了海量数据,而且拥有一套逻辑推理程序,可以推理出它认为最正确的答案。"沃森"这个名字是为了纪念 IBM 创始人托马斯·沃森而取的。在 20 世纪 60 年代,人工智能的技术研发停滞不前数年后,科学家便发现如果以模拟人脑来定义人工智能将走入一条死胡同。通过机器的学习、大规模数据库、复杂的传感器和巧妙的算法来完成分散的任务成为人工智能的新定义。1997 年,IBM 研发的计算机"深蓝"(Deep Blue)战胜了国际象棋冠军加里·卡斯帕罗夫(Garry Kasparov),被视为人工智能取得的一项重大突破。而 IBM 对于沃森的开发则被认为是在人工智能上又迈出了一步。时任 IBM 中国研究院经理的潘越曾表示："深蓝只是在做非常大规模的计算，它是人类数学能力的体现……当涉及机器学习、大规模并行计算、语义处理等领域时，沃森了不起的地方在于把这些技术整合在一个体系架构下来理解人类的自然语言"。[22]

IBM 开发沃森旨在完成一项艰巨的挑战——建造一个能与人类回答问题能力匹敌的计算系统。这要求其具有足够的速度、精确度和置信度，并且能使用人类的自然语言来回答问题。这一系统没有连接至互联网，因此不会通过网络进行搜索，仅靠内存资料库作答。

最初始的沃森由 90 台采用 Linux 操作系统的 IBM 服务器、360 个计算机芯片驱动组成，是一个有 10 台普通冰箱那么大的计算机系统。它拥有 15 TB 内存、2 880 个处理器，每秒可进行 80 万亿次运算。IBM 为沃森配置的处理器是 Power 7 系列处理器，这是当时 RISC(精简指令集计算机)架构中最强的处理器。沃森系统中存储了大量的图书、新闻和电影剧本等数百万份资料。沃森是基于 IBM"DeepQA"(深度开放域问答系统工程)技术开发的。DeepQA 技术可以读取数百万页文本数据，利用深度自然语言处理技术产生候选答案，根据诸多不同尺度来评估待回答的问题。IBM 研发团队为沃森开发的 100 多套算法可以在 3 秒内解析问题，检索数百万条信息然后再筛选还原成"答案"输出成人类语言①。

《危险边缘》这一节目对于计算系统是一个巨大的挑战，因为它涉及的学科广泛，涵盖了诸如历史、文学、政治、艺术、娱乐和科学在内的广泛主题，参加节目的选手们要在很短时间内提供正确答案。更困难的是，主持人提出的问题中会包含反语、双关语、谜语和一些意思深奥微妙的表达方式，让电脑领会这些表达方式相当困难。

---

① 百度百科：IBM 沃森

对于沃森为何能够应付这种"狡猾"的试题，参与沃森系统研制的人员表示这主要依靠它对自然语言的理解和高速的计算："当沃森被问到某个问题的时候，100 多种运算法则会通过不同的方式对问题进行分析，并给出很多可能的答案，而这些分析都是同时进行的。在得出这些答案之后，另一组算法会对这些答案进行分析并给出得分。对于每个答案，沃森都会找出支持以及反对这个答案的证据。因此，这数百个答案中的每一个都会再次引出数百条证据，同时由数百套算法对这些证据支持答案的程度进行打分。证据评估的结果越好，沃森树立的信心值也就越高。而评估成绩最高的答案会最终成为电脑给出的答案。但在比赛中，如果连评估成绩最高的答案都无法树立足够高的信心值，沃森会决定不抢答问题，以免因为答错而输掉奖金。而这所有的一切计算、选择与决策都在 3 秒钟之内完成。"[23]

沃森的发展与大数据及其分析业务息息相关。从 2010 年开始，IBM 在大数据及其分析业务领域的投资超过 150 亿美元，包括耗资 70 亿美元展开的 20 多项收购活动。IBM 在分析与认知方面的投入几乎占到公司全部研发投入的一半。

不仅仅是问答游戏机器

通过参加电视节目赢得挑战奖金自然不是 IBM 沃森的终极目标。沃森如何能够实现商业应用是 IBM 在又一次的"人机大战"后深入思考的问题。而更为紧迫的挑战是如何提升沃森的"认知"能力，毕竟在《危险边缘》的挑战中沃森也并非能够回答所有的问题，对于某些领域的回答甚至显得比较笨拙，更何况还给出了一些"令人可笑"的回答（如将多伦多认作是美国城市，认为 20 年代和 20 世纪 20 年代是 2 个不同的概念等）。[24]

在电视节目中获胜近 3 年后，IBM 将沃森从一个游戏创新转变成一项商业技术。此时的沃森可通过云平台交付，能够驱动新的消费和企业应用。沃森的速度和智能已经提高了 24 倍，性能改善了 24 倍，体积也缩小了 90%，仅为 3 个叠放的披萨盒大小[25]。

2014 年 1 月 12 日，IBM 宣布为超级计算机沃森创建一个新的业务集团，以致力于开发和商业化可支持云交付模式的认知计算技术创新[26]。IBM 对沃森业务集团的初始投资逾 10 亿美元，其中 1 亿美元将用于风险投资，以支持 IBM 新构建的生态圈。这一新生态圈包括在 IBM 沃森开发者云（IBM Watson Developers Cloud）中的初创企业以及由沃森驱动的新一级认知应用业务[27]。

对于成立沃森业务集团，时任沃森业务集团高级副总裁的迈克尔·罗丹（Michael Rhodin）表示："在 IBM 的努力下，沃森已不仅仅是竞猜节目的获胜者，现在它更代表着认知计算领域的重大商业突破，能够帮助企业吸引客户，帮助医疗机构提供定制化的治疗方案，让企业家们开展业务。在 IBM 100 年的历史上，沃森是我们最重要的创新之一，我们乐于和全世界分享这一创新。希望通过投资，我们能够开拓新市场，找到新的客户群，帮助行业和专业转型。"[28]

在成立沃森业务集团的同时，IBM 推出了 3 个以沃森命名的服务产品：沃森发现顾问（Watson Discovery Advisor）、沃森分析（Watson Analytics）和沃森探索（Watson Explorer），这些成品也成为沃森技术转化为商业服务的载体（见附录 2）。

IBM 沃森与认知计算

提到"认知计算"，人们首先容易联想到的是"人工智能"。IBM 认为认知计算会包括人工智能的一些要素,但实际上它是一个更宽泛的概念。认知计算源自模拟人脑的计算机系统的人工智能。20 世纪 90 年代后,研究人员开始使用"认知计算"一词,以表明该学科用于教计算机像人脑一样思考,而不只是开发一种人工系统。传统的计算技术是定量的,并着重于精度和序列等级;而认知计算则试图解决生物系统中的不精确、不确定和部分真实的问题,以实现不同程度的感知、记忆、学习、语言、思维和问题解决等过程[29]。认知计算代表一种全新的计算模式,它包含信息分析、自然语言处理和机器学习领域的大量技术创新,能够助力决策者从大量非结构化数据中揭示非凡的洞察。认知系统能够以对人类而言更加自然的方式与人类交互;认知系统专门获取海量的不同类型的数据,根据信息进行推论;从自身与数据、与人们的交互中学习。认知计算的一个目标是让计算机系统能够像人的大脑一样学习、思考,并做出正确的决策。认知计算系统的定位是一种辅助性工具,配合人类进行工作,解决人脑所不擅长解决的一些问题。

"从技术角度看,认知计算和人工智能有很多共性,比如机器学习、深度学习等,但认知计算的目的不是为了取代人,而人工智能'更像人'的目的只是认知计算的一个维度。认知计算除了要能够使人和计算机的交互更加自然流畅之外,还会更多强调推理和学习,以及如何把这样的能力与具体的商业应用结合,以解决商业的问题"[30],这是 IBM 中国研究院院长沈晓卫对于"认知计算和人工智能、大数据分析的区别在哪?"问题的回答。

沃森背后的核心技术支撑正是认知计算。2011 年参加挑战赛时沃森主要是基于机器学习、自然语言处理、问题分析、特征工程、本体分析等 5 项技术。发展到 2016 年时,沃森背后的核心支撑技术已经涵盖了如排序学习、逻辑推理、递归神经网络等来自 5 个不同领域的技术,包括大数据与分析、人工智能、认知体验、认知知识、计算基础架构。2011年沃森的问答能力只是2016年的沃森具备的几十项能力之一。除此之外,这些能力还包括关系抽取、性格分析、情绪分析、概念扩展及权衡分析等,它们如今都已被转变成服务或API(Application Programming Interface,应用程序编程接口)。据IBM估计,2016年底沃森API服务的数量将达到50个。如今,沃森作为一个技术平台,IBM表示其核心能力可以概括为URL,即:

Understand(理解):沃森通过自然语言理解技术,能够与用户进行交互,并理解和回答用户的问题。

Reason(推理):沃森通过生成假设技术,能够透过数据揭示洞察力、模式和关系,实现以多种方式认知和产出多种结果而不仅仅是产生一种结果的传统方式。

Learn(学习):沃森通过以证据为基础的学习能力,能够从所有文档中快速提取关键信息,使其能够像人类一样进行学习和认知。通过追踪用户对自身提出的解决方案和问题解答的范库和评价,沃森还能够不断进步,提升解决方案和解答的能力。

IBM沃森与认知商业

对于什么是"认知商业",IBM给出的定义是:"借助认知技术进行感知,并通过大规模比对及科学算法,具备理解、推理、深度学习的能力,形成会思考并预测未来的商业新模式。"对于"认知商业"的价值,IBM全球认知商业行业解决方案总经理尼尔(Neil Isford)认为"认知商业"可以[31]:

(1)加深互动与参与。认知商业可基于每名客户对模式、形态和质量的喜好,与其开展更加全面深入的互动。认知系统可通过分析与推理所有结构化和非结构化数据，来找出什么是真正激发兴趣、产生互动的关键。随着经验的积累，客户互动将能给企业创造越来越高的价值，成为自然发生的、能够达到预期效果的、令客户感到满意的活动。

（2）提升专业技能。每个行业和专业都有永远学不完的新知识，而由于信息增长的速度加快，专业人士对利用现有能力作出明智决策的信心不足。医疗行业就是个典型的例子：1950年时预估医学知识的倍增时间是50年；到了1980年是7年；在2015年变成不到3年。知识的增加大大延长了培养专业人士的时间和成本，如今天的医生拿到行医执照需要11～16年。因而，填补合格专业人士缺口、避免由于专业能力差距造成的损失迫在眉睫。认知系统能帮助专业工作人员掌握新知识，从而缩短将专业人员培训为专家的时间。实际上，即使对于顶级专家，认知系统也能帮助他们更加深入快速地开展研究工作和分享成果。

（3）创新产品与服务。认知技术使得新型产品和服务可以感知、推理并且学习用户及周围的世界。它们不断地改进与调整，增加能力，使产品与服务提升到以前想象不到的水平。

（4）掌控流程与运营。认知技术不仅能改变企业的服务能力和改善产品，同时还能改变企业运营的方式。通过在业务流程中融入认知能力，能够利用大量的内外部数据，借此提高对工作流、上下文及环境的感知能力，从而不断学习新知识，提高预测能力和经营成效，同时在最快的速度下做出明智决策。

（5）推进探索和发现。强大的认知工具帮助企业在新药研发、复杂的金融建模、材料科学创新及成立新创企业等领域取得非凡洞察，从而在日益复杂多变的未来世界立于不败之地。通过将认知技术应用于大量数据，领导者将能够发现模式、商机和有用的假设，若仅仅使用传统的研究或可编程系统，是根本无法获得此类洞见的。

对于认知时代的"认知商业"具体可以做什么，在 IBM 论坛 2016 上，IBM 大中华区董事长陈黎明给出了一些畅想[32]：

认知时代的旅游。刚刚过去的这个春节，有 600 万人出国，形成了最高的一次出国旅游潮。出去旅游是一件非常愉悦的事情，但是准备旅游往往费时费力。据统计，一个人要去旅行，规划的时候至少要访问不少于 20 个网站，都要靠自己一一去发现、去挖掘。但如果试想一下，将来我们希望出去旅行，只要告诉沃森这样一个体系，计算机完全有能力根据你过去出行的记录、你的喜好、你的习惯，给你推荐出几套最佳的旅行路线。并且通过这种方式甚至会改变整个旅游业的商业模式。

认知时代的教育。教育当然是我们每个人关注的一个非常重大的话题。在中国，教育资源是非常不平衡的，要想做到因材施教是一件非常困难的事情。但如果将沃森与教育相结合，因材施教就变得可能。IBM 开发了这样一个解决方案，把 2 万名小学老师的教学案例、教学内容连接在一起，进行教学资源的共享。这样沃森可以根据每一个老师的教学特点、每一个老师的背景，通过对学生动作的学习、学习方式的分析、心理的因素等方方面面，根据小孩成长的轨迹，制定出一套完整的因材施教的方案。

认知时代的医疗。医疗跟每个人都息息相关，而认知医疗是在认知时代研究最广泛的领域，也是发展得最快的一个行业。但是，由于资源的不平衡，大医院人山人海，挂号难、看病难、住院难等都是普遍问题。IBM 收购了 Merge，加上 IBM 本身也积累了 3 150 亿个数据点的分析经验，通过沃森标准化读片，可以实现较高的准确率，达到精准医疗。

除了上述陈黎明提及的 3 个领域，事实上，IBM 的认知商业已经在近 20 个行业领域中得到实践，并与诸多企业展开了合作（见附录 3）。

"认知商业"的商业模式探索

提供认知解决方案

从 2011 年 IBM 沃森被外界知道开始，IBM 就开始研发新一代的认知系统来挖掘和分析大量复杂的、以前不被计算机和企业所洞察的数据。在过去 5 年，IBM 对沃森进行了持续投入，包括拿出 1 亿美元作为风险投资基金支持初创企业通过在 IBM 基于云的应用开发平台 Bluemix 上的沃森开发者区域构建认知应用。IBM 也通过沃森生态系统让沃森变得更为开放，容纳更多的合作伙伴。

对于 IBM 来说，如何实现认知商业才是认知技术发展所追求的目标。在 2015 年，IBM 成立了第一个针对特定行业的业务单元——沃森医疗保健部门（Watson Health），为医生诊断和预防疾病提供认知方案，为病患提供精准的治疗方案建议，为研究人员预测和防治新的疾病提供支持。IBM 还成立了沃森物联网部门（Watson Internet of Things，简称 Watson IoT），Watson IoT 可以实时为提取和分析嵌入在智能设备中的数据提供认知支持。而近期，IBM 收购 The Weather Company，进一步扩展了公司的物联网平台。

为了实现"认知商业"，IBM 称其要打造一个开放的生态系统，让其合作伙伴和客户参与开发，通过资源互补，实现多方共赢。比如，Watson 提供的 API 可以被客户直接使用，但在很大程度上，它是需要跟客户具体的商业场景和它的技术平台做有效的集成和集中才能变成一个解决方案的。因此，IBM 需要跟客户进行深度合作。

转型"认知商业"，IBM 之前"端对端提供解决方案"[①]的业务模式

---

① 将硬件、软件和服务整合起来作为解决方案出售给客户的业务模式

将失效——正如 IBM 大中华区副总裁郭继军所说："在互联网、互联网＋的时代，已经没有任何一个单一的硬件产品、软件产品，甚至一个解决方案可以满足客户的所有需求了。"

搭建云平台实现认知方案交付

在 IBM 沃森体系中形成的认知解决方案最终需要呈现在 IBM 云平台上。"认知解决方案和云平台是整合为一体的，我们将会通过云平台向企业用户和合作伙伴提供以认知计算为核心的行业解决方案。IBM 云计算可提供强健、完整、安全且具有认知思考能力的混合云。"在 IBM 论坛 2016 上，IBM 大中华区云计算与软件业务总经理胡世忠这样诠释认知计算与云平台的关系。

在 Bluemix 平台上，用户可以通过沃森 API 使用认知解决方案。目前，IBM 云平台上认知技术的 API 数目已从 2011 年的 1 个，增加到 2015 年的 28 个，应用范围也从参加智力挑战赛到跨入行业应用，再到全面覆盖各个行业。

为了丰富 IBM 云的产品和结构，IBM 收购了一大批知名的云计算服务商，包括混合云代理软件开发商 Gravitant，为现有云端平台加入 Node.js 开发架构的 StrongLoop，开展混合云业务的 Cleversafe，云视频服务商 Clearleap，以及企业视频服务商 Ustream。[33]

行业聚焦

IBM 的认知解决方案和云平台服务均与行业背景相关，通过聚焦行业的特定需求制定能够释放更大价值的解决方案。目前，除了单独成立沃森医疗保健部和沃森物联网部外，IBM 还启动了 20 多个行业专属的预置了预测分析能力的认知解决方案，包括能够允许客户通过挖掘消费者数据,使自身在消费者暴露隐藏行为、欺诈、缺陷等问题以前做好防备。这些为零售行业、银行业、电信业、保险业以及其他诸多行业专门定制的解决方案,能够使相应的组织对重要的商业洞察更便捷地做出应对。

2016 年初,罗睿兰向公司内部发布公司架构调整——建立一个单一的 IBM 全球行业部门,汇聚来自全球商务服务部(GBS)与销售分销部门(S&D)的行业经验,横跨整个 IBM 参与到行业战略变革中。对此,IBM 大中华区的内部人士表示:"未来,行业在 IBM 会成为一个更重要的维度。这意味着 IBM 可以更好地用其行业知识和技术力量来改变客户的生产方式。"[34]

IBM 推进认知商业战略面临的挑战

组织架构重塑之难

IBM 的现行组织架构主要由 4 个业务模块组成:全球服务(全球技术服务与全球商务服务)、软件、硬件系统以及全球金融。IBM 中国研究院研究总监、大数据及认知计算研究方向首席科学家苏中博士表示,认知商业战略提出后,公司的各个业务部门都有了"认知"的基因,并形成了云平台、认知计算与行业聚焦的 3 层战略架构。"认知"基因带来的改变深刻影响了 IBM 的业务架构和人才架构。

伴随着 IBM 战略调整、业务架构和组织结构的重塑,IBM 需要把员工更多地转移到云计算和人工智能业务上。[35]近年来,上万人规模的"裁员"和新聘员工成为 IBM 人力资源重塑的巨大挑战。IBM 并不认为"裁员"是公司转型时期的关键词,[36]并表示公司在裁员的同时也在大量招聘新员工,且公司面临的岗位空缺也是很大的。[37]2015 年,

IBM 在全球范围内开放超过 1 万个职位的招聘，就是围绕 CAMSS(云计算、大数据分析、移动、社交和信息安全)的战略重点进行的。2014 年成立的以认知计算和人工智能为特色的沃森集团就已经预演了 IBM 历史上规模最大的一次人员迁徙，总共涉及 2 000 多名员工从各自的部门来到沃森集团。他们或来自研究机构，或来自销售顾问团队，抑或来自硬件、软件、服务部门。这样，沃森集团从内部组织构成上也成为了一家独立运作的"初创企业"。[38]

认知技术之争

2016 年 3 月，在 IBM 发布"认知商业"战略后不久，Google 推出的 AlphaGo 战胜世界围棋第一人李世石的新闻，再次让人们提及"人机大战"。只是这一次的"机"方代表不再是 1997 年战胜国际象棋冠军加里·卡斯帕罗夫的 IBM"深蓝"，也不是 2011 年在《危险边缘》节目里胜出的 IBM"沃森"。围棋被认为是人类智慧最后的堡垒，这一次被 Goolge 的 AlphaGo 攻陷，曾经推出"深蓝"和"沃森"参加人机大战的 IBM 自然被人们拿出来作比较。IBM 自 2011 年后为什么没有让"沃森"挑战围棋？ Google 的智能计算水平是否比 IBM 更高？ 对于刚"高调"推出自身认知计算技术的 IBM，需要让外界对自身的技术水平和发展潜力有更清晰的认识和认可。

对此，IBM 陈黎明表示这样的比较是可以理解的，但未必是恰当的。"在这 20 年，科技日新月异，根据摩尔定律，每 18 个月单位面积的芯片数量会增加一倍，计算能力亦会增加一倍。因此，今天即使 AlphaGo 的能力远远超越'深蓝'，人们也无需大惊小怪。今天一部手机的计算能力就能超过当年 IBM 参与人类登月计划的超级计算机。但我们不能因此说那台超级计算机的历史意义不如一台手机。'深蓝'

毕竟是 0 到 1 的突破，是 IBM 永远的骄傲，"[39]陈黎明说道。此外，陈黎明也表示："沃森不再追求赢下一个又一个竞赛，而是转身离开赛场，从实验室和竞技场走向了产业实践……IBM 已经占据了一个很好的位置。今天的 IBM 不论是在人工智能研究的深度还是广度上，都名列前茅。"[40]

IBM 自身作为认知型企业，并致力于帮助别的企业转型成为认知企业，这要求 IBM 真正去懂得别的企业的运作和找到变革的方向。而这一要求也改变了 IBM 沃森研究人员的研究方式："传统的研究方式是研究人员走进实验室做研究，发明出一个新东西之后，研究工作就结束了。但是如今，研究人员必须要走到真实的世界中做研究，或者说现在的世界已经变成了一个大实验室，这就需要 IBM 和业务合作伙伴一起协作。比如说，当 IBM 需要在医疗方面做进一步研究时，就要走进医院；当 IBM 需要对水资源管理进行研究的时候，就要与水资源管理部门打交道；在研究电力管理的时候，可能要与国家电网这样的部门进行协作。只有与业务合作伙伴进行协作，才能实现既定的愿景目标。"[41]

面对同业竞争，IBM 感受到的挑战和压力不仅是技术的快速迭代和研究方式的转变，如何使技术落地，如何根据客户的需求进行新技术与产品的研发，也是颇大的挑战。苏中博士表示："现在我们要把所有的技术都放在云上，不光做技术本身，我们还要从数据上做建模，真的是解决具体的问题。我想这一点对于技术研究团队来讲，的确是一个新的挑战。但对于 IBM，已经经历过这么多次转型，这次只不过是一个新的转型罢了。"

跨国落地的本土化探索

认知计算技术在美国以外的区域落地还需要有一个本土化的探索

303

过程。以落地中国为例,中国被认为是 IBM 认知商业的重要战略领地,也是 IBM 正式提出认知商业战略的区域。然而,在中国市场,认知计算技术的落地也还在探索中。

"尽管不少国内客户对 Waston 的技术很感兴趣,但 IBM 通过云平台的方式提供 Waston 服务与中国'数据不离岸'的相关规定存在矛盾,Waston 业务至今还不能在国内落地,"一位 IBM 大中华区的员工解释道[42]。而另一位员工则更为尖锐地把问题归结到教育用户上面:"目前看来,Waston 落地没有合适的着陆点。IBM 在中国的重要客户都在行业内占据着支配地位,他们并没有动力用沃森去改变什么。'这东西很酷,但有什么用?'是他们的口头禅。"[43]

对此,一位 IBM 高层则表示,事实上,认知计算在中国还未启动正式的大规模推广:"甚至我们的一些销售人员本身对认知计算的了解都还不够,他们也无法去向客户讲清楚认知计算能带来什么。"[44]

除了人工智能技术尚不成熟之外,IBM 的许多应用更多的是针对美国市场。过去一年多时间里,IBM 收购了医疗数据公司 Truven Health Analytics、美国气象媒体和数据公司 The Weather Company 等大量资产。IBM 还与 Twitter 达成合作伙伴关系,进行数据分析。但这些应用却很难照搬到中国。[45]

"沃森的物理落地还需要一些时间,我们还需要解决很多本土化的东西,比如说中文的语言问题。"陈黎明解释,要想让沃森来到中国,需要让其能够听懂中文和各地的方言,比如 IBM 选择与科大讯飞等企业合作来实现这一目标。[46]

另外,作为美国企业,IBM 可以在当地获取全国的气象和医疗数据,但这一路径在中国却会遇到法律法规的限制。对此,IBM 希望中国公司能够与自己合作,共同分吃这块"蛋糕"。[47]

"我有时候开玩笑讲,我看到这个蛋糕很好吃,我也很想吃,但中间隔了一层玻璃。也可能中国有一家企业,也想吃这块蛋糕,但却没有能力。这时候如果我们两家能够合作,既解决了你吃蛋糕的问题,也解决了我吃蛋糕的问题,"[48]陈黎明向媒体解释了 IBM 的期望,"通过合作伙伴的一些项目能够解决很多问题。既能做到彼此互惠互利,也能解决有利于国家、有利于百姓的技术落地问题。"[49]

急待重振的业绩

2015 年 IBM 的全年销售净利润为 132 亿美元,相比 2011 年的 159 亿美元下降了 17%,每股收益(基本)为 13.48 美元,均没有达到"2015 路线图"设定的目标。在 2012—2015 年期间,IBM 持续进行了大规模的股票回购和稳定的股利分配,但对于公司每股收益和股价的提升作用并不明显。

在 IBM 业绩连续下滑了 4 个年头以后,认知商业到底能为 IBM 业务带来什么商业回报成为投资者和外界关注的重要问题。对于这一问题,陈黎明透露了这样一个关键数字:"IBM 预计到 2020 年,认知商业和云平台带来的收入将超过 50%,这无疑可以看作是 IBM 董事长罗睿兰制定的下一个 5 年计划。毕竟,对 IBM 业绩负责的罗睿兰,一定要让企业原有的硬件、软件和服务核心业务从中受益;Watson 不就是硬件、软件和服务的组合体吗?而且它还可以通过云平台提供服务。从这个角度看,认知商业不仅是一个商业远景,也是一个四两拨千斤的商业战略。"[50]陈黎明所说的未来能否得以实现,当前自然不得而知。不过,随着股东对 IBM 的转型越来越失去耐心,罗睿兰确实急需向投资者证明——IBM 正在正确的轨道上前行。[51]这位曾被同事称为"背着双肩包的冒险家",[52]这次又能否成功脱险?

附录 1：IBM 的转型史

从穿孔卡片到大型计算机：IBM 的历史可以追溯到电子计算机发展前的几十年，在电子计算机发展之前，IBM 主要经营穿孔卡片数据处理设备。20 世纪 30 年代，IBM 投入巨资进行研发，公司的产品很快占据了美国的大片市场。1935 年时，IBM 的卡片统计机产品已经占领了美国市场的 85.7%。卡片机的大量销售为 IBM 积累了雄厚的财力和强大的销售服务能力，为以后主宰计算机领域奠定了重要的基础。

20 世纪 40 年代末，电子计算机和磁带的出现，使 IBM 第一次面临战略转型的紧要关头。1956 年小托马斯·沃森接替父亲掌管 IBM 后，放弃父亲以及其他管理层固守的穿孔卡片业务，以大型计算机作为公司的发展目标。在小沃森的领导下，IBM 将研发力量全部集中在第一代大型机 System/360 的研发上。这项技术耗时数年，研发资金达 50 亿美元（按照 20 世纪 60 年代的美元价值计算），投资甚至超过了美国政府研发原子弹的"曼哈顿计划"。1964 年，System/360 开始推向市场，很快成为领先的计算机平台。到 1969 年，IBM 的大型计算机业务所占市场份额已经增长至 70%，成为全球最大的计算机制造商。

从大型计算机到分布式计算系统：很长一段时间里，大型计算机业务给 IBM 带来了高额的利润回报。1990 年，IBM 成为全球第二大最赚钱的公司，收入达 690 亿美元，净利润达 60 亿美元。因此，IBM 也迟迟没有推出相对廉价的分布式计算系统。但 20 世纪 90 年代初，竞争对手的分布式计算系统投入市场并迅猛发展，使 IBM 遭受严重冲击。1993 年，IBM 大型机业务收入减少至 70 亿美元，公司累计亏损额达到 160 亿美元。当时微软的比尔·盖茨甚至预言 IBM 将在几年内倒闭。

1993 年 4 月，郭士纳（Louis V. Gerstner）接任 IBM CEO 一职。上任以后，他并没有像大多数人猜测的那样将 IBM 进行拆零出售，而是彻底摧毁旧有生产模式,开始削减成本,裁员 3.5 万人,调整结构,重整大型机业务,拓展业务范围,并带领 IBM 重新向个人电脑市场发动攻击。最终,IBM 从昂贵的大型机转向包括个人电脑在内的分布式计算系统,Think pad 更是一度成为优质笔记本电脑的代名词。到了 1995 年,公司财务状况恢复稳健,营业额首次突破 700 亿美元,同时也击碎了比尔·盖茨的破产预言。

从硬件到软件、咨询和服务:进入 20 世纪 90 年代,互联网开始盛行,在各大企业都致力于信息化方案整合和信息安全问题时,郭士纳认为互联网的用途不应该限于浏览网页和对消费者进行营销,杀手级应用将是企业对企业的电子商务,在这一领域,互联网及其相关技术将渗透到企业经营的方方面面。随即,郭士纳宣布"电子商务"成为 IBM 的增长战略。同时,在摆脱对大型计算机依赖的过程中,郭士纳发现 IBM 最大的优势是做服务与软件,而不是硬件,且 IBM 的软件和服务业务的核心也应围绕电子商务,即互联网导向的计算能力来发展。1995 年,IBM 果断成立了软件集团,并通过自建和收购,在 2005 年基本形成了以五大软件品牌为核心的软件基础设施平台,使公司的软件开发能力处于行业前列。从硬件到软件的转型过程中,IBM 重新确立了一切以顾客为导向、尊重员工、追求卓越的企业文化,并将其纳入每个员工的绩效考核。IBM 还对臃肿的组织架构进行了调整,削减不必要的机构和人员,更换了 2/3 的高层经理人员。在削减冗员的同时,IBM 将最优秀的人才配置到软件服务业上。

2002 年,彭明盛(Samuel Palmisano)出任 IBM CEO,时逢互联网泡沫破灭,随后经济陷入衰退,IT 行业高速增长的势头戛然而止。到 2002 年第一季度,IBM 已经连续 3 个季度出现营收和利润下滑,下滑幅度达到了 10 年之最。此时,彭明盛提出实施"电子商务,随需而变"

的转型战略——退出 PC 硬件业务,全面进入知识服务、软件和咨询等服务市场,向客户提供任何需求的任意解决方案。此后,IBM 开始有条不紊地剥离常规性的硬件业务。2002 年,IBM 放弃全球磁盘存储市场 20% 的份额,将硬盘业务出售给日立;2005 年,将全球 PC 业务出售给中国联想;2007 年,将商用打印机业务出售给日本理光。在剥离旧有业务的同时,IBM 为强化服务水平,收购了普华永道咨询业务以及多家软件公司,力求通过打包齐全的软件产品,向客户提供从战略到解决方案的一体化服务。

在彭明盛任职 IBM CEO 的后期,面对全球经济低迷、未来充满不确定性、信息爆炸而激增的风险与机会,他认为如何通过更加"智慧"的方式来迎接挑战和机遇是全人类共同关注的发展之道。2008 年 11 月,彭明盛首次提出"智慧地球"战略,剑指"物联网"。他认为 IT 产业下一阶段的任务是把新一代 IT 技术充分运用在各行各业之中,即将感应器嵌入和装备到电网、铁路、桥梁、隧道、公路、建筑、供水系统、大坝、油气管等各种物体中,并且被普遍连接,形成"物联网"。此后,IBM 持续执行"高价值战略"——聚焦于那些能够带来高额利润的业务,退出利润不断降低的中低端业务。经历了这次转型后,IBM 成了一个服务和软件巨头公司。在 2003 年到 2009 年期间,IBM 的每股盈利连续以两位数的速度增长。

资料来源:

1. Vsharing. IBM 的四次战略转型[EB/OL](2012 - 03 - 02)[2014 - 04 - 11]. http://blog.vsharing.com/526991890/A1779163.html.

2. Lynda M. Applegate and Robert Austin, IBM'S Decade of Transformation: Turnaround to Growth, Harvard Business Review, 2005,9 - 805 - 130

3. IBM 转型无止境[J].竞争力,2009,92(11).

4. Lynda M. Applegate and Robert Austin，IBM'S Decade of Transformation：Turnaround to Growth，Harvard Business Review，2005,9－805－130

5. 中国云计算.2013 年年终回顾——IBM 篇[EB/OL].(2014－01－27)[2016－04－11].http：//www.chinacloud.cn/show.aspx? id＝14444&cid＝11.

附录 2：沃森的服务产品举例

沃森发现顾问(IBM Watson Discovery Advisor)旨在带来行业变革，例如改革医药行业和出版产业的研究方式。IBM Watson Discovery Advisor 是现有研究工具的一次巨大飞跃。过去用户进行研究要千辛万苦地搜索大量的数据，而现在，该应用将深入探索研究者手中数据驱动的内容，帮助研究者发现其中的联系，加速和强化他们的工作。

沃森分析(IBM Watson Analytics)让用户通过可视化的展示从大数据中得到洞察，无需进一步的数据分析训练。该服务消除了数据处理阶段常见的障碍，让企业用户能够迅速而独立地从数据中获得洞察。通过复杂的分析以及自然语言界面，IBM Watson Analytics 能够自动准备数据，提炼数据中最重要的关系，以易于理解的交互式、可视化方式呈现结果。

沃森探索(IBM Watson Explorer)旨在帮助用户更容易地跨过企业组织架构来发现和分享洞察，同时也帮助企业更快地采取应对大数据挑战的行动。IBM Watson Explorer 为用户提供统一的视图来展示数据驱动的信息，并提供一个框架来开发信息丰富的应用程序，从而为企业用户、数据专家和广泛的业务职能部门提供全面的、联系上下文的分析视图。

资料来源：赛迪网.IBM 组件新沃森业务集团　满足认知创新需求[EB/OL].(2014－01－13)[2016－04－08].http：//finance.chinanews.com/it/2014/01－13/5728126.shtml.

附录3：IBM 沃森的商业化应用举例

（1）新泽西的 Point of Care 很早就使用了 Watson 系统，Point of Care 公司的员工给 Watson 进行培训，Watson 要学习医护人员在诊疗硬化症、糖尿病和肺癌时可能涉及的上千个问题。Watson 需要花 12 周来了解特定疾病的诊疗过程，学习完成之后，公司开发的 APP 会自动整合该疾病最新的研究成果。

（2）多伦多的 Ross Intelligence 致力于用 Watson 系统为律师服务。对破产案件那些难以下结论的问题，他们向 Watson 提问，然后收到 Watson 的回答，包括立法中与这些问题相关的条款和以往的案例。

（3）Cogni Toys 是恐龙智能玩具，搭载了 Watson 系统。该玩具可以与儿童进行实时的个性化的对话，并且随着孩子的不断成长，该玩具也会不断进化。

（4）德克萨斯州休斯敦的 Wine4me 利用 Watson 系统开发的苹果应用程序，可以根据口味、预算和搭配的食物向顾客推荐酒。

（5）一家叫做 UnitesUs 的求职网站正在使用 Watson 的性格分析服务，它可以根据求职者在社交媒体所发布的内容为公司分析其是否适合某个职位。

（6）VineSleuth 公司计划将 Watson 的语言分类和翻译服务应用于商品推荐中，系统可以根据顾客的口味和购买历史自动推荐商品。

（7）IBM 与在线心理治疗初创公司 Talkspace 达成合作，IBM Watson 将基于后者人工生成的心理医生匹配数据，通过机器学习，结合自然语言处理和用户个性分析技术，辅助用户决策，并帮助医生给出最佳治疗方案。

（8）IBM 和研究院合作，开发了尽早发现痴呆症症状的应用。这款 APP 会展示一些图片提示，问用户一些问题，然后记录用户的声音。

问题包括要用户重复刚才听过的句子，倒数计数，描述图片等。Watson 通过对这些数据的分析，判断对方是否有老年痴呆风险。

（9）CVS 和 IBM 联手帮助慢性疾病患者，避免其处于危险时刻。CVS 各大街头药房将使用 Watson 电脑系统，一项 IBM 最新的认知计算技术，基于行为发出的危险信号来预测慢性病患者是否处于危险之中。

（10）IBM 日本公司和东京大学医科学研究所宣布，作为认知计算技术"IBM Watson"在医疗领域的应用，将运用"Watson Genomic Analytics"技术开展癌症研究。这是 Watson 基因分析首次被北美以外的医疗研究机构使用。

（11）IBM 收购医疗影像公司 Merge Healthcare 公司，并将其与新成立的 Watson Health 合并。届时 Watson 不仅可以读懂这些医疗图像（CAT 扫描、乳房摄像），还可以根据巨大的电子病历数据库进行分析诊断。

（12）Watson 超级电脑已经升级到可以判断一个人的性格了，测试者提供一段至少包括 100 字的对话或是文章，Watson 电脑就可以帮助你了解自己和他人。Mashable 博客记者使用歌手泰勒·斯威夫特（Taylor Swift）写给苹果公司的公开信作为测试内容，Watson 在短短数秒钟内就得出了分析结果：泰勒·斯威夫特有点轻微的强迫症，富有同情心，能够感受到别人的情感，自我意识强烈，精力充沛，享受快节奏的生活；泰勒的选择受追求声誉的动机驱动，喜欢独立完成工作，有明确的目标，看淡传统，更关注自己所选择的路。

（13）IBM 的研究人员最新推出的 IBM Watson Tone Analyzer 可以理解文字信息并分析其中想要表达的语气。Watson Tone Analyzer 的技术与 IBM Watson Personality Insights（人格分析）采用的语言分析技术类似。只要向 Tone Analyzer 提供一段文本，它就可以分析出文字里面哪些是带情感色彩的，哪些是写作风格，哪些是社交风格。

（14）Cognitive Cooking 是 Watson 的一个项目，它会使用烹饪原料数据和人类对于食物的欲望来制作出从前人们无法想象的食谱。例如克里奥耳式虾肉-羊肉馅饺子、波罗的海式苹果派、开曼群岛式大蕉甜点等。

资料来源：Watson 大规模商业化：3 大能力和 14 种商业应用，2012 年 2 月 10 日，2016 年 3 月 31 日访问，http：//mp. weixin. qq. com/s? __biz = MzI3MTA0MTk1MA == &mid = 211201668&idx = 1&sn = 79d59cfcb99aeaa71838b09682968f7e&scene = 0♯rd

尾注：

[1] 沈建缘.IBM 的第四次战略转型："认知商业"时代到来[N/OL].经济观察报，(2016 - 03 - 06)[2016 - 03 - 14]. http：//tech.163. com/16/0306/07/BHF6CGVK000915BD. html.

[2] 林靖东.罗睿兰：IBM 已转型为认知解决方案云平台公司[EB/OL].(2016 - 01 - 07) [2016 - 03 - 02]. http：//tech.qq.com/a/20160107/044607.htm.

[3] 孔鹿.IBM 的认知商业野心[N/OL].第一财经日报，(2016 - 03 - 04)[2016 - 05 - 04]. http：//finance.ifeng.com/a/20160304/14249004_0.shtml.

[4] 纪佳鹏.IBM 业绩下滑，大象能否继续跳舞[N/OL].21 世纪经济报道，(2015 - 10 - 21) [2016 - 03 - 25]. http：//tech. sina. com. cn/it/2015 - 10 - 21/doc-ifxivsee8947982. shtml.

[5] 美媒：罗睿兰能否带领 IBM 成功转型[EB/OL].(2015 - 04 - 22)[2016 - 03 - 24]. http：//tech. huanqiu.com/original/2015 - 04/6255267.html.

[6] Ibid.

[7] IBM CEO 罗睿兰：只能豪赌新市场.(2014 - 04 - 22)[2016 - 03 - 25].http：//tech.qq. com/a/20150422/002282.htm.

[8] IBM 商业认知，能否成为推动产业变革的力量[EB/OL].(2016 - 03 - 03)[2016 - 03 - 28]. http：//mt.sohu.com/20160303/n439226147.shtml.

[9] Ibid.

[10] IBM 软件变局：软件战略大调整[EB/OL].(2011 - 12 - 13)[2016 - 04 - 11].http：// dev.yesky.com/34/30951034.shtml.

[11] IBM 新任 CEO 罗曼提：坚持战略，加快科技商业化[EB/OL].(2011 - 10 - 26)[2016 - 04 - 11].http：//it.sohu.com/20111026/n323456115.shtml.

[12] 赵为民.智慧运算 IBM 大型机战略 2012 抢占先机[EB/OL].(2012 - 01 - 18)[2016 - 04 - 11]. http：//cloud.zol.com.cn/270/2706132_all.html.

[13] IBM"智慧存储"战略发布[N/OL].重庆晨报，(2012 - 06 - 22)[2016 - 04 - 11].

http：//cqcbepaper. cqnews. net/cqcb/html/2012 - 06/22/content_1544868. htm.

[14] IBM 前员工：裁员不适任人唯亲已影响业务［EB/OL］. (2012 - 04 - 19)［2016 - 04 - 11］. http：//www. c114. net/news/213/a684397. html.

[15] IBM 裁员行动耗资 10 亿美元, 未来转型高利润市场［EB/OL］. (2013 - 06 - 14)［2016 - 04 - 11］. http：//www. nbd. com. cn/articles/2013 - 06 - 14/749317. html.

[16] 訾竣喆. 深藏不露的 IBM, 这几年都在忙着做这些事情［EB/OL］. (2016 - 03 - 25)［2016 - 04 - 05］. http：//www. leiphone. com/news/201603/BiKoY0nBOp0YHAxW. html? ref = myread.

[17] 巴菲特为什么持续买入 IBM［EB/OL］. (2016 - 03 - 02)［2016 - 03 - 28］. http：//finance. qq. com/a/20160302/015109. htm.

[18] Ibid.

[19] 李佳师. 进入深水区, IBM 如何玩转混合云［EB/OL］. (2016 - 02 - 29)［2016 - 03 - 30］. http：//www. mdjkjj. gov. cn/szkj/kjgz/ShowArticle. asp? ArticleID = 48773.

[20] 巴菲特为什么持续买入 IBM［EB/OL］. (2016 - 03 - 02)［2016 - 03 - 28］. http：//finance. qq. com/a/20160302/015109. htm.

[21] 何刚. 欢迎光临"认知时代"［J］. 哈佛商业评论, 2016, (3).

[22] 钟建明. IBM 超级技术秀：打开未来商业之门的沃森［EB/OL］. (2015 - 01 - 16)［2016 - 03 - 02］. https：//www. aliyun. com/zixun/content/2_6_796553. html.

[23] 超级电脑"沃森"如何战胜人类［N/OL］. 北京日报, (2011 - 02 - 23)［2016 - 03 - 03］. http：//tech. sina. com. cn/d/2011 - 02 - 23/15035208829. shtml.

[24] Ibid.

[25] IBM 组建新沃森业务集团, 满足认知创新需求［EB/OL］. (2014 - 01 - 13)［2016 - 03 - 03］. http：//shizheng. xilu. com/20140113/1000150000586614. html.

[26] Ibid.

[27] Ibid.

[28] Ibid.

[29] 王志良等. 心理认知计算的研究现状及发展趋势［J］. 模式识别与人工智能, 2011, (24)：215 - 225.

[30] 巴菲特持 IBM 股票亏损 26 亿美元仍不放手, 就是因为它［N/OL］. 中国计算机报, (2016 - 03 - 22)［2016 - 03 - 30］. http：//www. dooland. com/magazine/article_850153. html.

[31] IBM 认知商业的五大优势［EB/OL］. (2016 - 03 - 01)［2016 - 03 - 02］. http：//www. ciotimes. com/gjzc/110753. html.

[32] IBM 认知计算走进多个行业, 带来智慧解决方案［EB/OL］. (2016 - 03 - 01)［2016 - 03 - 02］. http：//cio. zdnet. com. cn/cio/2016/0301/3073459. shtml.

[33] 大象在奔跑! IBM 云计算最近的那些惊天收购［EB/OL］. (2016 - 03 - 30)［2016 - 04 - 08］. http：//toutiao. com/i6267694760165638658/.

[34] IBM：蓝色巨人的新难题［EB/OL］. (2016 - 01 - 08)［2016 - 04 - 05］. http：//www. yicai. com/news/2016/01/4736433. html.

[35] IBM 开始在美国裁员, 专注云计算和人工智能业务［EB/OL］. (2016 - 03 - 03)［2016 -

03-04]. http：//tech.ifeng.com/a/20160303/41558327_0.shtml.

[36] IBM：裁员并不是转型的关键词[EB/OL].(2016-01-26)[2016-03-04]. http：// finance.ifeng.com/a/20150126/13458773_0.shtml.

[37] IBM 开始在美国裁员，专注云计算和人工智能业务[EB/OL].(2016-03-03)[2016- 03-04]. http：//tech.ifeng.com/a/20160303/41558327_0.shtml.

[38] 惊呆了！IBM 变身初创企业[EB/OL].(2015-11-26)[2016-04-05]. http：// chenxiang.baijia.baidu.com/article/37842.

[39] 陈黎明.为 AlphaGo 点赞，与 IBM Watson 一起赢[EB/OL].(2016-03-18)[2016-03- 28]. http：//mini.eastday.com/a/160318220241807.html？btype=index&subtype= keji&idx=13&ishot=0.

[40] Ibid.

[41] 探访 IBM 美国沃森研究中心：用大数据"思考"[N/OL].经济网-中国经济周刊,(2015- 06-15)[2016-03-03]. http：//www.ceweekly.cn/2015/0615/114901.shtml.

[42] IBM：蓝色巨人的新难题[EB/OL].(2016-01-18)[2016-03-28]. http：//www. yicai.com/news/2016/01/4736433.html.

[43] Ibid.

[44] Ibid.

[45] IBM 力推认知计算　商业化本土落地仍临挑战[EB/OL].(2016-03-02)[2016-03- 28]. http：//companies.caixin.com/2016-03-02/100915028.html.

[46] Ibid.

[47] Ibid.

[48] Ibid.

[49] Ibid.

[50] 巴菲特持 IBM 股票亏损 26 亿美元仍不放手，就是因为它[N/OL].中国计算机报, (2016-03-22)[2016-03-30]. http：//www.dooland.com/magazine/article_ 850153.html.

[51] IBM 财报在即 CEO 罗睿兰面临的五大问题[EB/OL].(2015-01-20)[2016-03- 24]. http：//tech.qq.com/a/20150120/077100.htm.

[52] 罗睿兰：IT 巨擘的首位女掌门[EB/OL].(2011-12-11)[2016-04-11]. http：// finance.ifeng.com/news/people/20111211/5248796.shtml.

点评

IBM：开启认知科学、认知技术
—— AI 下一步是否能赢过诗仙李白？

裴晓峰

中欧 MBA17 级学员　麦肯锡咨询顾问

汉字常用字一共有 3 500 个，一首五律，20 个字。用简单的文字组合写一首五言律诗，3 500 个字将带来 $3\,500^{20}=7.6*10^{70}$ 种可能性，如果一台电脑可以存储下 $7.6*10^{70}$ 首诗，可以认为中国历史上以及无穷远的未来所有的五言律诗都在其中了。如果说这台电脑是大数据，那么诗人就代表着认知科学、认知技术。

1. 为什么 IBM 持续转型？

10 多年前，IBM 将 PC 业务出售给联想，这 10 多年间联想在 PC 行业风生水起，为什么当年 IBM 要卖？为什么 IBM 在国际上引领 IT 咨询服务多年，现在又要转往认知商务模式？

其实这两个问题不难回答，回顾一下柯达、诺基亚、戴尔、惠普，就能发现 IBM 在 IT 领域的前瞻力和执行力。而从 IBM 转向提供 IT 咨询和服务多年以来，协助传统公司建立 IT 系统或数字化转型，让 IBM 和它的客户们在各个行业都有了巨量的数据积累。同时，提供类似服务的公司也日益增多，同质化和价格竞争，这两个 10 多年前在全球 PC 市场出现过的幽灵再次拜访了蓝色巨人。一边是巨大的未曾发掘的宝藏，另一边是临近极限的摩尔定律，IBM 再一次的转型也就顺理成章了。

人无远虑必有近忧，IBM在过去的几年内，宁可增长变慢，也坚定地、持续地、大规模地、投入在认知商业模式上，迄今已经做到云相关业务营收世界第一，尤其是营收来自认知商业模式而不是仅仅提供云服务（软硬件，数据存储，以及PaaS），甩开了AWS，Aliyun等一众竞争对手；而业界对于认知商业模式的一致认可以及对IBM的追赶，一如AlphaGo追随着前辈深蓝。如同婴孩需要长期的知识和经验的积累，人工智能的成长模式也是经验的积累和反复验证优化，一步领先积累了大量最顶尖、最有价值的数据、分析经验和验证，后续的领先也将非常可观。

2. 什么是认知科学、商业？它和AI、大数据、云服务有什么区别？

认知科学、商业又是IBM作为领先者的体现；在长期为各行业顶尖的公司提供IT咨询和积累之后，如何将大数据利用起来为客户提供更大的价值？我们所说的big data和big value，这其实是两个概念；尤其是现在大数据的商业模式绝大多数都是利用历史数据来判断和指导现在，例如电商广告，例如车险报价，例如音乐推荐，但是这些真的是big value吗？顾客刚买了一把剃须刀，然后电商广告持续推各种剃须刀、剃须泡沫、须后水，这些真的是客户的真实需求吗？客户购买剃须刀的时候如果有需求，都会一起购买了。这些广告的意义是什么？

而与之相对的认知模式是什么？是会基于非结构化的数据回答更深入的问题，客户为什么要买剃须刀？是礼物？是商务旅行？是更新换代？是冲动消费？而为了回答这个问题，需要有一个客户画像，购物历史数据的影响很小，而相关的社交行为数据更为重要。回答了这一个问题，才开启了big value的大门。

认知医疗也是同样，中医讲究的望、闻、问、切关注的很大一部分也是生活方式，而不是仅仅依赖于症状，所以 big data 用来判断病人得了什么病，而 big value 可以回答为什么会得？甚至可以指出"君有疾在腠理，不治将恐深"这样预见性的诊断。

3. 人类创造的认知科学可能会赢过诗仙李白，但创新、转型永远在路上

不妨让我们来设想一下关于如何让存储了全部五律的电脑变成诗人的问题。当 AI 在这个领域经过了足够的积累和样本训练，并且如果未来真的可以依据非结构化数据，回答什么样的诗歌会受到欢迎，然后以此为标准来搜索存储的数据，是不是真的就可以熟读唐诗三百首，不会作诗也会吟？那大画家呢？发明家呢？大商人呢？

再来看中国，大量的传统企业都在考虑互联网，然而怎么做数字化？怎么做互联网？做了互联网之后呢？卖家具的做了线上商店，做了微信微博的数字化广告，做了在线会员卡，做了广告推送等互联网营销手段，然后呢？就有更多的人更频繁地买家具了么？并不是每个行业都可以用同样的大数据或者同样的演化路径，每个细分市场都有其自身的特质，IBM 再一次敏锐地发现细分市场和差异化，并调整了架构来适应更垂直的需求，对 IBM 来讲，创新已经是日常的必修课。

从赢得世界国际象棋冠军，到成为每个行业的专家诊断师，到成为可以敏锐地在每个行业内发现创新点，人类需要漫长的经验积累的岁月和足够多的样本培训。何时人工智能的认知模式可以走到这一步，我们充满敬意地期待着。

10　IBM 认知医疗：基于认知计算的智慧医疗

Watson 医生：请问哪里不舒服？

患者：发烧。

Watson 医生：（弹出 200 多个诊断。）

患者：最高 39 度。

Watson 医生：（删掉十几个诊断，还剩 190 多）早上、下午还是晚上发烧？

患者：傍晚时候最明显，早上不怎么烧。

Watson 医生：（又删掉十几个诊断，还剩 170 多）咳嗽吗？

患者：不咳。

Watson 医生：（又删掉十几个诊断，还剩 160 多）好的，现在请您进行血常规、尿常规、大便常规、肝功能、肾功能、血糖、血电解质、凝血功能、超敏 C 反应蛋白、降钙素原、免疫全套、抗核抗体、抗中性粒细胞胞浆抗体、血沉、感染四项、血培养、痰培养、尿培养、头部 CT、胸部 CT、上腹部 CT 等项检查。

患者：你，你还有没有医德？！

Watson 医生：Warning! Undefined words!（注意！无法识别的语句！）[1]

本案例由中欧国际工商学院朱晓明教授、案例研究员陈登彪、研究助理黄成彦共同撰写。该案例的撰写得到了 IBM 公司的协助与支持。

这段对话出自《哈佛商业评论》(中文版)2016 年 3 月版中的《认知医疗：迎接跨界行业新革命》一文，模拟了 IBM 基于认知计算技术开发的 Watson(沃森)医生询问患者病情的场景，且这一场景已经不是只在科幻小说或电影中才能够见到，而是正在现实中上演⋯⋯

IBM 的医疗梦

IBM 作为一家有着百余年发展历史的信息技术公司，在医疗领域也有着清晰的发展轨迹，从布局传统医疗开始，到智慧医疗再到认知医疗，IBM 始终在坚持着自己的医疗梦想。[2]

20 世纪的传统医疗布局

IBM 接触医疗开始于 20 世纪 40 年代，最早期的医疗举动是研发残疾人远程控制打字机键盘。纵观 20 世纪 IBM 的医疗布局，投入较为传统，大部分医疗动作都是自有开发医疗硬件、软件，如体外循环装置(人工心肺机)、数据采集系统、听力受损的信号处理器等。

新世纪初的智慧医疗探索

21 世纪初，IBM 与 iCapture Research 合作开发遗传生物信息学系统，与梅奥诊所(Mayo Clinic)合作开发临床试验参与者识别系统，与美国匹兹堡大学医疗中心(UPMC)合作改进病患管理，与英国爱丁堡大学合作解决蛋白质折叠的挑战等，IBM 在医疗方面的布局逐步向多元化发展。

2004 年，IBM 在内部创新会议上将卫生健康产业作为未来发展关注的重点。2004 年 2 月，IBM 宣布推出一项全球医疗行业发展计划，旨在帮助医疗服务供应商和购买者降低成本，减少医疗错误，以及为患者提供更好的医疗服务。此后的 3 年中，IBM 在医疗业务领域投入了大约 2.5 亿美元，用于聘请资深的医疗专家，进行医疗行业解决方案开发，实施多个研究和开发项目，以及和 IBM 的业务合作伙伴进行协作等。

2008 年 11 月，IBM 提出"智慧地球"的概念，同时提出了 21 个支撑"智慧地球"的主题，其中包括医疗保健——旨在合理配置医疗资源、人人享受医疗保健并及时获得健康指导，大幅提高人们生活的健康指数，即"智慧医疗"战略，包括 3 个方面的内容：感知和连接，创新整合，智慧、智能地促进行业的转型。IBM 所提出的"智慧医疗"系统是以患者为本的信息体系，由智慧医院系统、区域卫生系统以及家庭健康系统 3 个部分组成，目的是实现患者与医务人员、医疗机构、医疗设备之间的互动。

自提出"智慧医疗"战略后，IBM 在医疗领域灌注了大量的精力，布局了一系列重大措施，加速与其他机构在医疗学术、解决方案上的合作。

2009 年 2 月，IBM 和 Google Health 联合开发了一款名为"健康"的软件。此软件旨在将偏远的个人医疗装置中的数据传输到 Google Health 软件及其他的个人健康记录软件（PHRs）之中。这样，病人就能够通过这些服务及使用 IBM 的软件与医生及其他健康服务人员进行实时的病情信息交流。

2009 年 12 月，诺华、沃达丰、IBM 开展的生命短讯（SMS for Life）联盟，通过移动电话和电子地图技术管理坦桑尼亚 135 个村庄的药品供应，此举改善了抗疟药的获得条件。

大数据时代开启认知医疗

2011 年 2 月，IBM 超级计算机"沃森"因在美国著名的智力竞赛节目《危险边缘》中击败人类对手而一举成名，这也标志着 IBM 的认知计算技术取得了实质性进展。沃森的推出为 IBM 之后的医疗布局埋下了伏笔。

2012 年 3 月，IBM 制定了以物联网技术为依托的智能医疗战略。针对医院信息化建设的不同着眼点，IBM 携手医疗业务合作伙伴推出了医院患者关系管理(PRM)、医院信息资源管理(HIM)、医院信息化数据管理(HDM)，以及基于物联网技术的医院资产管理(EAM)等系列解决方案，来帮助医院客户全面推进信息化建设进程。此外，IBM 联合医惠科技集团推出了基于物联网技术的医院资产(如医疗设备、各类医用材料、移动手持终端等)运营管理平台解决方案。该方案在各类医院资产管理对象的规范编码、定位识别、运营维护和服务过程方面，可以帮助医院建立一整套符合企业资产管理(EAM)流程的管理运营体系，提升医院的资产管理水平。

2013 年 11 月，IBM 和 Ohio Health 合作采用 RFID 技术帮助监控医护人员的洗手情况，这比之前的监督方式要快上 100 倍。医护人员使用内置 RFID 芯片的徽章，安置在各处的传感器会读取这些 RFID 徽章。如果有人从病房出来后没有洗手，传感器会检测到并报告给中央服务器。

2014 年 1 月初，IBM 宣布投资 12 亿美元在全球新建云数据中心，同时重点强调成立沃森业务集团。作为一个新的业务部门，沃森将用于支撑"云交付的认知计算"和大数据创新领域的开发和商业化。

2014 年 3 月，IBM 公布了三大转型战略：① 借助数据协助行业和专业转型，开辟新市场；② 面向云计算，重塑企业基础架构；③ 通过移动社交构建互动参与体系。

在战略方向确定后,IBM 开始在健康领域频频出手,与梅奥诊所、安德森癌症中心、纪念斯隆-凯特林癌症研究中心、纽约基因组研究中心等机构合作。同时还不忘与多家竞争对手合作。2014 年 7 月 16 日,IBM 与苹果开始了一系列重大合作,联手通过 iPhone、iPad 和专门的商业应用进军企业市场。合作之后的 10 个月里,双方推出了 Hospital RN、Hospital Lead、Hospital Tech、Home RN 这 4 款医疗应用,每季度发布一次,每次不超过 10 个(涉及其他领域)。找到节奏之后的 IBM 与苹果提升了应用开发速度。根据双方的合作协议,当时计划在 2015 年底前推出 100 款应用。除此之外,双方还将基于云计算开展一系列战略合作,通过以政府为主导对 IT 基础设施的合理高效应用,推动当地生态环境的可持续发展。

支持 IBM 认知医疗的底层技术也在快速发展。2014 年 8 月,沃森被用于科学研究,借助沃森的发现顾问(Discovery Advisor)项目,测试科学假设和理论的工作可以更快地完成。之后,IBM 在沃森认知计算上的投资力度加大,基于沃森认知计算的研究实验室落地非洲,并会在之后的 10 年花费 1 亿美元在非洲开发基于沃森的认知计算。

2015 年 1 月,IBM 与云端公司 Anthem 签署了一份 5 亿美元的服务合同,IBM 将为 Anthem 建立一个混合云端环境,用于改造公司的信息技术基础设施。IBM 还组建了云端业务部门,将服务团队、软件、开发、研究方案集合起来,以进一步推动 IBM 的市场势头和加快进行市场创新。

2015 年 4 月,IBM 在全球最大的医学 IT 会议 HIMSS 2015 (Healthcare Information and Management Systems Society,美国医疗信息与管理系统学会)上宣布成立沃森健康事业部(Watson Health),

利用认知计算的能力打造下一代智慧医疗解决方案。[3]沃森健康事业部是IBM针对单一行业设立的第一个事业部，目标是通过提供认知解决方案使医生能够更好地诊疗与预防疾病，为个人推荐定制的治疗方案，以及助力研究人员更好地预测和防治新的疾病。沃森健康事业部是基于沃森的前期成果和紧跟云趋势建立起来的，由咨询师、医疗从业人员、临床医生、研发人员组成团队，与外部合作伙伴以及客户形成的生态圈合作，利用前沿的数据分析和洞察技术，提升人们的健康水平。

2015年4月，IBM宣布携手Medtronic(美敦力)改善糖尿病疾病管理。通过运用Medtronic的设备、护理管理产品、疗法和辅导以及IBM的沃森医疗云平台(Watson Health Cloud Platform)以优化患者的治疗效果和卫生经济学。这2家公司还计划开发实时动态的个性化糖尿病治疗和管理方案，这些方案将为医生和病人提供决策支持，从而提高糖尿病治疗和管理的效率，改善临床效果。

此外，IBM还宣布了2宗初创公司收购案：Explorys(一家可以查看5 000万份美国患者病例的分析公司)和Phytel(提供云计算软件，可以对各种类型的健康数据进行处理，为医生提供数据方面的分析。同时，Phytel也出售它的软件，帮助医疗人员掌握病人信息)，目的是加强在健康数据分析方面的业务能力。IBM团队表示，这2宗收购案将有利于IBM把先进的分析和认知计算技术运用于初级保健提供商、大型医院系统和医生网络中，提高医疗保健的质量和治疗效果。

2015年5月初，IBM走进美国和加拿大的14家肿瘤中心部署沃森计算机系统，根据患者的肿瘤基因选择适当的治疗方案。IBM与在线心理治疗初创公司Talkspace牵手，IBM沃森基于后者人工生成的心理医生匹配数据，通过机器学习，结合自然语言处理和用户个性分析技术，辅助用户决策，并帮助医生给出最佳治疗方案。

截至 2015 年,沃森已收录了肿瘤学研究领域的 42 种医学期刊、临床试验的 60 多万条医疗证据和 200 万页文本资料。利用沃森,IBM 可以帮助护士快速完成复杂的病历检索,审查医疗服务提供者的医疗请求,为癌症患者诊断配药,为医药专家提供更多疾病考量因素等。

IBM 曾预计,到 2030 年全球的癌症发生率将增长 75%。IBM 也预计在 5 年内医生将会通过将病人的 DNA 与治疗结果关联来帮助病人恢复健康。计算机将帮助医生理解肿瘤对病人在 DNA 水平上的影响,找出对付癌症最有效的药物,并提供个性化的治疗方案。

2016 年 3 月 1 日,在主题为"迎接认知时代,IBM 与您智胜未来"的 IBM 论坛上,IBM 大中华区董事长陈黎明宣布 IBM 认知商业战略在中国正式落地,来自 Medtronic 与辉瑞制药的嘉宾也分享了认知计算技术在各自企业的医疗实践中的应用。医疗领域也被认为是认知计算技术应用最为成熟和发展最快的领域,而 IBM 的认知医疗战略布局也逐渐变得清晰。

认知医疗的战略布局

IBM 中国研究院认知医疗研究总监谢国彤博士认为认知医疗的目标,就是要为患者提供基于证据(Evidence-based)的个性化医疗服务(Personalized Healthcare),从而更好地提高治疗效果(Outcome driven care)。围绕认知医疗的目标,IBM 提供了五大领域的解决方案。

五大解决方案
医学影像分析
IBM 通过收购 Merge 积累了几十亿张医学影像片子,包括 CT、核磁、超声波等。IBM使用沃森机器人自动读片，通过将这些片子和病例数据结合，协助医生做更好的诊断，如肿瘤的诊断或者治疗。

疾病管理

谢国彤认为随着慢性病包括亚健康情况的发展，疾病的管理需要从以前单纯的医院治疗，向院前和院后延伸，进行疾病的管理。为此，IBM收购了Phytel和Explorys这2家专注于做人口健康的公司。Phytel在美国的30个州有部署，Explorys是从爱尔兰发展起来的，后来在英国、澳大利亚、新西兰等英联邦国家都有很多的部署。通过这些收购，IBM把认知计算技术注入这些平台，可以很快对实际的疾病管理产生影响。

循证医学

传统的制药、临床科研都有一个漫长的过程。比如做一个药需要经过十几年，投入几亿美元，最后还可能研发不出一个新药。IBM通过基于真实世界证据（Real World Evidence）的解决方案，一方面可以加快新药研制速度，比如IBM利用认知计算技术自动去读所有和制药相关的专利或者是临床科研的文献，以及药厂自己的实验数据，利用这些信息给出一些最有可能成功的化学组合的方式，帮助加快制药过程；另一方面，IBM也在探索帮助临床科研机构。传统科研需要通过影像、CT这种临床实验去收集数据、做分析，这种方式虽然很严谨，但是分析的量不大，一般都是800～1 000人的规模，需要的时间也很长。但是在应用科研结果的时候，面对的人数则远远超过1 000人，如在中国面对的至少是3亿慢性病患者，这时800或1 000人的代表性就很有限。针对这一问题，IBM正在探索通过认知计算技术如何利用真实的世界数据，包括各种患者的疾病注册库、电子病例的数据、医疗保险的数据，去更好地挖掘一些临床的证据，来加快临床的科研过程。

肿瘤与基因

IBM 在处理肿瘤治疗方面,从数据的角度来看,也是经历了一个发展的过程,一开始是以文献为主。通过跟德克萨斯大学安德森癌症中心以及纪念斯隆-凯特琳癌症中心合作,把他们所有治疗的规范输入沃森超级电脑,然后去实时监控跟肿瘤治疗相关的文献,这些文献的数量约 2 300 万份,并且每个月会新增 1 万篇左右新的科研成果文献,医生是没有能力完全消化这些内容的。为此,IBM 让沃森超级电脑自动去读这些文献,把文献中相关的医学证据抽取出来。当有患者来问诊时,利用患者个性化的信息和庞大的证据库去做分析,为患者指明应该做什么样的检查、检验,以及需要什么样的干预,包括手术、放疗、化疗或者组合治疗等。

在文献学习这个阶段之后,IBM 又往前走了一步,进入了基因领域。通过与纽约基因中心合作,开始分析基因的变异。通过对患者进行基因测序判定变异基因,并利用各种数据和文献去分析发生变异的特定基因,判定这一变异基因会和什么样的蛋白质有什么样的反应,会影响什么样的生物过程,可以选用什么药物,尤其是靶向药物能对这些变异产生针对性的干预,由此给出一些精准治疗的建议方案。

截至 2015 年,IBM 已经与 14 家来自美国和加拿大的肿瘤顶尖机构合作用这样的技术给患者进行肿瘤治疗[4]。未来,IBM 期望在一定阶段之后,再向前走一步,通过做影像来帮助治疗肿瘤,即将医疗影像数据与基因数据、文献数据、病理数据等融合在一起去做一个复杂的辅助决策,包括通过针对乳腺癌、皮肤癌、黑色素瘤等肿瘤疾病的一些影像分析进行早期诊断和治疗。

医保支付

谢国彤认为,随着各国政府面临的医疗费用持续上升(如中国每年要支出 1 万多亿元的资金在医疗方面，而且增长很快），如何有效地配置医疗费用，实现医保的优化才是关键，而不是简单地进行整体费用的控制，医保模式需要从"为服务付费"向"价值导向的保健"转型。对此，IBM 通过收购拥有 40 多年医保数据管理和分析经验的 Truven，获得了很多跟医保相关的数据，可以基于这些数据去更好地做跟支付优化相关的分析。

技术支撑

IBM 提供认知医疗解决方案的背后，是三大技术处理引擎，分别处理不同类型的医学证据。[5]

第一类是自然语言处理引擎（Natural Language Processing），能读懂海量的医学文献，包括教科书、临床指南文本或者最新的医学科研论文等，从中抽取出有用的医学证据，如某种药物对某类患者使用的疗效或不良反应。

第二类是大数据分析引擎（Big Data Analytics），负责读懂临床治疗过程中发生的各类电子病例和医学影像数据，分析相似患者的诊断/治疗/预后，找到针对更细化的个性化患者群最佳的诊疗方案。

第三类是知识推理引擎（Knowledge Reasoning），能解释计算机化的医学知识规则库，利用推理能力，为患者找到基于专家知识的个性化推荐方案。

在实际系统中，这 3 类引擎往往会配合使用，达到兼听则明的效果，尽可能地从多种医学证据来源中探索效果最好、费用最合理的个性化诊疗建议。

此外，IBM 五大领域解决方案的提供和三大技术处理引擎的运行还有一个基础——沃森医疗云（Watson Health Cloud）。解决方案的交付或者健康数据的管理都是在沃森医疗云平台上实现的。沃森医疗云可以将以往离散分布在各个医院和医疗机构中的医疗数据进行聚集整合,从而产生价值。谢国彤认为,沃森医疗云与一般的云平台的主要差别是它要去考虑医疗数据的隐私和安全问题,与推特(Twitter)、脸书(Facebook)这些公众搜索媒体不同,沃森医疗云要严格满足美国关于数据的规范要求,来确保医疗数据是安全的,隐私信息是会得到保护的,是不会轻易出现泄露的。谢国彤介绍说,进入沃森医疗云的个人健康数据是已经脱敏过的[①]。

认知医疗的商业化探索

深度数据挖掘

医疗领域充斥着大量庞杂的非结构化数据,包括药物、症状、既往病史、家族病史等,但其中却蕴涵着宝贵的医学信息。

谢国彤表示,能为认知系统所用的医学及健康信息共分为 3 类:"第一大类是临床数据(Clinical data),包括电子病历和医学影像等数据,如化验单、处方、影像检查、手术记录、出院小结等;第二大类是基因数据(Genomics data),来自基因测序和分析,是人与生俱来的数据,包括基因变异的数据,或者一些蛋白质生物转化过程之间相互作用的数据;第三类数据叫外因数据或行为数据(Behavior data),主要是跟大健康相关的,如运动、饮食、睡眠、环境、社交和个人经济状况等。"2014年,国际权威卫生期刊 *Health Affairs* 发布了这 3 类数据与健康关系的报告,数据显示,临床数据对健康的影响占 10%,基因对健康的影响

---

① 数据脱敏,指对某些敏感信息通过脱敏规则进行数据的变形,实现敏感隐私数据的可靠保护

达 30％,而对健康影响最大的,则是最庞杂的大健康数据。[6]

在医疗数据的获取方面,除了通过从合作的医疗机构获取外,IBM 也通过收购医疗数据公司来收集数据。IBM 沃森医疗总经理 Deborah DiSanzo 说:"医疗行业的数据大都分散在不同的数据库,IBM 的策略是将这些数据集合起来,帮助公司以及生态系统中的合作伙伴在此基础上建立医疗解决方案。"[7]在 2014—2016 年期间,IBM 先后耗资几十亿美元收购了 4 家医疗数据公司。包括耗资 10 亿美元收购医疗成像数据公司 Merge Healthcare、医疗大数据分析公司 Explorys、人口健康技术销售商 Phytel,以及耗资 26 亿美元收购了 Truven Health Analytics。超过 8 500 家医院、保险商和政府机构利用 Truven Health Analytics 公司的技术来管理和分析医疗行业产生的庞大数据,收购 Truven 被认为有助于 IBM 提高软件性能以及提供更有用的信息。整合 Truven 拥有的约 2.5 亿个人的数据之后,IBM 可以掌控 3 亿患者的各种医疗相关数据。

临床数据诊断疾病和管理健康

在临床数据方面,IBM 收购的 Explorys 拥有超过 5 000 万份美国患者的电子病例,收购的 Merge 是美国领先的医疗影像公司,其云端存储有几十亿份医学影像。通过研究这些可交易、去隐私的医学数据,沃森系统可以自动识别皮肤癌、乳腺癌、肺癌,并形成影像报告。

以皮肤癌为例,认知系统会使用数据学习哪种皮肤特征和模型是最常见的黑色素瘤,然后在影像中识别出皮肤癌,并评估出具体的皮肤癌级别,且评估每张图片的时间不超过 1 秒。在超过 3 000 例黑色素瘤及其他皮肤损害的受控测试中,沃森能以 95％以上的精确度识别皮肤癌病例的良性与恶性,而人类取得的最高水平仅为 84％。沃森最终的目标是能够通过美国影像科医生资格考试。[8]

除了帮助诊断疾病外,认知系统还利用临床数据进行患者健康管理和制定健康计划,从而降低发病风险,减少医保理赔。IBM 与 Wellpoint 合作,利用认知风险管理工具,Wellpoint 的每名医疗管理师可以同时管理众多客户,极大地提高了工作效率。以管理糖尿病人为例,由于糖尿病并发症多达 20 余种,根据发病轻重不同,治疗成本可能相差数倍。而风险管理工具按性别、年龄、并发症史等指标建立了多达 7 个管理模块,管理师通过认知协作平台,能够清晰地看到每位患者的健康状况,并及时为其安排全科医生和专科医生,大大降低了患者住院和重症急诊就医的风险,不仅促进了患者的健康,也为公司节约了大量成本。[9]

基因数据加速攻克癌症

在挖掘基因数据方面,沃森主要与纽约基因中心等医学研究机构合作,重点研究导致肿瘤的基因——这一基因使得靶向治疗癌症极具潜力(某种癌细胞的生成、分裂受某些致癌基因的调控,找出癌症生成过程中的"罪魁"基因,再针对这一基因进行靶向治疗,就有可能从根本上治疗该癌症)。多年来,IBM 的沃森认知系统和纽约基因中心合作,利用基因助手工具(沃森 Genome Adviser)分析基因测序结果以及患者的基因变异情况。认知系统学习了 2 300 万篇文献,构建出复杂的知识图谱,从中寻找出基因、蛋白质和药物间的复杂关系。

例如,p53 是对一半已知癌症种类具有抑制作用的重要基因,Baylor 医学院的研究人员使用沃森的发现顾问功能,在短短几周时间内阅读了 7 万篇与 p53 有关的论文,并准确地锁定了能够改变 p53 抑制癌症功能的 7 类蛋白质。而在过去的 30 年里,科学家仅发现了 28

种此类蛋白质。Baylor 医学院分子和人类遗传学教授 Oliver Lichtarge 表示："科学家平均一天能阅读 1 到 5 篇研究论文。即使每天阅读 5 篇，也需要近 38 年时间才能了解目前所有的研究成果。"[10]

健康大数据

2015 年，IBM 与苹果和日本邮政合作，启动了一个向百万日本老年人提供 iPad 的项目，向他们发放安装有智能应用和自然语言解析技术的 iPad，为他们提供服药、运动和减肥提醒服务，从而提高其健康水平。预计到 2020 年，这款健康智慧应用能促进 500 多万日本老年客户的健康生活品质。此外，IBM 的健康云和沃森认知计算技术可以更好地分析移动健康应用 HealthKit 中的健康信息，以期为苹果的终端用户提供更智能的健康管理服务。

2016 年初，IBM 与 Medtronic 合作推出了一款糖尿病检测应用。此前，Medtronic 和 IBM 对 600 名匿名患者进行了一个移动设备试点项目，通过分析这些患者在 Medtronic 糖尿病检测设备（胰岛素泵和血糖检测仪）上的数据来找出低血糖症的预兆因素。通过这些数据的分析，沃森系统可以在低血糖发生前 3 小时就做出预测，期间完全来得及采取预防措施，方便患者的生活。

IBM 与辉瑞公司合作开发出一套系统，临床医生可以用这套系统来治疗帕金森病患者。该系统将利用传感器、移动设备和机器学习，为临床医生和研究人员提供症状信息，用于更好地了解病人的疾病进展和药物反应。它也将有助于形成治疗决策、临床试验设计和新的治疗方法。[11]

"我们有机会重新定义我们如何看待结果以及如何全天候对病人实行监测，结合辉瑞的科学、医疗和监管专长与 IBM 的整合能力和以创新的方式解释复杂的数据。"辉瑞全球研发总裁米卡尔·多尔斯丹(Mikael Dolsten)在一份声明中说，"我们成功的关键是提供一个可靠的、可扩展的测量和分析系统，这将有助于促进我们的临床方案满足那些未被满足的医疗需求，加快那些潜在的药物开发和监管审批程序，帮助我们更好更快地治疗病人。"[12]

帕金森病患者需要根据 IBM 提供的疾病进展的情况持续进行用药调整。通过此次合作，IBM 和辉瑞公司的目标是通过测量多个健康指标，包括运动功能、运动障碍、认知、睡眠和各种日常活动等，看到一个更完整的病人。[13]

此外，沃森的认知计算技术还能与可穿戴设备结合，帮助运动和减肥人士合理控制体重，当用户各方面健康指标发生变化时，应用会根据采集到的数据，提示他们如何调整运动、睡眠以及饮食等生活方式才能实现健康目标。基于这一功能，IBM 与美国运动装备品牌 Under Armour 合作，创造并提供数据支持健康检测，成为健身用户的私人健康顾问、健身教练和助手。截至 2015 年底，两者合作开发的 Under Armour Record 应用的用户数已达 1.6 亿人。[14]

IBM 认知医疗在中国

中国医疗行业的困局

中国人口占世界人口的 22％，但医疗卫生资源仅占世界的 2％，资源的 80％集中在大城市的大医院(尤其是三级甲等医院)，医疗资源分布极不均衡。大医院人满为患，社区医院无人问津，城乡医疗服务水平悬殊。[15]

医疗卫生领域是一个复杂体系，由于缺乏统筹规划和项目设计，我国 90％以上的医疗信息化系统仍然未实现互联互通，"信息孤岛"和"信息烟囱"现象严重。[16]

患者常深受"看病难""看病贵""三长一短①"等问题的困扰，重复检验检查、乱用抗生素等现象严重，医疗事故频发，医患矛盾突出，患者的诊疗费用负担重。

面对日趋严重的医疗供需矛盾和卫生体制机制问题，中国政府不断出台改革政策。2012 年，国务院颁发《"十二五"期间深化医药卫生体制改革规划暨实施方案》，提出"要让信息技术成为提升医疗机构管理效率和服务水平的重要手段"。十八届三中全会发布的《关于全面深化改革若干重大问题的决定》中指出："要深化医药卫生体制改革，统筹推进医疗保障、医疗服务、公共卫生、药品供应等。"2015 年，国务院发布《全国医疗卫生服务体系规划纲要（2015—2020 年）》，提出"到 2020 年，实现全员人口信息、电子健康档案和电子病历三大数据库基本覆盖全国人口，并实现信息的动态更新，全面建成互联互通的国家、省、市、县四级人口健康信息平台，并积极推动移动互联网、远程医疗服务等发展"。

相关研究结果显示，2014 年医疗卫生行业的信息化投入规模达到 275.1 亿元人民币，比 2013 年增长 22.5％，呈现高速增长的态势。医卫行业信息化建设中，电子病历系统、移动医疗、区域卫生医疗信息平台、远程医疗、PACS 系统正成为重点，投资增长在加速。[17]

物联网、移动互联网、大数据、云计算等新一代信息技术的快速发展为智慧医疗提供了强大的技术支撑。中国医疗行业也亟待新一代的信息技术来破除困局。

---

① "三长一短"指挂号、候诊、收费队伍长，看病时间短

IBM 在中国的医疗布局

IBM 与中国医疗的结缘始于 1934 年为北京协和医院安装了第一套商用处理机。此后 IBM 与中国企业的合作中断了 40 多年,直到 1979 年中国开始实施"改革开放",IBM 才再次来到中国。在中国医疗领域的再次回归则要追溯到 2004 年,当时 IBM 大中华区董事长兼首席执行官(CEO)周伟琨宣布了一系列在中国的新动作,核心便是从销售 PC 向提供完整的整合性解决方案的综合服务转变,中国的医疗机构包含在其提供解决方案的服务对象之中。

2005 年 12 月,IBM 在北京发布了《迎接 2010:中国医疗卫生事业前景展望》白皮书,这是 IBM 商业价值研究院自 2005 年在中国成立后,针对医疗卫生行业推出的第一本白皮书。在这本白皮书中,IBM 立足中国市场需求,跟随中国"十一五"建设步伐,提出了面向 2010 年中国医疗卫生事业的前景展望,对建设现代化的医疗卫生体系、全方位打造和谐的医疗卫生环境提出了意见和建议。时任 IBM 中国区政府与公众事业部副总经理的刘焕时说:"过去医疗行业更多的是看会计系统,患者进行挂号的前台系统,没有进入最终的核心救治系统,预计中国这个行业会快速发展,而且这个行业的应用会从前台业务进入核心业务。"[18]

2009 年,中国医疗信息化的步伐开始加速,引起了众多 IT 企业的重视。同年,IBM 的"智慧地球"战略开始实施,智慧医疗也开始被提及,IBM 与中国医疗机构的合作开始深入医疗核心业务。

在医院的信息化管理方面,IBM 结合中国市场的需求,于 2010 年与 SAP 合作推进大型医院的管理运营、医院的 HRP(医院资源管理规划)以及临床过程的信息化等。IBM 帮助医院梳理复杂的管理流程,医院根据 IBM 的规划和咨询经验进行流程再造。针对大型的软件项目,IBM 在实施过程中联手 SAP,并借助其在医院财务管理、医疗设备、药品等方面的解决方案。[19]此外,IBM 与天健科技集团共同推进中国区域医疗信息化建设,并将 IBM 云计算架构应用于区域医疗解决方案的信息化方案中。天健科技集团表示,采用云计算架构可以让医院或公共卫生系统的用户节省大约 30% 的信息化投资。[20]

在医学影像管理方面,IBM 于 2009 年为重庆金山科技胶囊内窥镜项目提供了一份基于 DB2 数据库的 IT 平台。通过运用 IBM 的信息化技术和设备,利用互联网把影像数据传输到图像数据中心,然后通过专业的医疗图像筛查员对图像进行筛选,最后把图片检验结果返还给医生。在 IBM 的信息化解决方案协助之下,医疗图像的信息化处理得到了巨大的改善,诊断时间从过去最快需要 1 到 2 个小时缩短到了 5 分钟以内。[21]

针对慢性病管理,IBM 于 2010 年与北京大学人民医院共建了首个以慢性病治理为重点的基于循证医学的个人健康管理原型系统。该原型系统将实现居民电子健康档案、基于临床指南的决策支持(慢性病管理)系统和移动医疗支撑系统三大功能,向医生提供临床解决方案。[22]2014 年 3 月,IBM 与易联众联合宣布建立打造国内第一个针对糖尿病健康管理的健康云创新中心,加速智慧医疗在中国的有效落地。与传统基于项目的合作不同,易联众与 IBM 的此次合作面向未来医疗服务模式,双方合力对研发、市场、渠道优势资源进行整合,共同投入,利用云计算技术,针对糖尿病的医护特点,在健康云解决方案研发、健康云服务试点及市场推广、健康云第三方应用招募三方面展开深入合作,共同推动创新。[23]

在助力医药研究方面,2014 年,上海交通大学 Bio－X 研究院联合 IBM 沃森研究院、哈佛大学、加州大学伯克利分校等医药大数据前沿机构的研究人员,共同构建了基于医药大数据的药物互相作用搜索引擎,推动个体化用药方面的研究。在此项研究中,研究人员利用化合物-蛋白互作组的海量数据在超级计算机上模拟药物的相互作用。首先模拟 FDA 所批药物已知的相互作用指纹图谱,通过改进了的大数据挖掘算法,比较用户提交分子的指纹图谱来预测潜在药物互作,从而及时预测用药风险。和同类预测比较后,研究人员发现该引擎的计算精度处于领先地位,因此可为规避基于药物互作的药物不良反应提供重要信息,从而有助于实现个性化用药。[24]

随着 2016 年 3 月 IBM"认知商业"战略在中国的正式启动,基于认知计算的智慧医疗也开始探索落地中国医疗市场。比如,IBM 牵手辉瑞制药并联合前沿医疗机构,利用大数据以及新型认知分析方法,建立了符合中国人群特征的慢性病风险预测模型,可高效甄别出关键风险因素,加速科研发现的进程。借助此疾病风险预测模型与临床决策支持系统,医生预期可以大幅度提高诊疗质量,并针对病人的个体情况提出个性化诊疗建议,节约患者的医疗成本。这种模式的普及,将有助于提升社区医院的循证诊疗水平,从而缓解三甲医院的就诊压力,为推进中国分级诊疗、实现智能化医疗转型升级提供支持。[25]

辉瑞中国医学部副总裁谷成明博士表示:"近年来,很多国家都面临着日益严峻的慢性病挑战。认知技术的应用与推广将有利于提高慢性病诊疗的精度与效率。通过与 IBM 以及诸多中国领先的医疗机构的跨领域合作与创新,广大饱受慢性病困扰的患者和家庭将会从中受益。我们已能看到认知技术为这个行业带来的创新契机,期待未来催生出更多协作创新,在更多高精尖医学领域实现突破。"[26]

此外,IBM 中国研究院认知医疗部与北京安贞医院、某城市卫生局等全国领先的医疗、卫生机构展开合作,致力于在心血管病等慢性病领域实现应用研发，汇集 IBM 全球 12 家研究院的认知研发经验，深入应用于中国医疗健康领域。[27]

对于认知医疗落地中国，无论是 IBM 还是中国的医疗机构都满怀期待，但同时也发现基于认知计算的智慧医疗落地的基础还较为欠缺。业界分析认为这其中面临的最大挑战还是缺乏行业统一标准及政策引导。中国个人数字健康档案建设尚处于起步阶段，医院间和厂商间存在的"信息孤岛"现象，制约了智慧医院的普及与推广。如何联通"信息孤岛"是智慧医院建设者急需解决的首要问题。[28]

未来展望：任重而道远

认知技术在医疗研发节约成本的过程中，蕴含着巨大的潜力。但由于医疗行业具有特殊性，涉及化学研究、临床试验和批准上市中的多个环节，过程往往长达数年之久，认知技术在其中扮演的角色目前还很难看到立竿见影的效果。

认知技术不能代替科学家的基础调研工作，也不会取代研究机构，却能在更短的时间内推荐给科学家们更多选择。科学家还需要通过批判性思维和专业知识对这些选择做出判断。一个恰当的比喻是：认知计算是一座桥梁，它连接起数据数量和数据洞察，增强了患者、医疗服务提供者和支付者间的互动，从而成为了研发和创新的强大助推器。

——刘铮筝

远离疾病、享受健康生活是人类永恒的梦想。轻松就医、智慧医疗、精准医疗是人们当前的追求。IBM 的认知医疗能否撑起人类的健康梦想，认知医疗梦想何时完全照进现实值得期待。

尾注：

［1］ 刘铮筝.认知医疗：迎接跨界行业新革命［J］.哈佛商业评论,2016 年 3 月.

［2］ 莫人英.IBM 互联网医疗布局纵览［EB/OL］.(2015 - 05 - 19)［2016 - 04 - 19］. http://
www.vcbeat.net/12939.html.

［3］ 基于认知计算的智慧医疗［EB/OL］.(2015 - 11 - 15)［2016 - 04 - 20］. https://www.
douban.com/note/524790910/.

［4］ 世界上第一个人工智能癌症专家 IBM 沃森［EB/OL］.(2015 - 07 - 08)［2016 - 04 -
20］. http://tech2ipo.com/100454.

［5］ 基于认知计算的智慧医疗［EB/OL］.(2015 - 11 - 15)［2016 - 04 - 20］. https://www.
douban.com/note/524790910/.

［6］ Health Affairs 发表"大数据改变医疗保健"的专题文章［J］.中国卫生政策研究,
2014(7)：49.

［7］ IBM 不到一年时间兼并四家医疗数据公司［EB/OL］.(2016 - 02 - 19)［2016 - 04 - 20］.
http://stock.10jqka.com.cn/20160219/c587943723.shtml.

［8］ Ibid.

［9］ Ibid.

［10］ 刘铮筝.认知医疗：迎接跨界行业新革命［J］.哈佛商业评论,2016 年 3 月.

［11］ 辉瑞与 IBM 合作拓展 AI 应用于医疗［EB/OL］.(2016 - 04 - 14)［2016 - 04 - 20］.
http://mt.sohu.com/20160414/n444160820.shtml.

［12］ Ibid.

［13］ Ibid.

［14］ CES 2016 认知时代来了：预示 IBM 战略转型的三个案例［EB/OL］.(2016 - 01 - 10)
［2016 - 04 - 21］. http://www.d1net.com/cloud/vendors/392135.html.

［15］ 2016 中国国际智慧医疗创新大会［EB/OL］.(2016 - 03 - 11)［2016 - 04 - 25］. http://
mt.sohu.com/20160311/n440079435.shtml.

［16］ Ibid.

［17］ Ibid.

［18］ 莫人英.IBM 互联网医疗布局纵览［EB/OL］.(2015 - 05 - 19)［2016 - 04 - 25］. http://
www.vcbeat.net/12939.html.

［19］ 丁常彦.SAP 携手 IBM 提速医疗信息化［EB/OL］.(2016 - 06 - 03)［2016 - 04 - 25］.
http://www.cmia.info/cn/news_detail.asp? id = 8086.

［20］ IBM 携手天健推出区域医疗信息化解决方案［EB/OL］.(2010 - 05 - 28)［2016 - 04 -
25］. http://www.doit.com.cn/p/57504.html.

［21］ IBM 助力重庆金山科计胶囊内窥镜项目［EB/OL］.(2009 - 05 - 15)［2016 - 04 - 25］.
http://www.maydeal.com/news/22564.html.

［22］ IBM 与北大人民医院联手关注个人健康管理［EB/OL］.(2010 - 07 - 16)［2016 - 04 -
25］. http://www.doit.com.cn/p/62638.html.

［23］ 易联众携手 IBM 共筑健康云创新中心,推动智慧医疗落地中国,实现我国糖尿病健康
管理新突破［EB/OL］.(2014 - 03 - 19)［2016 - 04 - 25］. http://www.vsharing.com/
k/vertical/2014 - 3/696463.html.

［24］ 上海交大语 IBM 合作结果硕果：医药大数据助力个体化医疗［EB/OL］.（2014 - 07 -
       11）［2016 - 04 - 25］.http：//www.biodiscover.com/news/research/110856.html.

［25］ 药企转型在即辉瑞携手 IBM 走进"认知时代"［EB/OL］.（2016 - 03 - 16）. http：//
       www.bio360.net/news/show/22953.html.

［26］ Ibid.

［27］ 认知技术帮助推进精准医疗［EB/OL］.（2016 - 03 - 02）［2016 - 04 - 25］. http：//news.
       hc3i.cn/art/201603/35691.htm.

［28］ 2015 年中国智慧医院现状与趋势报告［R/OL］.（2016 - 02 - 02）［2016 - 04 - 25］.
       http：//www.360doc.com/content/16/0202/18/13975006_532331199.shtml.

点评

梦想撑起的蓝天
——IBM 智慧医疗之路

刘建国

上海市东方学者特聘教授,博士生导师

居里夫人曾经说过:"人类需要梦想者,这种人醉心于一种事业的大公无私的发展,因而不能注意自身的物质利益。"梦想就像俞敏洪先生曾经说过的一样:"一块砖没有什么用,一堆砖也没有什么用,如果心中没有一个造房子的梦想;但如果只有造房子的梦想,而没有砖头,梦想也无法实现。"一个没有梦想的民族是注定缺少创新的民族,因为创新的动力源自那最初的梦想!

梦想是一粒种子

梦想是一粒种子,在土壤里生根发芽。IBM 作为一家有百年发展历史的信息技术公司,其在信息领域的影响力不可估量(特别是 PC 领域),但 IBM 不满足于其在 PC 领域的发展,做服务(特别是医疗服务)的梦想从来没有停止过。在医疗领域,IBM 从 20 世纪的传统医疗布局,到新世纪初的智慧医疗探索,再到现在大数据时代的认知医疗,智慧医疗就像一粒种子,IBM 前期的 PC 业务就像那肥沃的土壤,正是因为 IBM 内心那颗智慧医疗梦想的种子在发芽,成就了 IBM 在医疗领域辉煌的今天。

梦想是一棵大树

梦想是一棵大树，要想成为一棵苗壮的大树，需要不断地施肥剪枝。2004 年 IBM 将自己的 PC 业务转给了联想，砍掉了其在 PC 领域利润增长无望而又消耗巨大资源的沉重包袱，将自己的重心放到了服务上，IBM 的业务构成也在不断变化，而由服务构成的业务体系在不断壮大，特别是智慧医疗，其借助于人工智能技术，在医学影像、疾病管理、循证医学、肿瘤基因、医保支付方面取得了较大的成果，使得智慧医疗这枝干越来越繁茂。

梦想是一片森林

梦想是一片森林，这片森林要想撑起一片蓝天，需要森林中每一个角色的一起努力与合作。智慧医疗这片森林，正是由于 IBM 与谷歌苹果等其他公司以及高校科研单位的通力合作变得越来越茂密，相信以 IBM 为代表的轻松就医、智慧医疗、精准医疗的人类梦想在不远的未来将会实现。

"有理想的人，生活总是火热的。"斯大林的这句话使我们深刻地认识到，有理想的人，其生活总是那么有激情；有梦想的公司，其未来总是那么值得期待。我们有理由相信以 IBM 为代表的医疗梦想终究会像森林一样为人类未来的健康撑起一片蓝天。

11 亚马逊的 DNA：科技创新与数字经济

2016 年 12 月 5 日，一向不按套路出牌的亚马逊又给大家带来了一个"惊喜"，它在美国西雅图开设了实体零售店 Amazon Go——消费者到店购物不用排队结账，可以"拿了就走"(Just walk out)。[1]

这并不是玩笑。Amazon Go 是亚马逊基于计算机视觉技术、传感器技术和机器深度学习算法推出的创新线下零售店——消费者进店购物，只需打开手机虚拟购物篮，店内监控视频网络和货架上安装的传感器系统就会自动追踪/感应消费者的位置、拿起/放下的商品以及带出店的商品。完成购物后直接出店，感测器会自动通知系统对带走的商品计价，并从其亚马逊账户自动扣款，购物单随后在手机上弹出。[2]

早在去年亚马逊已经于西雅图试水开设了一家线下实体书店。众所周知，1995 年亚马逊创始人贝索斯就是看到线下书店效率低的痛点而选择从在线销售图书起家的。20 年一个轮回，亚马逊又开始探索线下零售，是不是违背了贝索斯想利用互联网做"网罗天下所有商品的店铺"的初衷呢？

成立 20 年，亚马逊的定位从最初"地球上最大的书店"变为"最大的网络零售商"再变为"最以客户为中心的企业"，业务从在线图书销售到品类扩张；再到仓储物流、第三方平台、Kindle 生态系统、云计算、流

本案例由中欧国际工商学院朱晓明教授、案例研究员钱文颖和研究助理施天瑜、朱奕帆共同撰写。

媒体、智能家居等领域（见表 11.1），看上去业务庞杂，这些业务的内核究竟是什么呢？

表 11.1 亚马逊公司历年发展大事件一览

时 间	发 展 事 件
1994 年	贝索斯看到互联网高速增长，辞职创业，希望利用互联网做网罗天下所有商品的店铺
1995 年	亚马逊正式上线，定位成为"地球最大的书店"
1997 年	亚马逊上市，代码 AMZN，当时估价达 4.38 亿美元； 定位改为成为"最大的综合网络零售商"； 贝索斯开始写第一封致股东信
1998 年	亚马逊音乐商店正式上线，并成为最大的网上音乐产品零售商
1999 年	以 2.5 亿美元收购 Alexa（当前亚马逊智能语音助手 Amazon Echo 由 Alexa 基于云端的分析软件辅助）； 推出 Amazon Marketplace，为小型零售商和个人提供第三方开放平台售卖商品
2000 年	亚马逊遭遇互联网公司倒闭潮，估价贬值达 90%
2001 年	定位改为"最以客户为中心的公司"，至今一直把以客户为中心作为服务目标
2002 年	第四季度开始盈利，净利 500 万美金
2003 年	亚马逊全年净利润首次转正，首次盈利 3 500 万美元； 亚马逊推出自己的搜索引擎 A9，A9 能记录所有用户搜索过的信息
2004 年	亚马逊位于硅谷的 Lab126 成立，主要负责研发智能硬件、可穿戴设备、人工智能等前沿科技（已孵化/设计 Kindle、Fire TV、Dash、Fire Phone、Echo 等）； 亚马逊以 7 500 万美元全资收购卓越网，进入中国市场
2005 年	推出 Amazon Prime 服务，在服务有效期内购物不限金额、重量提供免费 2 日达送货，年费截至 2014 年为 79 美元，2014 年后年费为 99 美元
2006 年	推出 AWS 服务，帮助其他公司利用亚马逊数据中心设备运行网络应用
2007 年	11 月 19 日推出第一代 Kindle，进军硬件市场。用户可以用无线网络在 Kindle 上购买和阅读电子书，颠覆了图书市场； 推出 FBA（Fulfillment by Amazon，亚马逊物流），将自身平台开放给第三方卖家，将其库存纳入亚马逊全球物流网络，提供拣货、包装以及终端配送服务并收取服务费用； 新增 28 个品类
2009 年	发布 Kindle Fire 平板电脑； 新增 21 个新的品类，包括在日本推出汽车用品，在法国推出婴儿用品，在中国推出鞋类和服饰

（续表）

时　间	发　展　事　件
2010 年	推出 KDP 的前身——自助数字出版平台 Digital Text Platform（DTP）
2011 年	推出廉价 Kindle Fire； Amazon Prime 增加了 Prime Instant Video 视频服务，会员能够通过亚马逊观看约 4 万部电影和电视剧集以及进行 50 万本 Kindle 电子书的借阅服务，成为 Netflix（美国在线影片租赁提供商）最大的竞争对手； 卓越亚马逊更名为"亚马逊中国"
2012 年	以 7.75 亿美元现金收购机器人制造商 Kiva，Kiva 机器人能整理仓库，搬运货物； 推出 Kindle Fire HD
2013 年	12 月发布第一代无人机 Prime Air，5 磅以下商品可选择无人机配送，30 分钟快递到家
2014 年	推出首款手机产品 Fire Phone； 推出智能家庭音箱 Amazon Echo，当前已经成为亚马逊最受欢迎的发明； 推出 Amazon Dash，可以通过条码扫描或语音连接 Wi-Fi，随时将短缺物品同步到购物车； 推出 Amazon Fresh，进军生鲜产业； 亚马逊中国推出跨境电商业务
2015 年	亚马逊中国推出了"亚马逊物流＋"，对中国企业全面开放物流，提供仓储物流等服务； 亚马逊在美国西雅图开设第一家实体书店
2016 年	亚马逊 Amazon Prime 服务向中国消费者开放，中国 Prime 会员享受亚马逊物流网络支持的全球 82 个国家免费国际物流； 亚马逊在美国西雅图开设实体便利店 Amazon Go，抛弃传统结账流程，利用感应器和演算法，顾客只需直接拿起东西走出便利店

资料来源：根据亚马逊历年财报及网络公开信息综合整理

此外，亚马逊几乎大部分时间都处在微利和亏损状态，但估值却一路飙升至近 4 000 亿美元。为什么"不赚钱"的亚马逊会成为资本市场的宠儿呢？

这一切问题的答案似乎都汇集到科技创新和数字经济这 2 个关键词上。

无处不在的创新 DNA

"你必须让创新进入公司的 DNA 中，如果公司希望持续发展，你必须把创新作为公司运营的基石。"[3]

—— 贝索斯

自亚马逊成立以来，创新始终贯穿于亚马逊的发展过程。1994 年以来，亚马逊及其子公司积累了超过 1 200 项专利；相比之下，沃尔玛仅有 53 项。[4]

"我们 70％ 的创新都涉及流程微调，这种渐进改良是亚马逊成功的非常重要的因素。"[5] 从亚马逊的专利可以看出"发明的形式不同、规模各异"①，创新 DNA 几乎渗透在亚马逊的各个服务环节中。

而另一类创新——如亚马逊网络服务（AWS）、亚马逊物流（FBA）和 Kindle 出版业务（KDP），"则最根本、最具变革性，能推动其他人释放自己的创造力，追求自己的梦想"②，通过这类创新，亚马逊正在创造强大的自助服务平台，贝索斯指出："这些创新性的大规模平台不是零和游戏，它们带来了多赢的局面，为开发者、企业、客户、作者和读者创造了巨大的价值。"[6] 贝索斯关于创新的超前见解与当今数字经济的趋势不谋而合，其平台快速成长的背后是亚马逊技术上的不断创新。

为了给予这类创新更好的支持，亚马逊在技术方面大力投入，仅 2015 年一年亚马逊的研发支出就达 99 亿美元，排名全球第七，仅次于谷歌。[7] "亚马逊的文化能够支持这类创新所需的冒险和时间周期。"[8]

创新缘起：在线零售颠覆传统图书销售

1994 年，原本在华尔街有着稳定多金工作的贝索斯，看到互联网

---

① 来源于贝索斯《致股东信（2011）》。
② Ibid.

的爆发,意识到要利用其特性和价值来做"网罗天下所有商品的店铺"。"如果有什么每年增长 2 300％,你不得不动作快点儿。紧迫感变成了你最有价值的资产。"[9]

创业初期,通过对商品熟知度、市场价值、竞争环境、货源、折扣机会等因素的分析评估,贝索斯从 20 个品类中挑选出了在线图书零售市场:

1994 年,美国地区图书市场规模达 190 亿美元,平均每个消费者图书消费 79 美元——**有巨大的市场规模**。连锁书店巴诺和 Borders 覆盖美国 25％的市场份额,其他独立书店份额约 21％,另外五成则是通过非书店渠道销售——**新进入者有较大的市场机会**。图书经销商 Ingram Book Group 和 Baker&Taylor 仓储遍布全美,占据图书经销绝大部分市场,并且从 20 世纪 80 年代开始就采用 ISBN 编号①建立电子数据库,方便检索——**有信息化基础,便于开展在线零售**。此外,在线书店省去了传统书店实体店面和库存的土地租用成本——**有较大的折扣成本**。[10]

综合考虑后,贝索斯决定以在线图书销售为起点进行创业。1995 年 7 月,亚马逊网站正式上线②,宣传口号为"地球上最大的书店",第一本书《流体概念与创造性类比:思维重要机制电脑模型》是从贝索斯在西雅图的车库里发货的。[11]上线时亚马逊解决了供应链问题,并开发、完善了图书数据库和存货跟踪系统,方便消费者能够在线根据标签快速查找书籍和作者相关信息;此外,为了保证消费者在线交易的安全,

---

① ISBN(International Standard Book Number),是专门为识别图书等文献而设计的国际编号。ISO 于 1972 年颁布了 ISBN 国际标准,ISBN 由 4 个部分组成:组号(国家、地区、语言的代号),出版者号,书序号和检验码。

② 贝索斯于 1994 年注册公司 Cadabra,后改名为"Amazon",取名 Amazon 一方面暗示网站规模庞大;另一方面是因为网站列表排序大多从 A 开始。

贝索斯对信用卡账号安全做了重点研发。[12]

商业模式的创新很快冲击了传统图书零售市场——亚马逊上线第一个月就覆盖了全美 50 个洲和全球 45 个国家[13]；低廉成本带来的价格优势让亚马逊迅速打开了市场——1995 年营业收入仅 51 万美元；到 1999 年已达 163 980 万美元（见表 11.2）。

表 11.2　亚马逊 1995—1999 年营业收入及增长情况

（单位：百万美元）	1995 年	1996 年	1997 年	1998 年	1999 年
营业收入	0.51	15.7	148	609.8	1 639.8
同比增长		2 978％	843％	312％	169％

资料来源：惠星，《理解亚马逊的三个层次（2014 版）》（1995—1999 年亚马逊年度财报数据汇总整理）。

此外，创新 DNA 还体现在亚马逊对客户需求的挖掘上。消费者每次在网站上的浏览和购买情况都被亚马逊记录下来，亚马逊通过 CRM 系统追踪/收集用户的信息（包括消费者的年龄、习惯、偏好、所在地等）和历史浏览/交易纪录，分析并推断消费者的消费习惯偏好、消费心理、消费层次、忠诚度和潜在价值，预测用户的潜在购买需求，然后推出"愿望清单""为你推荐""与你浏览过的相关产品""购买此商品的用户也买了"等服务向客户推荐他想要的书籍，减少了营销的盲目性。[14]当前亚马逊仅通过向用户提供推荐这一项，就获得了 10％～30％ 的附加利润。[15]

创新动力：海量收购科技/互联网公司

1997 年 5 月亚马逊在纳斯达克上市，宣传口号改为"最大的综合网络零售商"，估值 4.3 亿美元；仅仅过了两年半（1999 年 12 月）市值就飙升到近 400 亿美元。据不完全统计，从 1997 年上市到 2000 年初，亚马逊共融资近 24 亿美元。疯狂融资后就是海量收购和扩张；[16] 1999年，亚马逊几乎每个月都收购或投资一家公司。[17] 成立至今，亚马逊总共投资收购了超过 80 个科技或互联网公司（见表 11.3）——通过收购或投资，一方面亚马逊迅速扩大销售品类，覆盖新市场；另一方面，亚马逊将触角延伸到内容和科技领域，快速实现了内容和技术的原始积累。

在图书业务扩张上：亚马逊通过收购电影数据库网站（IMDB）、英国当地最大的网上书店 Bookpage 和德国当地最大的网上书店 Telebook、中国的卓越网、加拿大的全球在线图书销售平台 Abebooks（覆盖美国、英国、德国、法国、意大利等国家）等，快速实现了海外市场扩张。

在品类扩张上：亚马逊也借助了收购和投资的力量。比如通过收购网上药店 Drugstore.com 进军在线医药零售；通过收购 Shopbop 打入奢侈品市场；通过收购 Endless.com 扩张时装和成衣业务；通过收购 Zappos 扩大在线鞋类零售；通过收购 Quidsi 扩大在婴儿用品领域的竞争力；通过收购美味七七进军中国生鲜市场。收购让品类扩充更具效率，到 2000 年，电子类消费和其他产品销售比已占 54%。

除了在零售领域的扩张，亚马逊更多地把收购投资当做内容/科技原始积累的重要手段。

内容方面：亚马逊在上市后收购了数十个数字内容企业，涵盖图书（Bookpage、Telebook、Booksurge、Mobipocket、Audible、AbeBook、Shelfari、Lexcycle、Booktour、The Book Depository 等）、音乐（DNow）、视频（CustomFlix、Dpreview 等）、影视（IMDb、Box office Mojo、Lovefilm 等）和娱乐（ComiXology、Rooftop Media 等）、社区（Dpreview）、地图（UpNext）等，并加大了对开发原创视频内容的投资，帮助亚马逊快速构建内容生态王国。

表 11.3　亚马逊历年收购情况一览

时间(年.月)	公　司	领　　域	金额/占股比例
1998.4	IMDb	内容/互联网电影资料库公司	/
1998.4	Bookpage(英国)	电商/在线书店	/
1998.4	Telebook(德国)	电商/在线书店	/
1998.4	Box office Mojo	内容/电影票房统计网站	/
1998.8	Junglee Corp	大数据/数据挖掘公司	1.86 亿美元
1998.8	PlaneAll	社交/社交网络公司	0.93 亿美元
1999.3	Pets.com	宠物用品供应商店	股权 50%
1999.4	LiveBid	网上拍卖中心	股权 100%
1999.4	Accept.com	/	股权 100%
1999.4	Alexa	大数据/全球网站排名搜索引擎	2.5 亿美元
1999.4	Exchange.com Inc.	电商	股权 100%
1999.5	HomeGrocer.com Inc.	电商	股权 35%
1999.7	Gear.com Crop	体育用品网上商店	股权 49%
1999.11	Tool Crib of the North	开发者工具仓库	股权 100%
1999.11	Back to Basic Toys	玩具网上商店	股权 100%
1999.12	Ashford.com	奢侈品网上商店	股权 17%
1999	Drugstore	电商/在线药店	0.44 亿美元,46%
2000.1	Greenlight.com	汽车网上商店	股权 5%
2000.1	Audible	/	股权 5%
2000.2	Living.com	生活用品网上商店	股权 18%
2000.3	eZiba.com	工艺品网上商店	股权 20%
2000.9	Daksh.com	网络服务支持公司	股权 10%
2003.4	CDNow	内容/在线音乐商店	1 亿美元
2004.8	卓越网(中国)	电商/在线购物网站	0.75 亿美元,100%
2005.7	CustomFlix	内容/DVD 制作商	股权 100%
2005	Booksurge	内容/图书出版	股权 100%
2005	Mobipocket(法国)	IT/电子书和移动阅读技术服务	股权 100%
2006.2	Shopbop	电商/女性时尚购物网站	股权 100%
2006.12	Wikia Inc.	维基系统开源软件平台	/

（续表）

时间(年.月)	公 司	领 域	金额/占股比例
2007.5	Dpreview	内容/数码相机评测网站	/
2007.5	Brilliance Audio Inc.	有声读物公司	股权100%
2007	Endless	电商/在线鞋店	/
2007	Fabric	电商/在线服装店	/
2008.1	Without A Box Inc	媒体	/
2008.3	Audible	内容/有声读物网站	3亿美元,股权100%
2008	AbeBook(加拿大)	内容/图书销售商	股权100%
2008.10	Reflexive Entertainment Inc	游戏开发商	/
2008	Shelfari	社交/图书爱好者交流平台	/
2009.4	Lexcycle	IT/电子阅读软件开发商	股权100%
2009.6	SnapTell	大数据/可视化产品搜索	股权100%
2009.7	Zappos	电商/在线鞋店	股权100%
2009	Booktour	社交/图书作者社交网站	股权100%
2010.4	Touchco	智能交互/触屏技术	股权100%
2010.6	Woot	电商/团购网站	1.1亿美元
2010.9	Amie Street	在线音乐网站	股权100%
2010.10	BuyVIP	电商/在线购物服务网站	/
2010.11	Quidsi	电商/婴幼儿用品零售商	5.4亿美元
2011.7	The Book Depository	电商/网上书店	股权100%
2011.11	Yap	智能交互/语音识别技术	/
2011	Lovefilm	内容/电影	股权58%
2011	Pushbutton	智能硬件	股权100%
2012.2	TeachStreet Inc	团购网站	股权100%
2012.3	Kiva Systems	智能硬件/自动化机器人公司	7.75亿美元
2012.7	UpNext	大数据/3D地图	/
2013.04	Evi	智能交互/语音识别技术	/
2014.4	ComiXology	内容/数字漫画公司	/
2014.5	美味七七(中国)	电商/生鲜电商	/
2014.10	Rooftop Media	内容/在线喜剧脱口秀点播平台	/

资料来源：根据公开资料整理。

科技方面：亚马逊在 1998 年就斥资 1.86 亿美元收购了大数据搜索分析公司 Junglee Corp，通过 Junglee Corp 的搜索技术的优化，亚马逊为用户实现了对书名、作者、主题、封面颜色和图案等 28 种途径的检索，每个关键词都能串联出大量相关商品，大幅提高了用户网上搜索购物的效率。此外，还收购了大数据/网站世界排名搜索引擎 Alexa、移动产品搜索服务商 SnapTell 等。

在智能硬件领域，亚马逊收购了触屏技术公司 Touchco、语音识别技术公司 Yap、仓库机器人 Kiva、智能交互/语音识别技术公司 Evi 等。其中 Touchco 对提升亚马逊 Kindle 系列的触控技术起到了重要作用，并且 Touchco 的成本低于苹果触控技术，并能监测数量不限的触控点。而 Alexa 和 Yap 则是亚马逊的 Echo 智能音箱智能语音的基础，当前已经成为最受欢迎的智能语音产品之一。Kiva 技术则对亚马逊优化供应链效率、降低仓储物流费用起到了重要作用。[18]

创新内核：以客户为中心

1997 年，贝索斯在《致股东信》中提到了亚马逊的发展理念和方向，该信的内容也会附在每年的《致股东信》后。信中提到了几个要点："① 以创造长远价值为核心；② 强大的市场领导地位将带来更高的收入，更多的利润，更快的资金周转速度，以及更高的资本回报率；③ 毫无保留地专注于客户至上的理念；④ 在最优化 GAAP 报表和最大化未来现金流二者之间，我们会毫不犹豫地选择后者；⑤ 吸引并留住那些极具创造力的团队。"①这其中"客户至上"和"创造力"这 2 个词是 20 年以来贝索斯提及最多的词语。亚马逊各个阶段的发展也始终贯穿着

① 来源于贝索斯《致股东信(1997)》。

这 2 个关键词，一切创新和发展均以客户为中心，通过数字经济手段，提升用户体验或降低成本。

提升用户体验

亚马逊成立之初就希望通过数字经济手段方便用户在线购物，提升用户体验。"一键下单(one-click)"就是亚马逊以提升用户体验为目的的最有名的专利之一——消费者第一次购物时输入身份和付费方式后，第二次查看商品时会在用户界面看到"一键购物"按钮。①

这个专利非常简单，却能从中看出亚马逊创新的内核——利用先进技术来为顾客提供卓越服务，在随后 20 年里亚马逊一直坚持着这个内核不断探索新的形式，如 2008 年的"动作识别输入机制"专利，可以让用户通过伸出手指、点头、微笑、抬眉等简单动作就实现购物。2014 年的 Amazon Dash，则让消费者在生活中随时发现短缺物品，通过条码扫描或语音连接 Wi-Fi，同步需求到购物车，一键购买。2015 年的 Dash 按钮，则实现了场景化，比如洗衣机上贴着汰渍的 Dash 按钮，让消费者一按实体按钮即实现"一键下单"②。再比如 2016 年 12 月 5 日线下实体零售店 Amazon Go 提出的"拿了就走"(Just walk out)[19]，也是让消费者到店购物不用排队结账，直接利用技术实现自动识别货物、自动上传至虚拟购物篮、自动扣款等功能。

降低成本

在降低成本方面，亚马逊一直通过数字经济手段来提高效率，包括

---

① 亚马逊"一键下单"(one-click)程序于 1997 年编写，1999 年获得专利，2010 年获得"永久专利"的裁定。期间引发了大范围争议，因为"一键下单"是一个非常简单的流程图，但其他网上售卖的平台都需要向亚马逊支付专利费才能添加"一键下单"选项。2000 年，苹果向亚马逊购买了专利许可。

② 截至 2016 年 10 月已经有 150 多种商品可以实现一按按钮"一键下单"。

算法优化和利用大数据分析优化作业环节。

算法优化：成立之初，物流部主管杰夫·维尔克就将配送中心命名为 FCs（Fulfillment Centers，订单履行中心）并成立了一个供应链计算小组，致力于通过计算让亚马逊物流网络可以随时随地储存产品，并能把不同的订单有效整合在一起。为了让订单履行中心的批量分拣更为顺利，小组还对程序进行迭代优化，大幅降低了成本。[20]

利用大数据分析优化作业环节：亚马逊利用大数据优化每一个作业环节，通过积少成多节省成本。比如 2012 年底登记的专利号8261983（美国）"生成定制包装"就是用来降低进入包裹的空气比例的。亚马逊副总裁戴夫·克拉克解释说，每个不必要的纸箱需多付几美分，而亚马逊每年有近 10 亿个包裹，可以省下很大一笔开支。因此，亚马逊有超过 40 种尺寸的盒子，当一笔订单下来，亚马逊后台可以计算出最佳包裹方式，并在 30 分钟内制造出最合适的盒子。[21]

另外，亚马逊在发展过程中一直秉持着"飞轮理论"（见图 11.1）——以低毛利的状态运营，将赚到的钱投入到规模扩张和用户体验改善上；随后利用规模效应降低成本，给消费者更便宜的价格、更多样的选择和更快捷的物流。

数字经济：形成全球生态系统

《连线》杂志主编克里斯·安德森在《免费·商业的未来》中曾描述道："互联网的'免费'是一种把货物和服务的成本压低到零的新型卓越能力。"论这种能力，亚马逊绝对是个中翘楚。

尽管亚马逊"不赚钱"，但越来越多的投资者意识到亚马逊是一家有"远见"的公司——它不断地将赚来的钱投入 Kindle 出版业务（KDP）、亚马逊物流（FBA）和亚马逊网络服务（AWS）的规模扩张和用

图 11.1　亚马逊"飞轮理论"

户体验改善上，通过一系列的数字经济技术手段，逐渐打造出涵盖内容生态、智能硬件终端平台、物流生态的全球生态系统。

对亚马逊而言，生态圈形成了规模经济，提高了运营效率。物流配送是亚马逊一直头痛的问题——特别是 1999 年亚马逊推出 Amazon Marketplace 开放第三方平台售卖商品后，购物高峰订单数暴增，消费者经常不能及时收货；外包的物流费用也居高不下。亚马逊在成立的第三年就开始投资自建物流配送中心。配送中心按商品类别设立，不同的商品由不同的配送中心配送，既提高了配送效率又降低了运转费用。随着基础建设的逐步成熟，亚马逊的物流配送效率迅速提高，成本得到了控制。2005 年亚马逊即推出 Amazon Prime 服务[①]，为消费者

---

① Amazon Prime 服务年费 99 美元/年，在服务有效期内，购物不限金额、重量亚马逊提供免费 2 日达送货服务。亚马逊中国 Prime 会员费 388 元/年，截至 2017 年 2 月 28 日只需要 188 元/首年。

提供免费 2 日内送货。

对 C 端用户而言，生态圈实现了一站式购物体验。随着 2007 年亚马逊推出第一代 Kindle 进军硬件市场，逐步形成了包括 Kindle、Kindle Fire、平板电脑、FireTV 机顶盒、智能手机 Fire、Silk、Fire OS、Amazon Dash、Dash 按钮、Amazon Echo 智能语音家庭助手等一整套智能硬件终端生态平台。[22] 消费者可以用"极低的价格"获取亚马逊的硬件终端，然后在终端平台上购买电子书、音乐、电影、电视剧、游戏和应用程序等内容。今年亚马逊对于原创内容的投入进一步加大，亚马逊工作室（Amazon Studios）发布了一系列原创影视内容，并且将在未来几个月陆续上映，其中就包括 Prime Video 会员独播原创剧集；自 2016 年 5 月份 Amazon Video Direct 上线以来，用户已观看了数十亿分钟的自制剧内容；此外亚马逊推出了流媒体音乐服务 Amazon Music Unlimited，里面包括数千万首歌曲以及数千个定制播放列表和个性化电台。①

对 B 端第三方企业而言，生态圈实现了共生共荣。1999 年亚马逊推出 Amazon Marketplace，为小型零售商和个人提供第三方开放平台售卖商品；2006 年亚马逊推出 AWS 服务，帮助第三方企业利用亚马逊数据中心设备运行网络应用；2007 年亚马逊推出 FBA（亚马逊物流），将其全球物流仓储网络开放给第三方卖家，帮助其拣货、包装以及终端配送。当前亚马逊全球办公室、仓库、数据中心等占地 1.14 亿平方英尺，其中 3/4 租给其他厂商；AWS 云服务 90％ 提供给第三方合作伙伴，著名互联网企业 Airbnb、Netflix 等都是 AWS 的用户。[23]

多年来亚马逊一直以牺牲利润来换取增长，现在它的数字经济的自我膨胀性、高渗透性特征明显，全球生态系统已形成规模，开始加速奔

---

① 来源于亚马逊 2016 年第三季度财报。

跑。2016年10月亚马逊发布了2016年三季报,净利润2.52亿美元,同比增长219%,连续6个季度实现盈利,并且增速惊人(见表11.4)。

表11.4　亚马逊2015年第三季度至2016年第三季度经营情况

(单位:亿美元)	2015年第三季度	2016年第一季度	2016年第二季度	2016年第三季度
销售额	20.85	25.66	28.86	32.31
运营利润	4.28	6.04	7.18	8.61
利润率	20.5%	23.5%	24.9%	26.6%

资料来源:2015年第三季度至2016年第三季度财报数据汇总整理。

但亚马逊的"飞轮"仍在飞速旋转,亚马逊2016年第三季度总营业开支增长31.5%至109.4亿美元,首席财务官布莱恩·奥萨夫斯基在业绩会议中解释道,亚马逊下半年提高了投资支出,主要用于新仓库和配送中心的建设,自7月以来已经在全球开设了23个新仓库,员工人数上升28%。此外,亚马逊还将继续投入大量资金在云服务平台建设和原创视频内容上。

20年来亚马逊的定位从"地球上最大的书店"变为"最大的网络零售商",再变为"最以客户为中心的企业",业务发展历经在线图书销售—品类扩张—仓储物流—第三方平台—Kindle生态系统—云计算—流媒体—智能家居……看似庞杂,但都是以数字经济为中心、围绕客户需求的创新。在这些创新业务背后有着很多不为人知的科技。下面我们就来看一下亚马逊在Kindle出版业务(KDP)、亚马逊物流(FBA)和亚马逊网络服务(AWS)背后的"功臣们"。

物流FBA与背后的数字经济

截至2016年10月,亚马逊物流在全球已经建有123个运营中心,可以送达 185 个国家和地区；其中，亚马逊中国有 13 个物流运营中心，500 多条自主干线。

随着近两年跨境电商的火爆，成立 12 年的亚马逊中国终于找到了正确的发展路径——跨境电商。① 从 2014 年 11 月 28 日上线到 2016 年 8 月，中国消费者通过亚马逊"海外购"完成超过 1 000 万笔跨境直邮订单；2016 年上半年销售总额同比增长 4 倍。[24] 趁热打铁，亚马逊于 2016 年 10 月 28 日宣布中国 Amazon Prime 会员在亚马逊物流网络支持的全球 82 个国家内购买商品享受免费国际物流，并保证 5～9 天到货。

这是亚马逊首次对国际物流实行免费服务。众所周知，海淘的物流成本和时间成本非常高，对跨境电商平台来说"免费国际物流"背后有着令人难以想象的投入和积累，亚马逊为什么能做到呢？ 这一切要归功于其令人咋舌的物流体系以及背后的数字经济。

"亚马逊物流＋"

在亚马逊宣布中国 Amazon Prime 会员"国际物流免费，承诺 5～9 天到货"前，"亚马逊物流＋"计划②已经低调开放了 1 年。"亚马逊物流＋"是亚马逊全球物流在中国创建的品牌，它的推出基于亚马逊在全球电商物流 20 年的成功经验以及密布全球的运营网络，运用到了亚马逊所有物流的优势技术和服务，能实现多国家、多平台、多渠道的订单驱动。

"亚马逊物流＋"业务涵盖仓储物流整合方案、运输配送方案、跨境物流服务、仓储运营方案和定制化物流方案。跨境物流平均为 6～8 天，出口业务平均为 5 天。境内业务库存可全国调拨，1 400 多个城市区县

---

① 亚马逊中国四大核心战略：跨境电子商务、亚马逊阅读、亚马逊物流和亚马逊云服务（AWS）。
② 亚马逊中国于 2015 年 10 月 27 日推出了"亚马逊物流＋"。

可实现当日达、次日达，并为顾客设立了 5 000 个自提点；[25]此外，亚马逊还在中国设立了三大客服中心，提供 24 小时多平台的智能客服系统支持。计划推出后，众多电商平台开始使用"亚马逊物流 + "服务，超过七成国内卖家表示在使用亚马逊物流服务后其销售额提升了至少20％以上[26]，跨境电商网易考拉海购等都在使用"亚马逊物流 + "的服务。

供应链可视化

在提出"全球百货，直供中国"时，亚马逊在中国率先实现了全球可视化的供应链管理。中国商家坐在办公室里打开电脑，就能看到来自大洋彼岸的实时库存情况。同时通过亚马逊"全球开店"的商家也能利用亚马逊的物流系统实时了解自主产品的供应链情况。

在中国本土，亚马逊平台可实现让消费者、合作商和亚马逊的工作人员全程监控货物、包裹位置和订单状态。一个订单，从预约到收货，从内部存储管理、库存调拨、拣货、包装、配送，一直到客户手中，每个流程都有实时数据的更新，并通过系统实现全订单的可视化管理。[27]

大数据应用

亚马逊的大数据应用贯穿于整个物流环节。

商品入库、出库：亚马逊会利用 Cubiscan 仪器①对中小体积的商品进行入库前的体积测量，并共享至亚马逊所有的仓储中心，根据商品信息可以优化入库；还会根据历史数据，分析哪些商品容易坏，坏在哪里，出库前对商品进行预包装。[28]

---

① Cubiscan 是一款动态与静态体积重量自动化测量设备。

需求量预测：亚马逊会通过历史大数据分析预测图书、畅销品的需求量，需求量大的商品会被放在离发货区更近的位置。[29]通过亚马逊的供应链智能大数据管理体系，还能实现智能分仓、就近备货和预测试调拨——只要全国范围内有货，消费者就可以下单购买。[30]

物流配送：亚马逊的物流体系会根据客户的具体需求时间进行科学配载，调整配送计划，实现用户定义的时间范围的精准送达。亚马逊甚至在 2013 年申请过一项"预判发货"的专利，根据消费者的订单记录、搜索记录、愿望清单、购物车等数据，预判用户的消费行为，在用户下单前将商品发货出库。[31]

随机存储：亚马逊物流仓储运营中心的货物并不是按照品类整齐地码放在货架上的，而是见缝插针地随意存放。但这看似随意的摆放，其背后有强大的 WMS 系统①作为基础，有精细的 SKU（库存量单位）及库位条码化管理。[32]

亚马逊仓储物流系统采取的是随机存储技术。亚马逊的仓库中每个货架和商品位都有一个唯一的条形码；所有入库的商品也都有唯一的条形码，并录入数据库。工作人员把货物随机放在货架上时只需用手持扫描仪扫描货架位和对应商品，电脑就会存储商品位置。当订单下来需要提货时，电脑会输出一个提货单，根据数据库，这个提货单会将工作人员带到对应商品的货架位。[33]

智能拣货：最优路径算法和八爪鱼技术

为提升拣货效率，亚马逊从算法到实操都进行了技术升级。算法

---

① WMS，即仓库管理系统，是一个实时的计算机软件系统，它能够按照运作的业务规则和运算法则（algorithms），对信息、资源、行为、存货和分销运作进行更完美的管理，使其最大化满足有效产出和精确性的要求。

方面,在亚马逊仓库中心区员工和机器人无需走回头路,系统会自动推荐下个拣货点,并确保全部货物拣选完毕后路径最短。这是因为亚马逊后台利用 A＊算法①帮助员工和机器人随机优化拣货路径。通过算法优化,拣货行走路程缩短了至少 60％。[34]

实操方面,去年"双十一"亚马逊中国运营中心大量采用了由亚马逊员工设计的八爪鱼技术。"八爪鱼"是一个有多条路由的拣货设备,会根据订单送货地址和送货路线的不同,用不同的路由连接不同的送货区域。作业人员站在八爪鱼拣货设备的中间,可以眼观六路,把货品分配到专门的路由上去。[35]

智能仓储机器人

此外,亚马逊还于 2012 年斥资 7.75 亿美元收购了智能仓储机器人公司 Kiva Systems 用于提高拣货效率。

Kiva(现已更名为 Amazon Robotics)机器人长 76 厘米、宽 64 厘米、高 41 厘米,可顶起 1 吨的货物,每小时可跑 30 英里;在能量快耗尽时,甚至会自己找充电站补充能量。Kiva 的"眼睛"位于顶部中央位置,可识别货架,准确率达 99.99％,之后与"眼睛"平齐的黑色平面将会上升,将货架举起来并交付给工作人员。[36]机器人作业颠覆了传统电商物流中心的"人找货"模式,而是变成了"货找人"模式,效率提高了 2～4 倍。

在 2014 年美国"网购星期一"期间,Kiva 第一次部署在全美 10 家物流仓库,是背后的隐形功臣。[37]当前亚马逊总共有约 3 万台 Kiva 机器人,分布在全球各地的仓库。亚马逊全球运营和客户服务高级副总

---

① A＊(A-Star)算法是一种静态路网中求解最短路径最有效的直接搜索方法。算法中的距离估算值与实际值越接近,最终搜索速度越快。A＊算法的估价函数可表示为: $f'(n) = g'(n) + h'(n)$。

裁戴夫·克拉克曾预估，机器人的采用将运营费用压低了 20% 左右。[38]但当前 Kiva 面临成本过高的问题，每台 Kiva 的售价约 30 万人民币，短期内难以大面积推广。

无人机配送

亚马逊还利用无人机来提高城市配送效率。亚马逊第一代无人机 Prime Air 在 2013 年 12 月发布：5 磅以下的商品可选择无人机配送，30 分钟内能快递到家。2015 年底，亚马逊发布了升级版 Prime Air，从四轴飞行器改成六轴飞行器，部分部件为 3D 打印制造，飞行范围可覆盖 15 英里，时速可达 55 英里。

当前，Prime Air 的无人机配有雷达/激光雷达、"感知与规避"技术和空中通信技术。2016 年 5 月，亚马逊更是收购了一支由 12 名世界顶级计算机视觉专家组成的团队，为 Prime Air 研发智能视觉识别技术等关键性技术。[39]

共享物流

为解决城市配送"最后一公里"的问题，亚马逊还积极开发了多种共享物流模式，比如利用出租车来进行配送——亚马逊曾和移动打车软件 Flywheel 开展合作，用 Flywheel 寻找小型配送中心附近的出租车，每件包裹付费 5 美元，1 小时内送达。

经过多年的投入和技术研发，亚马逊已经在全球建立了物流仓储生态，规模效应进一步体现，用户体验则能实现全球共享——亚马逊可以根据用户需求，通过大数据做基于全球的库存管理和调拨，实现全球云仓储。

云服务 AWS 与创新孵化

巴菲特曾把亚马逊比作"发电站",这在很大程度归功于亚马逊的云服务 AWS。

10 年前,亚马逊只是一个在线零售商,从未涉及企业服务,没有人会想到它会是一个云计算巨头,但它却率先发布了 AWS(Amazon Web Service),包括 Amazon S3(Simple Storage Service,简易存储服务)和 Amazon EC2(Elastic Compute Cloud,弹性云计算),成为云计算时代真正到来的里程碑。

亚马逊进入云计算市场并非偶然,AWS 服务源于亚马逊电商业务自身库房设施、数据储存器、技术平台的闲置资源,贝索斯早在 2000年就开始尝试为零售商搭建在线商店,将闲置资源出租给初创企业。[40]"云计算让人们可以远程控制其业务。我们认为这项技术将变得很有意义,也会在将来的某一天创造真金白银的收获。"[41]

贝索斯的坚持终于应验。今年是亚马逊发布云计算的第 10 年,曾以投入巨大、亏损严重著称的 AWS 终于守得云开,成为亚马逊最挣钱的业务;亚马逊的"飞轮理论"也在 AWS 上再一次得到了完美的验证——在过去的 10 年里,亚马逊一直持续不断地向云计算业务"输血",投入大量资金在全球建设数据中心,扩大规模的同时不断降低服务价格,截至 2016 年第三季度,AWS 已经进行了第 52 次价格下调;更低廉的价格进一步吸引了客户,带来了更大的规模效应,带来了良性循环。

DeepField 网络研究中心的数据表明,亚马逊云计算掌控了北美 1% 的互联网流量,已成为全球第四大 CDN。[42]当前,亚马逊云服务 AWS 占全球云服务的份额超过 50%,规模是位列其后的其他 14 个公司合起来的 10 倍[①]，稳坐"全球第一"的位置，有 190 多个国家、数 10 万企业使用 AWS 服务。[43]

亚马逊网络服务 CEO 安迪·杰希将 AWS 的成功归功于 3 个因素：重视创新的功能性和步伐，重视合作伙伴与客户生态系统，以及重视经验。[②]

重视创新的功能性和步伐

亚马逊 AWS 的创新能力远超同类型公司。在核心业务外，AWS 加快创新步伐，2015 年一年就实现 722 项服务；2016 年上半年 AWS 新增 422 项服务；当前除 2011 年和 2012 年外，每年创新功能增长速率都超过 70%。[44]

重视合作伙伴和客户生态系统

当前 AWS 已与 Salesforce[③] 达成重要合作协议，AWS 将为许多重要客户提供网络访问服务，如 GE Oil & Gas，Kellogg's 和 Brooks Brothers。AWS 还于 2016 年第二季度将网络接入点服务扩展到孟买，全球的网络基础服务点达到 13 个。

AWS 在客户生态系统上的影响甚至比其规模还大，亚马逊的 AWS 云服务（尤其是弹性云 EC2 托管服务和 S3 存储服务），很大程度上起到了"创业孵化池"的作用，很多行业炙手可热的企业都是在 AWS 平台上初创并壮大起来的，比如在线网络同步服务商 Dropbox、在线流

---

① 来源于美国咨询公司 Gartner 2015 年的魔力象限（Magic Quadrant）报告。
② 来源于 2016 年 10 月 14 日安迪·杰希接受 BI 采访对甲骨文挤兑亚马逊 AWS 的回应。
③ Salesforce 成立于 1999 年 3 月，是一家客户关系管理（CRM）软件服务提供商，2004 年 6 月在纽约证券交易所成功上市，股票代号 CRM，在《福布斯》全球最具创新力企业排行榜上 Salesforce 名列首位，而且连续 4 年稳居宝座。

媒体视频提供商 Netflix、短租平台 Airbnb 等。AWS 使这些小而美的公司不用将时间和成本都花在 IT 上，可以专注于开发应用，满足用户需求。另外，AWS 的安全性也有一定的保证，受到政府部门的信任。2013 年 IBM 和亚马逊争夺美国中情局近 6 亿美元的云计算合同，尽管亚马逊报价更高但依然赢得了合同。

重视经验

AWS 早在 10 年前就开始了云计算服务，比其他竞争者都要早很多。AWS 2016 年的收益预估是全球排名第二的云服务提供商微软 Azure's 的 4 倍多。[45]

最新财报显示，AWS 前三季度营收已达 87 亿美元，估算利润率升至 26.6％。如今，原先需要"输血"的创新业务 AWS 已经进入稳定的收获期，并成为亚马逊在新领域开疆辟土的"发电站"——2016 年第三季度亚马逊的运营利润为 5.75 亿美元，而 AWS 运营利润近 22 亿美元；亚马逊将 AWS 赚来的钱投入采购视频版权、物流快递和补贴海外市场上。

智能硬件生态王国与背后的 Lab126

Alexa/Echo

"Alexa 可能是亚马逊迄今最受欢迎的发明，而且会越来越好。由于 Alexa 的大脑在云端，所以我们可以轻松且持续地增加其能力，让这款产品变得更有用，直到有一天你会看到 Alexa 团队呈现给用户的惊艳之处。"

——贝索斯

很显然 Alexa 成了贝索斯"新宠"，贝索斯一直希望进军智能硬件终端市场来完善生态链，但除了 Kindle 以外，其他的智能硬件如 Fire TV、Dash、Fire Phone 等都反响平平；而 2014 年推出的这款基于 Alexa 平台的智能家庭音箱 Echo 却意外成了大受欢迎的"爆款"。

"Alexa/Echo 是首款在智能家居中展示出强大的语音控制能力的产品，它的普及将加快整个行业的创新，今天的新技术将成为明天的标准。"Sonos[①] 的 CEO 麦克法兰给出了这样的评价。[46]

2 年里亚马逊先后推出了高 10 英寸、售价 179 美元的 Echo；高 6 英寸、售价 130 美元的 Echo Tap 以及高不足 2 英寸、售价 49.99 美元的 Echo Dot；截至 2016 年 4 月份 Echo 的销量已经超过 300 万台，其中 100 万台是在 2015 年圣诞节卖出的。[②] 此外，亚马逊推出了下一代 Fire TV Stick，支持 Alexa Voice 语音遥控器，售价 39.99 美元；并对亚马逊 Fire TV 和 Fire TV Stick 的软件进行了升级，让用户可以通过语音在 90 个应用和频道中进行搜索。

让 Echo 音箱大受欢迎的是智能语音助理 Alexa。2016 年第三季度 Alexa 技能库在短短 3 个月内增长了 3 倍，目前技能数量已超过 3 000 项；用户可以通过 Echo 呼唤 Alexa，让 Alexa 帮助自己查询银行账户余额、播放电台、做数学题甚至到亚马逊购物。

亚马逊早在 2011 年、2013 年就收购了智能语音交互技术公司 Yap 和 Evi，储备了智能语音交互技术。Alexa 的推出虽然晚于苹果的 Siri，却找到了更适合的场景——有越来越多的独立开发商编写可供 Echo 语音控制使用的 APP，比如用 Alexa 关灯，用 Alexa 查看汽车还剩多少油，未来甚至可能有开发者用 Echo 来控制冲马桶。此外，还有

① Sonos 公司成立于 2002 年，是世界领先的家庭智能无线音响制造商。
② 数据来源于 Consumer Intelligent Research Partner 报告。

越来越多的智能硬件企业整合 Alexa,如全球领先的家庭智能语音音箱 Sonnos 也接入了 Alexa 及 Alexa 生态的硬件一起使用,LG 和联想都将引入 Alexa。

Alexa 和 Echo 正在逐渐将家庭入口纳入亚马逊的生态圈中,未来 Echo 很可能成为智能家居的中枢,成为亚马逊下一款具备生态平台意义的伟大产品。

神秘的 Lab126

智能语音音箱 Echo 和 Kindle 都来自神秘的 Lab126。亚马逊代号 Lab126 的实验室成立于 2004 年,定位类似于 Google X,主要负责研发智能硬件、可穿戴设备、人工智能等能颠覆未来的前沿科技,因 2007 年推出 Kindle 一举成名。

贝索斯希望 Lab126 能制造出世界上最好的电子阅读器来变成亚马逊 2.4 亿多名活跃用户不可或缺的必需品。因此,从 2007 年推出的第一款 Kindle 电子阅读器到 Fire 智能手机,贝索斯都亲自参与了 Lab126 的研发。

Kindle 开始于 2004 年,代号 Fiona。亚马逊的初衷只是"打造一款不让人分心的设备,交互和功能都能让读者自然地沉浸下去"。为研究人们的阅读习惯,Lab126 布置了各式 Rabbit Holes 供读者阅读,并观察他们的阅读方式,比如 Lab126 发现人们习惯每隔 2 分钟就转换左右手持书,但 80% 的人是向后翻书的。所以后来的 Kindle Voyage 在左右边框都搭载了翻页键;向后翻页键是长条,而向前翻页键只是一个点。[47]

亚马逊在 2011 年 4 月的时候,电子书销量已经超过了纸质书销量。据 Pew Research Center 2012 年底对美国图书阅读人群的调查显示，89％的读者在过去 12 个月中至少读过一本纸质书，30％的读者至少读过一本电子书。[48]如今 Kindle 已经改变了人们的阅读习惯，成了电子书的代名词。

此外，当前已知的项目中 Lab126 还已孵化/设计了 Fire TV、Amazon Dash、Fire Phone 3D 智能机、Echo 等。但这都只是 Lab126 的冰山一角，还有更多的研发产品不为人们所知。在 Lab126 内，工程师可以随意地提出任何想法，甚至是非常超前的点子，这些想法是其他公司还没有想过的。但值得肯定的是，Lab126"还将持续发明和创造新的特性、服务和产品以支持创新"[49]。

颠覆式创新，下一个增长点在何处？

位于美国西雅图的 2 栋亚马逊总部大楼，分别叫 Day1 North 和 Day1 South，大楼的铭牌上写着贝索斯的一句话：

"还有许多实物尚待发明，还有许多新奇尚未发生。我们无法料到互联网将有何种力量，而今天仅仅是这一征途的第一天。"①

亚马逊 2016 年第三季度的净利润是 2.52 亿美元，与上一季度的8.57 亿美元相比大大减少。在连续 5 个季度的高增长后，亚马逊又成功地把利润降了下来，但这次大家相信亚马逊不会死。2015 年 10 月《北大西洋月刊》曾经组织硅谷 101 位 CEO、投资人、智囊团进行投票，91％的人认为"20 年后，亚马逊还活着"。

亚马逊曾经改写了零售业，改写了阅读习惯，此外它还是一家物流

---

① 英文原文为"There's so much stuff that has yet to be invented. There's so much new that's going to happen. People don't have any idea yet how impactful the Internet is going to be and that this is still Day 1 in such a big way."

仓储平台、一家云服务平台、一家智能家居平台……如今亚马逊又开始尝试从线上零售回归到线下零售。似乎没有一个词能定义如今的亚马逊,除了科技创新和数字经济。在贝索斯眼里,创新永不止步,还有很多事物等待着亚马逊去发明。

尾注:

［1］ 亚马逊推出实体便利店品牌 Amazon Go,完全抛弃结账流程[EB/OL].(2016 - 12 - 06).http：//it.sohu.com/20161206/n475052207.shtml.

［2］ 宋涛.亚马逊颠覆零售新模式,新推亚马逊 GO 无需排队结账[EB/OL].(2016 - 12 - 06).http：//news.qudong.com/article/379507.shtml.

［3］ 晨曦.亚马逊给创业者 5 条建议：开会杜绝 PPT[EB/OL].(2015 - 04 - 24).http：//tech.qq.com/a/20150424/002502.htm.

［4］ 乔治·安德斯.越做越大却不停亏钱的亚马逊,把钱都花在哪了[J].麻省理工科技评论,2014 年 6 月.

［5］ 丹尼尔·麦金.贝索斯头脑中的数字[J].哈佛商业评论,2014 年 11 月.

［6］ 杰夫·贝索斯：互联网下一任帮主[N/OL].21 世纪经济报道,2012 - 05 - 05. http：//money.163.com/12/0505/12/80O9T9A000253B0H.html♯from = relevant.

［7］ Strategy ﹠ show.2015 年全球研发支出排行榜.dt 财经,http：//www.dtcj.com/news/573b298267157b7b2e8a9245.

［8］ 丹尼尔·麦金.贝索斯头脑中的数字[J].哈佛商业评论,2014 年 11 月.

［9］ 果子.贝索斯的创业哲学：在 2 300% 增速的行业里大捞一把[EB/OL].(2014 - 02 - 26).http：//www.tuicool.com/articles/J7NrYb.

［10］ 李妍.详解亚马逊：贝索斯为何选择图书领域创业[EB/OL].(2012 - 08 - 02).https：//xueqiu.com/8689584849/22071620.

［11］ 瑞雪.地球上最大的书店,亚马逊不为人知的十大秘密[EB/OL].(2013 - 04 - 08).http：//hb.qq.com/a/20130408/001095.htm.

［12］ 李妍.详解亚马逊：贝索斯为何选择图书领域创业[EB/OL].(2012 - 08 - 02).https：//xueqiu.com/8689584849/22071620.

［13］ 刘书艳.揭秘亚马逊魔力：低盈利、高估值奇迹背后贝索斯做了什么[EB/OL].(2016 - 10 - 27).http：//www.chinaz.com/manage/2016/1027/601546.shtml.

［14］ 曲东荣.透视美国 Amazon 公司的发展策略[EB/OL].(2000 - 08 - 17).http：//www.emkt.com.cn/article/27/2757.html.

［15］ 亚马逊如何利用大数据练就"读心术"[EB/OL].(2016 - 09 - 02).http：//bbs.fobshanghai.com/thread - 6659551 - 1 - 1.html.

［16］ 慧星.理解亚马逊的三个层次(2014 版)[EB/OL].(2014 - 10 - 13).https：//xueqiu.com/9241169410/32161455.

［17］ 亚马逊 11 年收购历程：无法击败它就买下它[EB/OL].(2009 - 07 - 28).http：//

tech.163.com/09/0728/21/5FBBVS6H000915BF.html.

[18] 李成东.亚马逊：如何通过收购组建在线帝国[J].天下网商·经理人,2013 年 5 月.

[19] 亚马逊推出实体便利店品牌 Amazon Go,完全抛弃结账流程[EB/OL].(2016 - 12 - 06). http：//it.sohu.com/20161206/n475052207.shtml.

[20] 20 岁的亚马逊凭什么打败拥有 53 年发展历史的沃尔玛[EB/OL].(2015 - 11 - 27). http：//news.winshang.com/html/054/9758.htm.

[21] 乔治·安德斯.越做越大却不停亏钱的亚马逊,把钱都花在哪了[J].麻省理工科技评论,2014 年 6 月.

[22] 周掌柜/国际章.亚马逊上天,苹果落地(一)：顶级公司战略布局深度解析[EB/OL]. (2015 - 09 - 28).http：//www.jiemian.com/article/392359.html.2015 - 09 - 28

[23] Ibid.

[24] 入华 12 周年,亚马逊似乎在中国找到了业务发展的新方向[EB/OL].(2016 - 08 - 13). http：//qoofan.com/read/YGrpVaDBnQ.html.

[25] 王蕊.亚马逊中国全面开放物流配送体系,推出"亚马逊物流＋"[EB/OL].(2015 - 10 - 27). http：//tech.ifeng.com/a/20151027/41497313_0.shtml.

[26] 为了争抢企业用户亚马逊要提供全套解决方案[EB/OL].(2015 - 10 - 27). http：//it. sohu.com/20151027/n424302795.shtml.

[27] 黄刚.外界不知道的亚马逊 10 大物流技术[EB/OL].(2015 - 11 - 27).http：//www. sohu.com/a/44749603_343156.

[28] 黄刚.从十大物流技术分析亚马逊是如何玩转物流大数据的[EB/OL].(2016 - 01 - 25).http：//www.iyiou.com/p/24003/.

[29] 黄刚.亚马逊其实是一家牛逼的物流公司[EB/OL].(2015 - 11 - 13).http：//weibo. com/p/1001593909173669692601.

[30] 黄刚.外界不知道的亚马逊 10 大物流技术[EB/OL].(2015 - 11 - 27).http：//www. sohu.com/a/44749603_343156.

[31] 杜暮雨.送货的技巧超过你想象：围观亚马逊黑科技[EB/OL].(2015 - 05 - 02). http：//www.dfrobot.com.cn/community/forum.php? mod = viewthread&tid = 11851.

[32] 程曼.亚马逊的"随机存储"如何帮他提高库管效率[EB/OL].(2016 - 02 - 26). http：// news.soo56.com/news/20160226/76242m1_0.html.

[33] 解读亚马逊仓库管理之随机存储制度[EB/OL].(2014 - 12 - 09). http：//www. cifnews.com/Article/12064.

[34] 王俊.亚马逊物流都有哪些"黑科技"? 机器人互联网齐上阵[EB/OL].(2015 - 05 - 02). http：//www.jqr5.com/news/hynews/466.html.

[35] 亚马逊仓库那些不为人知的物流技术[EB/OL].(2016 - 01 - 20). http：//www. aiweibang.com/yuedu/82884617.html.

[36] 杜暮雨.送货的技巧超过你想象：围观亚马逊黑科技[EB/OL].(2015 - 05 - 02). http：//www.dfrobot.com.cn/community/forum.php? mod = viewthread&tid = 11851.

[37] 亚马逊展示由 Kiva 机器人支持的第八代物流中心[EB/OL].(2014 - 12 - 03). http：//m.cnetnews.com.cn/article/3040707.htm.

[38] 陈群骁.亚马逊购买三万台 Kiva 机器人加速仓储自动化[EB/OL].(2016 - 07 - 27).

http://www.jqr5.com/news/qynews/6932.html.

[39] 汤姆.亚马逊收购计算机视觉团队,专攻 Prime Air 无人机项目[EB/OL].(2016 - 05 - 11).http://tech.qq.com/a/20160511/070602.htm.

[40] 刘书艳.揭秘亚马逊魔力:低盈利、高估值奇迹背后贝索斯做了什么[EB/OL].(2016 - 10 - 27). http://www.chinaz.com/manage/2016/1027/601546.shtml.

[41] 让亚马逊、微软、谷歌赚了大钱的云计算,如今格局几何[EB/OL].(2015 - 11 - 09). http://wyhuxiu.lofter.com/post/2f16eb_8d97fbf.

[42] 冯海超.亚马逊的云计算模式还能领跑多久[EB/OL].(2012 - 06 - 01). http://www.aliresearch.com/blog/article/detail/id/16154.html.

[43] 刘书艳.双面"暴君"的亚马逊:从书店到云计算.[EB/OL].(2016 - 10 - 28).http://www.ebrun.com/20161028/198923.shtml.

[44] 黄莺.零售巨人之战,看亚马逊如何疯狂逆袭沃尔玛[EB/OL].(2015 - 12 - 01). http://wribao.php230.com/category/news/1023701.html.

[45] 亚马逊反击甲骨文:你数据做假,云计算我仍是老大[EB/OL].(2016 - 10 - 14).http://view.inews.qq.com/a/TEC2016101402.

[46] 下一个大计算平台? 亚马逊 Echo 研发幕后全揭露[EB/OL].(2015 - 11 - 20).https://www.huxiu.com/article/1511.

[47] 林靖东.Lab126:那个为亚马逊研发手机的神秘部门[EB/OL].(2014 - 06 - 18).http://tech.qq.com/a/20140618/075725.htm.

[48] 师北宸.分析:电子书革命已经终止了吗[EB/OL].(2014 - 07 - 31). http://b2b.toocle.com/detail - 6188321.html.

[49] 亚马逊秘密实验室 Lab126 将扩员 27%[EB/OL].(2014 - 09 - 25). http://tech2ipo.com/87020.

点评 11.1

从初创到强盛：一刻也不可弃离
数字技术与科技创新

樊雪莲

中欧 EMBA13 级学员　万朗企业董事长，高级工程师

微软、IBM 是高科技公司，这一点无人怀疑。而亚马逊、阿里巴巴、京东等，这些企业中的网红，难道也是高科技公司？很多人往往会质疑。读了这个案例，人们就会明白一个事理：在数字经济年代，无论是什么企业，历久弥新（科技创新、商业模式创新）才能久盛不衰。

一、初创起步的亚马逊：涉足电商平台，喜用数字技术

亚马逊是网售图书起家的，1995 年上线。与现在的电商比，当时，亚马逊是一个小而又小的小儿科。

但是亚马逊成长很快，4 年间营业收入增长 15 倍，成为全球最大的书店。亚马逊随之大肆扩张，不惜血本，无视亏损。直至成立后的第8 年才首次盈利。

亚马逊的海量投入投到哪里去了？投到与高科技结缘方面去了。按客户需求设立跨境物流基础网络并创新智能仓储机器人、快递无人机、智能分拣大数据运转、供应链可视、云仓储、共享物流、云计算服务（AWS），建设设施，创新构建生态圈平台（向关联行业音乐、影视、视频、娱乐行业扩张），创新并实施网上注册会员免费送达机制（Amazon Prime）。地球人一键下单，产品及服务及时送达。

如今每一个行业都在使用计算机、软件和互联网服务。如果"科技"只是指这个意思,那么每一家公司都可以算科技公司了。

但亚马逊不是简单地利用"科技"来经营,而是使用计算基础技术及设施并不断创新,实现超越这些基础科技的目标,开创了新的庞大业务。从这个角度来说,亚马逊实现了科技的创新及应用的创新。

二、无惧跨界的亚马逊:领衔"云"间漫步,进军人工智能

创新一词大家耳熟能详,况且人人都想创新,走出一条不同寻常的路,所谓变道超车!但现实世界中,却情况迥异。有些企业几乎同时起步,起初技术和产品也很类似,但有的已经市值几十亿元甚至上百亿元,但同期起步的其他企业仍然在营收几千万元的水平徘徊!其中很重要的一点是"边界思维"的问题,所谓"边界思维"意思是说思维局限在某个边界范围内。这里说的边界,内涵和外延相当丰富,可以是时间边界、空间边界,也可以是行业边界、技术边界,还可以是产品边界、服务边界……包括所有你能想到的与"边""界""范围""领域"相关的词。大多数企业往往在心里预先给自己设置了一道无形的"墙",像思维的边界一样,阻挡自己跨出去!因此企业若要想不断创新,突破"边界思维"的无边界思维非常重要。

亚马逊以卖书起家,而其一路成长的过程就是一个不断突破边界的过程。首先是内容跨界,从图书到音乐、视频、影视和娱乐等逐步成为内容生态平台——内容服务商,然后通过出售智能终端设备而跨界成为智能终端生态平台——设备零售商,而今通过向第三方出租基础设施如办公室、仓储、数据中心等而跨界成为设施租赁商……在大家眼里,亚马逊既是一个在线电商平台,又是一个物流仓储平台,还是一个云服务平台,甚至是一个智能家居平台……因为不断跨界创新,已经没有一个词能定义如今的亚马逊了，除了"创新"和"科技"，而这一切都离不开"跨界"，跨界助力亚马逊云计算稳坐"全球第一"的位置，并在人工智能领域斩获佳绩！

三、行业不分贵贱，服务不分高低，久盛不衰的自信源于科技创新与商业模式创新

微软、亚马逊的现象反映了这样的现实，即科技是第一生产力，科学技术对经济发展起首要的变革作用。现代科学技术广泛渗透到经济活动中，渗透到社会生产的各个环节，决定了它成为推动经济发展的决定性因素。科学技术不只是使经济在量上即规模和速度上迅速增长，也使经济发生了质的飞跃，在经济结构、劳动结构、产业结构、经营方式等方面发生了变革。

科学技术在生产力诸要素中起着第一位的作用。第二次世界大战之后，科学技术以空前的规模和速度进入生产，使生产力成为一个复杂的体系。在这个体系中，它自身不但直接体现为生产力，而且它作用于其他诸因素，提高劳动者的素质，促进生产工具和生产工艺的进步，扩大了劳动对象的来源和种类，从而成为推动社会生产力的重要力量。

同时，现代科学使管理日趋科学化、现代化。在社会生产力的发展中，使物的要素和人的要素有机结合，即管理是使潜在生产力变为现实生产力的关键。科学技术与经济广泛结合，使得管理成为生产力的重要范畴。

依我之见，一家企业是否属于科技企业，主要看它是否应用了科技成果；是否在合适的时间选择合适的创新；是否属于《开放式创新》一书指出的"内向型创新""外向型创新""耦合型创新"中的一种；是否能够转化为生产成果、经济效益。亚马逊的经营建立在"不惧跨界""不断创

新"的电商科技、产品科技的基础上,取得了 1 200 余项发明专利并借此扭亏增盈、发展壮大。而沃尔玛的专利发明仅 52 项。从这个意义上说,全球连锁超市沃尔玛不能称为高科技公司,而亚马逊虽具电商属性,却更符合高科技公司的条件。

综上所述,任何一个企业要想久盛不衰,一刻也不可离弃数字技术与科技创新。

点评 11.2

服务不分贵贱，完胜倚重科技

张江霖

中欧 EMBA13 级学员　精彩旅图(北京)科技发展有限公司董事长，总裁

22 年前，贝索斯成立亚马逊的时候，定位是"地球上最大的书店"，他以在线图书销售为起点创业，到 1997 年 5 月，亚马逊在纳斯达克上市，定位为"最大的综合网络零售商"，在经历了 2000 年初的互联网泡沫破灭后，2001 年，亚马逊的定位变为"最以客户为中心的公司"，并于 2002 年开始盈利，到现在已是全球市值最大的前五名公司 FAMGA(Google，Apple，Microsoft，Amazon，Facebook)之一，目前世界估值最高的前五家公司都是 IT 公司。2017 年 5 月 30 日，亚马逊股价超过 1 000 美元，市值达 4 780 亿美元，是全球最大零售商沃尔玛的 2 倍。为什么亚马逊会不一样呢？亚马逊云服务占全球云服务的份额超过 50%，是位列其后的其他 14 个公司合起来的 10 倍。从电商起步，它为什么会成为云计算巨头？

通过对案例的解读，我们可以看到亚马逊的内核和驱动是"创新"与"科技"，我们可以看到贝索斯一生都在不断地挑战和攀登。他有很强的紧迫感和内部突破、创新的动力，并把它融入公司的组织和文化中。亚马逊的创新有 2 类：一是流程微调，也就是所谓的渐进式改良，它占了亚马逊创新的 70%；二是根本性、革命性的变革，如亚马逊网络服务(AWS)、物流(FBA)、Kindle 出版业务(KDP)。

贝索斯善纳英才，自 2004 年与沃纳·威格尔(云计算领域世界顶

级专家)相遇,他力邀威格尔成为亚马逊的首席技术官,自此亚马逊的科技创新发展迅速,并成为云时代的奠基人。亚马逊现有超过 1 200 项专利,是沃尔玛的 23 倍。贝索斯秉持"飞轮理论",以低毛利的状态运营,加大研发投入、规模扩张和改善用户体验,利用规模效应和科技创新降低成本,使用户获得更便宜的价格和更便捷的服务。亚马逊的 Lab126 实验室有顶尖的研发人员、工程师和产品经理 1 600 多人,在西雅图和麻省剑桥市研发亚马逊的黑科技,它已孵化设计出如 Kindle,FireTV,Amazon Dash,Fire Phone 3D,Echo,Tyto 智能手机等产品,它很可能还在研发新一代的云量子计算机。可以说 Lab126 实验室在持续发明、创造新的产品和服务,或者说担任着改变世界和让我们的世界变得更美好的使命。

亚马逊的精神与使命很值得我们国内的企业学习,目前国内很多科技公司的创新大多是在已有专利和发明上的改进或本地化,或是方法和 UI 上的改变。更多的是商业模式的创新,而非技术引擎的创新和推动、变革。其实包括商业模式,也是国外模式的借鉴和本地化,只是有先发优势和本土优势。

难道我们真的更懒于思考,勤于执行? 弱于研发,强于抄袭? 怠于深耕,乐于收割? 比如很多产品或 APP,没有更多的技术含量,只是通过宣传推广、媒体轰炸,占住流量和入口,就认为是高科技和胜利。国内的 VC 也更乐意把钱投到效果立竿见影的软件和产品上,不去深究其技术基础和壁垒,更愿意用钱烧出壁垒和市场。不管是昙花一现还是流星划过,只要有人接盘或做成 IPO 退出即可。从企业的驱动和内功,到资本市场的孵化和追逐,我们缺乏更深邃的洞见和更持久的创新。而中国的发展,中国企业的国际化,需要从亚马逊的精神和文化中借鉴创新和发展的动力,除了模式的创新以外,持续支撑企业生命力的

是企业内部及产品的不断渐进式创新和在把握与引领消费者需求下的
变革式创新。重视研发，提升客户体验，加强团队的战斗力和学习能
力，以并购或投资扩大新市场和新领域。目前，我们也欣喜地看到国内
的一些企业和 VC 已经把眼光放在了科技趋势和全球市场上，虽"路漫
漫其修远兮"，但也在"上下而求索"。中国人的运营能力和做生意的能
力是很强的，随着中国经济的成长和大国的崛起，有 5 000 年悠久历史
和文化的民族如能从骨子里重视科技和创新，以匠人精神打造企业和
产品，相信我们自主的品牌和自主研发的科技会在国际市场上占有一
席之地并成为常青的、不断自我更新的国际化企业。

鸣　谢

　　感谢中国(上海)自贸试验区管委会金桥管理局杨晔、马淑燕、殷宏、顾晓峰，金桥(集团)有限公司沈能、陆基，以及金桥股份有限公司王颖、汤文侃等的倾力支持。

　　感谢中天控股集团董事长楼永良、研祥高科技控股集团董事长陈志列、旭辉集团董事长林中。

　　感谢上海市中国工程院院士咨询与学术活动中心的何军、袁硕颀。

　　感谢对中欧智慧医疗创业课程作出贡献的黄反之、俞熔、王波、张竞、李文罡。

　　感谢中欧案例中心的梁能教授、陈世敏教授。

　　感谢中欧案例中心的许雷平博士。

　　感谢中欧案例中心的朱琼、钱文颖、赵丽缦、宋彦博等案例研究员。

　　感谢对本书作出贡献的倪英子、黄成彦、朱叶子、朱奕帆、施天瑜、曹雪会、徐建敏、王丹萍、宋炳颖、姜浚哲、马蓝、范晶晶、张羽、任轶凡、肖颖君、汪承德、李蕊、朱诗舟、张颖文、金黎佳、庄旻宜、龚晓婧等人。

　　感谢中欧出版社的胡峙峰主编以及上海交通大学出版社的汪俪、李旦、李逢源编辑。

　　感谢中欧国际工商学院 MBA、EMBA、FMBA、EED 课程部的老师们。

　　感谢科大讯飞、京东集团、上海中心、拍拍贷、思路迪、上海市儿童医院、上海第九人民医院、第一反应®、IBM 和亚马逊对撰写及出版本书的支持。

联名祝贺

中欧国际工商学院 MBA 2017 学员联名祝贺

甘田,严峻,于淼,袁亦方,翟鸿宾,周子瑞,陆高,邵其瑞,孙牧宇,吴海霞,张杨,李文心,王琳,何冠,姜之帆,李哲,肖笛,张驰,孙艺桓,李潇潇,刘念,刘宁,张友,祝阳,彭继霆,陈洁,李万友,唐锦,王莹,徐碧野,杨成,杨谨聪,麦炜珩,裴玉剑,邵禹铭,盛圆圆,肖波,徐颖,朱亦敏,应俊,卜冠华,高利民,马伟强,赵丹儒,朱谷,陈婧,陈一丹,高寒,江訢华,李梦平,梁聪颖,张继伟,张巍,周丽萍,李培强,梁佳毅,毛旻,穆佩蕾,裴晓峰,汪浚喆,陈灵珊,方舟,黄恂怡,黄一凡,SHEN Han,王琨,甄永强,林文进,戚文佳,Jesse MILLER,Olga GREVTSEVA,Hwanhee LEE,熊婷婷,萧妃如,何艳,Urs Ralph CASAGRANDE,潘狄舜,陆昱彤,杨永寿,翟莉花,董佳,Dhiraj Kumar DAS,石磊,陈哲,Frank ZHENG,Arie FASMAN,朱雅丽,Aldenizio Santos BEZERRA,李可嘉,刘伟,朱颖,唐嘉航,张进武,林弈圻,Mohit JUNEJA,张笑宇,王淳玮,庄小祥,林于平,祝俪文,文江南,赵逸轩,Sai Cheng Chu,Lara Isabelle DEUTSCH,Rapisa TRAKULROONG,韩西沁,Vitid ASSAVARUT,Harrison Hang Xue,Amit JANGIR,Jeaseung RYU,Sneha Shikta DAS

中欧国际工商学院 MBA 2018 学员联名祝贺

殳浩丞,边源,陈凤娇,陈敏,陈首智,陈维,陈伟,陈威全,崔奕,戴泽

379

沁,杜鑫,段志杰,范丽,冯导,高晶,郭志诚,侯琢,洪渝雯,赵珣彭,江山,靳晶晶,康瑛,李沐,林静霄,林霖,刘冰清,刘卓,陆晓莹,吕芳,马路恒,毛天娇,庞凝择,庞瑜萍,邱怡,宋珏,唐克家,佟维,曾琪轩,王美评,王硕,王晓丹,王寅寅,Chen WU,吴乾,肖海,许坤,杨浩翔,杨柳青青,姚屾,叶滨,游乐,尤琪,于立新,曾嘉佳,张晨曦,张晶,张心书,赵佳,赵锐,钟秋,周婧,周礼,周茜,朱慧尧,朱坤杰,朱颖,Dennis Allen BRIDGEFORTH,Akshara AJITH,Won Kyun CHANG,陈嘉敏,CHEN Mo,Abhishek CHHABRIA,Jaehwan CHOI,Josephine DUAN,甘珏旻,Hareesh GANAPATHY,HE Yunan,洪佳琪,贾非,蒋俊杰,Andrew Jang KIM,Bo Ram LEE,李鑫锢,Niraj LUNAWAT,Anukrit MAHAJAN,Swati MISHRA,Gary Kwanyi NG,Jacquerine Ruo Qi ONG,潘莹莹,Rucy Ruoqi PENG,Chavanus RATTANAVIJITCHAI,任义,Rituraj SHAILENDRA,佘庆媛,司洋,万琉方,徐嘉骏,杨柳青,于立新,于雯,张明昊,张文强,Lei Ming,Xishui Wen

中欧国际工商学院 EMBA 2013 学员联名祝贺

雷运清,郑继华,吴建钢,蒋胜力,李沛泓,沈寅,赵晓宇,樊雪莲,李宝令,刘志坚,束龙胜,温松英,吴大星,徐强,许星,张宏俊,张涛,孙萌,林育民,张策,张琳,莫维立,钱俊雄,张怡,王小刚,李淑君,孟金强,张楠,刘瑾雯,杨杰,张江霖,张铁人,赵玉华,邹继荣,李丽,刘光宇,周海峰,朱天聆,陈奕鹏,汪峥嵘,王更,香允豪,金卫东,赖超辉,彭钦文,邱勇强,杨华雨,刘强,陈继娟,韩振亚,吕克,沈弘磊,沈天诗,许冰

中欧国际工商学院 EMBA 2014 学员联名祝贺

欧军辉,吴文新,陈肖宇,李益峰,吴海英,夏宜,张扬,关翠微,侯光

军,黄锋,黄磊,王新,崔乃荣,董战略,季玮,丁小博,范若晗,李琦,连敏玲,刘武东,潘建平,王伟力,张俊,张华伟,赵晨海,李婴,杨冰,张彦高,夏海通,朱琰,郭军,李楠,杨永刚,张宇,韩光,李环燕,谢军雄,周博,朱继军,黄焕强,蒋学东,李增榜,郑振江,周聪

中欧国际工商学院 EMBA 2015 学员联名祝贺

朴春旭,曾熙,秦忆,顾斌,师颖,吴艳,张育绮,程力,陈福炜,冯欣,傅正兵,龚睿,顾首岳,贺欣浩,冷兆武,周迪永,白昊,陈礼标,樊华良,桂蓉蓉,罗杰华,钱秉真,宋鸿羽,夏丽君,徐本增,徐春枫,张建忠,陈建新,陈旻,陈薛,杜成进,黄静怡,刘育良(刘悦),陆建辉,沈晓彦,吴蕾萍,武良军,徐恒,叶羧,于庆春,郭洪源,李莹,牛志贵,杨海坤,赵尔迪,郑静,朱明,范俪琼,胡建平,亢腾,李翼成,祁林,曹永强,冯超兰,葛珊,何宽华,胡龙润,李景武,李向东,宋晓冬,谢浩森,张洁

中欧国际工商学院 FMBA 2013 学员联名祝贺

赵湘怀,陈秋实,方侃,冯俐锋,侯敏,蒋岚雷,蒋惟怡,李菁,刘海涛,罗玎,苗根,丘剑,寿筱雯,王威,文嘉,翁博涵,吴一丁,熊靖宇,杨洁,杨慎筠,俞艇,张冰岩,张娴,张正中,赵文杰,郑文洁,周杨彬,邹剑平,戴艳阳,顾华园,顾鸣杰,管瑞麟,郝然,黄芳,黄谷丰,金圣伟,李骏,林剑斌,牛彦红,邵栋伟,徐佳圆,徐嘉宁,杨磊,尹映,张耕悦,张扬,钟小琦

中欧国际工商学院 FMBA 2014 学员联名祝贺

刘兴宇,冯一峰,王玉,陈蓁蓁,汪沙地,徐淑红,周琪,朱超尘,李铁铮,崔恒磊,冯昊俊,顾培艺,顾贤斌,赖永华,蓝海平,刘毅,欧阳平,潘跃双,钱俊,唐京燕,王洲,吴天呈,杨锐,杨晓,赵元章,郑婷婷,常小庆,李健,李宁,茹雯燕,汪一帆,谢衡,徐麟,薛晓明,杨叶,喻恺,张浩,赵甜

中欧国际工商学院 智慧医疗创业课程 2016 学员联名祝贺

曹白燕,陈懿玮,狄峰,丁海波,冯韩,郭慧,韩振亚,韩志毅,侯占军,胡永卫,姜慧霞,焦强,揭业冰,荆杰,鞠悦,雷晓兵,李洪波,李强,李伟,李永刚,李宇欣,李直,刘潇潇,刘学,陆乐,罗莉丽,马今,闵磊,彭德镇,邱铭,沈波,孙昊,覃兴炯,唐元新,王群,王兴维,王喆,王正平,卫俊雅,邢科春,徐超,许逸,阎红慧,杨国平,杨羚,虞奇峰,郁国建,翟靖波,张以靖,郑维义,周际,周勇,朱函仪

中欧国际工商学院 智慧医疗创业课程 2017 学员联名祝贺

曾金雄,陈钢,陈奇锐,陈瑶,陈宜顶,陈兆先,崔鹏,崔亚丽,戴珅懿,戴征,董小蒙,杜明,范志强,冯纲,侯军,赖华,李成君,李飞,李红岩,李江明,李群智,林静,刘鹏,刘佳,刘希东,刘熙华,刘弋青,卢戎,米志宾,欧淑芳,潘加奎,潘学才,秦金平,阮正泉,桑墒,邵源,孙辉,孙延,孙颖丽,塔尔盖,唐堂,唐昕,王小明,王学兴,王振涛,吴东方,吴诗展,伍建萍,姚秉伟,姚志华,袁峰,张丹,张强,张志强,赵松青,郑涵文,周亚池,朱国苗

中欧国际工商学院 智慧医疗创业课程 2018 学员联名祝贺

张泳,李航文,潘力,寇冰,陈功,王思伦,陆思嘉,陈永清,袁玉宇,石振洋,裴向军,洪杨,王未来,王俊林,宋涛,梁亮,高星,孙海兰,董玉国,谢斌,刘娟,周舜,张建明,张娟,何红兵,何志强,郑玲燕,蒋化冰,李航,周慧,葛秋菊,雷新刚,谢开,杨续胡,连静,郁华,杨萨,孙晓怡,戴鹤鹏,朱玉陵,吴珂列,蒋方荣,周业庭,王华,顾峰,张学文,董卫东,张宠,张峰,杨连静,刘文美,姚勇,骆明亮,娄强,任鹏,邵珠刚,汪健,刘望霞,武大圣,黄勇,王喜雅,张金东

后　记

探索授课内容、
备课方式与数字化同行

中欧国际工商学院　教授　朱晓明

作为一名在中欧国际工商学院任课的教授,回顾2011年至今7年的教学经历,我愿在此与读者分享"数字经济时代,探索授课内容、备课方式与数字化同行"的一些教学心得。

1. 探索授课内容与数字化同行

自2011年起,我在中欧国际工商学院为 MBA、EMBA、FMBA(金融 MBA)、EE(高层经理培训)学员和中欧智慧医疗创业者学员开设"数字经济"为主线的课程,有"数字化教学"(2011—2015),"数字化医疗"(2012、2013),"数字金融与普惠金融","数字金融"(2013、2014、2015),"中欧智慧医疗创业课程"(2016、2017),"商业趋势与科技创新"(2014—2017)等,这些课程始终围绕着数字技术和数字经济的主线,将传统的经济学、管理学原理与数字经济的理论研究(如本书导读"疾走飞奔的跨越"中提及的10个子框架)结合起来,进行一种全新的尝试和探索。这些年,我和学员们以及来现场作分享的专家们,在课堂上收获了经典理论与前沿探索之间的碰撞所带来的喜悦。

从2013年起,我为金融 MBA 学员开设了"科技创新与商业趋势"课程。数字经济时代,商业世界瞬息万变,金融行业的学员意识到不转型就不可能独善其身,不走创新之路就不可能得转型之道。为引导学员从本质上认识数字化时代的商业趋势,把握创新机遇,我在课堂教学中聚焦"在合适的时点选择合适的科技创新"的理论框架及技术路线,启发学员尽快借助数字化、互联网手段创新创业,锁定科技创新项目,把握全新的商业模式。

这些年,随着大数据、物联网等创新科技步入实质发展和应用阶段,一个全新的智慧医疗时代正在开启。中欧国际工商学院首创的"中欧智慧医疗创业课程"于2015年应运而生,我受邀亲自担任课程主任和学术创始主任。这对于我而言,是再一次的跨界,即以非医学专业背景的身份参与课程的全线开发与设计。期间,我调研了全国10多家三甲医院,走访了近10家全球医疗健康产业的领先企业,并同时遴选、邀请行业专家担任课堂分享顶尖嘉宾。前沿的课程内容,加上一批院士、专家、行业领军人物亲临现场为学员授课,课程在业内反响热烈。

"中欧智慧医疗创业课程"的教授内容紧扣"数字经济"这个主题,涵盖了前沿的数字化医疗手段,以及医疗服务的数字化进程——从基于云技术、云计算、物联网、大数据等先进技术的"云医院"到数据共享的个人健康档案与个性化诊疗等。我和众多学员们深切感受到在数字经济时代"移动医疗,方兴未艾;精准医疗,拉开帷幕;未来医疗,走近人类"的前景。

从2006年到2015年,我在中欧国际工商学院当了近9年的院长,有很长一段时间,白天当院长,晚上备课,到点上课;周末搞调研,假期忙写书。在2011年至2017年的近7年中,我制作了400份课程PPT和主题演讲(精益化编撰、个性化服务、定制化教材、数字化授课),以及近20个案例。学生们常问:"朱老师,如何力求知识点更新的零滞后?如何实现不同课程、不同级次学员的教材讲义的度身定制?如何实现案例教学的快速迭代?"我说,除了勤奋敬业以外,差不多没有捷径。中国古代成语"韦编三绝①""爬梳剔抉②"是一个学者获取知识、传授知识所应有的境界。其实，在数字经济的今天，要达到这个境界，更为便捷，下面我与读者分享一下我的心得。

2. 探索备课方式与数字化同行

一是要巧用数字技术，以实现快速搜索、精确比选、高效梳理；二是要熟谙数字软件，以实现快速成文、精准解析、高效整合。以下是本人在过去 7 年教学经历中的 3 点体验：

（1）在教授"数字化教学"这门课时，我让学员变革过往的学习方式，采用数字软件，强化学习效能。由于开展教学互动，师生彼此收获了不错的课堂体验。据悉，金融 MBA 2014、2015 班的不少学员至今在微信群内还用这些技术相互传授知识。至于哪些技术值得采用？我的做法是：一是组合应用众多 App，如 Mindnode，iMovie，Final Cut Pro 等来撰写定制化的教材，编写可视化的案例；二是采用 Quick Graph 软件做演示，帮助学生更形象地理解数学模型的三维表达；三是采用 3Ds Max 软件，制作、讲授企业竞争力的六力模型，制作"7 基点 3 维度"模型，讲授精准医疗产业发展；四是采用 Zen Brush 软件，教授中欧 MBA 外籍学生学习和演示中国的书法艺术；五是采用无线投影、无线音视频技术给学生授课，让教授与学生、学生与学生之间的互动变得快捷、活跃与丰富。

（2）自 2016 年起，中欧在国内商学院中率先采用了讯飞语音技术。2016 年 12 月，为中欧智慧医疗创业班授课时，我借助会议系统（Conference System），请北大著名教授在中欧北京校园为中欧上海学员进行异地教学，在教室屏幕上实时显示出演讲教授的语音转写结果。

---

① 韦：熟牛皮；韦编：用熟牛皮绳把竹简编联起来；三：概数，表示多次；绝：断。孔子为读《周易》而多次翻断了编联竹简的牛皮带子。比喻读书勤奋。

② 爬梳剔抉指整理选择。出处为《宋史·律历志》："建安布衣蔡元定著《律吕新书》，朱熹称其超然远览，奋其独见，爬梳剔抉，参互考寻。"

2017年起,我为EMBA授课时,尝试采用讯飞语音翻译系统,在同学们听见中文语音的那一刻,屏幕上即同步出现了英文译文。讯飞技术能逐步解决语言差异所造成的交流障碍,在国际学校的课堂上中更显便捷。

(3) 在当下的教学变革中,与语音技术同等重要的是图像技术。中欧国际工商学院三期校园的教学中心建成了拥有全球最新多媒体技术的"中欧·金桥数字化智能化教学示范基地"(教四-103教室)。其中应用了最先进的音视频手势控制技术(Oblong系统)。据供应商称,至2017月6月,全球仅有MIT(麻省理工学院)和中欧国际工商学院两所高校装备了这个系统。教室的顶端安装了近百个信号传感器,实时捕捉现场的超声波定位数据。在学员讨论时,教授可以通过手势控制技术,根据不同讨论对象,将大容量的数据库展示在中欧教室的3个投影屏幕和3个新增的高清显示屏上。在2017年的EMBA课程(3月18、19日)、"中欧智慧医疗创业课程"(4月14、15、16日,12月9、10日),以及MBA课程(5月21日,6月4日,7月2、3日)中,本人均使用了上述技术进行页面快速浏览、画面多屏移动,实现了多组讨论的快速视频协调,让可视化的课堂互动变得更加精彩纷呈,也让中外学生感受到中国的高校与国际顶尖院校在数字技术上已接近"零差距"。自"中欧·金桥数字化智能化教学示范基地"(教四-103室)投入使用以来,收效甚佳,已成为中欧数字化教学的样板,国内外多家高校和企业均来参观学习,有学员主动了解如何将数字化智能化软硬件应用到本企业中去,对内协同办公,对外商业推广。

数字经济时代,作为教学工作者,无论是授课内容还是备课方式,可以尝试与数字化同行。无疑,数字技术是高质量教学的一项不可替代的竞争力。

"中欧·金桥数字化智能化教学示范基地"揭牌并正式投入使用

（摄于2017年9月7日）

中欧国际工商学院教学楼四-103室正式揭牌为"中欧·金桥数字化智能化教学示范基地"并投入使用

本书作者朱晓明教授授课选择中欧国际工商学院教学楼四-103室
朱晓明 中欧国际工商学院原院长、管理学教授、中天集团教席教授

"中欧·金桥数字化智能化教学示范基地"揭牌仪式

（摄于2017年9月7日）

会场中央从左到右依次为：
殷　宏 中国(上海)自贸试验区管委会金桥管理局副局长、上海金桥经济技术开发区管委会副主任、党组成员
沈　能 上海(金桥)集团公司党委书记
朱晓明 中欧国际工商学院原院长、管理学教授、中天集团教席教授
张维炯 中欧国际工商学院副院长兼中方教务长、战略学教授

会场中央从左到右依次为：
Prof. Fernandez, Juan A 中欧国际工商学院管理学教授、副教务长、MBA课程主任
顾晓峰 中国(上海)自贸试验区管委会金桥管理局副局长、上海金桥经济技术开发区管委会副主任、党组成员
张维炯 中欧国际工商学院副院长兼中方教务长、战略学教授
朱晓明 中欧国际工商学院原院长、管理学教授、中天集团教席教授
王　高 中欧国际工商学院市场营销学教授、副教务长、首席营销官（CMO）课程主任

朱晓明授课现场照片节选

2016 年 7 月 2 日 / 2017 年 7 月 1 日，中欧 MBA 课程英文班，"趋势与创新"（Trends and Innovation）
图：朱晓明教授为中欧 MBA 学员授课现场，并合影留念

2016 年 5 月 22 日 / 2017 年 6 月 4 日，中欧 MBA 课程中文班，"趋势与创新"
图：朱晓明教授为中欧 MBA 学员授课现场，并合影留念

2016 年 12 月 10 日 / 2017 年 4 月 14 日，中欧智慧医疗创业课程（一、二期），"智慧医疗、移动医疗、精准医疗、未来医疗"
图：从左往右依次为朱晓明教授与中欧智慧医疗创业课程一期学员、二期学员大合影

朱晓明授课现场照片节选

2015 年 11 月 7 日／2016 年 5 月 28 日，上海市干部选学专题培训班，"商业趋势与科技创新"
图：朱晓明教授为干部学员授课现场

2015 年 8 月 16 日／2015 年 9 月 3 日，中欧 FMBA 课程，"商业趋势与科技创新"／"数字化教学：知与行的重构"
图：朱晓明教授为中欧 FMBA 学员授课现场，并合影留念

2015 年 10 月 25 日／2017 年 3 月 18 日，中欧 EMBA 课程，"趋势与创新"
图：朱晓明教授为中欧 EMBA 学员授课现场，并合影留念

朱晓明案例调研照片节选

2016 年 6 月 13 日， 科大讯飞案例调研，安徽合肥
图：朱晓明教授一行与科大讯飞高管进行案例访谈会，并与科大讯飞董事长刘庆峰合影留念

2016 年 3 月 12 日， 京东案例调研，京东集团北京总部
图：朱晓明教授一行与京东高管进行案例访谈会，并与京东集团首席技术顾问、副总裁翁志合影留念

2017 年 4 月 27 日，上海中心案例调研，上海中心大厦
图：朱晓明教授、许雷平助理主任、案例研究员朱琼等一行实地调研上海中心大厦，访谈上海中心总经理顾建平

朱晓明案例调研照片节选

2017 年 4 月 27 日，上海中心案例调研，上海中心大厦
图：朱晓明教授、许雷平助理主任、案例研究员朱琼等一行实地调研上海中心大厦，访谈上海中心总经理顾建平

2016 年 5 月 21 日，拍拍贷案例，案例课堂教学，中欧（上海）教四-103 室
图：拍拍贷创始人张俊在朱晓明教授"商业趋势与科技创新"课程上为中欧 MBA 进行案例分享

2017 年 3 月 19 日，思路迪案例，案例课堂教学，中欧（上海）教四-103 室
图：思路迪创始人熊磊博士在朱晓明教授"商业趋势与科技创新"课程上为中欧 EMBA 进行案例分享

朱晓明案例调研照片节选

2016 年 1 月 20 日，上海市儿童医院案例，实地调研
图：朱晓明教授一行实地调研上海市儿童医院，访谈上海市儿童医院院长于广军、办公室主任晏雪鸣等

2017 年 2 月 24 日，上海第九人民医院案例，实地调研
图：朱晓明教授、案例研究员朱琼等一行实地调研上海第九人民医院，访谈上海第九人民医院戴尅戎院士等

2017 年 4 月 15 日，第一反应案例，案例课堂教学，中欧（上海）教四－103 室
图：第一反应创始人陆乐在朱晓明教授"商业趋势与科技创新"课程上为中欧智慧医疗创业课程二期学员进行案例分享

朱晓明案例调研照片节选

2016 年 3 月 11 日，IBM 案例，IBM 中国研究院实地调研
图：朱晓明教授一行实地调研 IBM 中国研究院，访谈 IBM 中国研究院大数据及认知计算研究总监苏中

2016 年 5 月 22 日，亚马逊案例，案例课堂教学，中欧（上海）教四‑103 室
图：时任亚马逊全球物流中国商务副总裁李卓生在朱晓明教授"商业趋势与科技创新"课程上为中欧 MBA 进行案例分享

2017 年 7 月 12 日，案例研讨会，上海
图：中欧朱晓明教授、许雷平助理主任、钱文颖研究员等一行与上海交通大学出版社编辑汪俪、李逢源进行案例研讨会

朱晓明教授专著与译著书目(2011 年起)

1.《精准创新：如何在合适的时间选择合适的创新》
朱晓明　曹雪会　任轶凡等　译审
定价：58.00 元
ISBN：978 - 7 - 5047 - 5604 - 6
出版日期：2014 年 10 月
本书荣获《解放日报》书单十大好书之一
由中国财富出版社出版
原著 *Mastering the Hype Cycle* 由哈佛商学院出版社出版

2.《数字化时代的十大商业趋势》
朱晓明　宋炳颖　倪英子　任轶凡　李蕊等　著
定价：56.00 元
ISBN：978 - 7 - 313 - 12431 - 9
出版日期：2014 年 12 月
本书荣获中国大学出版社优秀学术著作一等奖
由上海交通大学出版社出版

3.《数字化时代的十大商业趋势》(英文版)
朱晓明　宋炳颖　倪英子　任轶凡　李蕊等　著
定价：88.00 元
ISBN：978 - 7 - 313 - 14258 - 0
出版日期：2016 年 1 月
由上海交通大学出版社出版

4. *Business Trends in the Digital Era*
朱晓明　宋炳颖　倪英子　任轶凡　李蕊等　著
曹雪会　等译
定价：149.99 美元
ISBN：978 - 981 - 10 - 1079 - 8
出版日期：2016 年 1 月
由 Springer Nature 出版集团海外出版

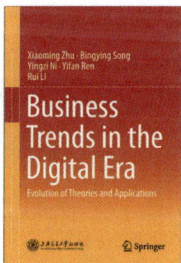

5.《数字化时代的十大商业趋势》(阿拉伯语版)

朱晓明　宋炳颖　倪英子　任轶凡　李蕊等　著

ISBN：978 - 9 - 778 - 54227 - 1

出版日期：2018 年 12 月

由 Wisdom House Cultural Investments Company 出版

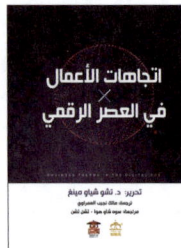

6.《商业趋势与科技创新案例集》

朱晓明　编著

定价：48.00 元

ISBN：978 - 7 - 309 - 11944 - 2

出版日期：2016 年 10 月

由复旦大学出版社出版

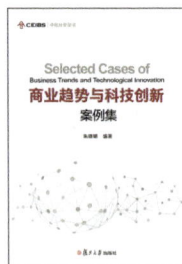

7.《家族企业创新：代际传承,基业长青》

曹雪会　译　朱晓明　审校

定价：40.00 元

ISBN：978 - 7 - 111 - 53266 - 8

出版日期：2016 年 4 月

由机械工业出版社出版

原著 *Innovation in the Family Business* 由麦克米伦出版社出版

8.《开放式创新：创新方法论之新语境》

扈喜林　译　朱晓明　曹雪会　审校

定价：58.00 元

ISBN：978 - 7 - 309 - 12222 - 0

出版日期：2016 年 6 月

由复旦大学出版社出版

原著 *New Frontiers in Open Innovation* 由牛津大学出版社出版

9. *China's Technology Innovators*

朱晓明　编著

曹雪会　等译

定价：89.99 美元

ISBN：978 - 981 - 10 - 5387 - 0

出版日期：2017 年 7 月

由 Springer Nature 出版集团海外出版

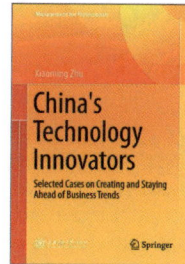

10.《中小企业开放式创新》

朱晓明　扈喜林　曹雪会　译审

定价：68 元

ISBN：978 - 7 - 5047 - 6638 - 0

出版日期：2018 年 6 月

由中国财富出版社出版

原著 *Managing Open Innovation in SMEs* 由剑桥大学出版社出版

11.《走向数字经济》

朱晓明　编著

定价：98.00 元

ISBN：978 - 7 - 313 - 18170 - 1

出版日期：2018 年 1 月

由上海交通大学出版社出版

12.《走向数字经济》（英文版）

朱晓明　编著

曹雪会　等译

定价：108.00 元

出版日期：2019 年

由上海交通大学出版社出版

13. Emerging Champions in the Digital Economy

朱晓明　编著

曹雪会　等译

定价：139.99 美元

ISBN：978 - 981 - 13 - 2628 - 8

出版日期：2019 年 1 月

由 Springer Nature 出版集团海外出版

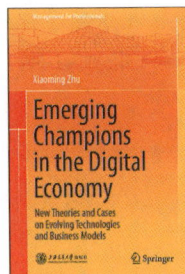

14.《平台，赢在服务》

朱晓明　季成　编著

定价：80.00 元

ISSN：1674 - 4713

出版日期：2011 年 12 月

由中欧商业评论出版

15.《中国第三方电子支付发展报告》

朱晓明　冯菊平　张光平　季成　等编著

定价：80.00 元

ISSN：1674 - 4713

出版日期：2011 年 12 月

由中欧商业评论出版

16.《支付革命》

马梅　朱晓明　周金黄　季家友　陈宇　著

定价：49.00 元

ISBN：978 - 7 - 5086 - 4385 - 4

出版日期：2014 年 2 月

由中信出版社出版